# Food

# Food

## Die ganze Welt der Lebensmittel

Christian Teubner

# Inhalt

# Ol

Zur Ernte braucht man nicht selten eine hohe Leiter, vor allem bei so großen, alten Olivenbäumen wie hier in Badalucco, Ligurien. Neu angelegte Haine werden dagegen oft niedriger gehalten.

Die kleinen Taggiasca-Oliven gedeihen in einer Höhe zwischen 300 und 700 m über dem Meeresspiegel. Sie haben ein mildfruchtiges Aroma; ganz ausgereift sind sie rötlich schwarz.

Häufig werden die Oliven aber auch mit Stangen aus Kastanienholz vorsichtig von den Bäumen geschlagen – wie hier – und dann in großen, weiträumig ausgelegten Netzen aufgefangen.

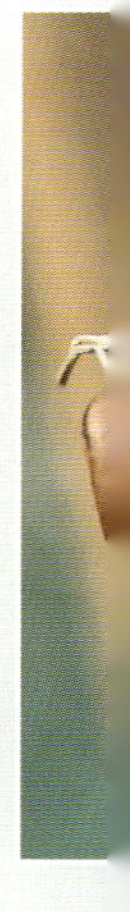

Ohne das Aroma von Olivenöl wären viele Gerichte der mediterranen Küchen undenkbar. Aber: Olivenöl ist nicht gleich Olivenöl; es kann – je nach Typ – in Farbe, Konsistenz und Geschmack sehr variieren. Die Unterschiede ergeben sich aus der verwendeten Olivensorte, es spielen aber auch Faktoren wie Bodenbeschaffenheit, Klima, Landschaft oder Erntezeitpunkt eine Rolle. Grün oder schwarz, das ist bei Oliven – den Früchten des Wärme liebenden Ölbaumes *(Olea europaea)*, engl. olive, frz. olive, ital. oliva, span. aceituna – keine Frage der Sorte, sondern des Reifezustands. Alle verfärben sie sich nämlich von grün nach purpur, dunkelblau oder schwarz. Für die Ölgewinnung verarbeitet man sie in unterschiedlichen Stadien: Öl von eher grünlicher Farbe stammt von unreifen Oliven und hat in der Regel einen intensiven, stark ausgeprägten Geschmack. Presst man dagegen reife dunkle Oliven, erhält man ein deutlich milderes Öl und eine größere Ausbeute. Solches Öl kommt vor allem dann zum Einsatz, wenn es den Geschmack der anderen Zutaten nur unterstreichen soll. Generell stammen aus den nördlichen Lagen leichtere, aus den heißeren Zonen Öle mit kräftigem Geschmack. Das beste ist das kalt gepresste Olivenöl, das nicht mehr als 1 Prozent Fettsäure enthalten darf und seit 1991 in der EU unter der Bezeichnung »natives Olivenöl extra«, engl. »extra virgin«, frz. »vierge extra«, ital. »extra vergine«, span. »virgen extra«, gehandelt wird. Die wichtigsten Produzenten sind Spanien, Italien, die Türkei und Griechenland, gefolgt von Marokko und Kalifornien.

**Manchmal feinherb und leicht bitter, manchmal ausgesprochen fruchtig – rund ums Mittelmeer, und nicht nur dort, ist das »flüssige Gold« begehrt.**

# ivenöl

Um eine hervorragende Ölqualität zu erhalten, sollten die Oliven möglichst unverletzt und teilweise auch nicht zu reif sein. Darum werden sie oft noch vor der Vollreife geerntet.

Bei der Ölherstellung nach traditioneller Art werden die Oliven mitsamt den Steinen von großen Mühlsteinen aus Granit zermahlen. Der Brei wird dann etwa 3 cm dick auf runden Matten ausgestrichen.

Lage um Lage schichtet man die Matten aus Kokosfasern mitsamt dem aufgestrichenen Olivenbrei übereinander, wobei dazwischen gelegte Metallplatten die nötige Stabilität gewährleisten.

Schon durch das Eigengewicht beginnt das Öl aus dem Olivenbrei herauszutropfen. Dieses erste Öl, man bezeichnet es als Tropföl, ist das wertvollste und teuerste aller Olivenöle.

Aus dem Rohr der Zentrifuge – sie trennt das Fruchtwasser vom Öl – rinnt das mit Spannung erwartete Ergebnis der ersten Pressung: gelb grünes, zähflüssiges Öl in bester Qualität – »natives Olivenöl extra«, wie die korrekte EU-Handelsbezeichnung dafür lautet.

## Wann ist welches Öl gut und wann nimmt man besser andere Fette? Die wichtigsten Produkte hier kurz im Überblick.

# Öl & Fett

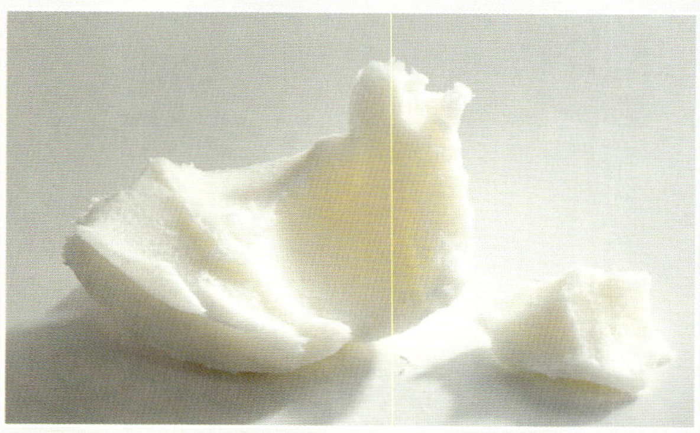

SCHWEINESCHMALZ, aus dem Rückenspeck oder Bauchfett ausgelassen. Streichfähig mit angenehmem Geschmack. Gut zum Ausbacken, Braten oder Kochen, es schmeckt ...

... aber auch, vermischt mit Grieben, als Brotaufstrich gut; ebenso wie ausgelassenes GÄNSEFETT, das mit seinem typischen Geschmack Blaukraut und anderes verfeinert.

Egal, ob pflanzlicher oder tierischer Herkunft, seit jeher sind Fette als Energielieferant ein wichtiger Bestandteil der menschlichen Ernährung. Tierische Fette erhält man – neben den Butterfetten – in der Regel durch Ausschmelzen ausgesuchter Fettgewebe wie Flomen oder Rückenspeck, wobei man dann zwischen den weicheren Schmalzen und den härteren Talgen unterscheidet. Für die Nahrungsfettherstellung kaum mehr eine Rolle spielen heute

Die Samen der je nach Sorte bis zu 3 m hoch wachsenden SONNENBLUME *(Helianthus annuus)*, pro Pflanze können es zwischen 1000 und 1500 Stück sein, zählen weltweit zu den wichtigsten Öllieferanten.

Fischöle, die zudem weiter raffiniert und gehärtet werden müssen. Um die Walbestände zu schützen, dürfen seit 1982 Waltrane in der EU nicht mehr zur Fettherstellung verwendet werden. Von größter Bedeutung, und das sowohl was die Quantität als auch die Qualität anbelangt, sind hingegen die aus Samen und Früchten gewonnenen Pflanzenöle und -fette. Hierfür wird die Rohware in der Regel zunächst zerkleinert und eventuell gedämpft oder geröstet, um die Zellen aufzuschließen. Erfolgt die Pressung ohne Hitzeeinwirkung, ist dies auf dem Etikett vermerkt; man bezeichnet solche Öle als »nativ« oder »kaltgepresst«. Sie gelten aufgrund ihres hohen Anteils an ungesättigten Fettsäuren als besonders wertvoll. Erfolgt die Pressung oder Extraktion dagegen unter Hitzeeinwirkung, müssen die Öle meist weiterverarbeitet werden, sie sind dann oft trübe, dunkel und haben nicht selten einen unerwünschten Beigeschmack. Dieser Reinigungsvorgang umfasst die Entschleimung, Entsäuerung, Bleichung sowie Desodorierung und wird als Raffination bezeichnet. Aus pflanzlichen Rohstoffen gewinnt man in aller Regel Öle, das heißt Fette, die bei 20 °C flüssig sind. Da viele Verbraucher jedoch streichfähige oder feste Fette bevorzugen, wird ein großer Teil der Öle gehärtet und kommt teils als Margarine, teils als Pflanzenfett auf den Markt. Dabei wird durch Wasserstoff-Anlagerung ein Teil der ungesättigten in gesättigte Fettsäuren umgewandelt.

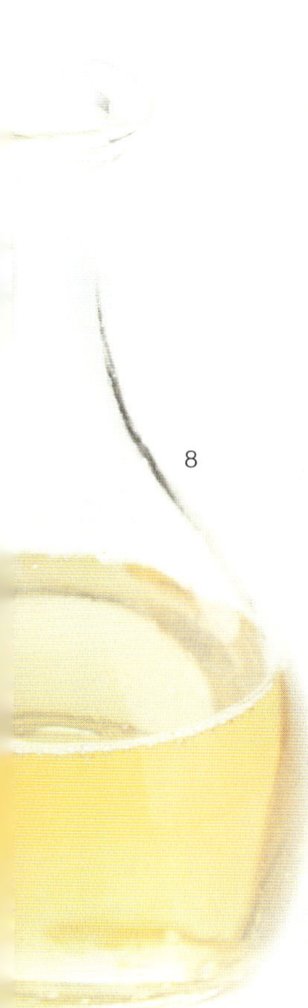

Eine Auswahl an Pflanzenölen, von oben nach unten: 1 – Sonnenblumenöl, geschätztes Speiseöl, hoher Linolsäuregehalt; 2 – Mohnöl, fein-herb, für Salate oder Gebäck; 3 – Rapsöl, neutrales Speiseöl; 4 – Walnussöl, sehr aromatisch, für feine Salate, sparsam verwenden; 5 – Kürbiskernöl, dunkelgrün und sehr aromatisch, ebenfalls sparsam verwenden; 6 – Distel- oder Safloröl, aus den Samen der Färberdistel, sehr mild, aufgrund des hohen Anteils an ungesättigten Fettsäuren sehr wertvoll, für Salate; 7 – Arganenöl, gepresst aus den Früchten des Eisenholzbaumes *(Argania spinosa)*, mit interessantem Nussaroma; 8 – Macadamiaöl; 9 – Sesamöl, intensives Aroma, sparsam verwenden; ebenso wie 10 – geröstetes Sesamöl; 11 – Senföl, in Indien gebräuchlich, scharf; 12 – Sojaöl, eines der wichtigsten asiatischen Speiseöle; 13 – Anattoöl, verdankt seine Farbe den Samen des Anatto-Strauches; 14 – Palmöl, angenehm nussig, schnell ranzig; 15 – Erdnussöl, reich an mehrfach ungesättigten Fettsäuren.

MARGARINE, streichfähig, aus Fetten pflanzlicher und tierischer Herkunft. Geeignet zum Braten, Backen, Dünsten.

DIÄTMARGARINE, fettreduziert, mit höherem Wasseranteil. Nur zum Aufstreichen, nicht koch- oder bratfähig.

PFLANZENCREME aus pflanzlichen Ölen, mit Butteraroma, leicht dosierbar. Zum Backen, Braten und Dünsten.

PFLANZENCREME aus pflanzlichen Ölen. Zum Braten, Kochen und Dünsten; jedoch nicht zum Backen geeignet.

PFLANZENFETT, geschmacksneutral, hoch erhitzbar bei einem Rauchpunkt von 220 °C. Gut zum Frittieren oder ...

... Braten und Dünsten. Ebenso hoch erhitzbar ist PFLANZENFETT MIT 10 % BUTTERFETT, mit feinem Butteraroma.

Reines KOKOSFETT in Plattenform. Gut portionierbar, geschmacksneutral und hoch erhitzbar, zum Braten, Kochen ...

... und Backen. Dies gilt auch für geschmeidiges KOKOSFETT. Gut gekühlt sind beide Sorten relativ lange haltbar.

FRITTIERFETT, aus pflanzlichen und tierischen Fetten. Hoch erhitzbar. Auch zum Braten und Backen geeignet.

FRITTIERFETT AUF REIN PFLANZLICHER BASIS. Ungehärtet, auch für Fondues. Nicht zum Backen geeignet.

Um GHEE, das typisch indische Kochfett, zu erhalten, klärt man ungesalzene Butter aus Kuhmilch.

BUTTERSCHMALZ oder Butterreinfett ist weitgehend von Eiweiß und Wasser befreite Butter, daher höher erhitzbar.

BUTTER kommt bei uns meist in der charakteristischen Ziegelform oder aber, wie hier zu sehen, als Rolle ins Angebot. Sie kann mit oder ohne Salzzugabe, gesäuert oder ungesäuert hergestellt werden.

JOGHURT, hier aus Vollmilch mit 3,5 % Fett. Für die Herstellung wird Milch mit speziellen Bakterienkulturen versetzt und eine Zeitlang sanft erhitzt.

Alles rund um die Milch – von Butter bis Joghurt, von Schlagrahm bis Kefir.

# Milchprodu

SAHNE SCHLAGEN: Am besten sind dazu sowohl Sahne als auch Schüssel und Schneebesen gut gekühlt: Dann bleibt die einmal geschlagene Sahne über mehrere Stunden standfest und verliert nicht so schnell an Volumen.

1 – Schlagsahne oder Schlagrahm; 2 – Dickmilch, stichfeste Sauermilch; 3 – Crème fraîche, leicht gesäuerte, feste Sahne; 4 – Schmand, Schmant; 5 – Kondensmilch, ultrahocherhitzt und sterilisiert; 6 – Crème double.

1 – Milchpulver, Trockenmilch, aus Magermilch; 2 – Buttermilch, entsteht beim Verbuttern gesäuerter Sahne; 3 – Kefir, mit Hilfe von Bakterien und Hefen gesäuertes Milchprodukt; 4 – Molke, wie sie beim Käsen anfällt; 5 – Vollmilch.

Nicht nur pur ist Butter ausgesprochen vielseitig einsetzbar: als Brotaufstrich, zum Backen, Braten oder Dünsten. Klassisch ist auch gewürzte Butter, zum Beispiel mit Knoblauch, Kräutern oder Pfeffer.

Von Ostasien einmal abgesehen, sind Milch und Milchprodukte rund um die Welt für die menschliche Ernährung von großer Bedeutung: Sie sind überwiegend leicht verdaulich, und darüber hinaus ist ihre Nährstoffzusammensetzung ausgesprochen wertvoll: Milch und die daraus hergestellten Produkte enthalten Zucker, Fett und Eiweiß, die Vitamine A und $B_2$ sowie Calcium. Unter »Milch« versteht man hier zu Lande übrigens grundsätzlich Kuhmilch; Milch von Büffeln, Schafen, Ziegen oder anderen Tieren muss entsprechend gekennzeichnet werden.
Gehört Milch und alles, was man daraus machen kann, schon per se zu den Grundnahrungsmitteln, sind die übrigen auf dieser Seite abgebildeten Produkte eher unter die Rubrik Hilfsmittel zu rechnen. Manche davon sind allerdings ihrerseits in vielen Teilen der Welt für die Herstellung von Grundnahrungsmitteln unabdingbar: Hefe und Sauerteig beispielsweise zum Backen von Brot. Andere dienen dagegen sehr speziellen Zwecken, etwa Gelatine und Agar-Agar zum Andicken von Speisen, Gummi arabicum verhindert das Auskristallisieren von Zucker bei der Herstellung von Bonbons oder Kaugummi, und Zitronensäure unterstützt das Festwerden von Konfitüren oder Gelees nach dem Kochen.

GELATINE aus Collagen, einem Protein. Wird in Blattform oder gemahlen angeboten, beides in Weiß oder Rot.

AGAR-AGAR, ein pflanzliches Geliermittel, aus Meeresalgen gewonnen. Als Fäden oder gemahlen im Handel.

GUMMI ARABICUM wird aus tropischen Akazienarten hergestellt, für die Süßwarenherstellung verwendet.

(MONONATRIUM)GLUTAMAT kann den salzigen oder süßen Eigengeschmack von Speisen verstärken.

POTTASCHE, Kaliumcarbonat, ein Backtriebmittel. Nur noch für flaches Gebäck wie Lebkuchen verwendet.

ZITRONENSÄURE. Zum Einmachen oder zur Herstellung von Konfitüre und Gelee aus säurearmen Früchten.

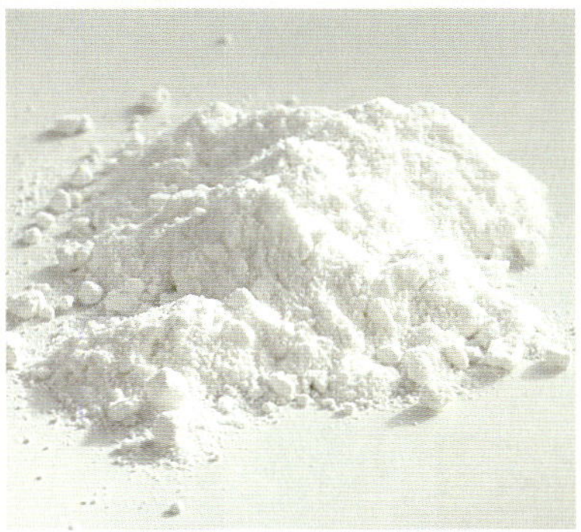
BACKPULVER setzt unter Hitzeeinwirkung Kohlendioxid frei und kann damit selbst schwere Teige »treiben«.

NATRON, Natriumbicarbonat. Wird für Back- und Brausepulver verwendet, auch als Hausmittel bei Sodbrennen.

WEINSTEIN, ein traditioneller Bestandteil von Backpulver. Heute überwiegend in der Vollwertbäckerei genutzt.

kte

## Nützliche Hilfsmittel fürs Backen, Einmachen und vieles mehr.

Wichtige Backtriebmittel, vor allem für Brot: 1 – SAUERTEIG; er entsteht ohne weitere Zusätze aus den in Mehl und Luft vorhandenen Essig- und Milchsäurebakterien, sobald warmes Wasser zugesetzt wird. 2 – FRISCHE HEFE kommt meist zu Würfeln gepresst ins Angebot (Presshefe), hergestellt aus Bierhefe *(Saccharomyces cerevisiae)*. 3 – TROCKENBACKHEFE oder Dauerbackhefe ist schonend getrocknet, bei sachgerechter Aufbewahrung mindestens 1 Jahr haltbar.

Salz – engl. salt, frz. sel, ital. sale, span. sal – ist weltweit einer der wichtigsten Würzstoffe, da es den Eigengeschmack von Speisen verstärkt und so andere Aromen besser hervortreten lässt. Dies ist übrigens auch der Grund, weshalb man Süßes, Kuchen etwa, gelegentlich mit einer Prise Salz würzt. Chemisch gesehen, besteht Salz zum größten Teil aus Natriumchlorid; reines NaCl wird als Kochsalz bezeichnet. Meist enthalten Salze aber – man unterscheidet Steinsalz, Siede- oder Solesalz und Meersalz – darüber hinaus weitere Mineralstoffe, die für den unterschiedlichen Geschmack verantwortlich sind; aus gesundheitlichen Gründen reichert man es teils auch mit Fluor oder Jod an. Beim Steinsalz, das unraffiniert

Unverändert seit Jahrhunderten: So funktioniert im Prinzip die Salzgewinnung aus Meerwasser auch heute noch, hier an der Küste von Mexiko. Ein angelegtes System von flachen Becken – so genannte Salzgärten oder Salinen – wird mit Meerwasser geflutet. Durch Sonneneinstrahlung und Wind verdunstet das Wasser nach und nach, und es bilden sich Salzkristalle aus, die man dann mit einer Art Rechen oder Schieber aus Holz an den Rand befördert. Auch das »Fleur de sel«, das in Frankreich schon beinahe Kultstatus besitzt und dessen Kristalle von Hand abgelesen, »gepflückt«, werden, entsteht auf diese Weise. Dabei spielen die klimatischen Verhältnisse eine große Rolle: Regnet es nämlich einige Wochen während des Sommers, kann dies die »Ernte« eines ganzen Jahres gefährden. Geht alles gut, stehen die Salzbauern am Ende der Saison vor so großen Salzbergen, wie sie unten zu sehen sind.

## Das »weiße Gold« aus dem Meer – früher hart umkämpft, heute immer noch begehrt – bringt Geschmack ans Essen.

eine graue Farbe hat und erst durch weitere Verarbeitung weiß wird, handelt es sich um die bergmännisch abgebauten Verdunstungsrückstände früherer Meere. Siedesalz wird durch Verdampfen von Sole (durch Salzstöcke gepresstes Wasser, das dadurch salzig wird) in geschlossenen Anlagen gewonnen. Doch egal welche Sorte, Salz sollte man immer trocken aufbewahren, denn das häufig enthaltene Magnesiumchlorid zieht Feuchtigkeit an. Abhilfe schaffen können hier ein paar Reiskörner im Salzstreuer.

Salz – seit jeher Zeichen von Reichtum und Macht – galt in Babylon als die »Speise der Götter«. Römische Soldaten wurde teilweise in Salz ausbezahlt. Und nicht von ungefähr steckt im Wort »Salär, frz. salaire = Lohn« die lateinische Wurzel »sal« für Salz. Auffallend auch der ehemalige Reichtum der Städte entlang den Salzstraßen: Namen wie Schwäbisch Hall, Salzburg oder Bad Reichenhall künden von den Zeiten des großen Salzhandels – etymologisch gehen sie auf das altgriechische Wort für Salz = »hals« oder das keltische »hal« zurück. In vielen Kulturen war Salz schließlich Teil der Opfergabe – man konnte ja den Göttern keine ungesalzenen Speisen vorsetzen. Salzgötter kannte man aber nur in China und Mexiko.

Große Bedeutung hatte Salz seit jeher auch als Konservierungsstoff, nicht zuletzt deshalb wurde es zum Symbol für Dauerhaftigkeit und feste Bündnisse (Bibel). Man spricht ihm eine Unheil abwehrende Kraft zu, das Verschütten von Salz bei Tisch jedoch gilt als schlechtes Omen. Unentbehrlich ist Salz für den menschlichen Organismus – täglich etwa 5 g –, zum einen zur Regulierung des Wasserhaushalts, zum andern, um die für die Verdauung unerlässliche Salzsäure im Magen zu bilden. Aber Achtung: Weniger ist mehr! Zum einen lassen sich einmal versalzene Gerichte geschmacklich kaum korrigieren, zum andern kann zuviel Salz zu Flüssigkeitsansammlungen im Gewebe, Bluthochdruck, Herz- oder Nierenleiden führen. Übertriebenes Salzen sollte man also eher vermeiden, zumal in Speisen wie Fleisch, Wurst oder Käse schon reichlich Salz vorhanden ist.

FEINES TAFEL-, SOLE- oder SPEISESALZ, durch Verdampfung aus in Wasser gelöstem Steinsalz gewonnen.

GROBES TAFELSALZ, auch BREZENSALZ genannt, für Salzmühlen sowie zum Bestreuen von Backwerk.

FLEUR DE SEL DE GUÉRANDE. Vom Geschmack her eines der besten Salze. Offen in Schälchen reichen.

Auch geschätzt: SEL MARIN DE NOIRMOUTIER (Vendée). Feuchtes Meersalz, nicht in einen Salzstreuer füllen.

Salzverkäufer auf Lombok/Indonesien. Das weiße Gold wird hier noch lose auf dem Markt feilgeboten.

MITTELGROBES MEERSALZ, durch Verdunsten aus Salzgärten gewonnen. Dieses hier enthält zusätzlich Calcium.

Leuchtend weißes, KRISTALLINES MEERSALZ wird gern in die häufig durchsichtigen Salzmühlen gefüllt.

GROBES MEERSALZ – »le gros sel« – hat oft eine braun-gräuliche Farbe, die vom Boden der Becken herrührt.

FEINES VOLL-MEERSALZ aus dem Atlantik. Enthält neben NaCl (76 %) andere Mineralien, vor allem Magnesium.

SCHWARZES STEINSALZ aus Indien (Kala namak), wird aufgrund seines speziellen Geschmacks geschätzt.

KRÄUTERSALZ. Getrocknete Kräuter wie Majoran, Rosmarin oder Sellerie geben dem Salz zusätzlich Aroma.

Jahrelang reift der aus dem Most der Trebbiano-Traube gewonnene TRADIZIONALE in Batterien aus jeweils 5 Fässern, die sich in Größe und Holzart unterscheiden. Diese langsame Reifung verleiht ihm sein unvergleichliches Aroma. Der junge Most wird zunächst in das größte Fass abgefüllt, dieses ist aus Eiche und fasst etwa 60 Liter. Im Lauf der Jahre werden die Fässer dann immer kleiner, das kleinste aus Maulbeerbaumholz hat nur noch ein Volumen von 20 Litern.

Immer wieder werden den Fässern, die nach alter Sitte auf dem Dachboden stehen, Proben entnommen, um die Qualität der wertvollen Essenz zu überprüfen. Wichtig ist, dass der Most während des Reifens immer atmen kann, denn nur durch den Kontakt mit Sauerstoff sowie durch die natürlichen Temperaturschwankungen gelingt die Umwandlung in den besten und teuersten Essig der Welt perfekt.

ROTWEINESSIG mit 6 % Säure. Weinessig wird ausschließlich aus reinem Traubenwein hergestellt. Roter Weinessig ist vom Geschmack her in der Regel kräftiger als Weißweinessig.

WEISSWEINESSIG, 6 % Säure. Viele renommierte Weingüter stellen mittlerweile auch feine Essige her, etwa aus der Riesling-, Muskat- oder Grauburgundertraube. Passt gut zu Fisch oder zu Salaten.

ACETO BALSAMICO DI MODENA, 6 % Säure. Nicht ganz so edel wie der Tradizionale. Enthält im Gegensatz zum »echten« häufig zugesetzten Weinessig oder angegorenen Traubenmost.

APFELESSIG mit 5 % Säure zeichnet sich durch einen mildfruchtigen Geschmack und den hohen Gehalt an Vitaminen und Mineralstoffen aus. Hergestellt aus vergorenem Apfelwein, eignet er sich etwa für feine Salate.

SPEISEESSIG aus Branntwein mit 5 % Säure. Der klare, aus Kartoffeln oder Getreide gewonnene Alkohol hat kaum eigenes Aroma, ebenso wie der daraus gewonnene Essig, weshalb er meist gewürzt wird.

Essigproben der Acetaia Malpighi in Modena, abgefüllt in kleine Karaffen und Flakons. Über 90 verschiedene Prüfungen muss ein solcher Essig bestehen, bevor er vom Konsortium bestätigt wird und sich dann ACETO BALSAMICO TRADIZIONALE DI MODENA nennen darf.

Essig zum Haltbarmachen und Aromatisieren von Speisen kannten schon die Ägypter, Griechen und Römer. In der Küche braucht man ihn bis heute, nicht allein zum Säuern, etwa von Salaten, oder zum Konservieren von Gemüse, sondern auch zum Verfeinern vieler Speisen, denen ein Schuss Essig erst den richtigen Pfiff gibt. Essig entsteht, vereinfacht gesagt, wenn Alkohol bei einer gewissen Temperatur unverschlossen stehen bleibt. Dann setzen sich Bakterien aus der Luft, so genannte Acetobacter,

AROMATISIERTER ESSIG mit Kräutern, Gewürzen oder Früchten – links ist es ein Weißweinessig mit Estragon – lässt sich leicht selbst herstellen, doch sollte man immer einen guten Essig dafür verwenden.

# Essig

## War früher schon mal »alles Essig«, sind die säuernden Essenzen heute wieder zu kulinarischen Ehren gekommen. Die neue Devise lautet: »Sauer macht lustig!«

MALZESSIG, 5 % Säure, aus Malzgerste, ist vor allem in der englischen und nordamerikanischen Küche beliebt. Der ACETO DI VINO dahinter aus weißen Weintrauben mit 7,1 % Säure kommt aus Italien.

HIMBEERESSIG, 7 % Säure. Obstessige schätzt man wegen ihres fruchtigen Aromas. Neben Himbeeren können auch Erdbeeren, Brombeeren oder schwarze Johannisbeeren als Basis dienen.

SHERRYESSIG, 6 % Säure. Er gilt als der feinste spanische Essig. Hergestellt wird er wie Sherry auch, das heißt, er reift nach dem »Solera-System« in Eichenfässern unterschiedlicher Größe.

KLARER REISESSIG mit 6 % Säure ist in den Küchen Chinas und Japans unverzichtbar, wobei der japanische Reisessig in der Regel nur 5 % Säure hat und damit noch etwas milder ist.

Zweimal ZUCKERROHR-ESSIG mit je 6 % Säure: Der dunkle im Vordergrund stammt aus der Karibik, aus Martinique genauer gesagt, der helle dahinter wird in Thailand produziert.

an der Oberfläche ab und vermehren sich. Daraus wird dann die Kahmhaut oder Essigmutter. Bleibt nun der Essig seinerseits offen stehen, setzt sich dieser Prozess weiter fort, insbesondere, wenn er einen relativ niedrigen Säuregrad hat. Die Essigsäure wird dann selbst wieder umgewandelt und zerstört. Das erklärt, warum mildere Obstessige weniger lange haltbar sind als Weinessige, die meist einen höheren Säuregrad aufweisen. Grundsätzlich gilt bei allen Essigsorten: Für einen guten Essig braucht es auch gutes Ausgangsmaterial; aus schlechtem Wein wird niemals ein guter Essig werden. Zudem müssen manche Essige, etwa der Aceto Balsamico Tradizionale, der letztendlich verantwortlich ist für die Essig-Renaissance in den 90er-Jahren, bis zu 25 Jahren reifen. Kein Wunder, dass sich dies dann auch im Preis niederschlägt. Essig selbst herzustellen wird vielen etwas zu mühsam sein; aber aromatisieren lässt er sich ganz einfach, ein milder Weißweinessig etwa mit frischen Kräutern.

△ KAPERNERNTE auf Salina, einer der Liparischen Inseln vor der Nordküste Siziliens. Im Hochsommer werden hier die Kapernknospen in Handarbeit gepflückt. Bleiben die Knospen ▷ dagegen am Strauch, entfalten sie sich zu solch filigranen Blüten – aber nur für einen Tag, dann ist die Pracht vorbei.

# Kape

## und Senf verleihen vielen Gerichten erst die gewünschte pikante Note.

Mediterrane Spezialitäten: Links oben im Glas KAPERNFRÜCHTE, davor KAPERN IN SALZ eingelegt. Unten sind verschiedene Kaperngrößen abgebildet – mit ihren französischen Bezeichnungen, die sich international als gängige Handelsgrößen eingebürgert haben.

Kapern, engl. capers, frz. câpres, ital. capperi, span. alcaparras, sind die noch geschlossenen Blütenknospen des im Mittelmeerraum heimischen Kapernstrauchs *(Capparis spinosa)*. Nach der Ernte werden die Knospen entsprechend ihrer Größe sortiert und müssen über Nacht kurz welken, bevor sie eingesalzen und eventuell noch in Essig oder Öl eingelegt werden. Erst durch das Salzen entfalten die Knospen übrigens ihren typischen herb-würzigen bis scharfen Geschmack, der bei nicht weiter behandelten Kapern auch am reinsten erhalten bleibt. Kapern in Salz sind für italienische oder spanische Gerichte unabdingbar – sauer

Capottes
Capucines
Mifines
Fines
Surfines

# ern

eingelegte würden hier das Aroma verfälschen. Gute Kapernqualitäten zeichnen sich generell durch vollständig geschlossene Knospen aus. Als Faustregel gilt darüber hinaus: Je kleiner, desto feiner sind sie im Geschmack, je größer, desto würziger. Und noch ein Tipp für die Zubereitung: In Salz eingelegte Kapern sollte man vor der Verwendung 10 Minuten wässern oder zumindest kurz abbrausen, damit das überschüssige Salz entfernt wird. Werden die Kapernknospen nicht geerntet, entwickeln sich daraus Früchte, die in Frankreich als cornichons du câprier auf den Markt kommen, in Italien capperoni und in Spanien alcaparrónes heißen. Würzig eingelegt, reicht man sie gern mit Oliven als Snack.

Speise- oder Tafelsenf, engl. mustard, frz. moutarde, ital. senape, span. mostaza, wiederum wird aus kleinen gelblichen bis braunen Samen verschiedener Kreuzblütler hergestellt, nämlich denen des Weißen oder Gelben Senfs *(Sinapis alba)*, des Schwarzen oder Braunen Senfs *(Brassica nigra)* oder des Sarepta-Senfs *(Brassica juncea)*. Der typische scharfe Senfgeschmack entsteht erst durch eine chemische Reaktion, die bei Zugabe von Flüssigkeit eintritt: Die – für die einzelnen Speisesenfsorten unterschiedlich stark zerstoßenen oder zermahlenen – Senfsamen rührt man daher entweder einfach mit Wasser, wie es beispielsweise in England üblich ist, oder aber mit Essig, Wein, Bier, Most aus unreifen Trauben, ja sogar mit Champagner an.

Da Senfsamen bis zu 35 % Öl enthalten, werden sie vor der Verarbeitung meist mehr oder weniger stark entölt. Dabei gilt: Je weniger Öl im Senf verbleibt, desto länger ist er haltbar und desto kräftiger ist die daraus hergestellte Paste. Diese kann durch Zugabe von Gewürzen und Kräutern abgeschmeckt werden; in den USA aromatisiert man Tafelsenf zusätzlich gern noch mit Chili, Kurkuma und Knoblauch.

Seit der Antike sind die unscheinbaren Senfsamen hoch geschätzt – nicht nur wegen ihrer Würzkraft, sondern auch, weil sie verdauungs- und durchblutungsfördernd wirken.

WEISSWURSTSENF aus grob gemahlenen weißen Senfsamen. Brauner Zucker verleiht ihm eine milde Süße.

ALTBAYERISCHER SÜSSER SENF. Meerrettich sorgt für die angenehme Schärfe, Wacholder für Würze.

MOUTARDE AU POIVRE VERT, eine französische Spezialität mit aromatischem grünem Pfeffer und Weißwein.

MITTELSCHARFER SENF ist die meistverzehrte Sorte in Deutschland. Klassisch zu Brat- oder Wiener Würstchen.

KRÄUTERSENF. Mittelscharf, aus fein gemahlenen weißen Senfsamen, mit Dill, Kerbel, Estragon und Petersilie.

ESTRAGONSENF verdankt frischen Estragonblättern seine schöne Farbe und seinen typischen Geschmack.

MOUTARDE BRUNE aus schwarzem Senf, mit »fines herbes«, der typisch französischen Kräutermischung.

DIJON-SENF. Scharf, aber fruchtig, weil dieser Senf traditionell mit Most aus unreifen Trauben angerührt wird.

MOUTARDE DE MEAUX aus grob gemahlenen schwarzen Senfsamen, mit Essig und Gewürzen abgeschmeckt.

Nonpareilles

# O

KLEINE, SCHWARZE OLIVEN aus der Provence. Weich im Fruchtfleisch, leicht bitterer Nachgeschmack.

MARMARA-OLIVEN, mittelgroße, mittelfeste, sehr dunkle Sorte aus der Türkei. Angenehmer Olivenölgeschmack.

MITTELGROSSE GRÜNE OLIVEN aus Italien. Herb-frisch und leicht bitter im Geschmack, festes Fruchtfleisch.

Schwarze RIVERA-OLIVEN aus Portugal. Relativ kleine, sehr milde Früchte mit weichem Fruchtfleisch.

QUEENS-OLIVEN aus Spanien: sehr große, helle und weichfleischige Früchte, hier sauer eingelegt.

ARBEQUINA-OLIVEN aus Spanien. Kleine, weichfleischige Früchte mit fruchtig-herbem Geschmack.

GRÜNE OLIVEN aus Griechenland, eingelegt in Morea-Olivenöl, mit Zitrone und Oregano gewürzt.

GRÜNE MANZANILLA-OLIVEN aus Spanien, entsteint und mit Paprika gefüllt. So sind sie ein beliebter Snack.

SCHWARZE MAMMUTOLIVEN aus Griechenland. In eine säuerliche Marinade eingelegt, mit Kräutern gewürzt.

Nicht nur als Ölfrucht hat die Olive, engl. und frz. olive, ital. oliva, span. oliva oder aceituna, ihre Bedeutung – viele mediterrane Gerichte verlangen auch nach den nahrhaften Früchten selbst. Beliebt sind sie rund ums Mittelmeer überdies als Vorspeise oder Snack.
Wer jedoch Oliven, die sich während der Reife von Grün über Violett zu Schwarz verfärben, direkt vom Baum essen wollte, wäre im wahrsten Sinn des Wortes bitter enttäuscht: Erst ein Bad in Salzlake oder Natronlauge entzieht den Früchten die Bitterstoffe. Danach werden sie abgespült und kommen in frische Salzlake oder in Öl, das man nach Belieben mit Zutaten wie Essig, Zitrone, Kräutern oder Knoblauch würzt. Haltbar gemacht werden Oliven durch Essig- oder Milchsäure (die durch spontane Gärung der Früchte entsteht) oder durch Sterilisieren. Eine Besonderheit sind die – anders, als der Name vermuten lässt, meist in Frankreich oder Nordafrika hergestellten – Oliven à la grecque: Hierfür werden die Früchte mehrfach eingestochen und trocken gesalzen.

SCHWARZE OLIVENPASTE aus entsteinten schwarzen Oliven, mit Sardellen, Knoblauch, Kapern und Öl püriert. In der Provence unter dem Namen »Tapenade« bekannt.

GRÜNE OLIVENPASTE. Aus entsteinten, pürierten grünen Oliven, die mit Salz und Pfeffer gewürzt und mit feinem Olivenöl zu einer streichfähigen Masse verrührt wurden.

Ob grün oder schwarz
ist keine Frage der Sorte,
sondern eine der Reife.
Ob pur oder würzig eingelegt,
ist dann allerdings
eine Frage des Geschmacks.

# liven

HOJIBLANCA-OLIVEN aus Spanien. Das Fruchtfleisch wurde geschwärzt. Wenig ausgeprägter Geschmack.

SCHWARZE OLIVEN aus Griechenland, extra groß. Sehr weiches Fruchtfleisch, fruchttypischer, feiner Geschmack.

GRÜNE MANZANILLA-OLIVEN aus Israel. Relativ kleine, mittelfeste Früchte; herber, leicht bitterer Geschmack.

SCHWARZE ARAGON-OLIVEN aus Spanien. Mittelgroße, sehr weiche Früchte, leicht seifiger Geschmack.

GROSSE GRÜNE OLIVEN aus Frankreich, mit Provence-Kräutern, Peperoni und Knoblauch eingelegt.

NIZZA-OLIVEN aus Frankreich, sehr klein und festfleischig. Hier in eine kräuterwürzige Marinade eingelegt.

KALAMATA-OLIVEN aus Griechenland. Große, feste, mandelförmige Früchte mit herbem Nachgeschmack.

SCHWARZE OLIVEN À LA GRECQUE aus Marokko. Typisch ist die schrumpelig wirkende Oberfläche der Früchte.

WEISSER KNOBLAUCH. Ein untrügliches Merkmal für die Frische dieser Exemplare sind die saftig-grünen Stiele. Frischer Knoblauch ist jedoch nur begrenzt haltbar.

ROTER KNOBLAUCH, GETROCKNET – unterscheidet sich in Aroma und Verwendung nicht vom weißen. Besonders milde oder scharfe Sorten werden im Handel gekennzeichnet.

GERÄUCHERTER KNOBLAUCH zeichnet sich durch einen milden Rauchgeschmack aus. Verwendet werden kann er überall dort, wo ein solcher zusätzlich gewünscht ist.

PERLKNOBLAUCH *(Allium vineale)*, auch Weinberglauch genannt, besitzt silbrig glänzende, zarte Zwiebelchen mit einem leicht bitteren Geschmack.

BÄRLAUCH *(Allium ursinum)* lässt sich nur frisch verwenden, da die Blätter beim Erhitzen stark an Aroma verlieren. Bärlauch besitzt einen intensiven, knoblauchartigen Geruch.

SOCIETY GARLIC *(Tulbaghia violacea)* gehört zwar nicht zu den Allium-Arten, doch besitzt auch er einen leichten Knoblauchgeschmack, dazu eine kresseähnliche Schärfe.

KNOBLAUCH VERARBEITEN:

Zunächst die Zehen schälen: Das harte Ende und die Spitze der Zehe abschneiden. Dann die Schale abziehen.

Bei älteren Zehen den Keim entfernen, er schmeckt scharf und bitter. Die Zehen dazu der Länge nach halbieren.

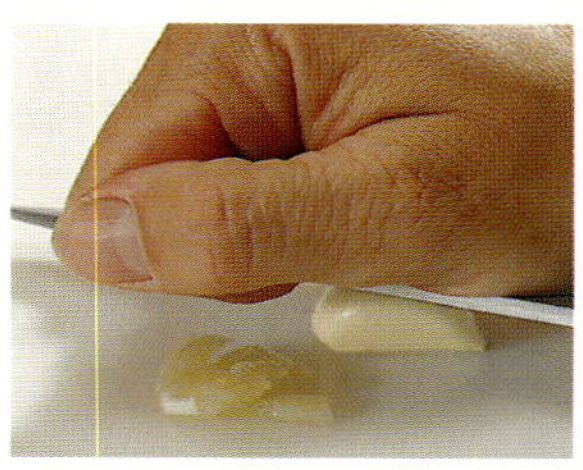

Will man viele Zehen schnell zerkleinern, diese am besten mit einer breiten Messerklinge zerdrücken.

Mit der Knoblauchpresse lassen sich die Zehen mühelos zerkleinern, selbst, wenn noch Schalenreste anhaften.

Knoblauch (*Allium sativum* var. *sativum*), engl. garlic, frz. ail, span. ajo, ital. aglio, ist eine der ältesten Kulturpflanzen. Verwendet werden von ihm allein die Zwiebeln, die botanisch gesehen keine Knollen sind, sondern eng nebeneinander stehende, verdickte Blätter. Deren Geruch und Geschmack gehen auf schwefelhaltige Verbindungen zurück, die auch für die berüchtigte »Knoblauchfahne« nach dem Verzehr verantwortlich sind. Darüber hinaus enthalten die Zehen die Vitamine A, $B_1$, $B_2$ und C, wichtige Mineralien sowie Stoffe, die stark antibakteriell wirken, Blutdruck und Blutfettwerte senken und die Herzkranzgefäße stärken können – geradezu ein medizinischer Alleskönner also.

Im Geschmack harmoniert Knoblauch ganz hervorragend mit Fleisch, Eintopf- und Bohnengerichten, eingelegtem Gemüse oder mit Salaten und Saucen. Wird er angebraten, sollte man ihn nicht zu dunkel werden lassen, sonst schmeckt er bitter. Zwar verliert Knoblauch beim Garen an Intensität; wer den Geschmack jedoch sowieso eher dezent mag, greift am besten zu den milderen frischen Zehen. Grundsätzlich gilt all dies auch für andere Alliumarten, doch werden hier meist – vor allem bei den asiatischen Gewächsen – statt der Zehen die Blätter verwendet.

# Allium

## Die aromatischen Vertreter aus der Familie der Liliengewächse zählen zu den wichtigsten Würzzutaten.

CHINESISCHER LAUCH *(Allium odorum)* oder Großblättriger Schnittlauch, beheimatet in den gemäßigten Breiten Asiens, besitzt breitere, größere Blätter als der Schnittknoblauch und ist intensiver im Geschmack als dieser. Chinesischer Lauch ist wie seine Verwandten für den Frischverzehr bestimmt und lässt sich nur schlecht trocknen.

SCHNITTKNOBLAUCH *(Allium tuberosum)*, auch Chinesische Zwiebel, Chinesischer Lauch oder Nira genannt, engl. chinese chive, frz. ciboulette chinoise. Die Blätter liegen geschmacklich zwischen Schnitt- und Knoblauch. Als Delikatesse gelten in Asien auch die noch geschlossenen Blütenknospen mit ihrem honigartigen Aroma.

RAKKYO *(Allium chinense)*, auch Schnittlauch-Knoblauch genannt. Die kleinen Zwiebeln werden gern eingelegt, die Blätter und zarten Blütenstängel dagegen mitgekocht oder roh verzehrt. Die Blätter mit dem milden Knoblaucharoma sind etwa 40 cm hoch und 1 cm breit.

SCHNITTLAUCH *(Allium schoenoprasum)*, engl. chive, frz. cive, civette, ciboulette, ital. cipollina, span. cebollino. Die hohlen grünen, glatten Blätter haben einen lauchartigen Geschmack sowie einen hohen Vitamin-C-Gehalt und sollten, um diesen zu bewahren, nicht erhitzt werden.

Die WINTERHECKZWIEBEL *(Allium fistulosum)* – engl. welsh onion, frz. ciboule, oignon d'hiver – ist eine wintergrüne Pflanze, die an Lauch erinnert. Vor allem werden die Blätter verwendet, die schnittlauchähnlich schmecken. Besonders in den Küchen des Fernen Ostens sind sie sehr beliebt.

ROCAMBOLE (*Allium sativum* var. *ophioscordum*), auch Schlangenknoblauch oder Italienischer Knoblauch genannt, ist eine kleine und überaus zarte Knoblauchvarietät, von der alle Pflanzenteile verwendet werden können. Die am Stiel entstehenden Brutzwiebeln werden wie Perlzwiebeln mariniert.

# Kräuter

## Die frischen Grünen mit intensivem Aroma – für die feine Küche unverzichtbar.

PETERSILIE (*Petroselinum crispum* convar. *crispum*) ist das wohl bekannteste Küchenkraut weltweit. Glatte Petersilie (hier im Bild) schmeckt aromatischer und milder als die krause Variante, allerdings ist sie nicht so robust wie diese.

Wer das Glück hat, in seinem Garten ein Stück für den Anbau von Kräutern reservieren zu können, sollte das unbedingt nutzen. Denn für die kreative Küche gibt es kaum etwas Besseres als eine reiche Auswahl an frischem, würzigem Grün. Und hat man keinen Garten, lassen sich viele Kräuter schließlich auch in Balkonkästen oder in Töpfen ziehen. Ein paar Blättchen hiervon, ein paar Stängel davon, etwas Petersilie über den Salzkartoffeln oder einige Streifen Basilikum auf der Tomate – schon bekommen auch die einfachsten Speisen zusätz-

WALDMEISTER *(Galium odoratum)* hat einen ausgeprägten, würzig-bitteren Geschmack, der in Verbindung mit Zucker gut zur Geltung kommt. Für Süßspeisen und Maibowle.

ROSMARIN *(Rosmarinus officinalis)* wird frisch und getrocknet verwendet. Weihrauch-kampferähnlicher, herb-bitterer Geschmack. Zu hellem Fleisch und mediterranem Gemüse.

lichen Pfiff. Und für alle, die darauf achten müssen: Verwendet man üppig frische Kräuter als Würzmittel, kann man bei den meisten Speisen die Salzdosis reduzieren.

Um über die »kräuterlose« kalte Jahreszeit hinwegzukommen, gibt es verschiedene Möglichkeiten, darunter Trocknen, Tiefkühlen oder Einlegen. Doch nicht jedem Kraut bekommt jede dieser Methoden. Nicht alle Kräuter lassen sich trocknen; gut geht's vor allem mit Majoran, Oregano, Bohnenkraut, Zitronenmelisse, Ysop, Liebstöckel, Thymian oder Rosmarin; Majoran und Thymian steigern dabei sogar noch ihre Würzkraft. Das Tiefkühlen dagegen funktioniert bei fast allen Kräutersorten. Dazu zerkleinert man die Blätter und friert sie in kleinen Behältern oder Beuteln ein – nach Sorten getrennt oder bereits fertig gemischt –, oder man füllt sie in Eiswürfelschalen, übergießt sie mit Wasser und verpackt dann die gefrorenen Würfel einzeln. In beiden Fällen müssen sie vor der Verwendung nicht auftauen. Von den traditionellen Methoden des Einlegens in Salz, Essig oder Öl ist die Letztere die geschmacklich »neutralste«: Kräuter, die zwischen Salzschichten – Faustregel: 4 Teile Kräuter auf 1 Teil Salz – aufbewahrt werden, büßen an Aroma ein und können wegen des hohen Salzanteils nur sparsam verwendet werden. Konserviert man sie in Essig, bringen sie später eine Säure mit, die nicht für alle Speisen erwünscht ist. Beim Öl dagegen muss man lediglich darauf achten, dass man eine Sorte wählt, die nicht zu schnell ranzig wird.

ESTRAGON *(Artemisia dracunculus)* hat einen markanten feinwürzigen, herben Geschmack. Sein volles Aroma entfaltet er beim Kochen. Für Buttermischungen, Senf und Essig.

STRANDBEIFUSS, Meerwermut *(Artemisia maritima)* bildet silbriggraue Teppiche auf den Salzwiesen der Nordseeküste. Das Aroma erinnert an Curry und Kresse.

BOHNENKRAUT *(Satureja hortensis)* ist stark aromatisch. Sein pfeffrig-würziger Geschmack erinnert an Thymian und Oregano. Für Gerichte mit Hülsenfrüchten, Fleisch und Fisch.

WERMUT *(Artemisia absinthium)*, extrem bitter im Geschmack. Zu fettem Fleisch und Wild. Wichtig für die Herstellung von Likören und Kräuterweinen; verdauungsfördernd.

WINTERBOHNENKRAUT *(Satureja montana)* hat ein kräftigeres Aroma als *Satureja hortensis*. Die Blätter sind fest, fast hart und etwas spröde, man entfernt sie nach dem Kochen.

BEIFUSS, Wilder Wermut, Gänsekraut (*Artemisia vulgaris* var. *vulgaris*). Feinherbes Aroma, an Minze und Wacholder erinnernd. Passt gut zu Gänse-, Enten- oder Schweinefleisch.

EPAZOTE (*Chenopodium ambrosoides* var. *ambrosoides*) hat ein zartes Zitrusaroma. In Mexiko würzt das Kraut schwarze Bohnengerichte und Quesadillas, mit Käse gefüllte Tortillas.

KRAUSE PETERSILIE wird gerne zum Dekorieren von Speisen verwendet. Mit ihrem hohen Gehalt an Vitaminen und Mineralstoffen ist sie ernährungsphysiologisch sehr wertvoll.

KERBEL (*Anthriscus cerefolium* var. *cerefolium*) zeichnet sich durch einen zartwürzigen, süßlich frischen, leicht anisartigen Geschmack aus, der zu Fisch, Kartoffeln und Salaten passt.

# Schon ihr Duft ist voller Würze: Majoran, Oregano & Basilikum.

OREGANO *(Origanum vulgare)* mit feinstem Aroma kommt aus den Karstgebieten rund um das Mittelmeer: würzig und aromatisch.

OREGANO erntet man, wenn er in voller Blüte steht. Verwendet werden die Blätter der oberen Stängelteile.

GRIECHISCHER OREGANO *(Origanum heracleoticum)*, »rigani«. Scharfer, kräftiger Geschmack, thymianähnlich.

MEXIKANISCHER OREGANO *(Lippia graveolens)* ist hocharomatisch. Oft Bestandteil von Gewürzmischungen.

CUNILA *(Cunila origanoides)*, engl. American stonemint. Die Blätter können wie Oregano verwendet werden.

KLEINBLÄTTRIGER OREGANO *(Origanum microphyllum)*. Zierliche Variante des Originals mit mildem Aroma.

KRETA-MAJORAN *(Origanum dictamnus)* ist geschmacklich milder, samtiger als der Griechische Oregano. Für Tees.

BASILIKUM blüht meist weiß, zuweilen auch rosa-violett (im Bild die Sorte 'Ararat').

MAJORAN *(Origanum majorana)* wird geerntet, bevor sich die prallen Blütenknospen öffnen, da die Pflanze zu diesem Zeitpunkt das beste Aroma entfaltet. Die Blätter lassen sich sehr gut trocknen. Ideal in der Kombination mit Knoblauch und Zwiebeln.

BASILIKUM *(Ocimum basilicum)* ist weltweit eines der beliebtesten Kräuter. Sein pfeffrig-würziger, etwas süßlicher, leicht kühlender Geschmack harmoniert perfekt mit Tomaten und Knoblauch.

DARK OPAL, die rotblättrige Form des Basilikums, hat ein leicht an Nelken erinnerndes Aroma.

GRÜNES, KRAUSES BASILIKUM. Das Kraut besitzt große Blätter, die sich gut zum Dekorieren von Speisen eignen.

ROTES, KRAUSES BASILIKUM hat ebenfalls große, allerdings dunkelrote Blätter und tiefrosa Blüten.

ANISBASILIKUM wird im Iran, Thailand und Vietnam vor allem als Gewürz für Süßspeisen eingesetzt.

WILDES BASILIKUM *(Ocimum canum)* ist eine robuste Pflanze mit pimentähnlichem Aroma.

GRÜNES TULSI *(Ocimum sanctum)* hat rötlich violette Stängel und Adern. Aromatisch mit würzigem Duft.

GRÜNES BUSCHBASILIKUM (*Ocimum basilicum* var. *minimum*) aus Griechenland. Kleine Blätter, kräftiges Aroma.

ROTES BUSCHBASILIKUM ist eine rotblättrige Varietät und Rarität aus den USA. Sie wächst in kompakter Form.

THAI-BASILIKUM sieht ähnlich aus wie Anisbasilikum, doch seine Blütenstände sind eher rot als purpurfarben.

ZITRONENBASILIKUM (*Ocimum basilicum* var. *citriodorum*). Erfrischend zitroniger Duft. Für Blatt-, Tomatensalate.

FINO VERDE. Seine Blätter sind nicht so gewellt wie die anderer Varietäten. Hervorragend für Pesto geeignet.

NEAPOLITANISCHES BASILIKUM. Vom Aroma her eine der besten Sorten. Die Blätter können handgroß werden.

MEXIKANISCHES GEWÜRZBASILIKUM. Es wird auch Zimtbasilikum genannt. Süßes, intensives Aroma.

KAMPFERBASILIKUM *(Ocimum kilimandscharicum)*. Strenger Geruch nach Kampfer. Für Kräutermischungen.

BUBIKOPF-BASILIKUM. Eine Kulturform des Griechischen Buschbasilikum mit kleinen Blättern.

Nicht nur geschmacklich, auch botanisch eng verwandt sind die zu den Lippenblütlern (Labiataceae) zählenden Kräuter Majoran – engl. marjoram, frz. marjolaine, ital. maggiorana, span. mejorana – und Oregano, auch Origano, Dost oder Wilder Majoran genannt, engl. oregan, frz. origan, ital. origano und span. orégano. Von diesen beiden Kräutern können frische wie getrocknete Blätter verwendet werden, sie passen gut zu gegrilltem Fleisch. Getrockneter, gerebelter Oregano ist darüber hinaus weltweit »das Pizza-Gewürz« schlechthin und macht sich auch in Verbindung mit Tomaten, etwa in Pastasaucen, ganz hervorragend. Während sich Majoran – darauf weisen die volkstümlichen deutschen Namen Wurst- oder Bratenkraut hin – für Leberwurst, deftige Schweinebraten und Eintöpfe mit gepökeltem Fleisch und Hülsenfrüchten gut eignet.

Basilikum, das »königliche« Kraut – engl. basil, frz. basilic, ital. basilico, span. albahaca –, stammt aus Vorderindien und wird heute weltweit angebaut. In kühleren Regionen ist die kälteempfindliche Pflanze einjährig, da sie Temperaturen unter 10 °C über eine längere Zeit nicht verträgt. Schön buschig wächst das Kraut, wenn man keine Einzelblätter, sondern ganze Triebspitzen erntet. Die Blätter verwendet man am besten frisch; bei längerem Erhitzen verfliegt nämlich ein Gutteil des charakteristischen Aromas, daher Basilikum immer erst gegen Ende der Garzeit zufügen. Das Trocknen bekommt dem Kraut ebenfalls nicht gut und verändert das Aroma; dieses bleibt besser erhalten, wenn man die Blätter, mit etwas Salz bestreut und mit hochwertigem Olivenöl bedeckt, in verschlossenen Gläsern aufbewahrt.

SALBEI *(Salvia officinalis)* ist am aromatischsten, wenn man die Blätter erntet, bevor sich die blauen Blüten öffnen.

GRIECHISCHER SALBEI *(Salvia triloba)* schmeckt bitter, sein würzig-frisches Aroma liegt zwischen Echtem und Muskatellersalbei. In Griechenland getrocknet zur Teebereitung.

MUSKATELLERSALBEI *(Salvia sclarea)* schmeckt leicht bitter, jedoch nicht typisch nach Salbei. Er würzt Eier-, Süßspeisen sowie Tees und aromatisiert Wermutweine.

DALMATINISCHER SALBEI (*Salvia officinalis* ssp. *major*). Süßlich feiner Salbeigeschmack. Sein frisches Aroma ist angenehm mild. Er ist der »Gourmet-Salbei« schlechthin.

PURPURSALBEI (*Salvia officinalis* var. *purpurascens*). Intensiver Salbeigeschmack. Pelzige Blätter, die wie grüner Salbei verwendet werden. Schmeckt auch gut als Tee.

DREIFARBIGER SALBEI, Tricolor *(Salvia officinalis* var. *tricolor).* Der attraktive Buntblättrige Salbei schmeckt leicht bitter und zugleich mild. Kann fettes Fleisch und Fisch würzen.

ANANASSALBEI *(Salvia rutilans)* duftet verführerisch nach Ananas, doch der Geschmack hält nicht, was der Duft verspricht. Aber sehr angenehmes Aroma für Fisch und Salat.

WEISSBLÜHENDER SALBEI ist eine der vielen Varietäten, die es von diesem Kraut gibt.

Aus dem Mittelmeerraum stammen sie beide, Salbei, engl. sage, frz. sauge, ital. und span. salvia, ebenso wie Thymian – engl. thyme, frz. thym oder farigoule, ital. timo, span. tomillo. Daher verwundert es weiter nicht, dass beides wärmeliebende Pflanzen sind, die auch schon einmal ein wenig Trockenheit vertragen können und keinen allzu fetten Boden brauchen. Beide lassen sich übrigens nicht nur an sonnigen Stellen im Garten, sondern auch in Töpfen oder Kästen sehr gut ziehen.

Bereits in der Antike wurden Salbei und Thymian genutzt, zum Aromatisieren von Speisen, aber auch als Heilpflanzen. Seit dem Mittelalter baut man sie auch nördlich der Alpen an,

THYMIAN aus der Haute Provence. Er entwickelt unter der südlichen Sonne ein kräftiges Aroma.

# Salbei und Thymian: die beliebten Mediterranen mit dem kräftigen Aroma.

Die Blätter des GARTENTHYMIANS *(Thymus vulgaris)* erntet man am besten kurz vor der Blüte.

inzwischen züchtet man sie weltweit. Heute gibt es von beiden unterschiedlichste Sorten, die in Geschmack und Aussehen deutlich voneinander abweichen können. Jeweils einige Varietäten werden hier vorgestellt. Generell würzen schon kleine Mengen beider Kräuter recht intensiv; entsprechend vorsichtig sollten sie dosiert werden. Während Thymian frisch und getrocknet gleichermaßen gut verwendbar ist, ist diese Konservierungsmethode bei Salbei nicht so ideal: Er bekommt dadurch ein harzartiges, »medizinisches« Aroma. Besser, man bestreicht die Blätter mit Öl und friert sie, schichtweise zwischen Folie gelegt, ein.

GARTENTHYMIAN schmeckt würzig scharf. Je stärker die Sonne scheint, desto intensiver wird sein Aroma.

ORANGENTHYMIAN *(Thymus fragrantissimus)*. Fruchtiges, orangenähnliches Aroma, gut zu Süßspeisen oder als Tee.

Als SILBERTHYMIAN werden Varietäten von Echtem und Zitronenthymian bezeichnet, die weißbunte Blätter haben.

FELDTHYMIAN, Wilder Thymian *(Thymus serpyllum)* hat eine geringere Würzkraft als Echter Thymian.

ZITRONENTHYMIAN (*Thymus* x *citriodorus*). Intensiver zitronenartiger Duft. Würzt Fisch, Eier, Rahmsaucen, Lamm.

KÜMMELTHYMIAN *(Thymus herbabarona)*. Würziges Aroma, erinnert an Kümmel, Kreuzkümmel. Zu Rindfleisch.

JAMAIKATHYMIAN, grün *(Coleus amboinicus)*. Ausgeprägtes, delikates, mildes Thymianaroma. Passt zu Salaten.

JAMAIKATHYMIAN, WEISSBUNT. Diese dekorative Form hat einen herberen Geschmack, tendiert zu Oregano.

# Kräuter für Salate und Gemüse: Gerade die weniger Beachteten sollte man dafür nicht verschmähen.

BEINWELL *(Symphytum officinale)*. Zum Würzen werden die vor der Blüte geernteten, leicht süßlichen Blätter frisch oder getrocknet genutzt. Verwendung wie Borretsch.

LIEBSTÖCKEL *(Levisticum officinale)*. Das Kraut sollte man mit Vorsicht dosieren, denn sein Geschmack nach Sellerie und »Maggi« ist ausgesprochen intensiv.

SCHNITTSELLERIE (*Apium graveolens* var. *secalinum*). Seine Blätter ähneln denen der glatten Petersilie und lassen sich gut trocknen. Sie schmecken kräftig nach Sellerie.

Vom BORRETSCH *(Borago officinalis)* finden nicht nur die gurkenähnlich würzig schmeckenden Blätter, sondern auch die essbaren hübschen lila Blüten Verwendung. Legt man diese in Essig ein, verleihen sie ihm eine blaue Farbe.

Für Salate sollte man ausschließlich junge Blätter der BRENNNESSEL *(Urtica dioica)* wählen; ältere enthalten einen unangenehm hohen Anteil an Gerbstoffen.

BRUNNEN-, WASSERKRESSE *(Nasturtium officinale)*. Herbpikant, rettichartig. Nur aus einwandfrei sauberen Gewässern pflücken und gut waschen. Sparsam für Salate verwenden.

AUSTERNPFLANZE *(Mertensia maritima)*, eng mit Borretsch verwandt. Schmeckt delikat nach Austern, leicht salzig-würzig. Als Zutat in Salaten, Rohkost oder Brotaufstrichen.

LÖFFELKRAUT *(Cochlearia officinalis)*, leicht salzig, scharfbeißend und kresseartig. Kann sparsam für Salate, Saucen und Kartoffelgerichte verwendet und mitgegart werden.

Manche Kräuter nehmen eine Mittelstellung ein zwischen echten Würzkräutern und »richtigem« Blattgemüse. Da sie im Aroma meist nicht so kräftig sind, dass sie geschmacklich zu stark dominieren würden, kann man sie solo wie gemischt als Salat oder Gemüse zubereiten. Und was könnte ein schönerer kulinarischer Auftakt in den Frühling sein als ein herbfrischer, knackiger Salat aus selbst gepflückten Wildkräutern, eine erfrischende Sauerampfersuppe oder eine pikante Kressesauce?
Vom delikaten Geschmack einmal ganz abgesehen, tut man sich damit auch in Sachen Gesundheit etwas Gutes, enthalten doch viele solcher Kräuter wichtige Mineralstoffe sowie Vitamine – allen voran Vitamin C –, und sie wirken günstig auf den Stoffwechsel: die reinste Frühjahrskur aus der Salatschüssel also. Gute Beispiele für solche »gehaltvollen« Kräuter sind etwa Löwenzahn, Löffelkraut, Portulak (bei seiner Verwendung mit Salz vorsichtig umgehen; Portulak bringt unter Umständen bereits genügend davon mit) oder Sauerampfer.

Blätter und Blüten der KAPUZINERKRESSE *(Tropaeolum majus)*, die sich hervorragend auch als Zierpflanze in Balkonkästen macht, schmecken scharf und leicht pfeffrig.

BRUNNENKRESSE bereitet man in Asien mitsamt den langen Wurzeln als Gemüse zu.

PORTULAK (*Portulaca oleracea* ssp. *sativa*). Erfrischender, säuerlich salziger Geschmack. Frisch zu verwenden.

PIMPINELLE (*Sanguisorba minor* ssp. *minor*). Eigenwilliges, mildes Aroma, ideal mit Essig und Zitronensaft.

GARTENKRESSE (*Lepidium sativum* ssp. *sativum*). Kräftig-würziger, pikant-scharfer Geschmack. Roh verwenden.

BISTORT, Wiesenknöterich *(Polygonum bistorta)*. Milder Geschmack. Stängel und Blätter wie Spinat zubereiten.

RAUKE (*Eruca vesicaria* ssp. *sativa*). Erfrischend scharf, senfartig, mit charakteristischem Aroma.

Von diesen Kräutern sollte man die jungen, zarten Blätter bevorzugen und diese ernten, bevor die Pflanzen zu blühen beginnen; beim Löwenzahn etwa enthalten die Blätter vor der Blüte noch nicht so viele Bitterstoffe. Auch junge Brennnesselblätter kann man zu den Salatkräutern zählen; sie verlieren ihre »Brennwirkung«, sobald sie leicht angewelkt oder mit Wasser überbrüht worden sind. Wen die Härchen auf den frischen Blättern stören, der kann diese auch zwischen Küchentücher legen und mit dem Nudelholz kurz darüber rollen. Brennnesseln schmecken im Salat ebenso gut wie als eigenständiges Gemüse – zubereiten lassen sie sich in diesem Fall wie Spinat.

Findet man die entsprechenden Kräuter und »Unkräuter« nicht im eigenen Garten, kann man sie im Frühling auch selbst sammeln, sollte dabei allerdings Pflanzen, die neben viel befahrenen Straßen und auf intensiv bewirtschafteten, überdüngten Wiesen wachsen, lieber meiden. Löwenzahn, Sauerampfer und Portulak aus Kulturen sind in ihrer jeweiligen Saison auch im Marktangebot zu finden; ganzjährig ist inzwischen die Senf- oder Ölrauke im Handel, die unter ihrem italienischen Namen Rucola Karriere gemacht hat.

Anmachen kann man einen gemischten Kräutersalat mit einem einfachen Dressing aus kalt gepresstem Öl und gutem Wein- oder Balsamessig, eventuell mit ein paar klein gehackten Schalotten gewürzt, aber auch mit einer Salatsauce auf Joghurtbasis. Und wer's ganz ausgefallen liebt, reichert seinen Kräutersalat mit einigen essbaren Blüten an – besonders attraktiv machen sich die pfeffrigen gelben, orangefarbenen oder roten der Kapuzinerkresse oder die aparten blau-lila Blütensterne des Borretsch. Hart gekochte, fein gewürfelte Eier oder in Stückchen geschnittene Oliven ergänzen einen erfrischenden Kräutersalat geschmacklich ebenfalls ganz hervorragend.

SAUERAMPFER *(Rumex rugosus)* ist mit seinem zitronenähnlichen Aroma beliebt für Suppen und Salate.

STEINKLEE, Honigklee *(Melilotus officinalis)*. Unaufdringlich frisch, duftet ganz leicht nach Waldmeister. Für Tees.

GLÜCKSKLEE *(Oxalis deppei)*. Die Blätter und die rübenförmigen Wurzeln können auch gekocht verzehrt werden.

RÖMISCHER AMPFER *(Rumex scutatus)*. Blätter, Sprosse intensiv zitronensauer, weniger bitter als Sauerampfer.

GÄNSEFINGERKRAUT *(Potentilla anserina)*, erfrischend bitter. Für Salate nur in geringen Mengen verwenden.

WEINRAUTE *(Ruta graveolens)*. Würzig-scharf, leicht bitter. Passt zu Eiern, Käse, Wild. Traditionell für Grappa.

RHABARBER *(Rheum rhabarbarum)*. Die Blätter liefern ein interessantes Salatgemüse. Hoher Oxalsäuregehalt.

GUNDERMANN *(Glechoma hederacea)*. Bitter, leicht scharf, herb. Verströmt einen minzeartigen Geruch.

LÖWENZAHN *(Taraxacum officinale)*. Bitter. Harmoniert gut mit Salatdressings aus Walnussöl und Rotweinessig

YSOP (*Hyssopus officinalis* ssp. *officinalis*) ist ein echtes Fleischgewürz. Leicht bitter, minzig-erfrischend, würzig.

KOREANISCHE MINZE *(Agastache rugosa).* Im Aussehen dem Anisysop ähnlich, schmeckt jedoch nach Minze.

EDELMINZE, Österreichische Minze (*Mentha* x *gentilis*). Glatte Blätter, mildes, leicht parfümiertes Aroma.

SPEARMINT *(Mentha spicata),* beliebteste Minze in England. Wird zu Minzsauce für Lammgerichte verarbeitet.

ANISYSOP *(Agastache anisata).* Das Aroma erinnert an Lakritze und Anis. Gut für Kräutertees und Süßspeisen.

LEMONYSOP *(Agastache mexicana).* Die Blätter werden wie Estragon zu säuerlichen Speisen verwendet.

MAROKKANISCHE MINZE (*Mentha spicata* var. *crispa*). Süßer, kühlender Geschmack. Für Tees und Fleischgerichte.

ORANGENMINZE (*Mentha* x *piperita* var. *citrata*) enthält kein Menthol. Ihr Aroma erinnert an Bergamotte.

KATZENMINZE *(Nepeta cataria).* Übt auf Katzen eine magische Wirkung aus. In Frankreich zum Würzen von Salaten.

ANANASMINZE (*Mentha suaveolens* var. *variegata*). Weiß gefleckte, haarige Blätter mit fruchtigem Aroma.

NANEMINZE, Türkische Minze (*Mentha spicata* var. *crispa*). Kümmelähnlicher Geschmack, stark gekrauste Blätter.

SILBERMINZE *(Mentha longifolia).* Ihre langen, schmalen, dicht filzigen Blätter verströmen ein frisches Aroma.

KRAUSE MINZE (*Mentha spicata* var. *crispa*), behaart. Für Süßspeisen oder Kräutertees gut geeignet.

KRAUSE MINZE, unbehaart. Im Geschmack unterscheiden sich behaarte Varietäten kaum von unbehaarten.

ENGLISCHE PFEFFERMINZE, Sorte 'Mitcham'. Die bekannteste aller Pfefferminzen. Wichtigste Kulturform.

WASSERMINZE *(Mentha aquatica),* aufgrund ihres strengen Geschmacks selten für Speisen verwendet.

RÖMISCHE MINZE (*Calamintha* sp.). Wächst in Italien wild, wird für landestypische Gerichte verwendet.

BERGMINZE *(Calamintha officinalis).* Starkes Minzearoma, erinnert an Kampfer. Früher Salatpflanze in England.

AMERIKANISCHE BERGMINZE *(Pycnanthemum pilosum).* Strenges Minzaroma. Blätter und Knospen zum Würzen.

GARTENBERGMINZE *(Calamintha grandiflora)* hat ein angenehmes Minzaroma. Zur Herstellung von Tees.

# Frisch und würzig kommen sie daher: Ysop, Melisse, Monarde und Minze

So unterschiedlich die Kräuter auf dieser Seite sind, sie gehören allesamt zu derselben Familie, den Lippenblütlern (Labiatae) und zeichnen sich durch ein frisches bis kräftig-würziges Aroma aus, weshalb sie sich fast alle sehr gut in sommerlichen Desserts, Erfrischungsgetränken oder Tees machen. Eine besonders vielfältige Kräuterart ist die Minze – engl. mint, frz. menthe, ital. und span. menta –; sie ist mit rund 20 Arten in nahezu allen gemäßigten Zonen verbreitet. Kulinarische Bedeutung kommt allerdings lediglich den Varietäten von Pfefferminze und Grüner Minze zu. Charakteristisch für das würzige Kraut ist seine frische Kühle, die auf den Mentholgehalt der Blätter zurückzuführen ist. Am besten entfaltet Minze übrigens ihr Aroma in Verbindung mit Zucker.

Durch ihr mildes, aber intensives Zitronenaroma schmeckt auch die Melisse, engl. balm, frz. baume oder mélisse, ital. melissa, span. melisa, sehr erfrischend. Am besten verwendet man die Blätter frisch – mitgaren sollte man sie nicht –, man kann sie aber auch trocknen.

Ungewöhnlicher ist Ysop, engl. hyssop, frz. hysope, ital. issopo, span. hisopo, der ebenfalls sowohl frisch als auch getrocknet verwendet wird. Sein schwach-bitteres und kräftig-würziges, minzeähnliches Aroma passt vor allem zu Fleischspeisen gut, er sollte jedoch ebenfalls nur kurz mitgegart werden. Aus Nordamerika schließlich stammen die Monarde mit ihrem Bergamotte-Aroma und die Agastachen, zu denen trotz ihres Namens auch Anis- und Lemonysop sowie Koreanische Minze zählen.

WEISSE MELISSE (*Nepeta cataria* ssp. *citriodora*), in Deutschland heimisch. Duftet mild nach Zitrone. Für Tees.

MOLDAWISCHE MELISSE *(Dracocephalum moldavica)*. Schmeckt mild nach Zitrone. Zur Herstellung von Tee.

SCHARLACHROTE GOLDMELISSE *(Monarda didyma)*. Duftet nach Bergamotte und Zitrone. Für Tees.

ZITRONENMELISSE *(Melissa officinalis)* ▷ entfaltet bereits beim Berühren ein intensives Zitronenaroma. Die aus dem Vorderen Orient stammende Pflanze wird in Europa, Nordafrika und Amerika – hier in Virginia, USA – kultiviert.

Eine nordamerikanische MONARDE, *Monarda fistulosa* ssp. *menthifolia*. Wie Oregano.

PURPURFARBENE MONARDE. Ihr Aroma erinnert an Kampfer. Verfeinert Obstsalate und Eingemachtes.

# Fenchel, Dill und andere Doldengewächse, und von der Kunst, mit Blüten zu kochen.

Die gerade aufgeblühten Blütenstände des Dill (*Anethum graveolens* ssp. *graveolens*) – im großen Bild und ganz oben links –, DILLKRONEN genannt, kommen zur Gurkensaison auf den Markt; sie sind das klassische »Gurkenkraut«.
FENCHELBLÄTTER (*Foeniculum vulgare* ssp. *vulgare*), in der Bildreihe oben, schmecken angenehm aromatisch, süßlich und leicht brennend wie Anis. Verwendung wie Fenchelsamen. Sie runden alle Salate ab, die eine frische, süßliche Note vertragen, etwa Gurkensalat. In der Provence gibt man Grillgut gern einen aparten Geschmack, indem man getrocknete Fenchelstiele unter die Holzkohle mischt.
Zarte DILLSPITZEN, im mittleren Bild, haben ein leicht herbes Aroma, das mit keinem anderen Kraut geschmacklich zu vergleichen ist, auch nicht mit dem nahe verwandten Anis oder dem Kümmel. Dill sollte man frisch verwenden und nicht mitgaren, um das intensive Aroma zu erhalten.
Die jungen Blätter und Triebe des VIETNAMESISCHEN WASSERFENCHELS *(Oenanthe stolonifera)*, im unteren Bild, werden in seiner Heimat als Gemüse zubereitet. Die jungen Sprosse haben ein sellerieähnliches Aroma.

TRIPMADAM, Felsenfetthenne oder Steinkraut *(Sedum reflexum)* ist eine immergrüne Pflanze mit fleischigen Blättern, die als Sauergemüse eingelegt werden können. Die frischen, zarten Triebspitzen – gehackt oder im Mörser zerstoßen – sind ein gutes Würzmittel für Saucen und Salate. Etwas säuerlich, eigenwillig im Geschmack.

LAVENDEL *(Lavandula angustifolia)* hat herb-würzige, leicht bitter schmeckende Blüten. Sie werden – vor allem ihrer Farbe wegen – unter die Herbes de provence gemischt.

ROTKLEE *(Trifolium pratense)* besitzt einen hohen Nährwert. Die süßen Blüten möglichst frisch verzehren.

Die Blüten von GÄNSEBLÜMCHEN *(Bellis perennis)* sind eine aparte Salatzutat, die sich überall finden lässt.

CHRYSANTHEMEN *(Chrysanthemum coronarium)* haben ein herbes Aroma. Als Salatzutat oder Garnitur zu nutzen.

DUFTVEILCHEN *(Viola odorata)*. Geringer Eigengeschmack. Eignen sich zum Kandieren, für Tees oder Essige.

SUMPFDOTTERBLUME *(Caltha palustris)*. Die Blütenknospen können als Kapernersatz genutzt werden.

Die cremeweißen Blüten des HOLUNDERS *(Sambucus nigra)* duften und schmecken würzig-süß.

GEWÜRZTAGETES *(Tagetes tenuifolia)*. Würzig-aromatische Blüten mit Zitrusduft. Für Süßspeisen, Getränke.

KRETA-MAJORAN *(Origanum dictamnus)*. Die Blüten schmecken nach Majoran, jedoch mit leicht süßlicher Note.

STIEFMÜTTERCHEN *(Viola tricolor)*. Ähnlich dem Duftveilchen. Zum Aromatisieren von Essig und zum Kandieren.

HECKENROSE *(Rosa canina)*. Kandiert dienen die Blüten als Garnitur und als Geschmacksträger.

ORANGENBLÜTEN *(Citrus sinensis)* verbreiten einen betörenden Duft, der gut zu Süßspeisen und Gebäck paßt.

Säuerliche BEGONIENBLÜTEN (*Begonia* sp.). In Eiweiß und Zucker getaucht, ergeben sie »saure Drops«.

STRANDRAUKE *(Cakile maritima)*. Leicht bitter und dennoch würzig. Die Blüten eignen sich als Salatzutat.

GOLDMELISSE *(Monarda didyma)*. Aus ihr lässt sich erfrischende Limonade herstellen, das Getränk wird zartrosa.

RINGELBLUME *(Calendula officinalis)*. Passt geschmacklich zu Schnittlauch und Dill. Die Blütenblätter färben gelb.

Ausgesprochen zart wirken sie, sind aber umso intensiver in der Würzkraft, die fedrigen feinen Blättchen von Dill – engl. dill, frz. aneth odorant, ital. aneto, span. eneldo – und Gewürzfenchel – engl. fennel, frz. fenouil, ital. finocchio, span. hinojo. Frisch sind beide Kräuter am besten; getrocknet verlieren sie enorm an Aroma. Gewürzfenchel, der eng mit dem Gemüsefenchel verwandt ist, kann den ganzen Sommer über geerntet werden. Dill dagegen steht, da aus Intensivanbau verfügbar, zu jeder Jahreszeit zur Verfügung. Sät man Dill im Freiland aus, kann man das Kraut von Mai oder Juni an ernten. Von Dill wie von Fenchel werden übrigens nicht nur die Blätter, sondern auch die Samen zum Würzen verwendet. Beiden schreibt man eine verdauungsfördernde und magenberuhigende Wirkung zu.

Wie es die Blütenkronen des Dill beweisen, haben es jedoch nicht nur die Blätter, auch die Blüten vieler Pflanzen in sich – und taugen ohne weiteres zum Verzehr. Mit Blüten zu kochen ist eine verfeinerte Kunst, die sich – im wahrsten Sinne des Wortes – natürlich an die Wachstumszyklen der Pflanzen anlehnen muss. Und sie lebt von der Kreativität und dem Ideenreichtum von Köchinnen und Köchen, die mit essbaren Blüten überraschende optische wie geschmackliche Akzente setzen. Das Verzehren von Blüten hat andererseits eine alte Tradition; zu den »Überbleibseln« gehören bei uns Veilchenpastillen, kandierte Veilchen oder Rosenblätter, die als Dekoration für festliches Gebäck Verwendung finden. Likör und »Wasser« aus Rosen- und Orangenblüten erfreuen sich im Orient, aber auch in all jenen Regionen Europas, die jemals unter arabischem Einfluss standen, nach wie vor großer Beliebtheit. Bei uns haben sich regional Spezialitäten wie »Hollerküchle«, in Teig ausgebackene Holunderblüten, gehalten, die zunehmend wieder »entdeckt« und geschätzt werden. Und in Japan schließlich verzehrt man traditionell die Blütenköpfe einer Chrysanthemenart, als Salat oder auch mariniert.

PFEFFERBLÄTTER *(Piper sarmentosum)* werden in Thailand in Gemüsesuppen mitgekocht oder, mit Ingwer, Erdnüssen oder Shrimps gefüllt, als Snacks gereicht.

KAFFIRLIMETTENBLÄTTER *(Citrus hystrix)* duften intensiv nach Zitrone. Frisch oder getrocknet, ganz oder in Streifen geschnitten für Fischgerichte, Currys, Suppen und Salate.

MITSUBA, JAPANISCHE PETERSILIE *(Cryptotaenia japonica)*. Ähnelt im Geschmack Sauerampfer und Sellerie. Würzt in Japan Suppen und Tempura. Erhitzt wird sie bitter.

ROTER SHISO, Ao-Shiso, Schwarznessel *(Perilla frutescens)*. Die Pflanze stammt aus Ostasien. Die Blätter werden zum Würzen verwendet, aus den Samen gewinnt man Öl.

PANDANBLÄTTER *(Pandanus tectorius)* mit süßlich aromatischem Geschmack. In Südostasien frisch für Süßspeisen, Reisgerichte, Currys oder als Hülle beim Garen verwendet.

GRÜNER SHISO, Aka-Shiso, wird in den USA »green cumin« genannt. Mit seinem leicht pfeffrigen Aroma ist Aka-Shiso, ebenso wie Ao-Shiso, ein traditionelles Sushi-Gewürz.

Nur von jungen Trieben pflückt man KARDAMOMBLÄTTER *(Elettaria cardamomum)* zum Würzen. Im Geschmack ähnlich wie die Fruchtkapseln, aber süßer, milder.

## Wer Spezialitäten aus dem Wok liebt, sollte nach diesen Kräutern suchen.

# asiatis

Das »westliche« Kräuterangebot hat sich mit zunehmender Beliebtheit der asiatischen Küchen um einiges vergrößert – frisches Grün aus Asien ist inzwischen auch bei uns vielerorts zu bekommen. So bieten spezielle Stauden- und Kräutergärtnereien entsprechende Pflänzchen an, die sich gut in Topf oder Kübel halten lassen: etwa Koriandergrün – das man übrigens auch selbst aus den als Gewürz angebotenen Samen ziehen kann – oder Zitronengras. Kocht man gern asiatisch, lohnt es sich, danach zu suchen. Asienläden haben häufig eine Auswahl frischer Kräuter im Sortiment und Koriandergrün gibt es gar in manchem Supermarkt. Doch über diese bekannteren »Asiaten« hinaus gilt es noch eine ganze Reihe weiterer grüner fernöstlicher Spezialitäten zu entdecken. Eine Vielzahl davon findet in den Landesküchen Südostasiens Verwendung: in Vietnam und Thailand der würzige Vietnamesische Koriander oder das zitronenfrische Vap ca, für viele südostasiatische Curry- und Fisch-

KORIANDERGRÜN, Cilantro *(Coriandrum sativum)*. Was in Mitteleuropa die Petersilie, ist Cilantro für die Küchen Asiens und Lateinamerikas: frische Würze und Dekoration zugleich.

Pfeffrig-scharf: RAU RAM, Vietnamesischer Koriander *(Polygonum odoratum)*.

CULENTRO *(Eryngium foetidum)*. Intensiver Cilantrogeschmack. In Thailand für die säuerliche Suppe »tonyum«.

VAP CA *(Houttuynia cordata)*. Frisches, zuweilen zitronenartiges Aroma, das in Vietnam Suppen und Fleisch würzt.

VIETNAMESISCHE MELISSE *(Elsholtzia ciliata)*. Mildwürzig, passt gut zu Fisch.

RAU OM *(Limnophila aromatica)*. Aromatisch, leicht süßlich. Zu süßen und säuerlich salzigen Gerichten.

CHINESISCHER GEWÜRZSTRAUCH *(Elsholtzia stauntonii)*. Kräftiges, an Kümmel und Minze erinnerndes Aroma.

sch

JAPANISCHER (GRÜNER) MEERRETTICH *(Eutrema wasabi)*. Seine scharfen Blätter machen sich gut als Salat.

SALATCHRYSANTHEME *(Chrysanthemum coronarium)*, leicht bitteres Aroma.

CURRYBLÄTTER *(Murraya koenigii)* entfalten nur frisch ihren vollen, aromatisch-scharfen Geschmack. Ideal für Currygerichte und Chutneys.

gerichte sind die hocharomatischen Kaffirlimettenblätter unverzichtbar, die für eine aparte, erfrischende Note sorgen. In die meisten indischen Currys gehört dagegen ein Zweig frischer Curryblätter. Diese sind bei uns meist nur getrocknet erhältlich; leider, denn in dieser Form haben sie eine ganze Menge an Aroma eingebüßt und können nur mitgekocht – dann die doppelte Menge der im Rezept angegebenen frischen Curryblätter verwenden –, nicht aber zur Steigerung des Geschmacks mit angebraten werden. Kommt man doch einmal an frische Curryblätter, sollte man zugreifen und sich einen Vorrat davon einfrieren – am besten zwischen Folie, dabei bleibt ihr Aroma weitgehend erhalten.

ZITRONENGRAS *(Cymbopogon citratus)*, auch als »lemongrass« bekannt. Dient in ganz Südostasien als Gewürz für herzhafte und süße Speisen sowie Getränke. Harmoniert mit Knoblauch, Zwiebeln, Chilis und Cilantro.

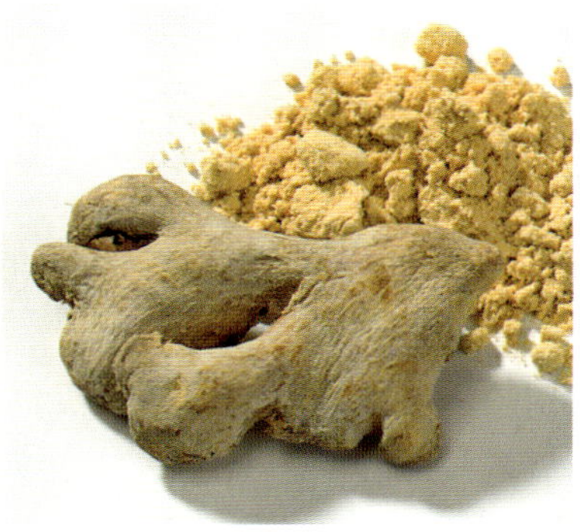

Durch Trocknen verstärkt sich der Geschmack von INGWER *(Zingiber officinale)*. Deshalb vorsichtig dosieren.

INGWERERNTE in Sri Lanka. Genutzt werden die Rhizome (Wurzelstöcke) der schilfähnlichen Pflanze. Sollen sie frisch in den Handel kommen, muss man sie lediglich gut waschen und ein, zwei Tage trocknen.

Getrockneter, gemahlener GALGANT sorgt für einen frischen und zugleich pfeffrigen Geschmack.

Der GROSSE GALGANT *(Alpinia galanga)* erinnert im Aroma an Ingwer, ist aber milder als dieser.

KURKUMA oder GELBWURZ verleiht auch getrocknet und gemahlen vielen Gerichten eine appetitlich gelbe Farbe.

KURKUMA *(Curcuma longa)*, würzig, leicht bitter und intensiv gelb färbend. Beim Verarbeiten Handschuhe tragen.

(STINK)ASANT, TEUFELSDRECK, aus dem Saft von *Ferula assa-foetida* gewonnen. Bitter-scharf im Geschmack.

KRACHAI *(Kaempferia pandurata)* heißt in Thailand dieses Mitglied der Ingwerfamilie. Milder als Galgant.

DAUN SALAM, Indischer oder Indonesischer Lorbeer *(Eugenia polyantha)*. Würzig, leicht säuerlich im Geschmack.

Getrocknete ZIMTBLÄTTER *(Cinnamomum tamala)* gleichen Lorbeerblättern, haben aber lange, ovale Blattadern.

G

Blätter, Wurzeln, Rinde, Früchte, Knospen – Gewürze können von vielerlei Pflanzenteilen stammen. In Asien seit Jahrtausenden für Speisen und medizinische Zwecke begehrt sind etwa die Wurzelstöcke von Pflanzen aus der Familie der Ingwergewächse (Zingiberaceae). Und auch bei uns gehört heute frischer Ingwer, engl. ginger, frz. gingembre, ital. zenzero, span. jengibre, heute zum gängigen Supermarktangebot. Galgant, engl. galangal, franz. souchet long, ital. galanga, span. galang, oder Kurkumawurzeln hingegen, engl. turmeric, frz., ital. und span. curcuma, sind frisch meist nur in Asienläden zu finden. Beim Einkauf sollte man Rhizome mit glatter Haut wählen, diese können bis zu mehreren Wochen im Kühlschrank aufbewahrt werden. Aus frischen Galgant- und Ingwerwurzeln lassen sich sogar die Pflanzen selbst ziehen, indem man im Frühjahr die Rhizome einfach in humose Erde steckt; die Wurzeln treiben dann bereits bei Zimmertemperatur aus. Grundsätzlich getrocknet werden die Knospen des Nelkenbaums, engl. clove, frz. clou de girofle, ital. chiodo di garofano, span. clavo, sowie die Samen des Muskatnussbaums. Für beide gilt, dass man sie erst unmittelbar vor der Verwendung zerkleinern sollte; die ätherischen Öle bleiben so am besten erhalten. Die dunklen Muskatnüsse, engl. nutmeg, frz. noix de muscade, ital. noce moscata,

TAMARINDE *(Tamarindus indica)*. Aus dem eingeweichten Mark der bräunlichen Schoten wird ein in den asiatischen Küchen häufig verwendetes Säuerungsmittel hergestellt.

Von den Früchten des MUSKATNUSSBAUMS *(Myristica fragrans)* werden nur der orange- bis karminrote dünne Samenmantel (»Muskatblüte«) und der Samen (»Muskatnuss«), nicht aber die Schale verwendet.

## Einst unglaublich kostbar – und kulinarisch bis heute wahrhaft Gold wert.

# ewürze

LORBEER *(Laurus nobilis)*. Die Blätter werden – getrocknet, links im Bild, oder frisch, ganz oben – seit der Antike kulinarisch wie medizinisch genutzt. Der herbe, leicht bittere Geschmack passt zu sauren Speisen und zu Schmorgerichten mit Fleisch oder Wild. Unverzichtbar auch für das klassische Bouquet garni.

span. nuez moscada, weisen manchmal einen für den Verzehr unbedenklichen weißen Überzug auf: Sie sind in Kalkmilch getaucht worden, was die Samen vor Insektenbefall schützen soll. In Asienläden findet man manchmal auch getrocknete Blätter, die an Lorbeer – engl. und span. laurel, frz. laurier, ital. alloro – erinnern. Es handelt sich dabei um den Indonesischen Lorbeer, der zur Familie der Myrtengewächse (Myrtaceae) zählt, sowie um die Blätter des Zimtstrauchs, der seinerseits ein Lorbeergewächs (Lauraceae) ist. Beide werden häufig für Currys verwendet. In Europa seit der Antike bekannt ist Asant, das in Pulverform angebotene Harz eines Doldengewächses (Apiaceae, Umbelliferae), dessen strenger Geruch beim Erhitzen verschwindet, der Geschmack ist jedoch nicht jedermanns Sache.

MUSKATNUSSERNTE – die Samen werden unter Wenden getrocknet – hier auf Grenada. Die kleine Karibikinsel liefert rund 30 % der Gesamtproduktion weltweit.

MUSKATNUSS wird fast ausschließlich gerieben verwendet. Die Samen mit der netzartigen Oberfläche stecken in harten Samenschalen, die jedoch meist bereits entfernt sind.

GEWÜRZNELKEN sind die hocharomatischen getrockneten Blütenknospen des Nelkenbaums *(Syzygium aromaticum/Eugenia aromatica)*. Hoher Gehalt an ätherischen Ölen.

MUSKATBLÜTE, MACIS verliert beim Trocknen an Farbe. Sie ist ganz und gemahlen im Handel. Gleicht im Aroma der Muskatnuss, jedoch feiner und nicht so scharf-brennend.

◁ Für die Gewinnung von CEYLONZIMT *(Cinnamomum verum)* wird von den recht dünnen Stängeln des Zimtstrauchs die Rinde komplett abgeschält. ◁◁ Von der Außenrinde befreit, rollt sich die Innenrinde dann beim Trocknen zu fragilen langen »Stäben« auf.

Um ZIMTKASSIE, CASSIA oder CHINESISCHEN ZIMT *(Cinnamomum aromaticum)* zu ernten, wird, wie hier in Padang, Westsumatra, die Rinde in langen Streifen vom Stamm oder von den Ästen gelöst.

Safran, engl saffron, franz. safran, ital. zafferano, span. azafrán, ist das Gewürz der Superlative: vom Preis her das kostbarste überhaupt, denn für die Gewinnung von 1 kg Safran benötigt man rund 80.000 Krokusblüten. Und für die Gewinnung der wertvollsten Safransorte wird aus jeder davon in Handarbeit die Narbe herausgezupft und verwendet. Bei einer etwas weniger teuren Safransorte ist auch noch der anhaftende Griffel mit dabei. Daher kann der hohe Preis des edlen Gewürzes nicht verwundern, ebenso wenig wie Versuche, echten Safran durch andere Krokusarten oder gelbe Blüten von Ringelblume oder Färberdistel zu »strecken« oder ganz zu ersetzen. Diese beiden stecken, pur oder gemischt und »Feminell« genannt, hinter so manchem scheinbaren Schnäppchen in Sachen Safraneinkauf, weichen aber in Aroma und Färbekraft vom echten Safran deutlich ab. Echter Safran bewirkt nämlich selbst in starker Verdünnung noch eine intensive Gelbtönung.
Nicht aus der Blüte, sondern aus der Frucht einer Pflanze wird dagegen Vanille, engl. vanil-

Sa

Zimt und Cassia sind nicht ganz einfach zu unterscheiden. 1 – Der relativ helle, sehr dünne und zerbrechliche echte CEYLONZIMT rollt sich beim Trocknen eng auf. 2 – Die etwas dunklere CASSIA ist dicker und bildet daher nicht so enge Rollen. Cassiarinde ist von brennend-würzigem Geschmack. 3 – Cassia wird auch mitsamt der AUSSENRINDE angeboten. Da diese meist recht schmutzig ist, sollte man Cassia geschält bevorzugen.

Die Krokusart *Crocus sativus* ist der »Lieferant« für SAFRAN. Im Bild gut zu erkennen sind die leuchtend orange gefärbten, langen Narbenfäden des Schwertliliengewächses, aus denen das Gewürz gewonnen wird.

SAFRAN ist eine Färbe- und Würzpflanze aus Vorderasien. Bereits in der Antike, mit den Römern, kam sie nach Spanien, das heute einer der Hauptproduzenten von Safran ist.

# Sie gehören zu den aromatischsten – und teuersten Gewürzen: Vanille, Zimt & afran

Mühsamste Handarbeit für die ganze Familie erfordert das Trennen der orangeroten Griffel mit den Narben von den violetten Blütenblättern.

Tagsüber in der Tropensonne aufgeheizt und über Nacht zum »Schwitzen« eingehüllt: Durch diese Fermentation entstehen bei der VANILLE *(Vanilla planifolia)* Farbe und Aroma.

Im Innern der Vanilleschoten sitzen unzählige winzige Samen, das VANILLEMARK. Mark und Schoten dienen zum Aromatisieren von Süßspeisen und Gebäck.

la, franz. vanille, ital. vaniglia, span. vainilla, gewonnen: Hierzu pflückt man die noch unreifen Schoten einer tropischen Orchideenart und lässt sie fermentieren, wie in den nebenstehenden Bildern gezeigt. Die größten Mengen an Vanilleschoten werden inzwischen nicht in der Heimat der Vanille – sie stammt aus Mexiko – erzeugt, sondern auf Madagaskar, den Komoren und Réunion. Diese Insel, die früher nach der französischen Königsfamilie Bourbon hieß, verlieh einer besonders gefragten Vanillesorte ihren Namen: der Bourbon-Vanille. Ganze Vanilleschoten sollten bis zum Verbrauch nicht austrocknen; deshalb sind sie in kleinen Glasröhrchen im Handel. Eine wichtige Angebotsform ist auch der Vanillezucker: Dafür werden die Schoten getrocknet, fein gerieben und mit Zucker gemischt.

Wieder ein anderer Pflanzenteil wird bei den verschiedenen Arten des Zimts, engl. cinnamon, franz. cannelle, ital. cannella, span. canela, genutzt: Hier ist es die Innenrinde der Bäume – sie zählen zu den Lorbeergewächsen –, die abgeschält, fermentiert und getrocknet in den Handel kommt. Die beiden wichtigsten Zimtarten sind der feinere und teurere Echte oder – nach seinem Hauptanbaugebiet benannte – Ceylonzimt sowie die preiswertere Cassia, die auch als Kassiarinde oder Chinesischer Zimt auf den Markt kommt.

ECHTEN SAFRAN erkennt man an seinen feinen, borstigen Fäden. Helle Stellen können ein Hinweis darauf sein, dass es sich nicht um das echte Gewürz handelt.

WEISSER PFEFFER ist im Aroma etwas feiner als schwarzer Pfeffer.

◁ Grüne, unreife Rispen des PFEFFERSTRAUCHES *(Piper nigrum)*. Sie werden zuweilen auch in Essig oder in Salzlake konserviert.

Mit den Füßen werden hier in Sumatra die frisch geernteten grünen Pfefferkörner von den Rispen getreten.

Seit der römischen Kaiserzeit gehört Pfeffer, engl. pepper, frz. poivre, ital. pepe, span. pimienta, zu den Standardgewürzen der europäischen Küchen, auch wenn sich zeitweise nur Begüterte die scharfen Beeren leisten konnten. Ob grün, weiß oder schwarz, »Lieferant« für alle Pfeffersorten ist der in Vorderindien heimische Pfefferstrauch, der heute in vielen tropischen und subtropischen Regionen angebaut wird. Schmeckt Pfeffer »durchgehend« gleich scharf, sind beim Gewürzpaprika – also bei Chilis und Peperoni – die Samen und Scheidewände »gefährlich« – dort konzentriert sich das Capsaicin, der Stoff, aus dem die Schärfe ist. Vorsichtige befreien die Früchte daher besser von ihrem Innenleben und tragen dabei Handschuhe, denn gerät das Capsaicin in die Augen, auf die Schleimhäute oder auch nur auf die Haut, kann dies zu Reizungen führen. Wer nicht die ganzen Früchte verwenden möchte, kann stattdessen zu Chilipulver, auch Cayennepfeffer genannt, greifen. Es wird durch Vermahlen von ganzen, getrockneten Schoten hergestellt.

WEISSER PFEFFER, gemahlen. Wird hergestellt aus ausgereiften, getrockneten und geschälten Pfefferkörnern.

SCHWARZER PFEFFER. Ungereifte, ungeschälte und getrocknete Früchte des Pfefferstrauches.

GRÜNER PFEFFER. Unreif geerntete Früchte des Pfefferstrauchs, eingelegt oder gefriergetrocknet im Handel.

SCHWARZER PFEFFER, gemahlen. Da das Aroma rasch verfliegt, mahlt man Pfeffer am besten erst bei Bedarf.

GRÜNER PFEFFER, gemahlen. In dieser Form wird er nur selten angeboten, am besten, man mahlt ihn selbst.

ROSA PFEFFER werden die getrockneten Früchte des Peruanischen Pfefferbaums *(Schinus molle)* genannt.

LANGER PFEFFER *(Piper longum)* bildet typische Fruchtstände mit sehr kleinen Beeren.

SZECHUAN-PFEFFER *(Zanthoxylum piperitum)* heißen die getrockneten Beeren einer Gelbholzbaum-Varietät.

▷ Die Schoten der Chili-Art *Capsicum frutescens* var. *tabasco* sind die Grundlage für die höllisch scharfe Tabascosauce, einer Spezialität aus den Südstaaten der USA.

GEWÜRZPAPRIKA aus Ungarn, frisch vom Strauch: die Grundlage für Paprikapulver. Qualität und Schärfegrad hängen letztlich davon ab, ob und wie viel Samen und Scheidewände mit vermahlen werden.

# Frisch oder getrocknet – Pfeffer und Gewürzpaprika »wirken« meist recht intensiv.

charf

Für ROSENPAPRIKA werden die ganzen Gewürzpaprikafrüchte vermahlen. Sehr scharf, wenig färbend.

PICANTE, ein mittelscharfes spanisches Paprikapulver. Gut für Speisen, die kräftig gewürzt werden sollen.

Unter dem Namen »EDELSÜSS« ist ein Paprikapulver von leichter Schärfe und starker Färbekraft im Handel.

DELIKATESS heißt die beste Paprikapulverqualität aus Ungarn. Ohne Samen und Scheidewände, daher mild.

Für dieses CHILIPULVER wurden ganze helle Früchte vermahlen. Deutlich erkennbar ist die grobe Körnung.

CHILIPULVER aus dunklen Schoten, sehr fein vermahlen. Die Schärfe hängt dabei von der jeweiligen Sorte ab.

# Chilis

## Von Amerika aus haben sich die kleinen Scharfmacher weltweit verbreitet.

SCHARFE GRÜNE PEPERONI aus Jordanien. Lange, leicht bis stark gefaltete Früchte aus dem Mittelmeerraum und dem Nahen Osten sind fast immer recht scharf.

ROTE PEPERONI aus Italien. Diese ausgereiften Gewürzpaprikaschoten können in der Schärfe variieren, sind aber, an mitteleuropäischen Maßstäben gemessen, mäßig scharf.

SWEET PEPPERS kommen aus Thailand zu uns auf den Markt. Die im reifen Zustand gelben, 9 bis 10 cm langen Früchte sind, wie ihr Name schon sagt, besonders mild.

BIRD GREEN, unreife »Vogelaugen«-Chilis. Länglich-spitz in der Form, klein und sehr scharf.

LONG YELLOW, auch Thai Yellow genannt. Milder als grüne oder rote Chilisorten aus Thailand.

Den CHILE POBLANO erkennt man an der typischen starken Vertiefung am Stielansatz. Die Früchte sind durchschnittlich 10 cm lang, 6 cm breit und besitzen dicke Fruchtwände.

CHILE SERRANO ist eine der am häufigsten gebrauchten Chilisorten in Mexiko. Glatte, kleine, gedrungene Früchte.

HOT RED, HOT CHILI (red): Sehr scharfe, dünne, ausgereifte Früchte aus Thailand.

MITTELSCHARFE PEPERONI aus Ungarn. Im unreifen Zustand sind die Früchte hellgrün, reif dagegen leuchtend orange und daher besonders dekorativ.

Süß-scharf und aromatisch: GEWÜRZPAPRIKA der Sorte NEGRAL aus Spanien. Bestandteil von Paprikapulver.

CHILES JALAPEÑOS werden in Mexiko gern mit Gemüse und Gewürzen in Öl eingelegt.

▽ Chilis in Hülle und Fülle findet man auf asiatischen Märkten, wie etwa hier in Tanjuung, Indonesien.

△ LAMPIONCHILIS aus der Karibik: Hübsch, aber höllisch scharf. Bei der Dosierung ist Vorsicht geboten.

Reife GELBE LOMBOK-CHILIS aus Indonesien am Strauch. Ihrer hübschen, leuchtenden Früchte wegen wurden die Pflanzen in Europa lange Zeit als Zierpflanzen angesehen.

Chilis bieten eine Riesenauswahl unterschiedlicher Formen, Farben und Schärfegrade. Umso erstaunlicher, dass sie fast ausnahmslos zu einer einzigen Art zählen – zu *Capsicum annuum* nämlich. Ein wenig Verwirrung stiften können jedoch Handelsbezeichnungen und die internationalen Namen der schlanken oder kugeligen Früchte, die botanisch gesehen übrigens keine Schoten sind, sondern Beeren. Bei uns kommt's auf das Herkunftsland an: Früchte aus Mittelamerika oder Asien liegen als »Chilis« in den Regalen, solche aus Europa und dem Mittelmeerraum dagegen als »Peperoni«. In Italien bezeichnet dieser Begriff den Gemüsepaprika, die scharfen Kleinen heißen im Unterschied dazu »Peperoncini«. Im Englischen wird der Gewürzpaprika »(Chilli) pepper« genannt, im Französischen »Chile« oder »Piment«, eventuell gefolgt von der Herkunftsangabe, und im Spanischen schließlich »Chile« oder »Pimiento«.

Doch wie auch immer, ursprünglich stammen alle Chilis aus Mittel- und Südamerika; erst mit den spanischen Eroberern wanderten sie auch in andere Teile der Welt und fassten vor allem in Ostasien Fuß. Schon die Mayas unterschieden klar zwischen einzelnen Sorten, und so ist es kein Wunder, dass heute noch in Mexiko jeder »Chile« einen eigenen Namen trägt. Und das geht so weit, dass getrocknete und frische Chilis ein und derselben Sorte ohne weiteres unterschiedlich heißen können.

CHILE CATARINA gehört mit »Cascabel« und »Guajillo« zu einer Gruppe, die im frischen Zustand »mirasol« heißt.

CHILE PICO DE PÁJARO, Vogelschnabel-Chili, 3 cm große, längliche Chilis, die gern in Essig eingelegt werden.

CHILE SERRANO ENMIELADO. Ausgereifte, getrocknete Serrano-Chilis weisen eine rostrote Farbe auf.

CHILE DE ÁRBOL, Baumchili. Ausgereifte Früchte sind rot, unreife variieren zwischen dunkelgrün und gelb.

CHILE CASCABEL, Rasselchili, besitzt kugelige Früchte mit dünnen Wänden, in denen die Samen »rasseln«.

CHILE GUAJILLO wird auch CHILE PUYA genannt. Die weinroten Früchte werden bis zu 11 cm lang. Gut für Salsas.

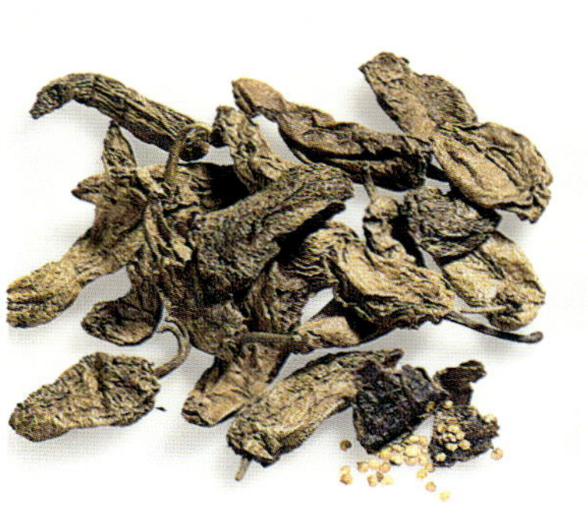

CHILE CHIPOTLE heißt der getrocknete, geräucherte Jalapeño-Chili. Für Salsas wird er auch in Essig eingelegt.

CHILE ÁRBOL JAPONÉS ist eine der vielen Varietäten des Baumchilis. Hier ausgereift und getrocknet.

CHILE MORITA nennt man kleine, ausgereifte und getrocknete Jalapeño-Chilis. Die Früchte sind 3 bis 4 cm lang.

CHILE PASILLA oder CHILE NEGRO, schwarzer Chili, heißt eine mäßig scharfe getrocknete mexikanische Sorte.

CHILE ANCHO, breiter Chili, werden die ausgereiften, getrockneten Chiles poblanos genannt. Ideal für Saucen.

Der fast schwarze CHILE MULATO ähnelt dem Chile ancho in Form, Farbe und Schärfegrad zum Verwechseln.

Stimmen die Verhältnisse? Ein indischer Gewürzmischer muss eine Nase für die Zusammenstellung seiner Masalas haben – und die sagt ihm genau, ob eine Mischung die passenden Gewürze in den richtigen Mengen enthält.

# Im Ganzen oder gemahlen, pur oder gemischt: Gewürze sorgen überall für die besondere Note.

Traditionelle Gewürzmischungen für bestimmte Gerichte gibt es überall auf der Welt. Unbestrittene Meister, die über die Eigenschaften aromatischer Samen, Früchte und Wurzeln genauestens Bescheid wissen und sie ausgesprochen gezielt einzusetzen und zu kombinieren verstehen, findet man in Indien und in Südostasien. Kein Wunder, stellt die Natur den Menschen dort doch seit jeher nahezu die gesamte Gewürzpalette verschwenderisch zur Verfügung. Und Masalas, wie man in Indien die Gewürzmischungen nennt, sind daher auch echte Kunstwerke in Sachen Aroma.

FENCHELSAMEN *(Foeniculum vulgare)* mit ihrer intensiven Anisnote sind oft Bestandteil von Gewürzmischungen.

KÜMMEL *(Carum carvi)*. Leicht süßliches, an Anis erinnerndes Aroma. Zum Würzen schwer verdaulicher Speisen.

KREUZKÜMMEL, Kumin *(Cuminum cyminum)* besitzt ein typisches, intensives, bitter-scharfes Aroma.

AJOWAN, AMMEI *(Trachyspermum ammi)*. Thymianähnlich im Aroma, wird in Indien für Hülsenfrüchte verwendet.

SCHWARZER KÜMMEL *(Nigella sativa)*. Nussig-pfeffrig, Oregano-ähnliches Aroma. In Asien beliebtes Brotgewürz.

ANIS *(Pimpinella anisum)* verliert gemahlen schnell sein lakritzartiges Aroma. Für Süßspeisen, Gebäck, Brot.

Für GARAM MASALA gibt es kein Grundrezept. Meist gehören jedoch schwarzer Pfeffer, brauner Kardamom, Nelken und Zimt dazu.

CHANA MASALA ist eine pikante bis scharfe indische Gewürzmischung, die vor allem für Gerichte mit Kichererbsen verwendet wird.

PANCH FORON, eine bengalische Spezialität, enthält Bockshornklee-, Fenchel-, schwarze Senfsamen, Schwarz- und Kreuzkümmel.

Für GOMASIO werden grob zerstoßene, geröstete Sesamsamen mit Salz gemischt. In Japan dient es als Würze für Reis und Gemüse.

CHINESISCHES FÜNF-GEWÜRZE-PULVER besteht üblicherweise aus Sternanis, Zimtkassie, Szechuan-Pfeffer, Nelken und Fenchelsamen.

SCHWARZER KARDAMOM *(Elettaria major)*. Wird aufgrund seines Kampferaromas stets sparsam verwendet.

GRÜNER KARDAMOM *(Elettaria cardamomum)*. Verwendung der Samen und Fruchtkapseln ganz oder gemahlen.

SCHWARZER SESAM *(Sesamum indicum)*, erdiger Geschmack. Geröstet in Japan über Reisgerichte gestreut.

BRAUNER SESAM ist wie auch der schwarze immer ungeschält. Geschält sind beide Sorten cremefarben.

PIMENT, NELKENPFEFFER *(Pimenta dioica)*. Erinnert an Nelken, Zimt oder Muskat. Für Back- und Wurstwaren.

BOCKSHORNKLEE *(Trigonella foenum-graecum)*. Die Samen werden meist geröstet, da sie roh sehr bitter sind.

WACHOLDERBEEREN *(Juniperus communis)*. Würzig, von bitter-harzigem Aroma. Für Eintopf- und Krautgerichte.

KORIANDERSAMEN *(Coriandrum sativum)*. Sein süßlich scharfes Aroma ist mit Koriandergrün nicht vergleichbar.

ZWIEBELSAMEN *(Allium cepa)*. Ihr etwas muffiges Aroma erinnert an Zwiebeln. Für Fladenbrot und Currys.

WEISSER/GELBER SENF *(Sinapis alba)*. Ganz zum Einlegen von Sauerkonserven, gemahlen für Senfpaste.

INDISCHER SENF, SAREPTASENF *(Brassica juncea)*, oft mit dem schärferen schwarzen Senf verwechselt.

STERNANIS *(Illicium verum)*. Ein Stern besteht aus 6 bis 8 Früchten mit je 1 Samen. Dezentes, süßliches Aroma.

SANSHO, JAPANISCHER PFEFFER *(Zanthoxylum piperitum)*. Eng verwandt mit Szechuan-Pfeffer, ähnlich im Aroma.

KONA KARASHI. Aus diesem Senfpulver wird der schärfste Senf überhaupt angerührt. Erhältlich in Japanläden.

AMCHUR, Pulver aus getrockneten unreifen Mangos *(Mangifera indica)*, zum Säuern. Zitronensaft kann es ersetzen.

WASABI, scharfes Pulver aus der getrockneten Wurzel des Japanischen Meerrettichs *(Eutrema wasabi)*.

ANATTO, Samen des Orleansstrauchs *(Bixa orellana)*. Ihr Farbstoff färbt Öl, Reisgerichte, Cheddarkäse.

AO-NORI-KO, aus getrockneten, gemahlenen Blättern von Purpuralgen gewonnen. In Japan für Sushi verwendet.

WEISSE MOHNSAMEN *(Papaver somniferum)*. In Indien gemahlen zum Aromatisieren und Andicken von Currys.

SCHWARZE MOHNSAMEN sind, ganz oder gemahlen, in Mitteleuropa für Gebäck beliebt. Werden leicht ranzig.

SOJABOHNEN *(Glycine max.)* isst man in Ostasien auch frisch. Die ausgepalten Samen werden einfach gekocht.

SCHWARZE SOJABOHNEN enthalten mehr Protein, aber weniger Fett als gelbe oder weiße Sojabohnensorten.

FERMENTIERTE, GESALZENE schwarze SOJABOHNEN sind in Dosen erhältlich. Salz vor Verwendung abspülen.

KUGELIGE, WEISSE SOJABOHNEN sind wie alle Sojabohnenkerne eine geschätzte und wertvolle Eiweißquelle.

SOJAFLOCKEN, aus geschälten, von Bitterstoffen befreiten Sojabohnen. Für Müslis, Aufläufe oder Backwaren.

HALBIERTE, GETROCKNETE SOJABOHNEN. Sie müssen vor dem Kochen 7 bis 8 Stunden eingeweicht werden.

TEMPEH, indonesisches Sojabrot aus fermentierten Bohnen. Leicht gäriger Geschmack, verschwindet beim Braten.

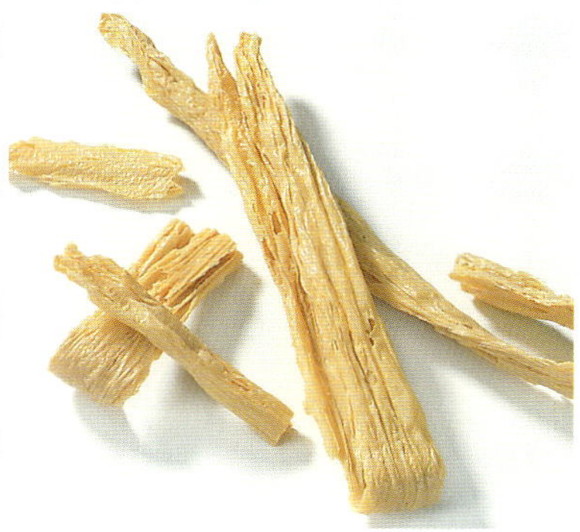

Beim GETROCKNETEN TOFU handelt es sich um die Haut der Sojamilch, die abgeschöpft und getrocknet wird.

SOJAMEHL – Grundprodukt für die Erzeugung von Sojaprodukten, vollfett (18 bis 20 % Fett) oder entfettet (1%).

Zur Gewinnung von SOJAMILCH werden die eingeweichten Sojabohnen mit Wasser zermahlen, der Brei dann filtriert und gekocht. Eine Behandlung mit Enzymen oder Säuren beseitigt den bitteren Bohnengeschmack weitgehend. Sojamilch ist die Basis für die Herstellung von SOJAQUARK oder TOFU, engl. bean curd, die im Prinzip ganz ähnlich funktioniert wie bei »normalem« Quark.

TOFU – so die japanische Bezeichnung für SOJAQUARK – in verschiedener Form: Ganz links im Schälchen der weiche, noch recht wasserreiche SEIDENTOFU, wie man ihn gern für cremige Süßspeisen verwendet. Daneben der trockenere und fester gepresste Tofu in Blockform. Solche TOFUBLÖCKE können prima in Stücke oder Würfel geschnitten und dann entweder gekocht, gebraten oder auch in Salaten gegessen werden. Etwas dunkler, bräunlicher ist der GERÄUCHERTE TOFU, der im Gegensatz zu dem an sich recht neutral schmeckenden Sojaquark einen deutlichen Rauchgeschmack aufweist.

# Sojaprodukte, vor allem Tofu, sind für einen Großteil der Welt unentbehrliche Eiweißlieferanten, fermentiert sorgen sie für Würze.

SOJASAUCEN sind für die asiatischen Küchen unverzichtbar. Aber Sojasauce ist nicht gleich Sojasauce: In Würzkraft, Farbe und Konsistenz unterscheiden sie sich von Region zu Region deutlich.

MUGI-MISO. Japanische Sojabohnenpaste mit Gerstenferment. Intensiver im Geschmack als Miso mit Reisferment.

AKA-MISO. Dicke Würzpaste aus Japan, hergestellt aus Sojabohnen, Reisferment und Salz. Mild, fast süßlich.

SWEETENED RED BEAN PASTE. Dicke süße Paste aus fermentierten roten Bohnen. Füllung für süße Teigtaschen.

Die Sojabohne – engl. soy-bean, frz. soya, ital. und span. soja – zählt zur Familie der Bohnengewächse (Fabaceae) oder der Hülsenfrüchte (Leguminosae). In China schon seit Jahrtausenden kultiviert, hat sich die Sojabohne zu einer der weltweit bedeutendsten Wirtschaftspflanzen entwickelt. Tatsächlich handelt es sich bei den gelben, weißen oder schwarzen Samen der einjährigen, an Buschbohnen erinnernden Pflanze – von der es über 3000 Sorten gibt – um ein ausgesprochen wertvolles, eiweißreiches Lebensmittel. Man isst Sojabohnen in Asien und den USA gern frisch, sie eignen sich jedoch auch zum Trocknen und werden dann zubereitet wie andere Hülsenfrüchte auch. Wichtig und aus den fernöstlichen Küchen nicht wegzudenken sind die vielen Würzsaucen und -pasten auf Sojabasis, die gebrauchsfertig auf dem Markt sind und Gerichte im Handumdrehen perfekt würzen. Fertig angeboten werden außerdem – von Indien bis Thailand und in Asienläden – meist feurig-scharfe Würz- und Currypasten auf Chilibasis.

TANDOORIPASTE, meist relativ scharf, wird oft selbst hergestellt aus Ingwer, Knoblauch, Kurkuma und anderem.

DÖRRPFLAUMENPASTE, salzig, dient in Japan teilweise als Wasabi-Ersatz, aber auch zum Würzen von Sushi.

SAMBAL OELEK. Sehr scharfe indonesische Würzpaste aus roten Chilis. Mit Essig oder Tamarinde leicht säuerlich.

THAILÄNDISCHE GELBE CURRYPASTE. Vornehmlich aus frischen Zutaten, im Geschmack die mildeste der drei.

THAILÄNDISCHE ROTE CURRYPASTE. Recht scharf, für Seafood-, Geflügel- oder Rindfleischcurrys.

Die THAILÄNDISCHE GRÜNE CURRYPASTE verdankt ihre Farbe frischen grünen Chilischoten – »very hot«.

# Eier – einfach und formvollendet. Aber: Ei ist nicht gleich Ei. Doch trotz der Unterschiede in Aussehen und Größe – in der Verwendung sind sie alle ähnlich.

Das PUTEN- oder TRUTHAHNEI ist größer als das Hühnerei, kann aber ebenso verwendet werden.

Das TAUBENEI ist kleiner als ein Hühnerei, wird in Frankreich und China gelegentlich zubereitet.

Das STRAUSSENEI ist das größte Ei weltweit. Es ist allerdings nur schwer zu bekommen. In der Verwendung gleich wie Hühnerei.

Eier sind ein wichtiges, küchentechnisch überaus vielseitiges Nahrungsmittel, zumal neben Eierspeisen im engeren Sinne auch die Bestandteile des Eis – Eiweiß und Eigelb – für viele Speisen eine große Rolle spielen; so das Eigelb etwa zum Legieren von Suppen und Saucen, während zu Schnee geschlagenes Eiweiß häufig zum Stabilisieren benötigt wird, wie bei einem Soufflé der Fall. Ernährungsphysiologisch wertvoll ist das Ei vor allem aufgrund des biologisch hochwertigen Proteins, deckt doch ein Ei bereits 15 Prozent des Eiweiß-Tagesbedarfs. In puncto Nährstoffgehalt unterscheiden sich Eiklar und Eigelb erheblich: Ersteres besteht hauptsächlich aus Wasser und etwa 11 % Protein, Eigelb ist dagegen reich an Eiweiß-Phosphor-Verbindungen, an Fett, aber auch an Mineralstoffen und Vitaminen. Neben den fettlöslichen Vitaminen A, D und E weist es Calcium, Phosphor und Eisen auf. Im Eiklar sind wasserlösliche Vitamine, Natrium, Kalium und Chlor enthalten. Die Nährstoffe von Eiern können vom Menschen nahezu komplett, nämlich zu 95 %, genutzt werden. Und dennoch: Allzu viele Eier (mehr als 3 Stück/Tag) sollte man nicht essen – auch wenn sie als leicht verdaulich gelten –, schon wegen des relativ hohen Cholesterin-Gehaltes des Eigelbs. Entscheidenden Einfluss auf die Qualität hat die richtige Lagerung. Eier sind empfindlich, da durch die poröse Schale Gerüche oder Bakterien ins Innere gelangen können. Grundsätzlich sollte man sie kühl (8 bis 10 °C) bei hoher Luftfeuchtigkeit aufbewahren, am besten in einem Spezialfach im Kühlschrank, weit entfernt von stark riechenden Lebensmitteln. Eier in der Schale halten sich so 3 bis 4 Wochen. Aufgeschlagene ganze Eier

Das MANDARINENTENEI ist kleiner als ein normales Entenei, es wird vor allem in China gegessen.

Das FLUGENTENEI ist ölig und kräftig im Geschmack, man sollte es sehr frisch verwenden.

Ein ENTENEI sollte man mindestens 10 Minuten kochen, sonst kann es toxisch wirken.

Das GÄNSEEI ist im Geschmack dem Entenei ähnlich. Auch dieses sollte man frisch verwenden.

Das ZWERGHUHNEI ist kleiner als ein Hühnerei, ansonsten aber identisch.

Das GRÜNE HÜHNEREI ist das Ergebnis einer Kreuzung von Araucana- und Sebritenhuhn.

BRAUNES HÜHNEREI. Im Geschmack unterscheiden sich die verschiedenen Hühnereier nicht.

Das WEISSE HÜHNEREI ist das weltweit am häufigsten vorkommende Ei.

sind 2 Tage, Eigelb – mit Wasser bedeckt – ebenfalls 2 Tage und Eiklar bis zu 14 Tagen haltbar. Gefrorene Eimasse, egal in welcher Zusammensetzung, hält sich etwa 4 Monate.

WACHTELEIER sind klein, bräunlich gesprenkelt und sehr geschätzt.

Das PERLHUHNEI ist etwas kleiner als das Hühnerei, kulinarisch zählt es zu den besten aller Eier.

Das MÖWENEI mit seiner dunkel gesprenkelten Schale schmeckt etwas fischig, aber nicht streng.

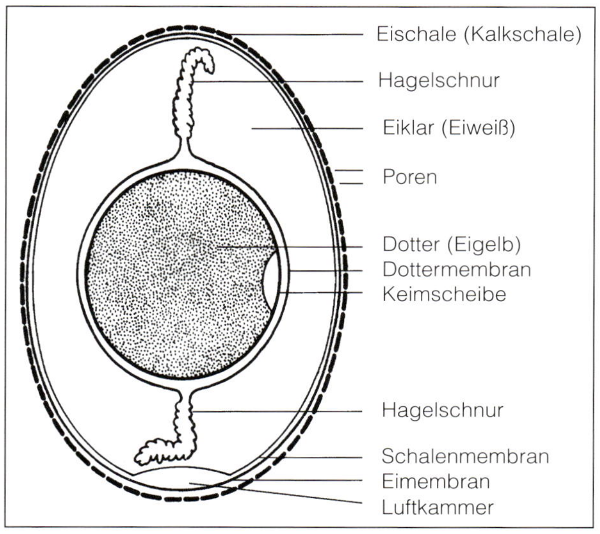


Der morphologische Aufbau eines Eis wird aus dem Längsschnitt ersichtlich. An der Innenseite der porösen Kalkschale liegt zunächst eine doppelschichtige Schalenhaut an, die sich am stumpfen Ende teilt und so die Luftkammer bildet. Die Dotterkugel liegt innerhalb des Eiklars und ist durch zwei Stränge, die so genannten Hagelschnüre oder Chalazen, im Innern des Eis an beiden Eipolen fixiert. An einer Seite der Dotterkugel liegt die Keimscheibe, die ihrerseits von der Dottermembran umschlossen wird. Vom Gesamtgewicht eines Eis machen das Eiklar etwa 57 Prozent aus, der Dotter 33 Prozent und die Schale 10 Prozent.

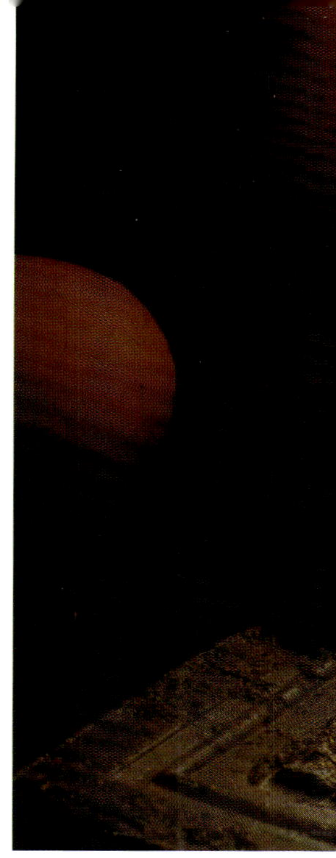

# Eier über Eier: von taufrisch bis »tausend Jahre« alt

SCHWIMMTEST:

Sinkt ein Ei in einem Glas mit 10%iger Kochsalzlösung (10 g Salz auf 100 ml Wasser) zu Boden, ist es frisch.

Bei einem etwa 7 Tage alten Ei ist die Luftkammer schon größer, das Ei richtet sich mit dem stumpfen Ende auf.

Beim vollständig schwimmenden Ei ist die Luftkammer noch größer, es kann schon mehrere Monate alt sein.

EIER TRENNEN:

Das Ei an einer scharfen Kante aufschlagen und mit dem Daumen aufbrechen. Einen Teil des Eiklars auslaufen lassen.

Den Dotter mehrmals von einer Schalenhälfte in die andere gleiten lassen. Darauf achten, dass die Dottermembran nicht verletzt wird.

Zuletzt die Hagelschnüre mit den Fingern entfernen und den Dotter in eine separate Schüssel gleiten lassen. Eventuell kühl stellen.

Von außen kann man Eiern kaum ansehen, ob sie auch wirklich frisch sind. Zum Glück gibt es aber verschiedene Methoden, die Frische zu überprüfen. Entweder mit Hilfe des Schwimmtests (oben), bei dem das Ei unversehrt bleibt, oder man wählt den Aufschlagtest (unten). Außerdem verursachen frische Eier beim Schütteln kein Geräusch. Generell gilt, je älter ein Ei, umso mehr Luft verdunstet durch die poröse Schale. Dadurch wird die Luftkammer größer und das Ei leichter. Nach 2 bis 3 Wochen steht es beim Schwimmtest nahezu senkrecht auf der Spitze, später schwimmt es ganz. Mit zunehmendem Alter verliert das Eiklar an Spannung, fließt immer weiter auseinander und wird wässrig, der Dotter flacher.

Der AUFSCHLAGTEST ist eine weitere Möglichkeit, die Frische von Eiern zu überprüfen: Bei einem sehr frischen Ei – wie hier zu sehen – ist der Dotter fest, schön kugelig gewölbt und von einem kompakten Eiklarring sowie einer äußeren, dünneren Eiklarschicht umgeben.

Eier-Spezialitäten aus China: Solche TEE-EIER werden zunächst 10 Minuten gekocht, dann vorsichtig gerollt, wodurch die Schale feine Risse erhält, bevor sie beim Ziehen in gewürztem Tee-Sud ihre hübsche Marmorierung bekommt.

## von S bis XL.

TAUSEND-JAHR-EIER sind zwar nicht ganz so alt, wie ihr Name vermuten lässt; doch dürfte ihr Geschmack für manchen nicht-chinesischen Gaumen eher ungewohnt sein. Umhüllt von Kiefernnadelasche, Limonensaft, Wasser und Salz lagern sie bis zu 100 Tagen. Währenddessen verfärbt sich das Eiweiß grünlich-schwarz, das Eigelb wird grün und fest.

EIER KOCHEN:

4 bis 5 Minuten: Das Eiweiß ist nur außen fest, das Eigelb noch flüssig und von einem dunklen Gelb.

5 bis 6 Minuten: Das Eiweiß ist fest, das Eigelb innen noch flüssig, der äußere Rand ist schon etwas fest.

6 bis 8 Minuten: Das Eiweiß ist rundum fest, das Eigelb nur in der Mitte noch etwas weicher, sonst überall fest.

7 bis 9 Minuten: Eiweiß und Eigelb sind fest. Das Eigelb ist in der Mitte noch leicht cremig, die Farbe wird heller.

10 bis 12 Minuten: Eiweiß und Eigelb sind schnittfest, die Farbe des Eigelbs ist nun bereits blass.

15 Minuten: Das Eigelb verliert noch mehr an Farbe, es wird trocken und krümelt beim Schneiden.

Die einfachste Methode des Eiergarens ist das Kochen in der Schale. Dafür sticht man die Schale am stumpfen Ende mit einer Nadel oder einem Eierstecher leicht an; so kann die Luft entweichen, und die Schale platzt nicht während des Kochens. Sollen mehrere Eier hart gekocht werden, gibt man sie – am besten in einem Sieb – gleichzeitig in das kochende Wasser. Die Kochzeit wird ab dem Moment gerechnet, wenn das Wasser wieder aufwallt. Sie kann jedoch nur als Richtwert angegeben werden, da die Garzeit zum einen vom Ort des Kochens abhängt – je höher über dem Meeresspiegel, desto länger dauert das Kochen von Eiern –, zum andern aber auch von der Temperatur, die die Eier haben, bevor sie ins kochende Wasser kommen. Zu lange sollte man Eier übrigens nie garen, sonst setzen Proteine des Eiklars Schwefelwasserstoff frei, die Eier riechen dann unangenehm. Nach dem Kochen empfiehlt es sich, die Eier gut mit kaltem Wasser abzuschrecken: Sie lassen sich dann wesentlich leichter schälen.

EIER werden international in verschiedenen Größen und Gewichtsklassen angeboten. Die Klassifizierungen ändern sich gelegentlich, in Rezeptangaben wird in der Regel von Eiern mittlerer Größe (früher Klasse 3, jetzt M) ausgegangen. ▷

## Viele Pflanzen sind »süß« – aber nur Zuckerrohr und -rübe haben damit Karriere gemacht.

# Zuck

Der AHORNSIRUP wird aus dem Saft des nordamerikanischen Zuckerahorns *(Acer saccharum)* hergestellt.

MALZEXTRAKT ist ein Sirup aus gekeimter Gerste. Für Malzkakao, -bonbons, als Nähr- und Kräftigungsmittel.

RÜBENKRAUT, -sirup oder Zuckerkraut erhält man durch das Einkochen gereinigter, geschnitzelter Zuckerrüben.

MELASSE, ein dickflüssiges Nebenprodukt der Zuckergewinnung. Zur Rumherstellung, als Pulver für Backwaren.

Zucker, engl. sugar, frz. sucre, ital. zucchero, span. azúcar, wird in großen Teilen der Welt heute ganz selbstverständlich und in großen Mengen verwendet – umso erstaunlicher, dass seine Karriere als erschwingliches Universalsüßungsmittel erst vor 200 Jahren begann: Auf der Grundlage der Entdeckung, dass aus Zuckerrohr und -rübe gewonnener Zucker chemisch identisch ist, wurde im Jahr 1801 in Preußen die erste Rübenzuckerfabrik errichtet. Zucker war fortan keine »Kolonialware« mehr, die aus den Tropen importiert werden musste und zu immens hohen Preisen verkauft wurde.

Ob Rohr oder Rübe, aus beiden muss für die Zuckerherstellung zunächst der zuckerhaltige Saft gewonnen werden. Das geschieht durch Auslaugen der zerkleinerten Pflanzenteile. Der so gewonnene Rohsaft wird gereinigt und durch Erhitzen eingedickt, bis der Zucker zu kris-

tallisieren beginnt. Nach Erreichen der gewünschten Kristallgröße wird der zähflüssige Zuckersirup abzentrifugiert. Zurück bleibt Rohzucker, der gereinigt als einfacher Weißzucker in den Handel kommen kann, oft jedoch ein zweites Mal gereinigt wird und dann die schneeweiße Raffinade ergibt. Dann allerdings enthält er außer Kohlenhydraten keine weiteren Nährstoffe mehr, weshalb man für die Vollwerternährung auf zuckerhaltige Pflanzensäfte zurückgreift, die als süße Sirupe oder auch getrocknet und gekörnt erhältlich sind.

er

KRISTALLZUCKER, ein weißer Zucker mit deutlich erkennbaren Einzelkristallen.

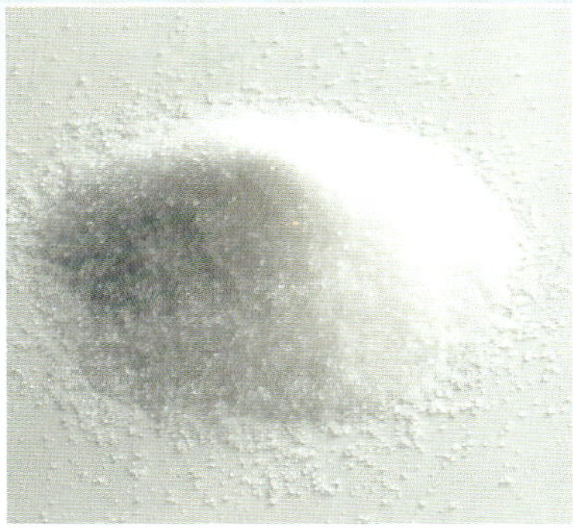

RAFFINADE heißt ein besonders reiner, weißer Zucker, der in verschiedenen Körnungen gehandelt wird.

PUDERZUCKER oder Staubzucker nennt man staubfein zermahlene Raffinade. Zum Bestauben und Dekorieren.

HAGELZUCKER. Granulierter Zucker mit großen Kristallen, der aus Raffinade hergestellt wird.

WÜRFELZUCKER, braun und weiß. Leicht angefeuchtete Raffinade oder Kandisfarin, gepresst und getrocknet.

FRUCTOSE, Fruchtzucker. In kleinen Mengen Zuckeraustauschstoff für Diabetiker, süßer als Haushaltszucker.

URSÜSSE oder Succanat, getrockneter Zuckerrohrsaft mit hohem Mineralstoffanteil. Für die Vollwertküche geeignet.

KANDISFARIN, brauner Zucker, aus braunem Kandissirup. Intensiviert Bräunung und Aroma von Gebäck.

DEMERARAZUCKER, mit Melasse dunkelbraun gefärbte Raffinade. Eine englische Spezialität; zum Süßen von Tee.

BRAUNER BLOCKZUCKER ist in Blockform gegossener Palmzucker, der leicht in Stücke gebrochen werden kann.

WEISSER KANDIS: Klare Kristalle, die aus hochwertiger Zuckerlösung hergestellt werden. Für Tee, Fruchtliköre.

BRAUNER KANDIS. Hergestellt wie der weiße, mit Zusatz von karamellisiertem Zucker. Für Grog, Glühwein, Punsch.

ZUCKERROHR *(Saccharum officinarum)* ist ein bis zu 7 m hohes, schilfartiges Gras, dessen Stängel das zuckerhaltige Mark (bis zu 20 % Rohrzuckergehalt) umschließen. Für die Zuckergewinnung werden die Rohre zerfasert und mit heißem Wasser ausgelaugt.

GEKÖRNTER PALMZUCKER wird aus dem zuckerhaltigen, getrockneten Saft verschiedener Palmenarten gewonnen.

PALMZUCKER, Javazucker: In Indien und Südostasien wird Palmsirup häufig zum Erstarren in Formen gegossen.

PALMZUCKER, hier in einer halben Kokosnuss-Schale. Für Süßspeisen, zum Lutschen, aber auch für Kaffee.

Vor allem ein hoher Gehalt an leicht verdaulichen Kohlenhydraten zeichnet Honig, engl. honey, frz. und span. miel, ital. miele, ebenso wie Trockenfrüchte, engl. dried fruit, frz. fruits secs, ital. frutta secca, span. fruta seca – gleichermaßen aus. Dazu kommen noch Vitamine und Mineralstoffe, deren Anteile jedoch je nach Honig- oder Obstsorte unterschiedlich ausfallen können. Gemeinsam ist beiden außerdem, dass sie zu den ältesten Nahrungsmitteln zählen. Doch während guter Honig ein Naturprodukt ist, das aus den reifen Bienenwaben geschleudert wird oder austropft, müssen Trockenfrüchte erst einmal hergestellt werden. Beim Trocknen wird der ursprüngliche Wassergehalt des Obstes meist auf weniger als 24 % reduziert. Wirkt allein das schon konservierend, werden manche Früchte darüber hinaus geschwefelt, was zusätzlich den optischen Eindruck verbessern soll, Geschmack und gesundheitlichen Wert jedoch beeinträchtigt.

# Süß, aromatisch und nährstoffreich: Trockenfrüchte und Honig

Eine kleine Auswahl aus der Honigvielfalt: oben in der Mitte bernsteinfarbener ORANGENBLÜTENHONIG, dann weiter im Uhrzeigersinn der gelbliche, kräftig aromatische LINDENHONIG, weißlicher kanadischer KLEEHONIG – er kristallisiert besonders schnell aus und ist daher meist streichfähig – sowie dünnflüssiger, milder goldener AKAZIENHONIG. Alle diese Honigsorten »produzieren« die Bienen aus dem Nektar von Blüten. Kann sichergestellt werden, dass es sich dabei überwiegend um Blüten einer bestimmten Pflanzenart handelt, spricht man, wie bei den im Bild gezeigten Beispielen, von Sortenhonigen. Links oben dunkler WALDHONIG, auch Honigtauhonig genannt. Diesen Honig gewinnen die Bienen im Unterschied zum Blütenhonig aus den zuckerhaltigen Sekreten Pflanzen saugender Insekten. Waldhonig besitzt ein charakteristisches, würziges Aroma und ist weniger süß als Blütenhonig. In der Mitte: GELÉE ROYALE, der Honigsaft, mit dem junge Bienenköniginnen ernährt werden. Gelée royale wird überwiegend als Mittel zur Gesundheitspflege angeboten.

BANANEN werden entweder geschält und im Ganzen – wie gezeigt – oder in Scheiben geschnitten getrocknet.

KLETZEN, HUTZELN sind eine süddeutsche/österreichische Spezialität: im Ganzen getrocknete kleine Birnen.

Getrocknete, geschwefelte APRIKOSEN aus der Türkei. Ungeschwefelt dunkler, unansehnlicher, aber aromatischer.

MANGOS werden zwar in erster Linie frisch verzehrt, sind etwa in Thailand aber auch getrocknet im Angebot.

Für die kleinbeerigen, kernlosen, stets ungeschwefelten dunklen KORINTHEN ist Griechenland der Hauptproduzent.

PFIRSICHE werden vor dem Trocknen halbiert, entsteint und in Scheiben geschnitten. Für Trockenobstmischungen.

Getrocknete NEKTARINEN sind bei uns eher selten im Angebot. Hier geschwefelte Trockennektarinen aus Chile.

IZMIR-FEIGEN aus der Türkei. Getrocknete Feigen von guter Qualität sind groß, mit einer zarten, dünnen Haut.

'THOMPSON SEEDLESS' ist die wichtigste blaue Traubensorte für die Rosinenherstellung. Hier aus Südafrika.

Getrocknete APFELRINGE. Geschwefelt, wie hier, weiß bis hellgelb, ungeschwefelt ockerfarben bis hellbraun.

Getrocknet bewahrt ANANAS ausgezeichnet ihr Aroma. Die Früchte werden zum Trocknen in Würfel geschnitten.

Getrocknete PAPAYA aus Thailand, ebenfalls in Würfeln getrocknet. Meist mit Schwefeldioxid behandelt.

Damit die Farbe der Trauben erhalten bleibt, sind diese ROSINEN aus der Türkei mit schwefliger Säure gebleicht.

ZIBEBEN nennt man sehr großbeerige getrocknete Weinbeeren mit Kernen. Auch für die Dessertweinherstellung.

Getrocknete BIRNEN kommen gewöhnlich halbiert und vom Kerngehäuse befreit in den Handel.

Getrocknete HEIDELBEEREN, vor allem – pur oder in Tees – als Heilmittel gegen Verdauungsstörungen eingesetzt.

ROSINEN aus Australien. Solche getrockneten Weinbeeren, auch Sultaninen genannt, sind stets kernlos.

ROSINEN aus den USA, die inzwischen weltweit der bedeutendste Produzent von Trockenfrüchten geworden sind.

Getrocknete DATTELN, hier die Sorte 'Degled Noor'. Beste Qualitäten sind süß, weich, saftig und hocharomatisch.

Getrocknete PFLAUMEN werden heute meist ohne Stein und weich (Wassergehalt: 25 bis 32 %) angeboten.

Oben: WALNÜSSE *(Juglans regia)* der Sorte 'Marbot', aus Frankreich. Links oben: unreife Walnüsse. Sie können mitsamt der grünen Außenschale süß-sauer eingelegt werden.

## Hier muss man's knacken lassen: Denn harte Schalen verbergen die köstlichen Kerne.

# Nüss

'FRANQUETTE', mittelgroße bis große Sorte mit hellem Kern. Diese Exemplare hier kommen aus Kalifornien – die USA sind neben China das wichtigste Erzeugerland für Walnüsse.

CHILENISCHE WALNÜSSE. Nach Südamerika kam die Walnuss mit den spanischen Konquistadoren. Bedeutende Anbaugebiete finden sich auch in Mexiko und Argentinien.

PINIENKERNE *(Pinus pinea)* sind ungeschält – rechts oben im Bild – mehrere Jahre, geschält dagegen, wie sie meist in den Handel kommen, nur wenige Monate haltbar.

ZIRBELNÜSSE sind die Früchte der in den Alpen heimischen Zirbelkiefer oder Arve *(Pinus cembra)*. Sie werden solo verzehrt, aber auch für die Ölgewinnung verwendet.

'PARISIENNE' heißt diese französische Walnuss-Sorte. 'Parisiennes' aus dem Anbaugebiet um Grenoble tragen das kontrollierte Herkunftszeichen »Noix de Grenoble«.

PEKANNÜSSE *(Carya illinoinensis)*, Sorte 'Schley'. Länglich-oval, mit spitzen Enden. Diese traditionsreiche Sorte wird in den USA und Mexiko, aber auch in Australien angebaut.

Walnüsse der Sorte 'HARTLEY'. Sie stammt aus den USA, wird aber auch in Europa angebaut und ist die wichtigste für Walnüsse, die in der Schale auf den Markt kommen.

Auch die Sorte 'STUART' ist eine alte Pekannuss-Sorte. Pekannüsse können in der Form stark variieren; gemeinsam ist aber allen Sorten, dass sich die Schale leicht knacken lässt.

Aber es lohnt sich, die Mühe des Knackens auf sich zu nehmen: Denn der »Inhalt« ist nicht nur wohlschmeckend, sondern auch noch außergewöhnlich gesund, enthält er doch – je nach Art der Samen in unterschiedlichen Anteilen – leicht verdauliches Eiweiß, hochwertiges Keimöl, energiespendende Kohlenhydrate, Vitamine (vor allem solche der B-Gruppe und Vitamin E), Mineralstoffe (vor allem Phosphor, Eisen und Calcium) sowie Ballaststoffe.

Jedoch ist lange nicht alles, was landläufig als Nuss bezeichnet wird, auch botanisch eine solche: Walnüsse, Pistazien, Kokosnüsse und Mandeln gehören zu den Steinfrüchten, Erdnüsse sind Hülsen- und Paranüsse Kapselfrüchte; lediglich bei Haselnüssen und Esskastanien handelt es sich um echte Nüsse. Der Kürze halber sollen sie auf dieser und der folgenden Seite dennoch als Nüsse bezeichnet werden. Und wie auch immer: Frisch geknackt sind sie am besten. Denn fast alle diese Samen – einzige

CHILENISCHE HASELNÜSSE *(Gevuina avellana)*. Botanisch nicht mit der Haselnuss verwandt. Die Kerne sind jedoch Haselnusskernen in Geschmack und Aussehen sehr ähnlich.

RUNDE RÖMER – nach Form und Herkunft – heißen solche Haselnüsse aus Latium im Handel.

HASELNÜSSE *(Corylus avellana)*, Sorte 'Comune'. Großfrüchtig, spitz-oval, mit relativ dünner Außenschale.

Unter dem Handelsnamen SAN GIOVANNI werden diese großen, langen Haselnüsse aus Italien importiert.

Die länglichen LAMBERTSNÜSSE *(Corylus maxima)* gelten geschmacklich als den Haselnüssen überlegen.

'NEUE RIESEN'. Große, ovale Haselnuss-Sorte mit dicker Außenschale und wohlschmeckenden Früchten.

Als OREGON-HASELNÜSSE bezeichnet man im Handel verschiedene großfrüchtige Sorten aus den USA.

se

Ausnahme ist die Esskastanie – sind sehr fettreich und können bei Kontakt mit Sauerstoff recht schnell ranzig und damit ungenießbar werden. Auch Nüsse in der Schale sollte man deshalb besser trocken, kühl und luftig aufbewahren. Qualitätsmerkmale für den Einkauf sind das Gewicht – frische Nüsse sind relativ schwer – und das Aussehen der Schalen: Sie sollten keine Risse, Löcher oder Kratzspuren aufweisen und nicht verfärbt sein.

Der Handel unterscheidet übrigens bei vielen Nüssen, etwa Haselnüssen, Pistazien oder Erdnüssen, weniger nach Sorten als vielmehr nach Herkunft und Aussehen; zuweilen werden Nüsse sowieso nicht sortenrein getrennt angebaut. So können in italienischen Mandelmischungen nicht nur verschiedene Sorten süße, sondern auch bis zu 4 % bittere Mandeln enthalten sein – und die zählen gar zu einer eigenen Varietät (*Prunus dulcis* var. *amara*).

Bei reifen PISTAZIEN *(Pistacia vera)* öffnet sich der Steinkern, sodass die grünen bis gelben Samen sichtbar sind.

AUS DEM IRAN, dem weltweit wichtigsten Anbaugebiet, kommen diese Pistazien von rundlicher Form.

VON LÄNGLICHER FORM sind diese iranischen Pistazien. Sortennamen sind für den Handel nicht von Bedeutung.

ERDNÜSSE *(Arachis hypogaea)*. Bei der Type Valencia sitzen 3 bis 4 rotschalige Kerne in einer langen Hülse.

Die Erdnusstype VIRGINIA weist jeweils 2 bis 3 längliche, rötlich-braune Kerne in den großen Hülsen auf.

Als RUNNER bezeichnet der Handel eine Erdnusstype, die kleine Hülsen mit jeweils nur 2 rundlichen Kernen besitzt.

Außen samtig, innen hart: Reife MANDELFRÜCHTE platzen auf und geben die Steine frei. Unreif und noch weich, können die Früchte, roh oder eingelegt, im Ganzen verzehrt werden.

MANDELN (*Prunus dulcis* var. *dulcis*). Von hartschaligen Sorten – hier 'Juno' – werden meist nur die Kerne angeboten.

Weichschalige Mandeln wie 'PEERLESS' werden gern für Mischungen von Nüssen in der Schale verwendet.

KRACHMANDELN (*Prunus dulcis* var. *fragilis*) aus Portugal. Sie besitzen eine poröse, zerbrechliche Schale.

TRINKKOKOSNÜSSE (*Cocos nucifera* var. *aurantiaca*), engl. King coconut, sind eine Varietät der Kokosnuss, die weniger Fruchtfleisch, aber mehr (bis zu 1/2 l) und aromatischeres Kokoswasser enthält.

## Nüsse – mal kiloschwer und sogar trinkbar, mal winzig klein mit festem Kern. Immer aber sind sie besonders nahrhaft.

# Koko

MAKADAMIANÜSSE (*Macadamia* sp.) gehören zu den besten Nüssen überhaupt, sind aber sehr fettreich.

COQUITOS *(Jubaea chilensis)* oder Mini-Kokosnüsse sind nur 1,5 bis 2 cm groß. Wohlschmeckendes Fruchtfleisch.

KEMIRI-, KERZENNÜSSE *(Aleurites moluccana)* oder Candle nuts müssen vor dem Verzehr gegart werden.

ALOES WOOD *(Aquilaria malaccensis)* stammt aus Südostasien. In Malaysia wichtige Zutat für »Hot curry«.

GINKGONÜSSE *(Ginkgo biloba)*. Die hellbeigen bis grünen Samenkerne sind vor allem in China und Japan beliebt.

LOTUSNÜSSE *(Nelumbo nucifera)* müssen von der äußeren Schale und dem bitteren Keim befreit werden.

CASHEWNÜSSE *(Anacardium occidentale)*, geschält und geröstet: So sind die Kerne bei uns auf dem Markt.

DER BRAUNEN SAMENHAUT von Cashewnüssen haftet ein toxisch wirkendes Öl an, sie wird deshalb entfernt.

Am unteren Ende des KASCHUAPFELS sitzt der Samen – die Cashewnuss – mit der steinharten, graugrünen Schale.

Von KOKOSNÜSSEN *(Cocos nucifera)* kommt bei uns nur der innere braune Steinkern, von der ledrigen Schale und der bastartigen Hülle befreit, in den Handel. Unreife Früchte enthalten sehr viel Kokoswasser, aus dem sich bei zunehmender Reife das Fruchtfleisch bildet.

Sehr viele Nüsse werden weltweit einfach geknabbert, oft zusätzlich geröstet und gesalzen. Doch sind sie kulinarisch durchaus vielseitiger. Die asiatischen Küchen machen es vor: Nüsse können – fein gerieben – Currys andicken oder werden gleich im Ganzen im Wok mitgebraten. Und Kokosmilch, aus Kokoswasser und -fruchtfleisch hergestellt, dient von Indien bis Südostasien als universell einsetzbare Grundlage für so manches saucenreiche Gericht von mild bis höllisch scharf.

Vielseitig verwendbar sind auch die stärkehaltigen Früchte der Esskastanie, die sich geröstet oder auch gekocht verzehren lassen, sich aber ebenso für süße wie pikante Pürees anbieten oder in Farcen und Füllungen Verwendung finden. In der Schweiz und in Italien werden sie mancherorts zu Mehl vermahlen. Man unterscheidet zwischen der Kastanie – engl. sweet chestnut, frz. châtaigne, ital. castagna, span. castaña –, sie ist groß, rundlich und nicht lange haltbar, und der herzförmigen, kräftiger schmeckenden Marone, engl. und frz. marron, ital. marrone (die Spanier unterscheiden hier nicht), die sich länger aufbewahren lässt. Trotz ihres Namens nicht verwandt ist die Wasserkastanie, die botanisch nicht zu den Nüssen zählt, sondern eine Sprossknolle ist.

PARANÜSSE *(Bertholletia excelsa)*. Eine schwere, dunkelbraune Kapselfrucht (»pot«) enthält 15 bis 40 einzelne Nüsse, die von einer holzigen, runzeligen Schale umgeben sind.

Die CHINESISCHE WASSERNUSS *(Trapa bicornis)* ist von Südchina bis Thailand und Java verbreitet. Charakteristisch sind die zu 2 »Hörnern« verwachsenen Kelchzipfel.

WASSERKASTANIEN *(Eleocharis dulcis)*, die süßlich schmeckenden Knollen eines Riedgrasgewächses. Ihnen kommt in Ostasien, vor allem in China, kulinarische Bedeutung zu.

MIT DER ESSKASTANIE VERWANDT ist *Castanopsis acuminatissima*, eine Nuss aus den tropischen und subtropischen Regionen Asiens. Wird dort meist geröstet verzehrt.

△ Die ESSKASTANIE *(Castanea sativa)* stammt aus dem Mittelmeergebiet, kann aber auch in nördlicheren Regionen angebaut werden, wie etwa hier im Schweizer Bergelltal.

Die stachelige Fruchthülle der Kastanie ▷ platzt auf, sobald die 1 bis 3 Nüsse im Inneren reif sind. Diese sind von einer ledrigen Samenschale umgeben, die beim Rösten aufspringt.

REIFE REISRISPEN biegen sich unter der schweren Körnerlast – wie hier Mr. Veerasak, ein Mitarbeiter des thailändischen Reisforschungsinstituts, demonstriert. Geerntet werden sie traditionell noch von Hand, mit einer schmalen Sägezahnsichel.

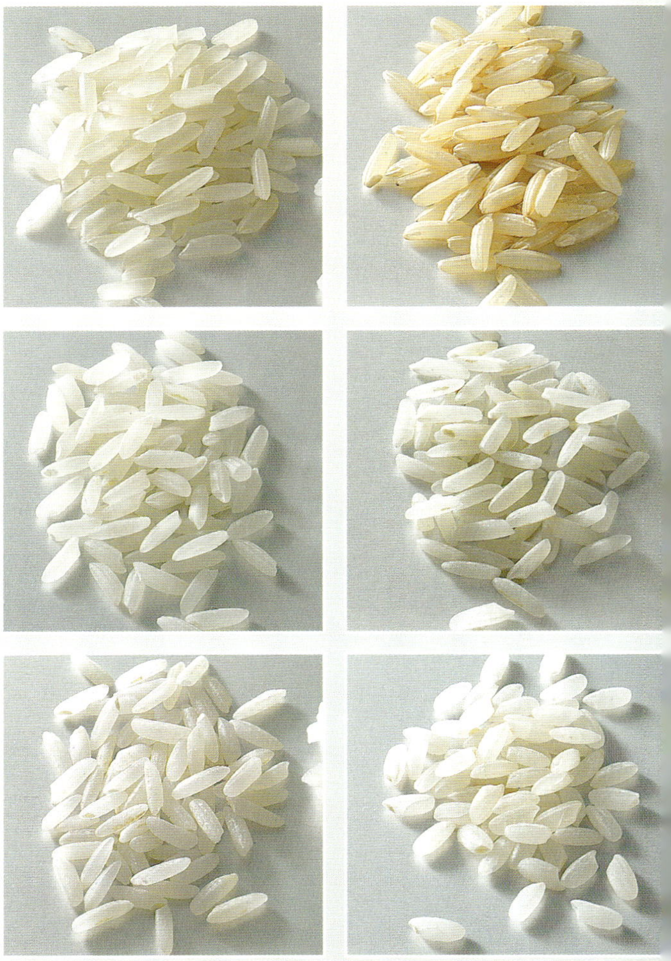

Oben: TIO JOÃO, ein Langkornreis aus Brasilien. Mitte: PATNA-REIS, eine der weltweit am gebräuchlichsten Langkornreissorten. Hier aus US-Anbau. Unten: CAROLINA-REIS. Ein Langkornreis, der nach dem ältesten Reisbaugebiet in den USA benannt ist.

Oben: BROWN LONG GRAIN, ein unpolierter Langkornreis aus den USA, aus integriertem Anbau. Mitte: TEXMATI, ein basmatiähnlicher Langkornreis aus den USA. Unten: MITTELKORN-REIS aus den USA. Die Körner sind deutlich kürzer und rundlicher als bei Langkornreis.

## Das »Geschenk der Götter« ist zumindest in Asien das tägliche Brot: keine Mahlzeit ohne

# Reis

Vom ROHREIS zum WEISSREIS: Links die lediglich entspelzten, aber noch nicht polierten Körner, rechts stufenweise fünf verschiedene Ausmahlungsgrade. Ist der Reis nicht vorbehandelt (parboiled), gilt die Regel: Je weißer die Körner, desto weniger Inhaltsstoffe.

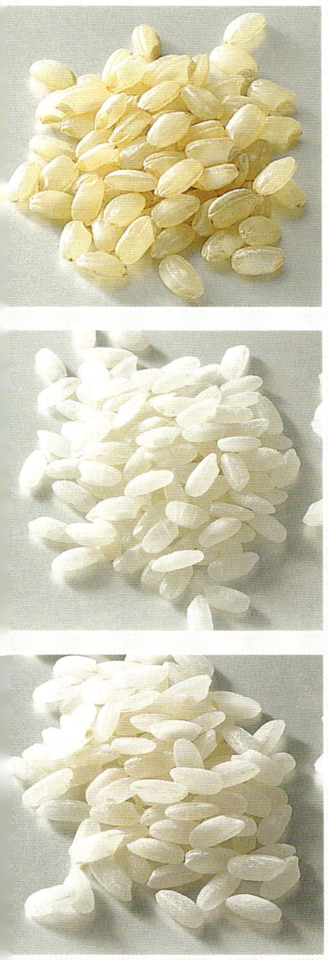

ben: BROWN SHORT GRAIN, npolierter Rundkornreis aus tegriertem Anbau, USA. Mitte: USHI-REIS; unten: SHINODE. wei ursprünglich japanische ittelkornreissorten, die inzwi- chen in den USA für den eige- en Bedarf an japanischen pezialitäten angebaut werden.

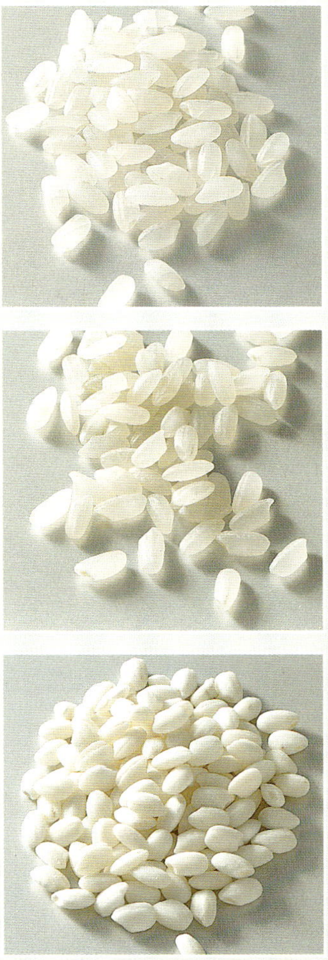

Oben: NISHIKI; Mitte: SHIRAGI- KU, zwei japanische Rundkorn- reissorten, hier aus US-Anbau. Die Sortenvielfalt in den Verei- nigten Staaten ist mittlerweile immens. Unten: SWEET RICE, ein ebenfalls ursprünglich japanischer Rundkorn-Klebreis aus den USA.

Oben: KOSHIHIKARI, Mitte: AKI- TAKOMACHI, Rundkornreis aus japanischem Anbau. Da beide nicht ganz körnig kochen, lassen sie sich gut mit Stäbchen essen. Unten: SÜSSER MOCHI-REIS, ein Rundkornreis, unpoliert. Mit dieser Sorte werden japanische Reiskuchen zubereitet.

Oben: Ein RUNDKORNREIS von den Philippinen. Mitte: ROTER REIS aus Indonesien. Die rote Schale der Körner ist hier weitgehend wegpoliert. Unten: SCHWARZER KLEBREIS aus Indonesien. Er wird dort gern für Süßspeisen, etwa Reis- pudding, verwendet.

Oben: DUFTREIS, Indonesien. Eine Langkornreissorte mit aus- geprägtem Aroma. Mitte: RUND- KORN-KLEBREIS aus Vietnam, gut für Süßspeisen. Unten: APLATI, grüner Reis, aus Thai- land. Für die Herstellung werden unreife Reiskörner aus der Rispe gedrückt und leicht gequetscht.

Oben: LANGKORN-KLEB- REIS, Mitte: NEOW SAN PHA THONG-Klebreis. Klebreis erkennt man an den durch und durch wei- ßen, nicht glasig wirken- den Körnern. Unten: KAO LUANG. Alle drei Reissor- ten sind aus Thailand.

Reis – engl. rice, frz. riz, ital. riso, span. arroz – ist keineswegs gleich Reis, auch wenn alle relevanten Sorten zur gleichen Art *(Oryza sativa)* gehören. Da unterscheiden sich zunächst einmal die Angebotsformen: Die Körner sind mitsamt der nährstoffreichen Schale und dem Keimling im Handel – man spricht dann von Natur- oder besser von unpoliertem Reis. Häufiger aber werden sie in Reismühlen von der Schale befreit und poliert, sodass sie makellos weiß sind. Dabei gehen zwar viele Inhaltsstoffe verloren, doch lässt sich geschälter Reis länger aufbewahren: Er wird nicht so rasch ranzig.

Oben: JASMINREIS, eine Duftreissorte aus Thailand mit angenehmem Aroma. Mitte: THAILÄNDISCHER DUFTREIS. Er wird auch, wie hier im Bild zu sehen, unpoliert angeboten. Unten: KAEW, ein einfacher Langkornreis aus Thailand.

Oben: LANGKORNREIS aus China. Wird häufig auch vermischt mit Bruchreis angeboten und ist dann günstiger. Mitte und unten: ROTER REIS aus Thailand, in der Mitte ein Mittelkorn-, unten ein Langkornreis. Der Reis ist unpoliert; die rote Farbe sitzt jedoch lediglich in der Schale.

Oben: SCHWARZER REIS aus Thailand, ein zum Teil polierter Langkornreis. Mitte: FIVE-STAR BASMATI, unten: SUPREME BASMATI, beide aus Indien. Langkornreis mit besonders schlanken Körnern und feinem Geschmack. Bei uns inzwischen fast überall problemlos erhältlich.

Oben: SADRI zählt zu den besten Reissorten überhaupt. Aus dem Iran; außerhalb des Landes nur sehr schwer zu bekommen. Mitte: LANGKORNREIS aus Afrika. Auch dort werden teilweise aus Asien stammende Sorten angebaut. Unten: RUNDKORNREIS aus Spanien, unpoliert.

Oben: BOMBA, Mitte: BAHIA, Rundkornreis aus Spanien. Sie sind die richtigen Reissorten für das spanische »Nationalgericht« Paella. Unten: THAI BONNET, ein Langkornreis aus Spanien. Gut geeignet beispielsweise für »Arroz verde«, einen Kräuterreis mit Paprika und grünen Chilis.

Oben: RUNDKORN-NATURREIS, hier ein Beispiel aus Frankreich. Für vollwertige Süßspeisen. Mitte: ROTER REIS aus der Camargue wird grundsätzlich unpoliert angeboten. Unten: ARBORIO, eine der auch außerhalb Italiens gut bekannten Rundkorn-Sorten für Risotto.

# Welche Reissorten sich für welchen Zweck eignen – und viel Wissenswertes über Wildreis.

Reis teilt man generell, den jeweiligen Körnertypen entsprechend, in Rund-, Mittel- und Langkornreis ein. Von diesen drei Typen wiederum gibt es klebende und nichtklebende Sorten. Sie unterscheiden sich jeweils durch ihre Stärkezusammensetzung: Klebreis, auch Wachsreis genannt, enthält viel Amylopektin, eine Stärkesorte, die nicht wasserlöslich ist, aber extrem viel Flüssigkeit aufnehmen kann. Kocht man Klebreis in Wasser, kann er daher zu einer geradezu gallertartigen Masse verkleben. Das macht man sich etwa in Südostasien vor allem für puddingartige Süßspeisen zu Nutze. Soll er dagegen als Beilage serviert werden, wird Klebreis in Asien – beliebt ist er etwa in Myanmar oder auch im Norden Thailands – grundsätzlich nicht gekocht, sondern gedämpft; so bleiben die Körner in Form.

Oben: CARNAROLI, italienischer Rundkornreis, Züchtung aus Vialone und einer japanischen Sorte. Sehr guter Risottoreis, ebenso wie VIALONE NANO (Mitte). Unten: VIALONE NANO SEMIFINO, unpoliert. »Semifino« heißt die Korngröße zwischen 5,2 und 6,4 mm.

Oben: ROMA, Mitte: RIBE, unten: BALDO – drei weitere italienische Reissorten für Risotto. Welche man davon nun letztendlich bevorzugt, bleibt ganz dem persönlichen Geschmack überlassen. Am besten, man probiert so lange, bis man »seinen« Risottoreis gefunden hat.

»Normaler« Reis dagegen enthält weniger Amylopektin, dafür verhältnismäßig mehr Amylose, eine in heißem Wasser lösliche Stärkesorte. Sie wird beim Kochen aus dem Reiskorn herausgelöst und kann daher die Kochflüssigkeit cremig binden – eine Eigenschaft, die man für einfachen süßen Milchreis ebenso nutzt wie für köstliche italienische Risottospezialitäten. Möchte man dagegen das Auskochen der Amylose verringern, damit die Körner nicht aneinander haften, sollte man den Reis zuvor gut waschen, damit möglichst viel Amylose abgespült wird. Für asiatische Spezialitäten wiederum ist ein wenig Zusammenhalt der Körner erwünscht – denn körniger Reis lässt sich nicht so gut mit Stäbchen verzehren.

Eine weitere Angebotsform ist der Parboiled Reis. In Sachen Nährwert ist er keineswegs zu verachten, denn Parboiled Reis enthält bis zu 80 % der Inhaltsstoffe des vollen Korns: Sie werden durch Einweichen des Reises in Wasser und eine anschließende Behandlung mit Wasserdampf und hohem Druck ins Innere der Körner gepresst. Das »parboiling« beeinflusst aber auch die Kocheigenschaften: Parboiled Reis gart schneller, die Körner sind nahezu versiegelt und geben beim Garen kaum noch Nährstoffe, aber auch keine Stärke mehr ab, sodass sie auf jeden Fall körnig kochen.

Über all das weiße, braune und rote Reisangebot hinaus erfreut sich in letzter Zeit ein weiteres Getreide zunehmender Beliebtheit, das trotz seines Namens gar kein Reis, sondern ein Gras ist: gemeint ist der Wildreis mit seinen langen, schlanken, dunkelbraunen bis schwarzen Körnern. Die Farbe und den typischen nussigen Geschmack verdanken diese übrigens dem Darren – traditionell über Holzfeuer –, dem die Körner unterzogen werden, damit sie sich besser aus den Spelzen lösen lassen. Wildreis kommt stets ungeschält in den Handel; die robuste Schale verhindert allerdings, mehr noch als bei anderen unpolierten echten Reissorten, ein schnelles Garen. Dem versuchen manche Produzenten durch das Anritzen der Schale abzuhelfen, sodass die Körner das Kochwasser rascher aufnehmen. Der Schnellkoch-Wildreis – angeritzt, vorgekocht und getrocknet – verliert jedoch beim Kochen seine Form und bietet nicht mehr unbedingt den vollen Geschmack.

WILDREIS *(Zizania aquatica)* ist kein echter Reis, zählt ▷ jedoch, wie alles Getreide, zu den Gräsern (Gramineae). Hier sind die Körner noch von den gelben Spelzen umgeben.
▽ Links: Mahnomen-Wildreis aus Minnesota, auf traditionelle Weise gesammelt von wild wachsenden Pflanzen. Rechts: kultivierter Wildreis der Sorte 'Extra fancy', aus Kanada.

WEICHWEIZEN, Saatweizen *(Triticum aestivum)* ist mit über 10.000 Sorten die formenreichste Weizenvarietät.

WEIZENFLOCKEN aus gedämpften und gequetschten ganzen Körnern. Sie finden vor allem in Müslis Verwendung.

WEIZENSCHROT gibt es in verschiedenen Feinheitsgraden. Weizenbackschrot hat die Typenbezeichnung 1700.

WEIZENKLEIE bleibt nach Aussieben des Mehls übrig und besteht zu mehr als 40 % aus Ballaststoffen.

HARTWEIZEN, Durumweizen *(Triticum durum)*. Der Mehlkörper ist gelber als bei Weichweizen, enthält mehr Eiweiß.

WEIZENMEHL TYPE 405. Das bei uns am häufigsten verwendete Mehl. Für Backwaren, Teigwaren, Süßspeisen.

WEIZENMEHL TYPE 550. Nicht ganz so fein wie Type 405, dunkler. Kann genauso wie dieses verwendet werden.

WEIZENVOLLKORNMEHL mit allen Inhaltsstoffen des Korns. Für Mehle wird überwiegend Weichweizen verwendet.

HARTWEIZENGRIESS hält auch beim Kochen gut zusammen. Daher geeignet für Teigwaren oder Grießklößchen.

WEICHWEIZENGRIESS zerkocht leichter, wird schneller weich und sämig. Für Süßspeisen, Suppen und Breie.

WEIZENKEIME; reich an Vitaminen und Ölen. Werden unter manche Mehle oder Frühstücksprodukte gemischt.

COUSCOUS kann aus Weizen oder Hirse zubereitet werden. Vorgegarte, dann getrocknete kleine »Körnchen«.

DINKEL, Spelz *(Triticum spelta)*, robuste Unterart des Weizens. Mehltypen entsprechen denen des Weizenmehls.

GRÜNKERN – halbreif geerntete, entspelzte, gedarrte Dinkelkörner. Auch als Mehl, Grütze, Graupen oder Flocken.

BULGUR ist ein Parboiled-Weizen: Hierfür werden Hartweizenkörner vorgegart, getrocknet, geschält und zerkleinert.

GESCHROTETER BULGUR, ein traditionelles Lebensmittel im Nahen Osten. Er gart rasch und ist recht nährstoffreich.

EINKORN *(Triticum monococcum)*, eine der ältesten Kultur-Getreidearten. Wird heute nur noch selten angebaut.

EMMER, Zweikorn *(Triticum dicoccum)* ist ebenfalls eine sehr alte Kulturpflanze. Vorwiegend für Graupen verwendet.

KAMUT®, eine Unterart des Rauweizens *(Triticum turgidum)*. Hoher Protein- und Nährstoffgehalt. Ideal für Pastateig.

TRITICALE *(Triticum* x *secale)*, eine Kreuzung aus Weizen und Roggen. Robust, mit relativ hohem Ertrag.

# Vom ganzen Korn und dem, was in ihm steckt – bis hin zur puderfeinen Speisestärke.

In fast allen Regionen der Welt, in denen Brot die Grundlage der Ernährung bildet, ist Weizen – engl. wheat, frz. froment, blé, ital. frumento, grano, span. trigo – das wichtigste Getreide. Das liegt daran, dass Mehle aus Samen der *Triticum*-Familie die besten Backeigenschaften aufweisen. Zu verdanken haben sie das dem relativ hohen Anteil an Kleber – auch Gluten genannt –, einem Protein, das durch Zugabe von Flüssigkeit und durch Kneten aktiviert werden kann. Es bildet im Teig ein zusammenhängendes, elastisches Gerüst – die Voraussetzung dafür, dass eine lockere Porung entsteht.

Neben Eiweiß ist der wichtigste Bestandteil des Getreidekorns die Stärke. Reine Stärke ist ein geschmacksneutrales Pulver, das in heißen Flüssigkeiten »verkleistert«, das heißt, es bildet eine Art Gel. Diese Eigenschaft macht man sich zum Andicken von Saucen oder Puddings zu Nutze. Durch das Vermahlen stärkehaltiger Pflanzenteile unter Wasserzusatz kann das Pulver gewonnen werden: Es lässt sich auswaschen und muss nur noch getrocknet werden.

PFEILWURZELMEHL, Arrowroot. Speisestärke, die aus Knollen oder Wurzeln tropischer Pflanzen gewonnen wird.

KLEB- oder WACHSREISMEHL besitzt eine hohe Quellfähigkeit. Gut geeignet für Saucen und Süßspeisen.

REISMEHL wird überwiegend aus poliertem Reis gewonnen. Ohne weitere Mehlbeimischung nicht backfähig.

KICHERERBSENMEHL aus gelben Kichererbsen, in Indien »besan« genannt. Dort zum Andicken von Currys.

MANIOK(A)STÄRKE, eine aus den Wurzeln der Kassave *(Manihot esculenta)* hergestellte Speisestärke.

Für TAPIOKA wird mit Wasser verrührte Maniokstärke durch Siebe gepresst und getrocknet. Für Süßspeisen.

Als SAGO bezeichnet man Kügelchen aus Stärke der Sagopalme (echter Sago) oder anderer Stärkepflanzen.

WEIZENSTÄRKE gibt es grobkörnig, aber sehr rein, oder feinkörnig, mit Kleber und anderen Stoffen gemischt.

KARTOFFELSTÄRKE ist eine der in Europa gängigsten Sorten von Speisestärke. Vielseitig verwendbar.

MAISSTÄRKE ist die in der Lebensmittelindustrie meistverwendete Stärke – für Pudding-, Suppen-, Saucenpulver.

ROGGEN *(Secale cereale)* ist das nach dem Weizen zweitwichtigste Brotgetreide in Europa. Herzhaft-würzig.

ROGGENSCHROT aus dem vollen Korn. Roggenbackschrot für Brote trägt die Typenbezeichnung 1800.

VOLLKORN-ROGGENFLOCKEN. Wie alle Getreideflocken gibt sie roh, wie hier, oder geröstet (Knusperflocken).

ROGGENMEHL TYPE 997 ist ein relativ fein ausgemahlenes und damit verhältnismäßig helles Roggenmehl.

ROGGENVOLLKORNMEHL enthält alle Mineral- und Nährstoffe des Korns. Feiner zerkleinert als Roggenschrot.

HAFER *(Avena sativa)* ist das Getreide mit dem höchsten Fettgehalt, wird daher relativ schnell ranzig.

HAFERMEHL wird als Zumischmehl für die Gebäckherstellung genutzt, traditionell etwa in England und Schottland.

KLEINBLATT-HAFERFLOCKEN, aus grob zerteilten Körnern hergestellt. Nur 1/3 der Größe »normaler« Haferflocken.

Für GROSSBLATT-HAFERFLOCKEN werden ganze Körner gedämpft, gedarrt und schließlich gequetscht.

GERSTE, zweizeilig (*Hordeum vulgare* convar. *distichon*). Zweizeilige Sommergerste wird zum Bierbrauen genutzt.

GERSTE, sechszeilig (*Hordeum vulgare* convar. *vulgare*), mit Spelzen. Wird wie Saatgerste verwendet.

SAATGERSTE *(Hordeum vulgare)*, bereits von den Spelzen befreit. Für Malz, Mehl, Flocken, Grütze und Graupen.

GERSTENGRAUPEN, groß: entspelzte, geschälte, geschliffene, polierte und eventuell gebleichte Gerstenkörner.

GERSTENGRAUPEN, mittel. Graupen sind generell länger lagerfähig als die entsprechenden ganzen Körner.

Als PERLGRAUPEN bezeichnet man die kleinste Graupengröße. Vor allem als Suppeneinlage genutzt.

# Die Rustikaleren: Hafer, Hirse, Roggen, Mais, Gerste & Co.

Auch Getreidesorten, die sich zum Backen weniger gut eignen als Weizen, spielten und spielen als Nahrungsmittel weltweit eine große Rolle. Oft genügsamer und robuster als Weizen, lassen sie sich unter härteren Bedingungen anbauen und bringen dennoch ausreichend Ertrag. Und auch für die Zubereitung bieten diese Sorten vielfältige Möglichkeiten: So lassen sich selbst aus glutenfreiem Mehl immer noch Fladenbrote herstellen, mit Grieß, Flocken oder Graupen kann man sättigende Suppen, Grützen oder Süßspeisen kochen.
Kein Wunder, dass gerade in weniger wohlhabenden Ländern häufig auf Getreide wie Mais – engl. maize, corn, frz. maïs, ital. mais, granoturco –, Hirse – engl. und frz. millet, ital. miglio, span. mijo – oder auf stärkehaltige Pflanzensamen zurückgegriffen wird, die nicht zur Gattung Gramineae (Gräser) zählen und darum als »Pseudocerealien« bezeichnet werden.

MAISKOLBEN, zum Trocknen aufgehängt. In Amerika ist Mais nach wie vor die wichtigste Körnerfrucht überhaupt. Das Getreide enthält wenig Protein, jedoch die Vitamine A, C und D sowie solche der B-Gruppe. Der Keim ist stark fetthaltig, aus ihm wird Maiskeimöl hergestellt. Maisprodukte, die den Keim noch enthalten, werden recht schnell ranzig.

Traditionell verwendet man solche Körner vielfach ungeschält – ob im Ganzen zubereitet oder zerkleinert –, denn so bleiben die wichtigen Nährstoffe aus den Randschichten weitgehend erhalten. Mit ein Grund, weshalb sie in der Vollwertküche ihren festen Platz gefunden haben. Ja, deren Aufschwung hat sogar maßgeblich dazu beigetragen, dass einige der traditionellen, fast vergessenen Nahrungsmittel wieder entdeckt wurden und dass manche dieser Pflanzen, bei uns etwa der Buchweizen, kulinarisch nicht ganz und gar in Vergessenheit geraten sind.

Die Getreideprodukte Grieß, Grütze und Graupen kommen jeweils in unterschiedlichen Größen und Sorten in den Handel. So bezeichnet man mit Grieß die beim Mahlen entstehenden, runden bis kantigen Kornstückchen. Grütze gewinnt man durch Zerschneiden, Graupen durch Polieren der Getreidekörner.

ROGGEN oder »Korn« war bis Mitte des 19. Jahrhunderts in Deutschland das wichtigste Brotgetreide; in Nord- und Osteuropa hat er diese Bedeutung bis heute.

RISPENHIRSE *(Panicum miliaceum)* wird vor allem in Südrussland angebaut.

KOLBENHIRSE *(Setaria italica)*. Einige Sorten liefern backfähige Mehle. Ganze Körner werden wie Reis zubereitet.

QUINOA, Perureis *(Chenopodium quinoa)*. Die Samen dieses Gänsefußgewächses schmecken ähnlich wie Reis.

AMARANTH *(Amaranthus caudatus)* oder Inkaweizen heißen die Körnerfrüchte des Gartenfuchsschwanzes.

BUCHWEIZEN *(Fagopyrum esculentum)* ist der aromatisch schmeckende Samen eines Knöterichgewächses.

Aus GERÖSTETEM BUCHWEIZEN wird in Russland traditionell ein »Kascha« genannter Grützbrei zubereitet.

BUCHWEIZENMEHL enthält keinen Kleber und wird deshalb auch für glutenfreies Backwerk verwendet.

MAISMEHL ist ebenfalls glutenfrei. Das Mehl ist Grundlage für mexikanische Tortillas und andere Backwaren.

HART-, STEIN- oder HORNMAIS (*Zea mays* convar. *vulgaris*). Unter anderem werden daraus Cornflakes hergestellt.

ZAHNMAIS (*Zea mays* convar. *dentiformis*). Großkörnige Varietät mit einem verhältnismäßig hohen Stärkeanteil.

WEISSER ZAHNMAIS. Die Körner besitzen eine hellere Schale als die des »normalen« Zahnmaises.

PUFFMAIS (*Zea mays* convar. *microsperma*). Kleinkörnige Maisvarietät, die vor allem für Popcorn verwendet wird.

FEINER MAISGRIESS ist auch als »Polenta« im Handel, da er sich für diese italienische Spezialität gut eignet.

MITTELFEINER MAISGRIESS, für Pudding, Fladenbrote. Bei der Grießherstellung wird generell Hartmais bevorzugt.

GROBER MAISGRIESS, auch Maisgrütze genannt. Ausgangsprodukt für die Herstellung von Maisflocken.

# Nud

Wenn's um Nudeln geht, ist das Traumland aller Fans mit Sicherheit Italien. Zwar haben sich in einigen anderen Regionen der Welt ebenfalls eigenständige Nudelküchen entwickelt, etwa in vielen Ländern Asiens oder auch in Mitteleuropa. Aber nirgends findet man eine solche Vielfalt wie im Pastaland par excellence, wo es Nudeln in allen erdenklichen Formen und Farben gibt und wo man genau weiß, welche Pastaform sich mit welcher Art von Sauce am besten verbindet.

Grundsätzlich unterscheidet man zwischen Eiernudeln, die meist aus Weichweizenmehl zubereitet werden, und Pasta aus Hartweizengrieß ohne Ei. Eiernudeln heißen zuweilen in Italien auch »Pasta fresca«, da sie meist nach Bedarf in den Familien oder aber von professionellen »Pastaie« frisch zubereitet werden – doch sind Eiernudeln auch getrocknet im Angebot. Aber überwiegend kommt »Pasta secca«, getrocknete Nudeln, ohne Ei in den Handel, auch außerhalb Italiens. Solche Hartweizennudeln werden überwiegend industriell hergestellt, da der schwere, elastische Teig extreme Anforderungen ans Kneten stellt. Nach dem Formen wird der Teig sofort hygienisch einwandfrei getrocknet und abgepackt. So lässt sich Pasta secca ohne Qualitätsverlust lange aufbewahren und über weite Strecken transportieren, was, zusammen mit der problemlosen Zubereitung, nicht unerheblich zur weltweiten Verbreitung der italienischen Nudeln beigetragen haben dürfte.

Weiter unterscheidet man in Italien – und die Anordnung auf den folgenden Seiten lehnt sich daran an – zwischen »Pasta corta«, den kurzen, und »Pasta lunga«, den langen Nudeln. Zu Letzteren zählen flache Bandnudeln, Spaghetti und Röhrennudeln wie Makkaroni oder Zite. Pasta corta gibt es in den unterschiedlichsten Formen: kurze Röhren, Spiralen oder Öhrchen, aber auch die dicken, zum Füllen geeigneten Sorten gehören dazu.

Denn mit Spaghetti und Makkaroni fing sie oft an, die Pastaleidenschaft der Nicht-Italiener. Kein Wunder, kann man solche Nudeln doch wunderbar mit würzigen Saucen kombinieren, in einer der einfachsten Varianten nur mit gehacktem Knoblauch, klein geschnittenen Peperoncini und einem Schuss guten Olivenöls. Wobei man jeweils die Saucenmenge, die man zubereitet, darauf abstimmen sollte, ob man kompakte oder Röhrennudeln kocht, denn Letztere nehmen natürlich, ebenso wie die gedrehten Fusilli, mehr Sauce auf als die glatten Spaghetti & Co. Unter diesen gibt es übrigens eine Art, die traditionell in den Abruzzen und in der Basilicata immer noch von Hand hergestellt wird: Spaghetti alla chitarra. Dafür drückt man den ausgewellten Teig mit einem Rollholz durch dicht an dicht über einen Holzrahmen gespannte Drähte (die Chitarra) und erhält so gleichmäßige, spaghettidünne Streifen. Sie weisen allerdings nicht den für Spaghetti üblichen runden, sondern einen quadratischen Querschnitt auf.

In der Dicke beziehungsweise im Durchmesser der Röhren können Spaghetti- und Makkaronisorten deutlich variieren; die Länge jedoch beträgt mindestens 30 cm. Das Verzehren solcher Pasta lunga erfordert ein wenig Geschick, ist hier doch die italienische Wickeltechnik mit der Gabel gefragt. Aber mit ein wenig Übung ist das Aufdrehen der Nudeln am Tellerrand dann gar nicht mehr so schwer.

Spaghetti

Spaghetti

Spaghetti integrali (Vollkorn)

etti

Spaghettini, Vermicelli

Spaghettini

Spaghettini

Fedelini

Capellini

Capellini

Fadennudeln (Pakistan)

Spaghetti

Lumaconi rigati grandi
Vollkorn-Hörnchen (Deutschland)
Emmentaler Hütli, Trulli
Gramigne, Gabelspaghetti
Tortiglioni, Elicoidali
Lumaconi rigati medie
Hörnchen (Deutschland)
Dischi volanti
Spaccatelle
Rigatoni
Pipette, Fischiotti, Chiocciole
Creste di gallo
Spiralen (Deutschland)
Spaccatelle integrali (Vollkorn)
Mezze penne rigate
Pipette integrali (Vollkorn)
Chifferi rigati
Fusilli rigati, Cellentani
Fusilli col buco, Fusilli corti
Eliche, dick
Lumacine
Chifferotti rigati
Sigarette mezzini
Eliche, dünn

Penne rigate

Ditali, klein

PENNE RIGATE sind wie geschaffen dafür, möglichst viel Sauce aufzunehmen: einmal in der hohlen Röhre im Innern, dann aber auch in den Riefeln auf der Oberfläche. Hier begleitet sie eine Gorgonzola-Sahne-Sauce, doch schmecken sie auch mit weniger Gehaltvollem ganz hervorragend, man denke etwa an die auch außerhalb Italiens berühmten und beliebten, mit einer ordentlich chilischarfen Tomatensauce kombinierten Penne all'arrabbiata. Penne gibt es außer in der geriefelten auch noch in einer Variante mit glatter Oberfläche; sie heißen Penne lisce.

Penne rigate

Ditali

Ditali rigati

Penne lisce

Pennette rigate

Elicoidali integrali (Vollkorn)

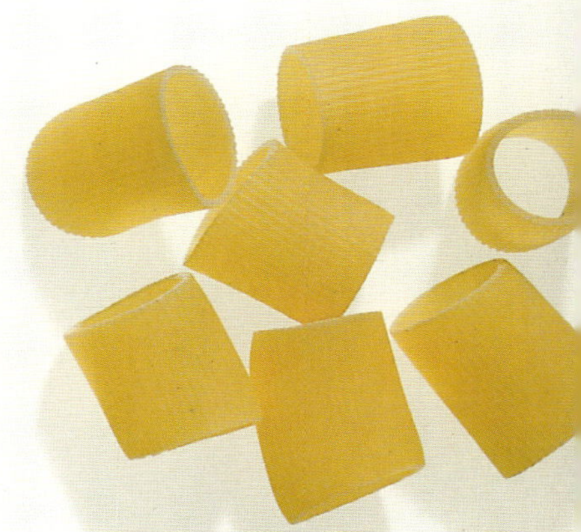

Mezze maniche

Penne lisce

Pennini piccoli

Elicoidali

Millerighe

Eliche integrali (Vollkorn)

Pennoni

Cannelloni medi rigati, Maccheroncini rigati

Sedanini

Millerighe giganti

Tagliardi
(mit Spinat)

Tagliardi

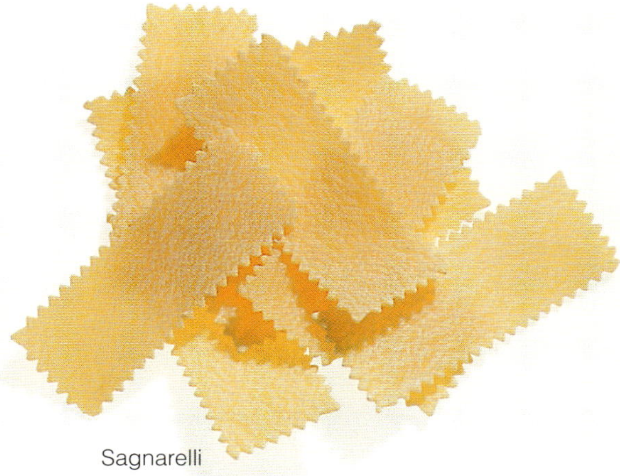
Sagnarelli

Farfalline

Tacconelli

Maltagliati, groß

Farfalloni

Nastrini,
Farfalline

Tortelli,
runde Teigblätter

Maltagliati, klein

Farfalle

Galle rotonde

RAGÙ ALLA BOLOGNESE dürfte weltweit eine der bekanntesten Pastasaucen überhaupt sein, auch wenn vielfach nicht die Qualität des Originals erreicht wird. Meist reicht man die Sauce zu Spaghetti, in Bologna jedoch gehört sie traditionell zu Tagliatelle.

Teigquadrate,
»short cut« (Israel)

Farfalle

Canestrini

Quadrucci

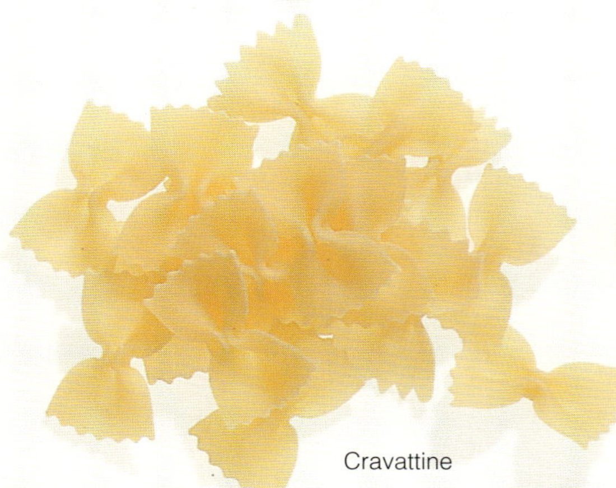
Cravattine

Panierine

Galle quadre

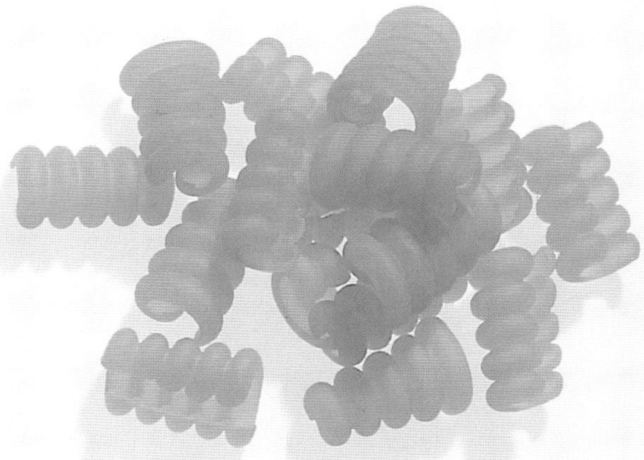
Riccioli

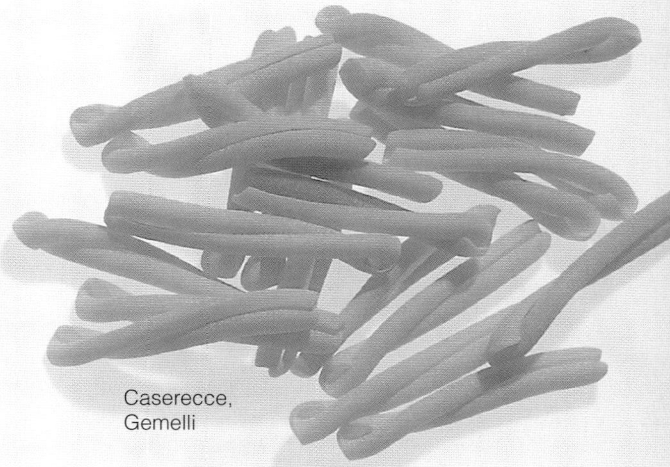
Caserecce,
Gemelli

Cappelletti

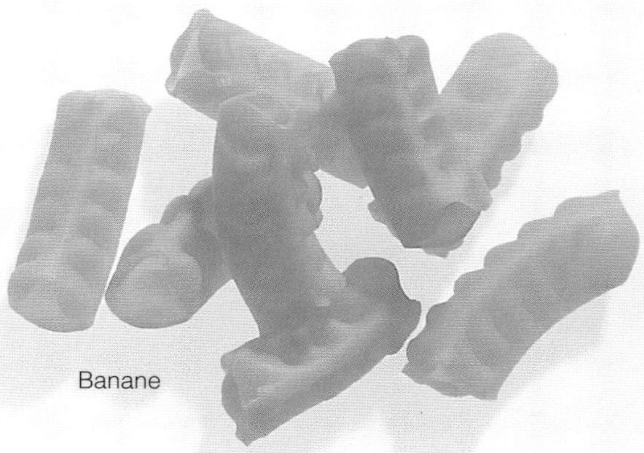
Banane

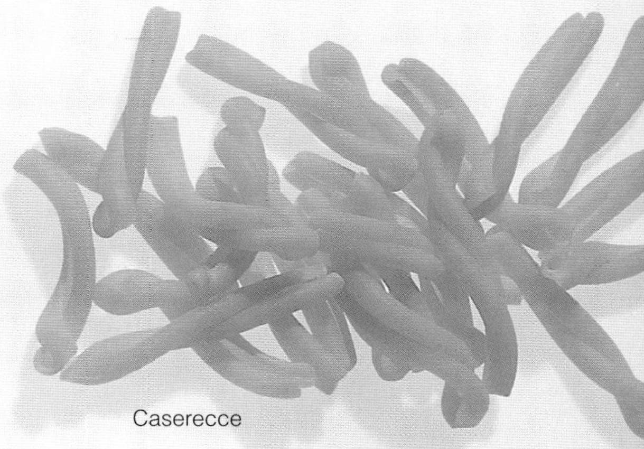
Caserecce

Sorprese

Muscheln
(Deutschland)

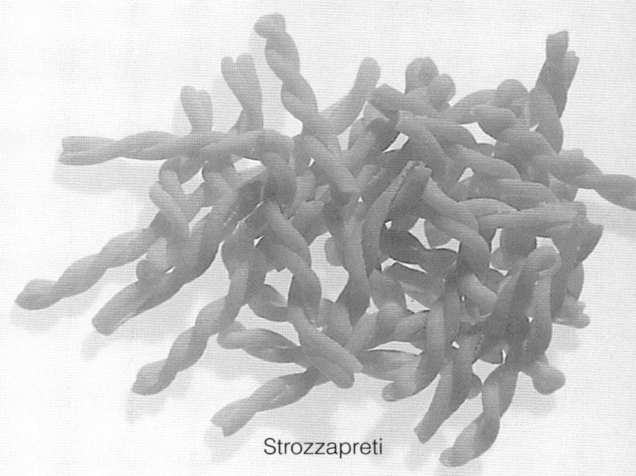
Strozzapreti

Conchiglie

Conchiglioni
da ripieno

Fileia del calabrese

Conchiglie

Conchiglioni

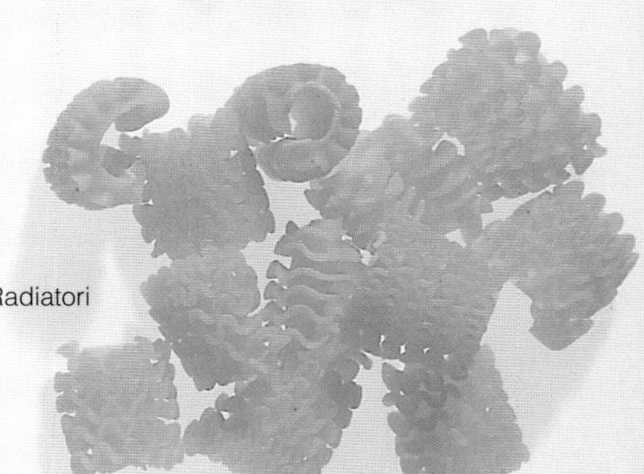
Radiatori

Tagliatelle
(mit Sepiatinte)

Tagliolini al peperoncino
(mit roten Peperoni)

Fettuccine con spinaci
(mit Spinat)

Spaghetti
al peperoncino rosso
(mit roten Peperoni)

Tagliatelle chilli
(mit roten Peperoni)

Taglioni
(mit Sepiatinte)

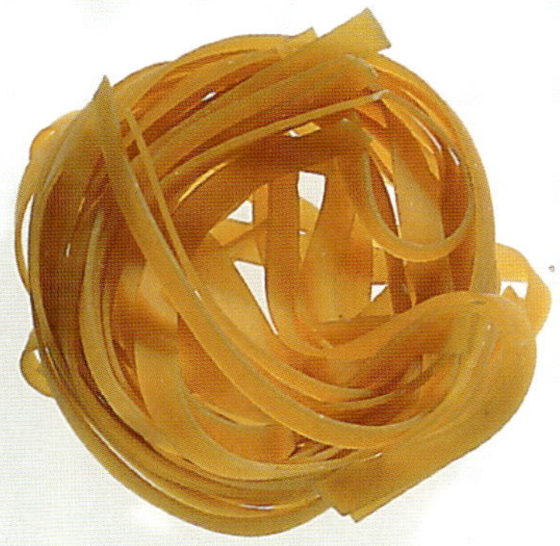

Tagliatelle
(mit Tomaten)

Tagliatelle con orticia
(mit Brennnesseln)

Taglioni
(mit Lachs)

Tagliatelle
(mit Spinat)

Penne rigate con spinaci
(mit Spinat)

Fettuccine
(mit roten Beten)

Tagliolini, Taglierini
(mit Spinat)

Penne
al peperoncino
(mit roten Peperoni)

Lasagne verdi
(mit Spinat)

Cannelloni verdi (mit Spinat)

Matassine
(mit Spinat)

Matasse (mit Spinat)

# Bunt

## Peperoni, Sepia, Spinat oder Tomaten bringen Farbe in die Nudel.

Von glänzend schwarz bis tiefrot: Gefärbte Pasta bedeutet Abwechslung auf dem Nudelteller. In Italien färbt man Nudelteige gern, etwa mit der schwarzen Sepiatinte, die für ein spektakuläres Aussehen sorgt, jedoch nur relativ wenig Aroma mitbringt. Anders steht es bei Pasta, die mit Tomaten, Peperoni oder Spinat eingefärbt ist: Solche »Färbemittel« beeinflussen nämlich auch den Geschmack, was man für die Kombination mit einer Sauce jeweils entsprechend berücksichtigen sollte. Aber auch schon das für die Nudeln verwendete Mehl kann »färben«: Ein Zusatz von Maismehl ergibt appetitlich goldgelbe Pasta.

Conchigliette (neutral, mit Tomaten, mit Spinat)

Rotelline (neutral, mit Tomaten, mit Spinat)

Herzen (neutral, mit Tomaten, mit Spinat)

Farfalle (neutral, mit Tomaten, mit Spinat)

Malloreddus sardi (neutral, mit Tomaten, mit Safran, mit Spinat)

Radiatori (neutral, mit roten Beten, mit Spinat)

Conchiglie (mit Tomaten, mit Spinat)

Eliche (neutral, mit Tomaten, mit Spinat)

Creste di gallo (neutral, mit Tomaten, mit Spinat)

Hörnchen (neutral, mit roten Beten, mit Spinat)

Sedanini (neutral, mit Tomaten, mit Spinat)

Fusilli (mit Kürbis, mit Mais, mit Tomaten)

Spaghetti (mit Tomaten)

Spaghetti (mit Spinat)

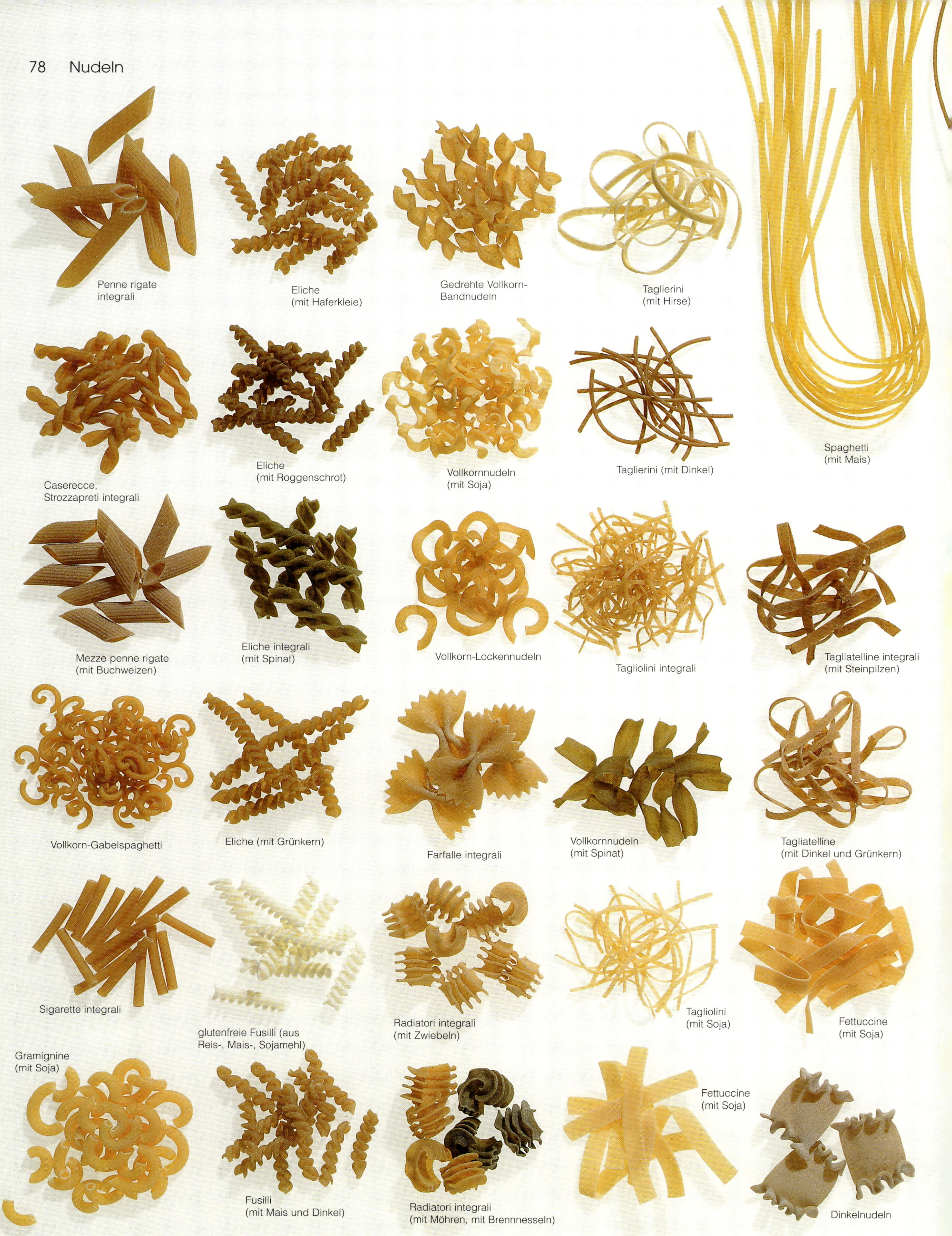

Penne rigate integrali

Eliche (mit Haferkleie)

Gedrehte Vollkorn-Bandnudeln

Taglierini (mit Hirse)

Spaghetti (mit Mais)

Caserecce, Strozzapreti integrali

Eliche (mit Roggenschrot)

Vollkornnudeln (mit Soja)

Taglierini (mit Dinkel)

Mezze penne rigate (mit Buchweizen)

Eliche integrali (mit Spinat)

Vollkorn-Lockennudeln

Tagliolini integrali

Tagliatelline integrali (mit Steinpilzen)

Vollkorn-Gabelspaghetti

Eliche (mit Grünkern)

Farfalle integrali

Vollkornnudeln (mit Spinat)

Tagliatelline (mit Dinkel und Grünkern)

Sigarette integrali

glutenfreie Fusilli (aus Reis-, Mais-, Sojamehl)

Radiatori integrali (mit Zwiebeln)

Tagliolini (mit Soja)

Fettuccine (mit Soja)

Gramignine (mit Soja)

Fusilli (mit Mais und Dinkel)

Radiatori integrali (mit Möhren, mit Brennnesseln)

Fettuccine (mit Soja)

Dinkelnudeln

Spaghetti (mit Roggen)

Grundlage für die meisten Vollkornnudel-Sorten sind Mehl und Grieß aus ganzen Hartweizenkörnern, doch können durchaus noch andere Mehlarten beigemischt werden. Auch gefärbte oder gewürzte Vollwertpasta ist im Angebot, bis hin zu ungewöhnlichen Kreationen mit Meeresalgen nach asiatischem Vorbild. Unter den Sorten für spezielle Ernährung finden sich auch solche ohne Weizen, die sich für eine glutenfreie Diät eignen.

# Vollkorn

## Im Geschmack ein wenig anders als »normale« Pasta, aber in vielen Farben und Formen und mit wichtigen Inhaltsstoffen: Pasta integrale.

# Fernö

## Gekocht und gebraten sind Nudeln in Asien gleichermaßen beliebt – vor allem als Imbiss. Für Farbe im Teig sorgen Spinat, aber auch Tee oder Shiso.

Zwar steht die Formenvielfalt asiatischer Teigwaren derjenigen von italienischer Pasta deutlich nach – beschränkt man sich doch in Fernost weitgehend auf Faden-, Band- und lange spaghettiähnliche Nudeln. Wird westliche Pasta jedoch beinahe ausschließlich aus Weizenmehl oder -grieß zubereitet, verwendet man in Asien häufig auch Mehlsorten, die im Westen nicht oder nur selten gewählt werden, wie etwa Reis- oder Buchweizenmehl. Und die weißlichen Glasnudeln aus Mungbohnenstärke, die beim Einweichen und anschließenden Kochen wieder transparent werden, sind schließlich eine rein asiatische Spezialität, die vor allem für Suppen Verwendung findet. Auch in Asien werden Nudeln frisch ebenso wie getrocknet angeboten; darüber hinaus gibt es Instant-Sorten, die in Minutenschnelle gar sind. In China gilt übrigens die Devise: Je länger die Nudeln, desto besser, denn man betrachtet sie als Symbol für langes Leben – daher werden sie oft zu Geburtstagsfeiern gereicht.

Somen, japanische Nudeln aus feinem Weizenmehl

△ Somen, japanische Weizennudeln ▽

Chasoba, japanische Buchweizennudeln mit grünem Tee

Japanische Nudeln aus Buchweizen- und Weizenmehl

Ikeshima shiso somen, japanische Weizennudeln mit rotem Shiso

Ikeshima cha somen, japanische Weizennudeln mit grünem Tee

Zaru soba, japanische Nudeln aus Buchweizen und Yams

Aji no udon, japanische Nudeln aus gröberem Weizenmehl

# stlich

Poh chai mee,
Eiernudeln aus
Hong Kong

Long life noodles,
chinesische Eiernudeln

Chinesische Nudeln
(mit Spinat)

Malaysische Nudeln,
vorgedämpft

Mee, chinesische Vollkornnudeln

Mee, chinesische Nudeln

Kanton-
Schnittnudeln

Chinesische Instant-
Eiernudeln

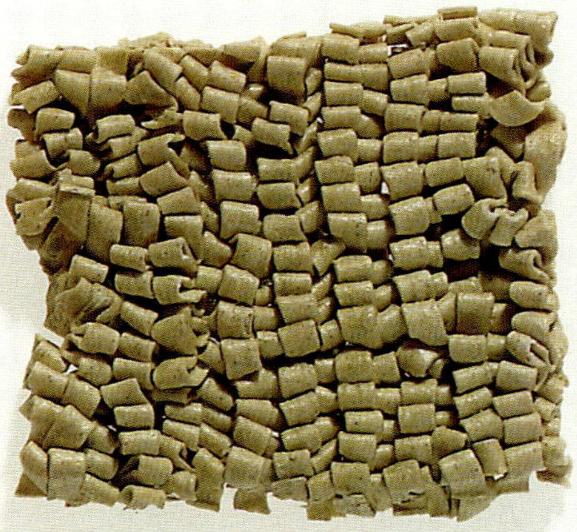

Mee, chinesische
Nudeln (mit Spinat)

ASIATISCHE FADENNUDELN aus Reismehl, Buchweizenmehl und Mungbohnenstärke (von links nach rechts) werden gewöhnlich entweder separat als Beilage gereicht oder aber im Wok mitgebraten.

Der Fischfang ist in den meisten Küstenregionen seit alters her ein wichtiger Erwerbszweig – und erschließt noch immer eine bedeutende Nahrungsquelle, ganz gleich, ob der Fisch nun mit High-Tech-Methoden oder ganz traditionell mit Angel, Reuse oder Kescher gefangen wird.

SACKBRASSEN *(Pagrus pagrus)* mit ihrem feinen Fleisch sind relativ selten auf dem Markt. Wie alle Brassen schmecken sie am besten aus der Pfanne oder vom Grill.

Fisch, ob aus dem Meer oder aus Flüssen und Seen, gehört seit jeher zu den besonders begehrten Nahrungsmitteln. Dazu trägt einerseits sicherlich der hohe ernährungsphysiologische Wert von Fischfleisch bei – es ist eiweißreich, bei vielen Arten sehr fettarm und reich an den Vitaminen A, D, E sowie $B_6$ und $B_{12}$; bei Meeresfischen kommt noch ein relativ hoher Anteil an Jod hinzu. Und schließlich ist das im Fischfleisch enthaltene Fett von einer für den Menschen ausgesprochen günstigen Zusammensetzung, da es viele mehrfach ungesättigten Fettsäuren enthält, die wiederum Herz-Kreislauf-Erkrankungen sowie den Cholesterinspiegel positiv beeinflussen. Fisch ist durch seinen geringen Anteil an Bindegewebe aber auch schnell zu garen und leicht verdaulich – und viele Fischarten sind nicht zuletzt ihres ausgezeichneten Geschmacks wegen hoch geschätzt.

Das alles führte jedoch dazu, dass zumindest manches Hochsee-Fanggebiet zeitweise hoffnungslos überfischt wurde, vor allem durch die Entwicklung moderner Fangschiffe, die im Grunde hoch technisierte schwimmende Fabrikanlagen sind, riesige Mengen fangen und noch gleich auf See verarbeiten können. Eine Beschränkung der Fangquoten und die Festle-

**Unter den Meerbrassen finden sich viele feine Fische – vor allem die Doraden sind begehrt.**

GRAUBARSCHE oder SEEKARPFEN *(Pagellus bogaraveo)*, in Frankreich »Dorade rose« genannt, sind im Ostatlantik von Norwegen bis Mauretanien sowie im Mittelmeer verbreitet.

Der ZWEIBINDEN-BRASSEN *(Diplodus vulgaris)*, eine sehr häufige Meerbrassenart, weist eine mittlere Fleischqualität auf. Gut gewürzt zum Grillen und Braten empfehlenswert.

STREIFENBRASSEN, SEEKARAUSCHEN *(Spondylosoma cantharus)* besitzen relativ weiches Fleisch und lassen sich schwer filetieren. Geeignet zum Grillen auf dem Rost.

Der ACHSELFLECK-BRASSEN *(Pagellus acarne)* hat meist ein Gewicht von 300 bis 400 g. Am besten sollte man ihn braten, da er beim Pochieren oder Dünsten oft strohig wird.

ROTBRASSEN *(Pagellus erythrinus)* haben festes, delikates Fleisch und gehören zu den schmackhaftesten Brassen. Ideal für Suppen und zum Schmoren, aber auch zum Braten.

Der SCHAFSKOPF *(Archosargus probatocephalus)* ist in den USA als »Sheepshead« begehrt. Das weiße, trockene und delikate Fleisch lässt sich sehr einfach von den Gräten lösen.

gung von Wirtschaftszonen vor der Küste – Hoheitsgebiete der jeweiligen Anrainerländer – sollen hier Abhilfe schaffen. Und schließlich nahm die Aquakultur, die Zucht von Fischen in Meeren und Teichen, einen großen Aufschwung, so dass die Versorgung mit Fisch zu relativ erschwinglichen Preisen selbst im Binnenland kein großes Problem darstellt.

Zu den wichtigen Speisefischen aus dem Meer zählen viele der auf dieser Seite vorgestellten Meerbrassen (Sparidae), engl. sea bream, porgy, frz. dorade, ital. pagro, dentice, span. espárido. Die Familie ist mit etwa 100 Arten in allen gemäßigten und tropischen Meeren verbreitet, mehr als 20 davon kommen im Mittelmeer vor. Ihres ausgezeichneten Geschmacks wegen geschätzt sind in Europa der Gold- und der Zahnbrassen, in den USA der Schafskopf.

Der KÖNIGSBRASSEN *(Argyrops spinifer)* ist im Indopazifik vom Roten Meer und Ostafrika bis nach Nordaustralien verbreitet. Sein Fleisch ist vor allem gegrillt hervorragend.

Bunter als die europäischen und amerikanischen Brassen präsentiert sich der australische BISCHOFSBRASSEN *(Acanthopagrus bifasciatus)* mit seinen gelben Flossen.

Der GOLDBRASSEN *(Sparus aurata)*, gut bekannt unter seinem französischen Namen »Dorade royale«, besitzt festes weißes Fleisch, ist äußerst schmackhaft und arm an Gräten.

MARMORBRASSEN *(Lithognathus mormyrus)* gehören zu den häufigsten Meerbrassen. Das Fleisch ist zwar etwas grau, aber fest, geschmacklich von mittlerer Qualität.

Die Qualität der OBLADA *(Oblada melanura)* schwankt, je nachdem, was ihr als Futter zur Verfügung steht. Ihr Fleisch ist empfehlenswert für würzige Gerichte.

Der BUCKEL-ZAHNBRASSEN *(Dentex gibbosus)* ist im südlichen und östlichen Mittelmeergebiet häufig und beliebt.

# Seabass

## Wolfs- und Sägebarsche stehen weltweit bei Fischliebhabern ganz hoch im Kurs.

STRIPED BASS *(Morone saxatilis)* – in den USA ähnlich begehrt wie der Wolfsbarsch in Europa. Sein Fleisch ist von ebenso guter Qualität, es eignet sich für alle Garmethoden, besonders delikat ist es nur in Butter gebraten. Doch wird der Fisch zunehmend seltener, denn die anwachsende Wasserverschmutzung setzt diesem Wanderfisch, der zum Laichen wie der Lachs in die Flüsse aufsteigt, sehr zu. Erfolgreiche Zuchtversuche lassen hoffen.

Der GEFLECKTE SEEBARSCH *(Dicentrarchus punctatus)* ist weniger bekannt als der Wolfsbarsch, aber genauso delikat. Er eignet sich für alle Zubereitungsarten.

Der BRAUNE ZACKENBARSCH *(Epinephelus guaza)* ist in Italien unter dem Namen »Cernia« ein hoch geschätzter Speisefisch, wenn er auch im Mittelmeer selten so groß wird wie auf diesem Bild. Sein saftiges weißes Fleisch wird gern für Schmorgerichte verwendet; dazu schneidet man es in portionsgerechte Stücke und brät es zunächst kurz an.

Der SÄGEBARSCH *(Serranus cabrilla)* kommt vor allem im östlichen Mittelmeergebiet ins Angebot. Sein zartes, trockenes Fleisch wird beim Braten mürbe und besonders delikat.

Der bis zu 60 cm lange, hübsche PANTHERFISCH *(Cromileptes altivelis)* wird besonders in Ostasien geschätzt, wo er wegen seines zarten weißen Fleisches hohe Preise erzielt.

Der SCHWARZE ZACKENBARSCH *(Epinephelus caninus)* kommt seltener auf den Markt als sein brauner Vetter. Er steht ihm jedoch geschmacklich in nichts nach.

JUWELENBARSCHE *(Cephalopholis miniata)* sind nicht nur ausgesprochen schöne, sondern auch schmackhafte Fische. Besonders gut für Suppen, Eintöpfe und Schmorgerichte.

Ein farbenprächtiger Grouper ist der CONEY oder STRAWBERRY GROUPER *(Cephalopholis fulva)*, der in den Korallenriffen des Golfs von Mexiko und in den Gewässern rund um die karibischen Inseln lebt. Er hat festes weißes Fleisch, ideal ist er zum Grillen.

Spitzenreiter auf der Speisekarte: Der WOLFSBARSCH *(Dicentrarchus labrax)* gehört mit seinem festen, grätenarmen und delikaten Fleisch zu den begehrtesten Speisefischen in Europa.

Alle Fische auf diesen beiden Seiten zählen zu den Barschartigen (Perciformes), mit fast 8.000 Arten eine der arten- und formenreichsten Ordnungen der Knochenfische überhaupt. Die meisten Barscharten leben im Meer, einige im Brack- oder Süßwasser, manche ziehen aber auch nur zum Laichen flussaufwärts.

Zu den im Meer lebenden Barschen gehört der Wolfsbarsch, engl. sea bass, frz. bar, loup de mer, ital. spigola, span. lubina. Er wird überwiegend unter seinem französischen Namen »Loup de mer« gehandelt, und unter dieser Bezeichnung findet man ihn dann auch in der Gastronomie. Zu Missverständnissen kann führen, dass auch Filets vom Seewolf oder Katfisch (siehe Seite 99), dessen Fleischqualität weit hinter der des Wolfsbarschs zurückbleibt, als »Loup« auf den Markt kommen. Und das ist kein Etikettenschwindel, wird der Katfisch doch in Frankreich regional ebenfalls »Loup de mer« oder auch »Loup atlantique« genannt. Beim Einkauf sollte man deshalb bei günstigen Loup-Filets kein Schnäppchen erwarten, sondern sich darüber im Klaren sein, dass man Katfisch kauft. Ein Tipp: Wolfsbarsch wird bei uns nur selten bereits filetiert angeboten.

Doch nicht nur in Europa sind Barsche überaus beliebt; auch in den USA, in Ostasien oder Australien schätzt man sie. Dort spielt jedoch klar die Familie der Sägebarsche (Serranidae) die kulinarische Hauptrolle. Zu ihnen gehören als Untergruppe die besonders beliebten Zackenbarsche, engl. grouper, frz. mérou, ital. cernia, span. mero, die in allen gemäßigten und tropischen Meeren zu finden sind. Sie leben stets rund um Korallenriffe, weshalb sie nicht leicht zu fangen sind, und ernähren sich von Krebs- und Weichtieren. Ihr festes, weißes Fleisch ist daher von hoher Qualität. Die wichtigsten Fanggebiete sind das Mittelmeer, im Atlantik die Küstenregionen von North Carolina und Florida sowie der Golf von Mexiko und die Karibik. Im Pazifik sind Zackenbarsche südlich von Kalifornien bis Zentral- und Südamerika sowie im gesamten ostasiatischen Raum anzutreffen. Unter ihnen ist der Pantherfisch, engl. hump-backed sea bass, besonders hervorzuheben – er ist der Speisefisch, für den in Hongkong die höchsten Preise bezahlt werden. Der Barramundi, Australiens beliebtester Meerbarsch, gehört wiederum zu einer anderen Familie, nämlich den Glas- oder Nilbarschen (Centropomidae), engl. snooks genannt.

Der BLAUGEFLECKTE oder LEOPARD-FELSENBARSCH *(Plectropomus leopardus)* kommt im gesamten Indopazifik vor. Er ist ein ganz exzellenter, teurer Speisefisch.

Der BARRAMUNDI *(Lates calcarifer)* ist ein ausgesprochen hochwertiger Speisefisch. In Australien, wo der »Giant perch« als König der Fische gilt, wird er bereits gezüchtet.

PAZIFISCHER ZIEGELFISCH *(Caulolatilus princeps)*. Er hat feines, weißes Fleisch, das sich für alle Zubereitungsarten eignet; gebraten schmeckt er jedoch am besten.

Der WEISSFLECKEN-ZACKENBARSCH *(Epinephelus multinotatus)* aus dem Indischen Ozean wird meist unter dem Namen »White-blotched rock cod« gehandelt.

Der tiefrote TOMATEN-ZACKENBARSCH *(Cephalopholis sonnerati)* kommt neuerdings häufiger unter dem Namen »Vieille Anana« auf den Markt, vor allem von den Seychellen.

Der MONDSICHEL-JUWELENBARSCH *(Variola louti)*, einer der farbenprächtigsten Zackenbarsche, ist im Indopazifik weit verbreitet. Gehandelt wird er als »Croissant«.

Der MERRA-WABENBARSCH *(Epinephelus merra)*, der nur etwa 30 cm lang wird, ist im Indopazifik von Ostafrika bis Polynesien häufig anzutreffen.

Der SCHWARZE ZACKENBARSCH *(Mycteroperca bonaci)* hat ein Marktgewicht von etwa 10 kg. Das feste weiße Fleisch des »Black grouper« wird sehr geschätzt.

SCHWARZER SÄGEBARSCH, BLACK SEA BASS *(Centropristis striata)*. Wichtiger Speisefisch an der Ostküste der USA. Das Fleisch ist fest und weiß, verdirbt allerdings leicht.

# Snapper

## Diese Fische sehen nicht nur ausgesprochen attraktiv aus, sie liefern dazu auch noch ganz hervorragende Qualitäten.

GELBSTRIEMEN *(Boops boops)* sind empfehlenswert, wenn sie wirklich frisch auf den Markt kommen. Mit durchschnittlich etwa 300 g Gewicht sind sie ideale Portionsfische.

ROSA GABELSCHWANZ-SCHNAPPER *(Aphareus rutilans)*, als »Job jaune«, »Rusty jobfish« oder »Vivaneau rouillé« im Handel. Im ganzen Indopazifik weit verbreitet.

GOLDSTRIEMEN *(Sarpa salpa)* sind im Mittelmeer häufig; mittlere Fleischqualität. In Italien sehr beliebt zum Grillen; sie werden gern kräftig mit Knoblauch und Kräutern gewürzt.

Der VITTA-SCHNAPPER *(Lutjanus vitta)* erreicht eine Länge von nur 40 cm. Dennoch in seinem Verbreitungsgebiet von den Seychellen bis Japan recht häufig auf dem Markt.

Zur Familie der Schnapper (Lutjanidae), engl. snapper, frz. vivaneau, ital. lutianida, span. lutjánido, die ebenfalls zu den Barschartigen zählen, gehören mittelgroße bis große Raubfische, die in subtropischen und tropischen Gewässern rund um die Welt verbreitet sind. Bekannt sind derzeit über 100 Arten; jedoch werden nur die größeren von ihnen, die überwiegend sehr gute Fleischqualitäten liefern, auch kommerziell genutzt. Schnapper leben in großen Schwärmen in Küstennähe, bevorzugt über Korallenriffen, oder im Brackwasser, und ernähren sich von kleineren Fischen und Krebsen.

Salopp lässt sich generell von den Schnappern sagen: die Besten sind die Roten. Etwa der prächtige Rote Schnapper, der unter seinem englischen Namen »Red snapper« auch bei uns im Fischfachhandel auftaucht, oder

△ Aus der Snapper-Familie ist der ROTE SCHNAPPER *(Lutjanus campechanus)* der in den USA bekannteste und begehrteste Speisefisch. Er wird meist mit einem Gewicht von 2 bis 3 kg angeboten.

Der LANE SNAPPER *(Lutjanus synagris)* ist der meistgefangene Schnapper der Karibik. Er wird bis zu 500 g schwer, Fleisch von mittlerer Qualität.

In der Karibik gehören Schnapper verschiedener Arten zum täglichen Angebot. Ganz hervorragend schmecken sie pikant mariniert und dann in der Pfanne knusprig gebraten.

Der DOPPELFLECK-SCHNAPPER *(Lutjanus bohar)* wird im Handel oft unter seinem auf den Seychellen gebräuchlichen Namen »Vara vara« angeboten.

Der MALABAR-SCHNAPPER *(Lutjanus malabaricus)* ist einer der wirtschaftlich wichtigsten Schnapper. Zu finden ist er in großen Teilen des Indopazifiks.

Der KAISER-SCHNAPPER oder EMPEROR *(Lutjanus sebae)* ist vor allem in Australien sehr beliebt. Sein wohlschmeckendes weißes Fleisch eignet sich gut zum Braten und Grillen.

Der BLUT-SCHNAPPER *(Lutjanus sanguineus)* lässt sich an seiner Farbe und dem Stirnhöcker erkennen. Als »Bordomar« von den Seychellen ausgeführt. Exzellentes Fleisch.

Der GELBSCHWANZ-SCHNAPPER *(Ocyurus chrysurus)*, ein wichtiger Speisefisch in der Karibik. Frisch oder tiefgefroren als »Yellowtail snapper« oder »Rabirrubia« im Angebot.

Der BARRAKUDA-SCHNAPPER *(Aprion virescens)* kommt von den Seychellen als »Job gris« auf den Markt, aus Australien und Südafrika als »Green Jobfish«.

der Kaiser-Schnapper, der von den Seychellen als »Bourgeois« auf den Markt kommt, in Australien dagegen als »Red emperor« und in Südafrika als »Emperor snapper« bezeichnet wird. Hervorragende Fleischqualität liefert auch der Malabar-Schnapper, der im Persischen Golf den Hauptteil der Snapper-Fänge ausmacht und dort unter der Handelsbezeichnung »Hamrah« vermarktet wird. Er ist im Indopazifik bis hin nach Nordaustralien verbreitet und wird im gesamten Fanggebiet ausgesprochen hoch eingeschätzt.

Bei aller Begeisterung ist jedoch ein wenig Vorsicht geboten, vor allem bei selbst gefangenen oder vor Ort aus dem Angebot lokaler Fischer erstandenen Snappern. In manchen Verbreitungsgebieten sind nämlich schon Fälle der so genannten »Ciguaterra-Vergiftung« beobachtet worden, die dadurch entsteht, dass sich zu bestimmten Zeiten Algengifte über die Nahrungskette im Fleisch der Raubfische anreichern. Bei importierter Ware ist die Gefahr dagegen gering, da es inzwischen zuverlässige Nachweismethoden für das Toxin gibt und man in den Fanggebieten das Fischen von Snappern sofort einstellt, sobald Ciguaterra entdeckt wird.

Nicht zu den Schnappern, sondern zu den Brassen zählen Gelb- und Goldstriemen, die ebenfalls auf dieser Seite vorgestellt werden. Sie besitzen recht weiches Fleisch, weshalb man sie beim Vorbereiten in der Küche vorsichtig behandeln und vor allem beim Schuppen nicht zu viel Druck ausüben sollte.

# Umberfische, Grunzer und noch mehr Delikates aus den Tropen.

So unterschiedlich die Fische aus den beiden Familien im Einzelnen auch sein mögen, den Umberfischen (Sciaenidae) – engl. drum, croaker, frz. tambour, maigre, ital. scienide, span. timbalo – und den Grunzern (Pomadasyidae) – engl. grunt, frz. grondeur, ital. und span. burro – ist gemeinsam, dass sie deutlich hörbare Laute hervorbringen können. Grunzer erzeugen mit den Zähnen ein mahlendes, an ein Grunzen erinnerndes Geräusch, Umberfische mit bestimmten Muskeln ein trommelndes, und beide verstärken diese Töne noch mit der Schwimmblase.
Einmal von den akustischen Leistungen abgesehen, haben die beiden Familien, die warme Gewässer bevorzugen, auch geschmacklich Hervorragendes zu bieten, ebenso wie die Gold- (Coryphaenidae) und die Stachelmakrelen oder Jacks (Carangidae). Unter Letzteren besitzen die Trevally genannten Arten aus dem Indopazifik sowie der Yellowtail *(Seriola quinqueradiata)*, der in Asien in Aquakulturen gezüchtet wird und in Japan als »Buri« auf den Markt kommt, große wirtschaftliche Bedeutung. Als Speisefische weltweit beliebt sind da-

Der BLAUFISCH *(Pomatomus saltator)* ist fast weltweit vertreten und wird kommerziell gefangen. Größere Exemplare sind ziemlich fetthaltig, gut zum Grillen und Räuchern geeignet.

Die GROSSE GOLDMAKRELE *(Coryphaena hippurus)* wird bis zu 2 m lang und 30 kg schwer. Ein begehrter Speisefisch, kommt jedoch nur in geringen Mengen auf den Markt.

BERNSTEIN- oder GELBSCHWANZMAKRELE *(Seriola dumerili)*. Ihr weißes, festes Fleisch mit nur wenigen Gräten ist von ganz hervorragender Qualität.

Der BLUE RUNNER oder BLAUE JACK *(Caranx crysos)* ist im Atlantik von Cape Cod bis Brasilien zu finden, vor allem jedoch vor Florida und den Westindischen Inseln.

STÖCKER, BASTARDMAKRELE *(Trachurus trachurus)*. Im Mittel- und Schwarzmeerraum ein wichtiger Nutzfisch, gilt im Nordatlantik jedoch eher als geringwertig.

Der TREVALLY *(Caranx georgianus)* kommt in den Gewässern rund um Neuseeland vor. Wird bis zu 70 cm lang und 6 kg schwer. Sehr aromatisches Fleisch.

REGENBOGENMAKRELE oder RAINBOW RUNNER *(Elagatis bipinnulata)*. Ein beliebter Speisefisch, der in tropischen Meeren weltweit verbreitet ist.

Das Fleisch des vor allem vor Florida viel gefangenen JACK CREVALLE *(Caranx hippos)* taugt zum Braten und Dämpfen. Es wird in Asien auch getrocknet und gesalzen angeboten.

KÖNIGS-GELBSCHWANZ *(Seriola lalandi)*, in den USA heißt er »Amberjack«, in Neuseeland »Yellowtail kingfish«, in Australien »Kingfish«; von ausgezeichneter Fleischqualität.

Die SCHWARZE STACHELMAKRELE *(Caranx lugubris)* ist in tropischen Gewässern weltweit anzutreffen. Schon häufiger traten bei großen Exemplaren Ciguaterra-Vergiftungen auf.

Der COBIA *(Rachycentron canadum)* ist bei Sportfischern beliebt; in nennenswerten Mengen wird er in der Umgebung des Persischen Golfs und rund um die Philippinen gefangen.

Der BLUE WAREHOU *(Seriolella brama)*, ein wichtiger Wirtschaftsfisch in Südaustralien und Neuseeland. Sehr gutes, mageres Fleisch, ideal zum Pochieren oder Dünsten.

Die PAZIFISCHE BRACHSENMAKRELE *(Brama japonica)* aus dem Nordpazifik hat festes, wohlschmeckendes Fleisch.

LANGFLOSSEN-STACHELMAKRELE, Armed trevally *(Caranx armatus)*, in Kambodscha und Thailand geschätzt.

Der DIAMOND TREVALLY *(Alectis indicus)* kommt im gesamten Indopazifik einschließlich des Roten Meeres vor.

Der BLAUSTREIFEN-GRUNZER *(Haemulon sciurus)* ist im Westatlantik vom US-Staat Maryland bis nach Brasilien anzutreffen. Er ist als Grillfisch ausgesprochen beliebt.

Der GEFLECKTE UMBERFISCH *(Cynoscion nebulosus)*, engl. »Spotted seatrout« genannt, ähnelt tatsächlich einer Forelle. Exzellentes, aber leicht verderbliches Fleisch.

Der ADLERFISCH *(Argyrosomus regius)* genießt als »Maigre« in Frankreich einen hervorragenden Ruf. Sein Fleisch ist frisch und gefroren im Handel.

Der SILBER-GRUNZER *(Diagramma pictum)* wird von den Seychellen unter dem Handelsnamen »Capitaine du port« exportiert. Er eignet sich für alle Zubereitungsarten.

Der WEAKFISH, auch GRAY TROUT *(Cynoscion regalis)* genannt, kommt meist mit einem Gewicht von etwa 1 kg in den Handel. In der Qualität dem Gefleckten Umberfisch gleich.

Der WESTATLANTISCHE UMBERFISCH oder ATLANTIC CROAKER *(Micropogonias undulatus)* gilt in Nord- und Südamerika als feiner Speisefisch. Wird dort frisch vermarktet.

rüber hinaus die Brachsenmakrelen (Bramidae), engl. pomfret, frz. castagnole, ital. castagna, span. castañeta, mit ihrem schmackhaften, festen Fleisch. Ihrem Namen zum Trotz gehören alle drei Familien übrigens nicht zu den »echten« Makrelen.

Der STRUMPFBANDFISCH *(Lepidopus caudatus)*, ein Tiefwasserbewohner, erscheint regelmäßig nur in Küstengebieten auf dem Markt. Er hat weißes, sehr aromatisches Fleisch.

SICHEL-BRACHSENMAKRELEN oder Sickle pomfrets *(Taractichthys steindachneri)* erreichen ein Gewicht von 150 g.

Der SCHWARZE PAMPEL, Black pomfret *(Parastromateus niger)* ist kein »echter« Pomfret, sondern eine Stachelmakrele.

SILBERNER PAMPEL, Silver pomfret *(Pampus argenteus)*. Weißes, delikates Fleisch, sehr gut geräuchert oder gedämpft.

Der BLAUSTREIFEN-STRASSENKEHRER *(Lethrinus nebulosus)* kommt von den Seychellen als »Capitaine rouge« zu uns. Besonders gut zum Garen im Ofen geeignet.

Der WHITE CROAKER *(Genyonemus lineatus)* aus dem Pazifik gehört mit seinem relativ weichen Fleisch nicht zu besten Umberfischen. Gut jedoch zum Braten in der Pfanne.

WEISSER STRASSENKEHRER *(Gymnocranius robinsoni)*, von den Seychellen als »Capitaine blanc« gehandelt. Zartes weißes, vielseitig verwendbares Fleisch.

ZEBRA-UMBERFISCH *(Leiostomus xanthurus)*. Im Sommer und Herbst werden große Mengen des »Spot« zwischen der Delaware Bay und Georgia angelandet. Exzellentes Fleisch.

WEISSER BRANDUNGSBARSCH *(Phanerodon furcatus)*. Der »White surfperch« oder »Seaperch« ist an der Westküste der USA sehr begehrt und wird dort meist gegrillt serviert.

Der BARTUMBER *(Umbrina cirrosa)* ist von der Biskaya bis zum Senegal sowie im Mittel- und Schwarzen Meer zu finden. Am besten schmeckt er gedünstet oder im Ofen gegart.

Der ROTE UMBERFISCH *(Sciaenops ocellatus)* aus dem Westatlantik ist der qualitativ beste Umberfisch. Das Fleisch des »Red drum« ist aromatisch und fest, dabei saftig.

SCHWARZER UMBERFISCH *(Pogonias cromis)*. Seiner Größe wegen wird der »Black drum« in den USA in Scheiben oder Stücken angeboten. An der Ostküste beliebt für Fischtöpfe.

Der VERMILION *(Sebastes miniatus)* gehört zu den bevorzugten und wichtigen pazifischen Rockfish-Arten. Sein exzellentes Fleisch schmeckt jedoch nur ganz frisch; beim Einfrieren büßt es an Qualität ein.

# Drache

## Wehrhaft, gut gepanzert, zum Teil sogar mit Giftstacheln ausgestattet, und doch beliebt als Speisefische.

Der SCHNABELFELSENFISCH *(Sebastes alutus)* ist der wirtschaftlich wichtigste Felsenfisch. Das Fleisch des »Pacific ocean perch« kommt frisch und tiefgefroren in den Handel.

Der dunkel gefärbte WITWENFISCH oder WIDOW ROCKFISH *(Sebastes entomelas)* wird bis zu 53 cm lang. Er ist von Alaska bis nach Kalifornien anzutreffen.

Der KANARIENGELBE FELSENFISCH oder CANARY ROCKFISH *(Sebastes pinniger)* ist an seinen orangefarbenen Flossen zu erkennen. Verbreitungsgebiet wie Witwenfisch.

Der KURZSTACHEL-DORNENKOPF *(Sebastolobus alascanus)*, in den USA »Idiot«, «Shortspine thornyhead« oder »Channel rockcod« genannt, hat ausgezeichnetes Fleisch.

Der bis zu 60 cm lange GELBMAULFELSENFISCH oder YELLOWMOUTH ROCKFISH *(Sebastes reedi)* verdankt seinen Namen den gelben Flecken an der Innenseite des Mauls.

Der DUNKLE FELSENFISCH oder DUSKY ROCKFISH *(Sebastes ciliatus)* ist von der Beringsee bis nach British Columbia zu finden, vor allem aber im Flachwasser um die Aleuten.

Richtiggehend Furcht einflößend können sie aussehen, manche Fische aus der Familie der Drachenköpfe, die auch Skorpionfische (Scorpaenidae), engl. scorpionfish, rockfish, frz. rascasse, scorpène, ital. scorfano, span. rascacio, cabracho, genannt werden. Zu dieser Familie gehören über 1000 verschiedene Arten – allesamt Raubfische, die sich von kleineren Fischen und Krustentieren ernähren und überwiegend in gemäßigt-warmen bis subtropischen Gewässern zu finden sind. Kennzeichnend für alle Arten sind der kräftige, seitlich abgeflachte Körper sowie der große Kopf mit breitem Maul und stacheligen Knochenleisten an den Wangen.

Viele Skorpionfische, darunter auch der in Europa so hoch geschätzte Braune und Rote Drachenkopf, besitzen Giftdrüsen am stacheligen Teil der Rückenflosse. Da die Fische hartnäckig an einem einmal von ihnen gewählten Platz verharren und nicht fliehen, wenn man ihnen zu nahe kommt, ist Vorsicht geboten – schon so mancher Badende ist ahnungslos auf einen Drachenkopf getreten, was zu äußerst schmerzhaften Verletzungen führen kann. Auch in der Küche sollte man mit Drachenköpfen nicht zu leichtsinnig hantieren; das Gift wird erst durch Erhitzen unschädlich. In vielen Mittelmeerländern entfernt man daher die

GROSSER ROTER DRACHENKOPF *(Scorpaena scrofa)*. Als »Rascasse rouge« und als Bestandteil der Bouillabaisse ist dieser bizarr wirkende Fisch Feinschmeckern ein Begriff. In der französischen Küche nimmt er mit seinem delikaten weißen Fleisch einen festen Platz ein. Er wird fast ausschließlich frisch angeboten.

# nköpfe

BRAUNER DRACHENKOPF *(Scorpaena porcus)*. Die »Rascasse brune« lässt sich genauso verwenden wie ihre rote Verwandte, ist geschmacklich noch besser als diese.

Der GELBSCHWANZ-FELSENFISCH oder YELLOWTAIL *(Sebastes flavidus)* ist ein ausgezeichneter Speisefisch, der meist nahe der Wasseroberfläche in Schwärmen auftritt.

Der GELBBANDFELSENFISCH oder CHINA ROCKFISH *(Sebastes nebulosus)* gehört zu den am höchsten geschätzten Felsenfischen; Fleisch von exzellentem Geschmack.

Der GRASS ROCKFISH *(Sebastes rastrelliger)* bewohnt Flachwasser-Küstenstreifen von Oregon bis nach Kalifornien. Er wird eifrig gefischt, da er sehr gute Fleischqualität liefert.

stachelige Rückenflosse der Fische vor dem Verkauf. Dennoch sind die Drachenköpfe in den Mittelmeerländern außerordentlich beliebte Speisefische, die man vorzugsweise dünstet – dabei kommt ihr Eigengeschmack am besten zur Geltung. Köstlich sind sie aber auch in Fischsuppen, etwa in der weltberühmten Marseiller Bouillabaisse.

Auch der hier zu Lande so beliebte Rotbarsch, engl. redfish, ocean perch, frz. grande sébaste, ital. sebaste, scorfano atlantico, span. gallineta, corvina, zählt trotz seines Namens zu den Drachenköpfen. Er ist ein echter Kaltwasserfisch, der im Ostatlantik von Nowaja Semlja bis zur nördlichen Nordsee beziehungsweise dem Kattegatt vorkommt; im Westatlantik findet man ihn im kalten Labradorstrom bis auf die Höhe von New York. Der Rotbarsch ist ein ausgesprochen wichtiger Nutzfisch mit einem Jahresertrag von mehreren hunderttausend Tonnen weltweit. Ganze Fische kann man bei uns lediglich an der Küste auf dem Markt erwischen, ansonsten ist der Rotbarsch ein typischer Filetfisch. Im Handel wird übrigens nicht zwischen ihm und dem eng verwandten Tiefen- oder Schnabelbarsch *(Sebastes mentella)* unterschieden.

Mehr als 60 weitere Arten der Drachenköpfe kommen entlang der Pazifikküste der USA vor; sie gehören fast ausnahmslos zur Gattung *Sebastes*. Da die meisten von ihnen in Felsenregionen dicht über dem Meeresgrund leben,

Der ROT- oder GOLDBARSCH *(Sebastes marinus)*, einer der beliebtesten Seefische, erreicht eine Maximallänge von 1 m. Er hat festes, rötlich weißes, etwas fettes Fleisch.

tragen sie im Englischen den Sammelnamen »Rockfishes«, Felsenfische. Viele davon gehen den Profis lediglich als Beifang ins Netz, Rockfishes werden jedoch gern von Sportfischern geangelt. Felsenfische sehen barschähnlicher aus als ihre europäischen Verwandten, besitzen jedoch wie diese Giftstacheln, so dass für sie ebenfalls gilt: »Handle with care«.

Auch auf dem 5. Kontinent schließlich sind Drachenköpfe kulinarisch von Bedeutung, insbesondere der »Ocean perch« *(Helicolenus percoides)*, der in Tasmanien auch als »Red gurnard perch« bekannt ist, und der »Red rock cod« *(Scorpaena cardinalis)*. Beide Arten sind nur lokal im Angebot. Ihr Fleisch ist so delikat wie das ihrer europäischen Verwandten und wird ebenso gern wie dieses für feine Fischsuppen verwendet.

Der ATLANTISCHE HERING *(Clupea harengus harengus)* ist einer der wichtigsten Nutzfische. Wegen Überfischung war sein Bestand im Atlantik schon einmal gefährdet; Fangquoten sicherten sein Überleben. Kennzeichen für Frische sind glänzende Haut und Augen sowie die »roten Bäckchen«; verschwindet die Färbung, ist der Fisch alt.

# Die klassischen Speisefische, von alltäglich bis edel: Hering und Aal, Seeteufel und Sardinen

In ganzen Schwärmen gleich gehen die Heringsartigen, zu denen wichtige Speisefische wie Hering, engl. herring, frz. hareng, ital. aringa, span. arenque, und Sardine, engl. pilchard, sardine, frz. sardine, ital. sarda, sardina, span. sardina, zählen, den Fischern rund um die Welt ins Netz. Als Frischfisch kommen sie jedoch seltener in den Handel; der überwiegende Teil der Fänge wird zu Fischkonserven verarbeitet. Während man Hering – den Atlantischen

Die SARDINE *(Sardina pilchardus)* besitzt relativ fettreiches Fleisch. Als »Sardinen« bezeichnet der Handel Fische bis 16 cm Länge, größere – bis 26 cm – heißen »Pilchards«.

SPROTTEN *(Sprattus sprattus)*. Die höchstens 16 cm langen Fischchen bekommt man bei uns fast nur geräuchert, doch sind sie auch frisch in der Pfanne gebraten sehr delikat.

SARDELLEN oder ANCHOVIS *(Engraulis encrasicolus)* sind vor allem als pikante Konserve bekannt. Aber auch frisch zubereitet schmecken sie äußerst kräftig und würzig.

STINT *(Osmerus eperlanus)*. An seinem eigenartigen, etwas an Gurken erinnernden Geruch scheiden sich die Geister. In Großbritannien wird der »Smelt« jedoch sehr geschätzt.

Der KLEINMÄULIGE SEESTINT *(Hypomesus pretiosus)*, engl. »Surf smelt« genannt, ist vor allem in Japan und China beliebt. Er wird meist gebraten oder gegrillt.

genau wie den nahe verwandten Pazifischen Hering *(Clupea pallasii)* – gern mit Salz konserviert, legt man Sardinen dagegen häufiger in Öl ein. Bekommt man sie einmal frisch, sollte man sie gebraten oder gegrillt probieren.

Die MITTELMEER-MURÄNE *(Muraena helena)* wird in ihrem Verbreitungsgebiet als Speisefisch geschätzt, besonders an der Westküste Italiens und auf Zypern. Das weiße Fleisch ist weich, recht fett und verdirbt rasch, weshalb es nur lokal verbraucht wird. Die Meinungen über seinen Wert gehen allerdings auch in den Mittelmeerländern stark auseinander.

SARDINEN kommen von der südlichen Nordsee bis hin zur Atlantikküste Marokkos vor. Aber auch im Mittelmeer und im Schwarzen Meer ist der kleine, silbrige Schwarmfisch häufig anzutreffen. Die Sardine gehört, wie der Hering, zu den wichtigsten europäischen Nutzfischen.

Kulinarisch ausgesprochen vielseitig sind die aalartigen Fische. Sie sind überwiegend Meeresbewohner, bis auf die Gattung *Anguilla*, Flussaale, die mit 16 Arten an allen Küsten der Welt vertreten sind – mit Ausnahme der Westküste Amerikas und des Südatlantiks.

Überall, wo er gefangen wird, ist der Aal, engl. eel, frz. anguille, ital. anguilla, span. anguila, als Speisefisch sehr geschätzt. In Japan wird die Brut des Japanischen Aals *(Anguilla japonica)* und des Marmoraals *(Anguilla marmorata)*, zunehmend auch die des Amerikanischen Flussaals *(Anguilla rostrata)* in großen Mengen gemästet, gehört »Unagi« doch im Herbst, gegrillt als »Kabayaki« mit einer speziellen süßen Sojasauce serviert, zu den gesuchten Delikatessen. Wie auch immer man sie zubereiten möchte, zuvor werden Aale grundsätzlich gehäutet. Dazu reibt man die Haut mit Salz ab, um den Schleim zu binden, schneidet sie hinter dem Kopf ringförmig ein und zieht sie möglichst mit einem Ruck zum Schwanz hin wie einen Strumpf ab.

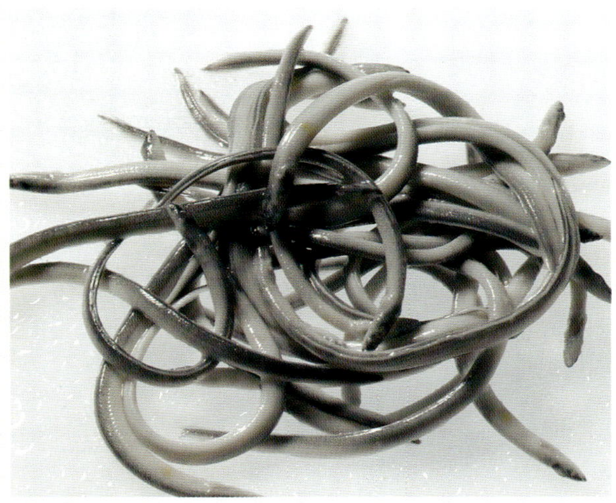

GLASAALE. Die in der Sargassosee im Westatlantik geschlüpften, bei der Ankunft in Europa etwa dreijährigen Jungtiere des Flussaals lassen sich vor allem im Brackwasser vor Flussmündungen finden. Sie kommen in vielen Mittelmeerländern bereits gekocht und mit einer Marinade aus Öl und Zitronensaft angemacht auf den Markt, in Italien etwa unter dem Namen »Cieche«. Werden sie nicht gefangen, ziehen sie als Steigaale die Flüsse hinauf. Im Süßwasser verbringen sie dann 4 bis 10 Jahre, bevor sie zum Laichen wieder den weiten Weg zurück in die Sargassosee ziehen.

Der SEETEUFEL *(Lophius piscatorius)*, engl. angler, frz. lotte, baudroie, ital. rana pescatrice, rospo, span. rape genannt, ist trotz seines skurrilen Aussehens ein beliebter Speisefisch, …

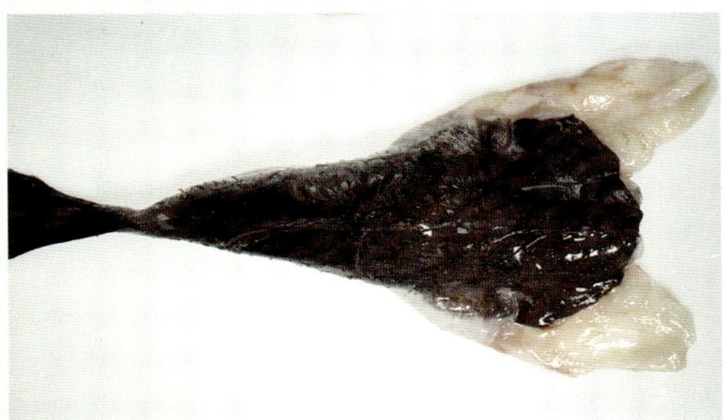

… von dem meist nur das Schwanzstück – mit oder ohne Haut – ohne den breiten Kopf mit dem kräftigen, zahnbewehrten Maul in den Handel kommt.

Abgesehen vom Rückgrat ist das Schwanzstück des Seeteufels nahezu grätenfrei; das Fleisch ist weiß, fest und zählt zu den erlesensten – und teuersten – Fischdelikatessen.

Der FLUSSAAL *(Anguilla anguilla)* gehört zu den Edelfischen. Sein festes Fleisch eignet sich zum Kochen, Braten oder Schmoren. Größere Aale werden vorzugsweise geräuchert.

Beim MEERAAL *(Conger conger)* setzt der Flossensaum nur kurz hinter den Brustflossen an, dadurch kann man ihn vom Flussaal unterscheiden. Steht diesem in der Qualität nach.

AALMUTTERN *(Zoarces viviparus)* gehören zu den Dorschartigen Fischen. Vorkommen im Nordatlantik und -pazifik, nur selten angelandet. Weißes, delikates, aalähnliches Fleisch.

Im Ganzen in der Pfanne gebraten und mit Kräutern der Provence sowie Knoblauch aromatisiert – so ist der Petersfisch ein besonderer Genuss. Damit er schnell und dabei gleichmäßig gart, wurde er hier ziseliert, das heißt auf beiden Seiten mehrfach schräg eingeschnitten.

## Wenn man diese Fische auf dem Markt entdeckt, heißt es: Unbedingt zugreifen!

St.-Pier

ALFONCINO *(Beryx splendens)*, engl. alfonsino, frz. béryx rouge, ital. berice rosso, span. palometa roja. Von Madeira über Neuseeland bis Japan ein gesuchter Speisefisch.

ÄHRENFISCHE (*Atherina* ssp.) werden, knusprig frittiert, in Portugal und Spanien als Imbiss an Straßenständen verkauft. In Italien liebt man die Fische mariniert und dann gebraten.

Beim GRENADIERFISCH *(Coryphaenoides rupestris)* machen die Filets zwar nur 1/3 des Gewichts aus, doch ist das fast grätenfreie, magere Fleisch von bester Qualität.

Denn alle auf dieser Seite vorgestellten Fische sind – wenn auch zum Teil nur regional – ihres Geschmacks wegen überaus geschätzt, hier zu Lande allerdings recht selten im Angebot. Das gilt für den im Nordatlantik verbreiteten Grenadierfisch, engl. und frz. grenadier, span. granadero, einen Tiefseebewohner mit großem Kopf und riesigen Augen, ebenso wie für den Alfoncino – er schmeckt, wie es auf den Kanarischen Inseln üblich ist, über Holzkohle gegrillt besonders gut.

Der SEEKUCKUCK *(Aspitrigla cuculus)*, einer der häufigsten Vertreter der Knurrhahn-Familie, besitzt delikates, festes Fleisch, doch wegen seines großen Kopfes ist der Fleischanteil relativ gering.

GRAUER KNURRHAHN *(Eutrigla gurnardus)*. Die graue Rückenseite kennzeichnet diese häufige Art. Am besten schmeckt er gebraten; dazu sollte man ihn zuvor häuten.

ROTER KNURRHAHN *(Trigla lucerna)*. Das feste, aromatisch-würzige Fleisch wird meist gedünstet oder für Suppen verwendet, an der Nordsee auch – sehr delikat – geräuchert.

Der PETERSFISCH *(Zeus faber)* engl. John Dory, frz. St.-Pierre, ital. pesce San Pietro, span. pez de San Pedro, ist kulinarisch eine internationale Berühmtheit. Mit seinem festen weißen, wohlschmeckenden Fleisch ist er ein ausgezeichneter Speisefisch.

re

Auch zur Ordnung der Ährenfischartigen Fische (Atheriniformes), zu der so unterschiedliche Arten wie Fliegende Fische – engl. flying fish, frz. exocet, ital. pesce volante, span. pez volador –, Ährenfische – engl. sand smelt, frz. sauclet, joël, ital. latterino, span. chucleto, pejerrey – und sogar Hornhechte – engl. garfish, frz. orphie, ital. aguglia, span. aguja – zählen, gehören beliebte Speisefische, die den verschiedensten kulinarischen Anforderungen Rechnung tragen. Die kleineren Exemplare, vor allem die winzigen, zarten Ährenfische, werden meist im Ganzen zubereitet, ohne dass man sich die Mühe machen müsste, sie zuvor auszunehmen.

Vor allem in den Mittelmeerländern schätzt man schließlich die Knurrhähne , engl. gurnard, frz. grondin, ital. cappone, span. rubio, bejel. Ihren Namen verdanken diese auch im Aussehen mit den Drachenköpfen verwandten Fische ihrer Fähigkeit, mit der Schwimmblase knurrende Laute zu erzeugen. Als der geschmacklich beste Vertreter dieser Familie gilt der Seekuckuck.

Im Vorkommen auf den Pazifik beschränkt ist die Familie der in Amerika und Asien geschätzten Grünlinge, in den USA »Greenlings« genannt. Den Namen verdanken sie ihrem grünlichen Fleisch, das seinen aparten Farbton beim Garen jedoch verliert.

Spitzenreiter für die feine Küche ist unter den Arten auf dieser Seite unbestritten der Petersfisch oder Heringskönig. Von breiter, fast elliptischer Kontur, düsterer Färbung und mit einer stacheligen Rückenflosse, ist er zwar nicht der schönste Fisch, aber einer der schmackhaftesten. Beim Einkauf sollte man auf den schwarzen Fleck achten: Er ist bei frischen Exemplaren scharf umrandet. Der Petersfisch kommt nur in geringen Mengen auf den Markt, was zusammen mit der überragenden Qualität seines Fleischs für ein hohes Preisniveau sorgt.

Der lang gestreckte HORNHECHT *(Belone belone)* mit seinen grünen Gräten hat delikates, festes, bei großen Exemplaren etwas fettes Fleisch, das geräuchert gut schmeckt.

Der KOHLENFISCH oder SABLEFISH *(Anoplopoma fimbria)* aus dem Nordpazifik ist ideal zum Pochieren und Dämpfen; wegen des zarten Aromas am besten nur vorsichtig würzen.

Der LENGDORSCH oder LINGCOD *(Ophiodon elongatus)* aus der Grünling-Familie gehört zu den begehrtesten Speisefischen an der nordamerikanischen Westküste.

TANGGRÜNLING oder KELP GREENLING *(Hexagrammos decagrammus)*, ein Pazifikfisch bester Qualität. Er wird kommerziell gefischt, allerdings nicht in großen Mengen.

FLIEGENDE FISCHE *(Exocetus volitans)* schmecken am besten frittiert. Auf Sizilien werden sie zuvor mit Weißbrotbröseln, gemahlenen Pinienkernen und Pecorino paniert.

# Dors

Die Hauptfanggebiete für den SEEHECHT *(Merluccius merluccius)* liegen im Atlantik vor Frankreich, Spanien und Portugal, auch vor der südafrikanischen und südamerikanischen Küste. Das feine Seehecht-Fleisch schmeckt frisch am besten.

KABELJAU, DORSCH *(Gadus morhua)*, einer der wichtigsten Konsumfische. Auf den Markt kommen frische ganze Fische, frische oder gefrorene Filets sowie Klipp- und Stockfisch.

Filets oder Tranchen vom SEELACHS, KÖHLER *(Pollachius virens)* eignen sich zum Braten. Das Fleisch wird, gesalzen, gefärbt und in Öl eingelegt, auch als Lachsersatz gehandelt.

Der WITTLING *(Merlangius merlangus)* gehört zum Feinsten aus dem Meer, obwohl er nicht zu den Edelfischen zählt. In Butter gebraten entfaltet er sein Aroma am besten.

Der SCHELLFISCH *(Melanogrammus aeglefinus)*, engl. haddock, frz. églefin, ital. und span. eglefino, wird meist frisch oder tiefgefroren angeboten; gut zum Braten oder Pochieren.

Der FRANZOSENDORSCH *(Trisopterus luscus)* ist als Frischfisch zum Dämpfen und Dünsten geeignet. Zur Delikatesse aber werden die Filets, wenn man sie kurz in Butter brät.

Filets vom POLLACK oder STEINKÖHLER *(Pollachius pollachius)* kommen praktisch nur tiefgefroren in den Handel. Am besten sollte man sie gebraten servieren.

Zu den Dorschartigen (Gadiformes) zählen insgesamt 10 Familien mit über 650 Arten. Ihre Vertreter sind in allen Meeren rund um den Globus verbreitet, die meisten Arten und die größten Bestände finden sich jedoch in den Meeren der Nordhalbkugel. Die artenreichste und für den kommerziellen Fang bedeutendste Familie sind die Dorschfische. Deren sicherlich prominentester Vertreter ist der Kabeljau – so der im Nordseegebiet gebräuchliche Name, der heute für großwüchsige Fische verwendet wird – oder Dorsch, wie derselbe Fisch im Ostseegebiet heißt. Diese Bezeichnung, die sich sprachlich ableiten lässt von »torsk«, dem dänischen, schwedischen und norwegischen Wort für Kabeljau, wird heute meist für kleinere Exemplare eingesetzt. Verbreitet ist der Kabeljau, engl. cod, frz. morue, cabillaud, ital. merluzzo, span. bacalao, von Spitzbergen und Nowaja Semlja bis zur Westküste Großbritanniens, aber auch rund um Grönland und bis hin zur nordamerikanischen Ostküste. Dem Kabeljau kommt nicht nur als Frisch- oder Tiefkühlfisch eine immense Bedeutung zu, in Skandinavien und in den romanischen Ländern – vor allem in Norwegen, Spanien und Portugal – schätzt man sein mageres weißes Fleisch auch getrocknet, als Stock- oder Klippfisch. Der Unterschied zwischen beiden besteht darin, dass

## Keine andere Fisch-Familie ist in Nordeuropa so wichtig für die Ernährung wie die Dorsche.

# chartige

Der LUMB *(Brosme brosme)*, engl. tusk, frz. brosme, ital. und span. brosmio, wird nur vor Norwegen in großen Mengen gefangen. Sein Fleisch erinnert im Geschmack an Hummer.

Stockfisch einfach luftgetrocknet wird, während man Klippfisch zuvor kräftig salzt. Das Fleisch wird beim Trocknen dann zwar auch fest, aber nicht so hart wie beim Stockfisch, muss jedoch vor der Verwendung 24 Stunden gewässert werden. Bei beiden Konservierungsarten sollte der fertig getrocknete Fisch einheitlich hellgelb bis weißlich sein. Ist er dies nicht oder weist er gar rötliche Flecken auf, kann man ihn nicht verwenden. Darüber hinaus haben in letzter Zeit auch andere Dorschfische wirtschaftliche Bedeutung erlangt, nicht zuletzt, weil sich »Convenience«-Produkte mit Fisch steigender Beliebtheit erfreuen. Fischstäbchen, Filets in Backteig oder mit einer würzigen Auflage, die einfach in der Pfanne gebraten oder in den Ofen geschoben werden können, finden sich mittlerweile in der Tiefkühltheke nahezu eines jeden Supermarkts. Hergestellt werden solche Produkte vor allem aus den mageren Filets des Köhlers, engl. saithe, black cod, frz. lieu noir, ital. merluzzo carbonaro, span. carbonero, und des Alaska-Pollacks, engl. Alaska pollack/pollock, frz. morue du Pacifique occidental, ital. merluzzo dell'Alaska, span. abadejo de Alaska. Und auch das »Ausgangsprodukt« für Trockenfisch ist inzwischen nicht mehr nur der Kabeljau, auch Köhler und Schellfisch, vor allem aber Leng und Lumb, werden häufig getrocknet.

Das Fleisch der DREIBÄRTELIGEN SEEQUAPPE *(Gaidropsarus vulgaris)* ist zwar delikat, aber nicht lange haltbar. Es ist daher nur regional in den Fanggebieten von Bedeutung.

Der LENG *(Molva molva)*, engl. ling, frz. lingue, ital. molva, span. maruca, wird nur als Beifang mit angelandet. Grobes, recht preiswertes Fleisch, frisch und filetiert im Handel.

Filets von weißfleischigen Fischen wie etwa den Dorschen schmecken in Butter gebraten hervorragend und vertragen auch schon einmal eine kräftige Würzung. Kein Wunder, dass die Vielseitigen deshalb rund um die Welt für die kreative Küche beliebt sind.

Der GABELDORSCH *(Phycis blennioides)* ist nur im Mittelmeerraum als Speisefisch von Bedeutung. Sein geschmacklich gutes Fleisch wird als Filet oder Kotelett zubereitet.

Die DÜNNLIPPIGE MEERÄSCHE *(Liza ramada)* kommt im Ostatlantik von Marokko bis Norwegen sowie im Mittelmeer vor. Ihr feines Fleisch ist weiß, allerdings etwas fett.

DICKLIPPIGE MEERÄSCHE *(Chelon labrosus)*, die häufigste europäische Meeräschenart. Bis 60 cm lang und etwa 5 kg schwer. Auffallend dicke Oberlippe mit kleinen Warzenreihen.

Die GROSSKÖPFIGE MEERÄSCHE *(Mugil cephalus)* zählt mit bis zu 1,20 m Länge und 9 kg Gewicht zu den größten Meeräschen. In Europa und Amerika häufig gefischt.

Das GESTREIFTE PETERMÄNNCHEN *(Trachinus radiatus)* kennzeichnen ringförmige dunkelbraune Flecken auf hellem Grund. Etwas trockenes, aber schmackhaftes Fleisch.

Das GROSSE PETERMÄNNCHEN *(Trachinus draco)* kommt gefroren, regional aber auch frisch auf den Markt. Es wird dann meist ohne Kopf und erste Rückenflosse angeboten.

Der GROSSE SANDAAL *(Hyperoplus lanceolatus)* schmeckt, rösch gebraten, hervorragend. So ist es zu bedauern, dass er selbst in den Fanggebieten nur sehr selten verkauft wird.

Der HIMMELSGUCKER *(Uranoscopus scaber)* kommt bei uns nicht regelmäßig auf den Markt. Falls doch, sollte man zugreifen: Für Fischsuppen ist er unvergleichlich gut.

NEUSEELÄNDISCHER »BLAUBARSCH«, BLUE COD *(Parapercis colias)*, in Australien »New Zealand cod«, in Japan »Toragisu« genannt. Sein Fleisch ist von sehr guter Qualität.

Der ROTE BANDFISCH *(Cepola macrophthalma)* hat zwar gutes, aber ziemlich grätenreiches Fleisch. Als Speisefisch wird der »Cepola« vor allem in Italien genutzt.

SCHWARZGRUNDEL *(Gobius niger)*. Das Schuppen und Ausnehmen der relativ kleinen Fische ist recht mühsam, lohnt sich aber: Goldbraun gebraten sind sie ein Genuss.

Die RIESENGRUNDEL *(Gobius cobitis)* kommt vom Ärmelkanal bis Marokko, im ganzen Mittelmeer und in Teilen des Schwarzen Meeres vor. Verwendung wie Schwarzgrundel.

Was die so unterschiedlichen Fische auf dieser Seite gemeinsam haben? Abgesehen davon, dass sie überwiegend exzellente, wenn auch seltener erhältliche Speisefische sind, gehören sie – bis auf die Drückerfische, die zu den Kugelfischverwandten zählen – zur großen und vielgestaltigen Ordnung der Barschartigen Fische (Perciformes). Unter den Exemplaren, die hier vorgestellt werden, finden sich Arten wie Himmelsgucker, engl. stargazer, frz. uranoscope, ital. uranoscopo, span. miracielo, der perfekt an ein Leben im Schlick des Meeresbodens angepasst ist, aber auch gewandte und schnelle Schwimmer wie der Barrakuda, engl., ital. und span. barracuda, frz. bécune. Papageifische, engl. parrot-fish, frz. scare, ital. pesce pappagallo, span. vieja, schließlich verdanken ihren Namen dem eigenartig geformten Mund, der an einen kräftigen Schnabel erinnert und mit dem die Fische ganze Korallenzweige »abknipsen« können, um sie dann zu verzehren. Geschätzte Speisefische sind auch die etwas bizarr wirkenden Petermännchen, engl. weever, frz. vive, ital. tracina, span. escorpión, die man aber in der Küche mit Vorsicht behandeln sollte: Denn sie besitzen Giftstacheln auf den Kiemendeckeln und an der ersten Rückenflosse, die sehr schmerzhafte Verletzungen verursachen können. Deshalb sind diese Fische meist auch schon entsprechend vorbereitet im Handel. Wichtige Konsumfische liefert die Familie der Meeräschen, engl. mullet, frz. mulet, ital. muggine, span. lisa, galupa, mujól, die in Schwärmen an den Küsten aller gemäßigten und tropischen Meere entlangziehen. Zum üblichen Angebot gehören sie im Mittelmeerraum, am Schwarzen und Kaspischen Meer sowie an der amerikanischen Ostküste von North Carolina bis Texas. Je nachdem, wo sie gefangen werden, können sie von unterschiedlicher Qualität sein. Am besten sind kleine Exemplare; größere, die in Flussmündungen leben, schmecken häufig etwas »schlammig«. Auch gesalzener und gepresster Meeräschenrogen ist geschätzt – in Griechenland als »Avgotaracho«, in der Provence als »Boutargue« und in Japan als »Karasumi«.

◁ NACKTSANDAALE *(Gymnammodytes semisquamatus)* werden seltener angeboten als Große Sandaale. Kulinarisch unterscheiden sich beide Arten nicht.
▷ Der GROSSE BARRAKUDA *(Sphyraena barracuda)* kann eine Körperlänge von fast 2 m und ein Gewicht von bis zu 40 kg erreichen. Er wird in seinem gesamten Verbreitungsgebiet als Speisefisch geschätzt.

Der KÖNIGIN-DRÜCKERFISCH *(Balistes vetula)* wird auf den Märkten der karibischen Inseln oft angeboten. Sein Fleisch ist von angenehm fester Konsistenz, weiß und sehr zart. Die ledrige Haut macht das Filetieren allerdings etwas schwierig.

Der ORANGESTREIFEN-DRÜCKERFISCH *(Balistapus undulatus)* ist vom Roten Meer bis in die Südsee verbreitet. Die Filets schmecken, im Ofen gegart, ganz hervorragend.

# Von farbenprächtigen Riff-Fischen bis zu gut getarnten Bewohnern des Meeresgrundes.

Der GEFLECKTE LIPPFISCH *(Labrus bergylta)* ist von Mittelnorwegen bis zu den Kanarischen Inseln sowie vereinzelt im Mittelmeer anzutreffen. Sein Fleisch ist schmackhaft.

GEFLECKTER ZIEGENFISCH *(Pseudupeneus maculatus)*, engl. spotted goatfish, ein guter und wirtschaftlich bedeutender Speisefisch. Verbreitet von Cape Cod bis Florida, im Golf von Mexiko und südlich bis nach Brasilien.

Der KUCKUCKSLIPPFISCH *(Labrus bimaculatus)* ist einer der wenigen kulinarisch interessanten Lippfische. Gutes, aber sehr grätenreiches Fleisch, geeignet zum Braten.

Riff-Fische sind gute Speisefische, etwa der ROTSCHWANZ-PAPAGEIFISCH (*Sparisoma chrysopterum*, roter und blauer Fisch links oben) und der SPOTLIGHT PARROTFISH (*Sparisoma viride*, unten). Der ATLANTISCHE SCHWEINSFISCH (*Bodianus rufus*, Mitte rechts) ist von geringerer Qualität.

STREIFENBARBEN *(Mullus surmuletus)* waren schon in der Antike geschätzt. Da sie keine Galle besitzen, werden die »Schnepfen des Meeres« auch unausgenommen verarbeitet.

Der WEISSPUNKT-KANINCHENFISCH *(Siganus canaliculatus)* ist eine weit verbreitete indopazifische Art. Gelangt von den Seychellen als »Cordonnier brisant« zu uns.

Das delikate weiße Fleisch der ROTEN MEERBARBE *(Mullus barbatus)* schmeckt besonders gut gedünstet, anschließend mit etwas Zitronensaft beträufelt.

Der GEFLECKTE SEEWOLF *(Anarhichas minor)* ist durch seine deutliche Zeichnung gut zu erkennen. Im Handel und kulinarisch nicht vom Gestreiften Seewolf unterschieden.

Der GESTREIFTE SEEWOLF *(Anarhichas lupus)* ist meist unter seinem französischen Namen »Loup (atlantique)« filetiert oder in Koteletts geschnitten im Angebot. Gut zum Braten.

# Hai und Rochen: Oft kommt ihr festes Fleisch unter einem Pseudonym auf den Markt.

Der BLAUHAI *(Prionace glauca)* wird vor allem in Japan als Speisefisch sehr geschätzt. Die Filets eignen sich hervorragend zum Braten, ob einfach bemehlt oder im Teigmantel.

Der STACHELLOSE DORNHAI *(Dalatias licha)* wird regelmäßig in Italien angeboten, seltener in Griechenland. Verglichen mit Glatt- und Dornhai weniger gut in der Qualität.

Der SCHWARZSPITZENHAI *(Carcharhinus limbatus)* liefert zarte Filetstücke, die man an der Atlantikküste der USA gern gebraten und mit Zitrone beträufelt serviert.

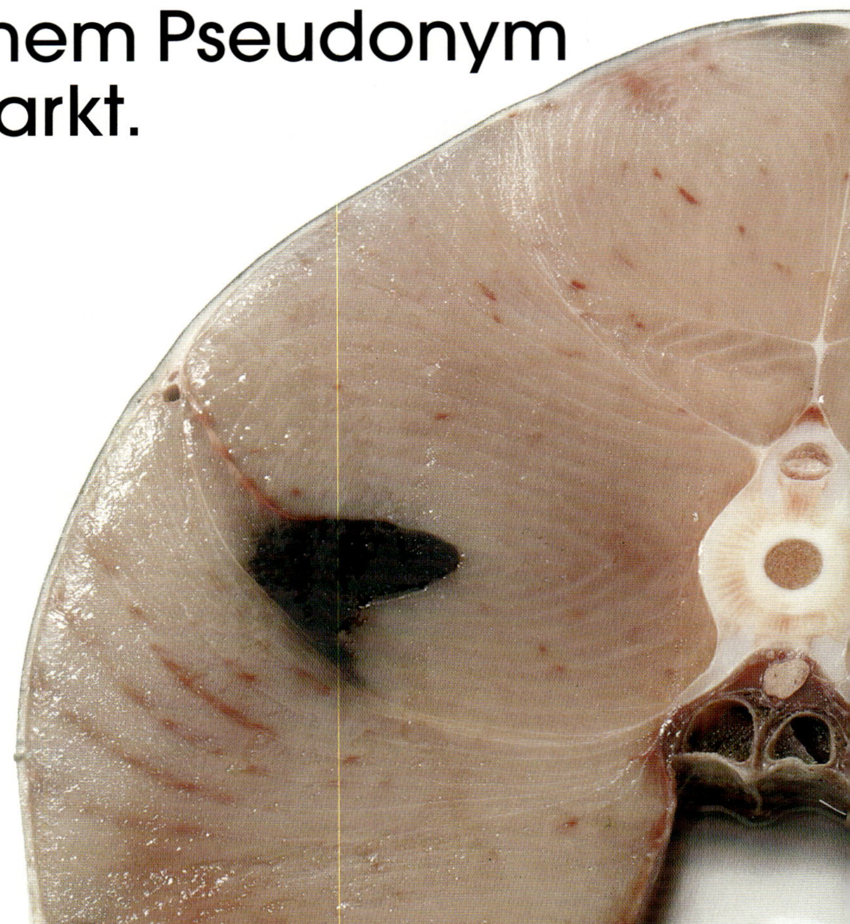

Ein HERINGSHAI-STEAK. Die dunkelroten Flecken sind die so genannten »Wundernetze«, die durch die seitlichen Muskelstränge verlaufen. Vor dem Verzehr werden diese Strukturen immer entfernt, da beim Abbau des darin enthaltenen Blutes Histamin entsteht, das zu Allergien führen kann. Diese Blutnetze finden sich übrigens auch bei Tunfischen.

GEFLECKTER DORNHAI *(Squalus acanthias)*. Dornhaie besitzen vor jeder Rückenflosse einen Giftstachel, der schmerzhafte Verletzungen verursachen kann.

GLATTHAIE *(Mustelus mustelus)* gelten in manchen Ländern des Mittelmeerraums, Verwandte aber auch in Ostasien, als hervorragende Speisefische. In Nord- und Mitteleuropa sind sie leider noch wenig bekannt. Ihr delikates, zartes Fleisch eignet sich zum Braten und Schmoren.

DORNHAI-FILETS, links im Bild, werden im Ganzen geräuchert und dann als »Seeaal« gehandelt. Rechts die Bauchlappen, die geräuchert als »Schillerlocken« verkauft werden.

Der GROSSGEFLECKTE KATZENHAI *(Scyllorhinus stellaris)* liefert schmackhaftes, festes Fleisch, dem des Dornhais ähnlich. Enthäutet, ohne Kopf und Schwanz, kommt er in England als »Rock salmon« oder »Rock eel«, in Frankreich als »Saumonette« auf den Markt.

Der KLEINGEFLECKTE KATZENHAI (*Scylliorhinus canicula*, vorn im Bild) ist im Mittelmeerraum häufig auf Fischmärkten zu finden.

Anders als die bisher behandelten Knochenfische zählen Haie – engl. shark, frz. requin, ital. squalo, span. tiburón – und Rochen – engl. ray, skate, frz. raie, ital. razza, span. raya – zur Gruppe der Knorpelfische: Verknöcherte Gräten oder Rippen fehlen in ihrem Skelett. Darüber hinaus besitzen sie keine Kiemendeckel; die Kiemenspalten sind bei frei schwimmenden Fischen – bei Haien links und rechts, bei Rochen an der Unterseite – gut zu erkennen. Die Zähne der Knorpelfische stehen in mehreren Reihen hintereinander und wachsen zeitlebens nach, sodass die äußeren Zahnreihen regelmäßig ersetzt werden und stets funktionsfähig sind. Auch wenn die meisten Haie und Rochen auf den ersten Blick von der Form her sich nicht sehr ähneln, weist ihre Anatomie doch starke Übereinstimmungen auf; zudem gibt es »Übergangsformen«, wie beispielsweise den Engelhai oder die Geigenrochen.

Unter Haien wie Rochen gibt es eine Reihe wichtiger Nutzfische. Um Kunden nicht abzuschrecken, vermeidet der Handel zumindest in Europa bei vielen Produkten vom Hai den tatsächlichen Namen; so findet man Teile des Dornhais als »Schillerlocken« oder »Seeaal« an der Fischtheke, Heringshai als »Kalbfisch« oder »Seestör«. Werden in Europa vor allem Herings-, Glatt- und Katzenhai genutzt, gelten in Ostasien auch der Blauhai und in Nordamerika der »blacktip shark«, der Schwarzspitzenhai, als Delikatesse. Und das nicht von ungefähr – Haifleisch ist mager, fest, grätenfrei, von feinem Geschmack und eignet sich für nahezu alle Zubereitungsarten; hervorragend schmeckt es beispielsweise vom Grill.

Anders als beim Hai werden vom Rochen weniger die Filets als vielmehr das Muskelfleisch der »Flügel« in der Küche verwendet. Es kommt überwiegend bereits von Haut und Knorpeln befreit in den Handel. Besonders gut schmeckt Rochen gedünstet oder pochiert, wobei eine Garzeit von 15 bis 20 Minuten selbst bei großen Flügeln ausreicht. Darüber hinaus wird der in Nordeuropa häufig gefangene Glattrochen *(Raja batis)* auch geräuchert oder mariniert angeboten, dann allerdings meist unter dem Namen »Seeforelle«.

BEI ROCHEN unterscheidet der Handel nicht zwischen den einzelnen Arten; hier finden sich Marmor- (*Raja undulata*, links) und Gefleckte Rochen *(Raja polystigma)* in einer Kiste.

Der NAGEL- oder KEULENROCHEN *(Raja clavata)* gehört mit einem Fettgehalt von 0,2 % zu den echten Magerfischen. Sein Fleisch kommt frisch oder mariniert in den Handel.

Der KUCKUCKSROCHEN *(Raja naevus)* gehört mit zu den häufig im Handel angebotenen Rochenarten. Er ist leicht mit dem Braunrochen und dem Sandrochen zu verwechseln.

Der FLECKENROCHEN *(Raja montagui)* ist im Ostatlantik von den Shetland-Inseln bis hin nach Marokko sowie im Ärmelkanal und im Mittelmeer zu finden.

Fast wie ein Rochen sieht der MEERENGEL oder ENGELHAI *(Squatina squatina)* aus. Sein Fleisch ist weiß, fest und daher sehr geschätzt. Er kommt meist enthäutet als Frischfisch auf den Markt. In Süditalien und der Türkei werden auch schon küchenfertig vorbereitete Koteletts angeboten.

Vom MARMOR- oder SCHECKENROCHEN kommen, wie bei den meisten anderen Rochenarten auch, meist nur die »Flügel«, also die Bauchflossen, in den Handel.

TUNFISCHE gehören weltweit zu den wichtigsten Nutzfischen. Das Angebot von frischem Tunfisch auf den südeuropäischen Märkten, hier auf Sizilien, spiegelt allerdings nur einen geringen Teil des Gesamtertrags wider. Denn das große Geschäft mit diesen feinen Fischen machen die großen Fischereinationen, allen voran Japan, sowie die verarbeitende Industrie.

Die ATLANTISCHE MAKRELE *(Scomber scombrus)* gehört zu den beliebtesten Meeresfischen; sie taugt zum Braten, Grillen und Schmoren.

SPANISCHE MAKRELE *(Scomberomorus maculatus)* – trotz ihres Namens kommt sie im westlichen Nordatlantik vor. An der Ostküste der USA der Barbecue-Fisch Nummer eins.

Die PELAMIDE *(Sarda sarda)* ist der wichtigste Tunfischverwandte aus dem Mittelmeer. Große Exemplare können sehr fett sein; sie sollten, in Scheiben geschnitten, gegrillt werden.

Der WEISSE TUNFISCH, ALBACORE *(Thunnus alalunga)* ist zwar nicht der größte, aber der feinste Tunfisch. Er hat sehr schmackhaftes Fleisch, das sich gut braten und grillen lässt.

Die PAZIFISCHE THONINE *(Euthynnus affinis)* wird vor allem in Südostasien gefischt, aber auch in Japan; dort heißt der Fisch »Suma«. Saftiges, wohlschmeckendes Fleisch.

# Tonn

Schon ihr torpedoförmiger, schnittiger Körper macht es klar: Makrele, Schwertfisch, Tunfisch & Co. sind schnelle und ausdauernde Schwimmer. Viele von ihnen leben – zur Freude der Fischer – in großen Schwärmen, sodass man hier in der Saison im wahrsten Sinn des Wortes mit guten Fischzügen rechnen darf. Vor allem Makrelen können in riesigen Mengen ins Netz gehen, aber auch die Ankunft von Tunfischschwärmen vor Sizilien oder Japan ist eine echte Massenveranstaltung. In der Fleischqualität und -konsistenz unterscheiden sich die Makrelenfische jedoch erheblich. Makrelen, engl. mackerel, frz. maquereau, ital. sgombro, span. caballa, sowohl die Atlantische als auch die verwandte Mittelmeer-Makrele *(Scomber japonicus)*, weisen recht fettes Fleisch auf, das relativ schnell verdirbt und daher möglichst bald zu Konserven verarbeitet oder geräuchert werden muss. Die Kennzeichen für wirklich frische Makrelen sind eine straffe, glänzende Haut, klare Augen und rote Kiemen.

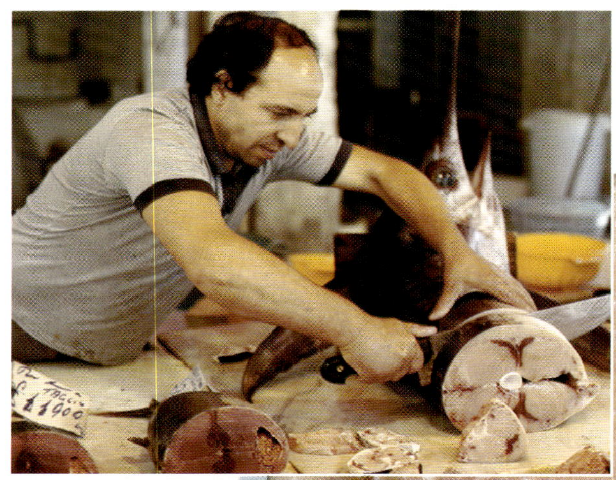

Der ROTE TUNFISCH *(Thunnus thynnus)* kann bis zu 3 m lang und 200 bis 300 kg schwer werden. Das Fleisch ist relativ dunkel, mager und wird in Japan auch roh verzehrt.

Der WAHOO oder KINGFISH *(Acanthocybium solandri)* ist in warmen Meeren weltweit verbreitet, vereinzelt auch im Mittelmeer. Hauptfanggebiete sind die Karibik und die Antillen.

SCHWERTFISCH *(Xiphias gladius)* wird auf mediterranen Märkten als Delikatesse gehandelt und häufig in Scheiben geschnitten angeboten. »Auf den Punkt« gegrillt, mit Olivenöl und Zitronensaft beträufelt, ist das delikate Fleisch ein Genuss.

Der WEISSE HEILBUTT *(Hippoglossus hippoglossus)* aus dem Atlantik und Pazifik ist mit bis 300 kg der größte Plattfisch. Auf den Markt kommen aber meist kleinere Exemplare.

Der GLATTBUTT *(Scophthalmus rhombus)* wird sowohl frisch als auch tiefgefroren angeboten. Ein Fisch für alle Garmethoden, ideal aber zum Dämpfen und Dünsten.

Der bis zu 60 cm lange INDISCHE STACHELBUTT *(Psettodes erumei)* ist von Ostafrika bis zum Westpazifik zu finden. Zum Pochieren und Garen im Ofen geeignet.

# Makrelen- und Plattfische sind wahre Delikatessen aus dem Meer.

Das Fleisch der Tunfisch-Arten, engl. tuna, frz. thon, ital. tonno, span. atún, oder des Schwertfischs, engl. swordfish, frz. espadon, poisson épée, ital. pesce spada, span. pez espada, ist im Vergleich zu den Makrelen deutlich fester und magerer. Tun- und Schwertfische werden rund um den Globus gefangen. Als Speisefische sind sie hoch geschätzt, ob man sie nun, wie in den Mittelmeerländern, vorzugsweise grillt oder, wie in Japan, roh als hauchdünn geschnittenes Sashimi serviert. Neben dem weltweit verbreiteten Roten und Weißen Tun ist der Gelbflossen-Tun oder Yellowfin tuna *(Thunnus albacares)*, der die wärmeren Zonen von Atlantik und Pazifik bevorzugt und bis zu 200 kg auf die Waage bringen kann, eine in Ostasien wichtige Tunfisch-Art. Und an der Atlantikküste der USA wird häufig der Schwarzflossen-Tun oder Blackfin tuna *(Thunnus atlanticus)* gefischt. Zu der Beliebtheit aller Tunfische trägt sicherlich bei, dass sie nur wenige große Gräten aufweisen, die sich leicht entfernen lassen. Sehr begehrte Speisefische liefert auch die Ordnung der Plattfische (Pleuronectiformes), deren flacher Körper perfekt an ein relativ behäbiges Leben auf dem Meeresgrund angepasst ist. Etwas Besonderes sind diese Fische dadurch, dass ihre Larven noch frei im Wasser schwimmen und zwei gleiche Seiten besitzen wie andere Fische auch. Beim Heranwachsen allerdings »wandert« dann – je nach Art – das rechte oder linke Auge auf die andere Körperseite, die somit zur neuen Oberseite wird.

Die GROSSSCHUPPIGE SPITZZUNGE *(Citharus linguatula)* wird nur relativ selten auf Fischmärkten angeboten. Ihr zartes weißes Fleisch schmeckt gebraten ganz hervorragend.

Der FLÜGEL-, GLASBUTT oder SCHEEFSNUT *(Lepidorhombus whiffiagonis)* ist transparent mit sandfarbener, gefleckter Oberseite. Vorkommen im Nordostatlantik bis zum Mittelmeer.

Der GEFLECKTE FLÜGELBUTT *(Lepidorhombus boscii)* kommt vom Mittelmeer bis zu den Orkney-Inseln vor. Er wird als Frischfisch und als Tiefgefrierware angeboten.

Die FLUNDER *(Platichthys flesus)* findet für viele regionale Spezialitäten Verwendung. Mit ihrem besonders mageren, zarten Fleisch schmeckt sie sehr fein in Butter gebraten.

Die SCHOLLE *(Pleuronectes platessa)* ist der kommerziell wichtigste Plattfisch Europas. Besonders wohlschmeckend im Mai, wenn die Fische zum Laichen an die Küste kommen.

# Platt

## Butte, Schollen und »Zungen« – das klingt Fischliebhabern wie Musik in den Ohren.

LAMMZUNGEN *(Arnoglossus laterna),* deren feines Fleisch dem der Seezunge ähnelt, werden regelmäßig nur an den Küsten des Mittelmeeres und Westafrikas angeboten.

Die PAZIFISCHE SCHARBE *(Eopsetta jordani)* ist der beliebteste Plattfisch an der amerikanischen Pazifikküste. Ihr Fleisch ist fest, weiß und von hervorragendem Geschmack.

Die PAZIFISCHE ROTZUNGE *(Microstomus pacificus)* wird an der nordamerikanischen Pazifikküste in großem Stil kommerziell gefischt. Fast ausschließlich filetiert im Handel.

SCHWARZER HEILBUTT *(Reinhardtius hippoglossoides).* Sein Fleisch ist recht fett und eignet sich daher besonders für jene Zubereitungsarten, bei denen es stark erhitzt wird. Auch geräuchert ist dieser Fisch sehr schmackhaft.

Die HEILBUTTSCHOLLE *(Hippoglossoides elassodon)* ist vor allem im Nordpazifik anzutreffen. Ein feiner Speisefisch, der aber meist nur tiefgefroren ins Angebot kommt.

Der PAZIFISCHE ZUNGENBUTT *(Glyptocephalus zachirus)* ist ein wichtiger Speisefisch mit großer Bedeutung für die Fischereiwirtschaft der westlichen USA. Die »Rex sole« genießt dort unter Feinschmeckern einen sehr guten Ruf. Sie hat feines, festes Fleisch; wird meist als Frischfisch und gehäutet angeboten.

# fische

Den STEINBUTT *(Psetta maxima)*, einer der begehrtesten Speisefische des Atlantik, erkennt man an seinen unverwechselbaren »Hautknochen«, wie die verhärteten Schuppen auf der Oberseite genannt werden. Gefangen wird er hauptsächlich mit Bodenschleppnetzen und Langleinen.

Den Plattfischen kommt seit alters her eine wichtige Bedeutung als Speisefische zu, da sie in warmen und gemäßigten Flachwassergebieten in großer Zahl vorkommen und dort relativ leicht gefischt werden können. Nicht zuletzt sind sie aber auch deshalb so beliebt, weil zu den Plattfischen einige der delikatesten Fische überhaupt zählen, denkt man etwa an Heil- und Steinbutt, See- und Rotzunge. Kein Wunder, dass sie in der gehobenen Gastronomie eine so große Rolle spielen und man für solche Genüsse zuweilen recht tief in die Tasche greifen muss – und das übrigens schon seit der Antike, als etwa der Steinbutt so hoch geschätzt wurde, dass man ihn als das passende Geschenk für einen römischen Kaiser ansah. Und hoch bewertet – in Qualität und Preis – sind die »Platten« aus dem Atlantik ebenso wie diejenigen aus dem Pazifik bis heute.

Was den Umgang mit Plattfischen in der Küche betrifft, so kann man kleinere Arten wie die Seezunge, engl. Dover sole, frz. sole, ital. soglia, span. lenguado, die Rotzunge, engl. lemon sole, frz. limande, ital. limanda, span. mendo limón, die Flunder, engl. flounder, frz. jangroga, ital. sogliola, span. platija, oder auch die Scholle, engl. plaice, frz. plie, ital. platessa, span. solla, im Ganzen wie auch filetiert zubereiten. Größere Fische wie der Steinbutt, engl. und frz. turbot, ital. rombo chiodato, span. sollo, der Heilbutt, engl., ital. und span. halibut, frz. flétan, oder auch der Glattbutt, engl. brill, frz. barbue, ital. rombo liscio, span. rémol, müssen dagegen in aller Regel filetiert oder in Tranchen geschnitten werden.

Die anatomischen Besonderheiten der Plattfische bringen es mit sich, dass sie, anders als alle sonstigen Speisefische, jeweils vier Filets pro Exemplar liefern: je zwei auf der Ober- und zwei auf der Unterseite. Grundsätzlich gilt für alle Plattfische, dass man den um den Körper laufenden Flossensaum sowie eventuell vorhandenes bräunliches Gewebe entfernen sollte; beides ist sehr fetthaltig und schmeckt meist streng und tranig.

Beim Einkauf von Schollen, die im Ganzen angeboten werden, ist übrigens die Zeichnung der dunkler gefärbten Seite mit den Augen ein Frischekriterium: Die Fische sind absolut frisch, wenn die roten Punkte noch zu sehen sind.

Die PAZIFISCHE GLATTSCHOLLE *(Parophrys vetulus)* ist ein relativ häufig gefangener Plattfisch mittlerer Qualität. Frisch kommt sie selten auf den Markt, meist wird sie tiefgefroren.

Die ROTZUNGE *(Microstomus kitt)* wird in Europa vor allem im Spätsommer häufig gefangen. Der ideale Bratfisch, ob mit oder ohne Haut. Auch zum Pochieren geeignet.

KLIESCHE *(Limanda limanda)*. Ihr Fleisch ist wegen seines milden Geschmacks von großem kulinarischem Wert. Wird vor allem im Nordatlantik gefangen und frisch vermarktet.

Die SEEZUNGE *(Solea vulgaris)* ist weltweit Synonym für feinen Fisch – und dem entspricht ihr Preis. Sie wird frisch und tiefgefroren auch nach Amerika und Asien exportiert.

Die FELSENKLIESCHE *(Lepidopsetta bilineata)* aus dem Nordpazifik besitzt sehr aromatisches weißes Fleisch. In Japan »shumushugarei« genannt, dort von großer Bedeutung.

Die nur bis 20 cm lange BASTARDZUNGE *(Microchirus variegatus)* wird vorwiegend im Mittelmeergebiet gefischt. Ihr Fleisch ist wegen seines feinen Geschmacks sehr geschätzt.

Die appetitliche Farbe des Fleischs verdankt der Lachs – wie die Lachsforelle – den Krustentieren, von denen er sich ernährt.

FORELLEN werden dank intensiver Zuchtmethoden in großen Mengen, vor allem tiefgefroren, auf den Markt gebracht. Von oben: Regenbogenforelle *(Oncorhynchus mykiss)*, Goldforelle – eine besonders schön gefärbte Regenbogenforelle – und die in Europa heimische Bachforelle *(Salmo trutta fario)*.

# Weltweit die Favoriten auf der Speisekarte: Karpfenfische und Salmonid

Der ATLANTISCHE LACHS *(Salmo salar)* ist inzwischen der Zuchtfisch par excellence. Dank ausgeklügelter Fütterung können Geschmack und Farbe im Voraus bestimmt werden.

Der SILBERLACHS oder COHO *(Oncorhynchus kisutch)*, ein Pazifiklachs, wird vor allem in Kanada, inzwischen aber auch in der Normandie gefarmt. Sehr schmackhaftes Fleisch.

Der KÖNIGSLACHS oder CHINOOK *(Oncorhynchus tschawytscha)* ist der Lachs Nummer eins an der amerikanischen Westküste. Kenner ziehen ihn dem Atlantischen Lachs vor.

Der bis zu 50 cm lange ADRIATISCHE LACHS *(Salmothymus obstusirostris)* ist in Fließgewässern an der Küste Dalmatiens und im Ochrid-See zu finden. Wird nur dort gefischt.

Der nordpazifische KETA-LACHS *(Oncorhynchus keta)* ist in Asien bis Nordjapan, in Amerika bis San Francisco verbreitet. Gut zum Grillen und Räuchern; in Japan auch luftgetrocknet.

Der SEESAIBLING oder RÖTEL *(Salvelinus alpinus salvelinus)* ist ein hoch begehrter Speisefisch. Schmeckt hervorragend pochiert, aber auch gedünstet oder in Butter gebraten.

Zu den Lachsfischen gehören Lachse, Forellen, Saiblinge, Huchen und Renken. Fast alle diese Arten sind ihres hervorragenden Fleisches wegen hoch bezahlte Speisefische. Das gilt in erster Linie für wild lebende Exemplare; Lachse werden schon seit geraumer Zeit in großem Stil gezüchtet, und solche Farmfische erzielen selbstverständlich deutlich niedrigere Preise. Als besonders erfolg- und ertragreich hat sich das Farming beim Atlantischen Lachs, engl. Atlantic salmon, frz. saumon d'Atlantique, ital. salmone, span. salmón, erwiesen, der in den vom Golfstrom temperierten Küstengewässern Norwegens, Schottlands und Irlands gezüchtet wird. Auch in Nordamerika ist man ins Fishfarming – hier sind es Pazifiklachse – eingestiegen, überwiegend mit dem Königslachs, engl. king salmon, frz. saumon royal, ital. salmone reale, span. salmón real.

Was die Forellen, engl. trout, frz. truite, ital. trotta, span. trucha, betrifft, so wird beiderseits des Atlantiks hauptsächlich die von der amerikanischen Pazifikküste stammende, bereits 1880 in Europa eingebürgerte Regenbogenforelle gezüchtet. Erhält sie entsprechendes Futter, färbt sich ihr Fleisch übrigens »lachsrosa«, weshalb solche Exemplare hier zu Lande als »Lachsforelle« gehandelt werden.

Der weltweit häufigste Zuchtfisch aber ist der Karpfen, engl. carp, frz. carpe, ital. und span. carpa. In China wurde er schon vor Beginn unserer Zeitrechnung gezüchtet; heute hält man ihn oft in »Polykultur«, das heißt, verschiedene Karpfenarten, manchmal in Kombination mit anderen Fischen wie Schleien und Zander, werden in ein und denselben Teich gesetzt.

Der ATLANTISCHE LACHS ist im Osten Kanadas ein beliebter Sportfisch. Anders als in Europa kommt dort diese Lachsart in ihrer Wildform noch in größeren Mengen vor.

en

MAIFISCHE, ALSEN *(Alosa alosa)* eignen sich besonders zum Braten. Geräuchert schmecken sie nur vor dem Ablaichen gut, anschließend wird ihr Fleisch zu trocken.

Der SPIEGELKARPFEN, eine Zuchtform des Karpfens *(Cyprinus carpio)*, weist nur noch entlang der Seitenlinie sowie am oberen und unteren Rand des Körpers Schuppen auf.

Die GROSSE MARÄNE *(Coregonus nasus)* kommt in den kalten Flüssen und Seen Kanadas, Skandinaviens, Sibiriens und Nordrusslands, aber auch Mitteleuropas und der Alpen vor.

Der SCHUPPENKARPFEN, die Stammform des Karpfens, unterscheidet sich in der Qualität kaum vom Spiegelkarpfen. Es ist aber etwas mühsam, ihn von den Schuppen zu befreien.

BLAUFELCHEN, GROSSE SCHWEBRENKEN *(Coregonus lavaretus)* werden meist gebraten und geräuchert, doch auch gegrillt oder gedünstet liebt man diese Lachsverwandten.

Der GRASKARPFEN *(Ctenopharyngodon idella)* wird fast weltweit in Polykulturen gezüchtet, hat sich aber, wie alle chinesischen Karpfen, noch nicht überall durchsetzen können.

Der HUCHEN *(Hucho hucho)*, ein Süßwasserfisch, gilt als feinster Salmonide. Man findet ihn nur mit viel Glück im Angebot, denn die Bestände sind sehr stark zurückgegangen.

ROTAUGEN oder PLÖTZEN *(Rutilus rutilus)* vor dem Braten oder Frittieren filetieren. Die feinen Gräten kann man durch mehrmaliges Einschneiden der Filets genießbar machen.

Der ALGEN-AMUR oder SILBERKARPFEN *(Hypophthalmichthys molitrix)* ernährt sich vorwiegend von pflanzlichem Plankton. Blütenweißes Fleisch, angenehmer Geschmack.

Der HECHT *(Esox lucius)* ist an seinem entenschnabelähnlichen Kopf zu erkennen. Die Maximallänge beträgt 1,5 m, solche Exemplare können dann bis zu 35 kg wiegen.

ALAND, ORFE, NERFLING *(Leuciscus idus)*. Dieser Karpfenfisch kommt in Europa nördlich der Alpen vom Rhein bis zum Ural und in Sibirien vor. Am besten schmeckt er gebraten.

Der sehr schmackhafte MARMORKARPFEN *(Hypophthalmichthys nobilis)* wird von allen China-Karpfen am höchsten eingeschätzt und gewinnt immer mehr an Bedeutung.

Der OSIETRA oder WAXDICK *(Acipenser gueldenstaedti)* ist der heute am häufigsten angebotene Stör. Das zarte, magere Fleisch kommt frisch, aber auch geräuchert auf den Markt.

SILBERKARAUSCHE oder GIEBEL *(Carassius auratus gibelio)*. Der wohlschmeckende Karpfenverwandte aus Ostasien, die Stammform der Goldfische, wird selten über 20 cm lang.

Die SCHLEIE *(Tinca tinca)* taugt mit dem kräftigen Aroma ihres Fleisches vor allem für deftige Suppen, Eintöpfe und Ragouts, aber auch zum Braten und Grillen.

# Wels

## und andere Köstlichkeiten aus Flüssen und Seen, die zu entdecken sich unbedingt lohnt.

ZWERGWELSE *(Ictalurus nebulosus)* werden schon recht lange und erfolgreich gezüchtet. »Catfish«-Fleisch ist rötlich, fest und besitzt einen leicht süßlichen Geschmack.

Der FLUSSWELS, WALLER *(Silurus glanis)* hat fast grätenloses, weißes Fleisch, das sich in der Konsistenz mit Seeteufel vergleichen lässt. Große Fische können jedoch sehr fett sein.

Der KANALWELS, CHANNEL CATFISH *(Ictalurus punctatus)* ist ein exzellenter Speisefisch. Er kommt ursprünglich im Gebiet von den Großen Seen bis Virginia und Mexiko vor.

Überwiegend sind die Fische auf dieser Seite in Anglerkreisen bekannt und beliebt; man findet sie nämlich ansonsten – sieht man einmal von Osteuropa ab – kaum noch auf dem Markt. Was beispielsweise bei der Äsche, engl. grayling, frz. ombre, ital. temolo, span. tímalo, schade ist, besitzt ihr Fleisch doch einen ausgesprochen aparten Geschmack. Allerdings stören bei vielen dieser Süßwasserfische die Gräten den Genuss doch ganz erheblich, und man muss sich bei der Zubereitung etwas einfallen lassen, um sie »unwirksam« zu machen.

Die TRÜSCHE *(Lota lota)*, auch (AAL)RUTTE oder QUAPPE genannt, ist in Europa nördlich der Alpen und Pyrenäen, in Nordasien und -amerika verbreitet. Als Delikatesse gilt ...

ZWERGWELSE werden, von der ledrigen, schuppenlosen Haut befreit, in den USA im Ganzen gebraten, aber auch filetiert oder in Scheiben geschnitten. Paniert sehr beliebt.

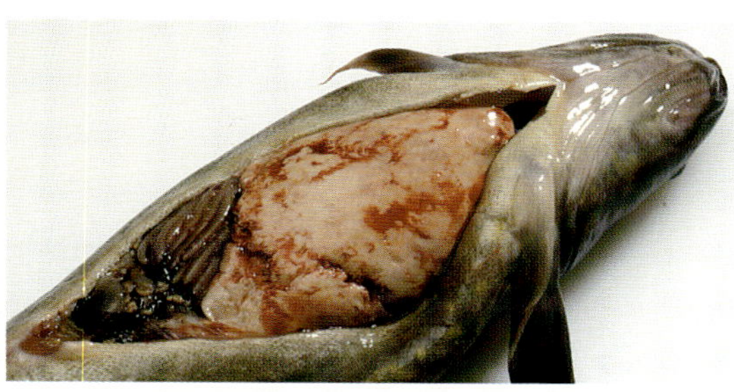

... ihre große LEBER, die man beim Ausnehmen nicht verletzen sollte. Am besten schmeckt sie in Butter gebraten. Auch das zarte und aromatische Fleisch ist nicht zu verachten.

Der BLAUE KATZENWELS, BLUE CATFISH *(Ictalurus furcatus)* ist mit über 1 m Länge einer der größten Süßwasserfische Nordamerikas. Festes, wohlschmeckendes Fleisch.

Buntbarsche, besonders der NATAL-BUNTBARSCH *(Sarotherodon mossambicus)*, werden häufig in Aquakulturen gezüchtet. Am besten schmecken die Fische gebraten.

Das ist etwa durch Einlegen der Fische in eine saure Marinade möglich – der Essig löst den Kalk der Gräten, so dass sie weich werden und mitverzehrt werden können.
Der zur Barschfamilie gehörende Zander, engl. pike perch, frz. sandre, ital. sandra, span. lucioperca, ist dagegen auch in der Gastronomie ein sehr geschätzter Speisefisch. In Mittel- und Osteuropa heimisch, wird er mittlerweile inner- wie außerhalb seines ursprünglichen Verbreitungsgebiets gezüchtet. Die Teichwirtschaft mit diesem Fisch lohnt sich, erzielt doch sein ausgesprochen hochwertiges Fleisch, das sich für alle Zubereitungsarten eignet, relativ hohe Preise.
Nahezu weltweit haben verschiedene Katzenwelse, engl. (freshwater) catfish, bullhead, frz. poisson chat, ital. pesce gatto, span. pez gato, Karriere gemacht. Ursprünglich stammen alle Fische dieser Familie aus Nord- und Mittelamerika. Doch bereits 1885 wurden die ersten davon, es waren Zwergwelse, erfolgreich in Europa angesiedelt, hauptsächlich in Schlesien, der Ukraine und Weißrussland. Hier gediehen die robusten und gefräßigen Fische, die nur geringe Ansprüche an die Wasserqualität stellen, so gut, dass sie im Laufe der Zeit sogar manche heimische Zuchtfischart verdrängen konnten. Am intensivsten wird »Catfish farming« jedoch in den Südstaaten der USA, vor allem in Mississippi, Arkansas, Louisiana und Alabama betrieben; vor dort aus exportiert man Welsfilets inzwischen in alle Welt. Nicht verwechseln sollte man übrigens den im Süßwasser lebenden Katzenwels mit dem Meeresbewohner Seewolf oder Katfisch (siehe Seite 99), der im Englischen ebenfalls als »Catfish« bezeichnet werden kann.

Im Bodensee werden Barsche, wie dieser Fischer demonstriert, mit so genannten Kiemennetzen gefangen. Die Fische verhaken sich mit den Kiemendeckeln in den Maschen und müssen dann einzeln wieder herausgezogen werden.

Der FLUSSBARSCH *(Perca fluviatilis)*, der nur selten und dann meist in einer Länge von 25 cm angeboten wird, ist gebraten oder gedünstet eine echte Delikatesse.

Der ZANDER *(Stizostedion lucioperca)* genießt als Speisefisch höchstes Ansehen. Vor allem in Mitteleuropa und Russland ist er mit seinem festen weißen Fleisch äußerst beliebt.

Der feine KAULBARSCH *(Gymnocephalus cernua)* ist wegen seiner unwirtschaftlichen Größe von nur 15 cm selten zu bekommen. Im Ganzen gebraten schmeckt er am besten.

Die BARBE *(Barbus barbus)* entfaltet ihr besonderes Aroma am besten in Butter gebraten. Vorsicht während der Laichzeit: Der Rogen kann Vergiftungserscheinungen hervorrufen.

Der AMERIKANISCHE STREIFENBARSCH *(Morone americana)* ist in den USA sehr populär. Das zarte Fleisch ist ideal zum Dünsten, aber auch gebraten oder gegrillt sehr gut.

Der DÖBEL oder AITEL *(Leuciscus cephalus)* besitzt zwar viele Gräten, doch ist sein Fleisch sehr fein, fest und weiß. Gut zum Braten, Frittieren oder gegrillt als »Steckerlfisch«.

Die ROTFEDER *(Scardinius erythrophthalmus)* ist zwar von delikatem Geschmack, aber sehr grätenreich. Oft wird sie daher nach dem Braten sauer eingelegt.

BLACK CRAPPIE *(Pomoxis nigromaculatus)*. Er gehört zu den in den USA so beliebten Sonnenbarschen, deren süßliches Fleisch ein an Stangensellerie erinnerndes Aroma hat.

Die ÄSCHE *(Thymallus thymallus)* gehört zum Feinsten, was die Flüsse zu bieten haben. Ihr festes, mageres weißes Fleisch duftet und schmeckt nach frischem Thymian.

Der BRACHSEN oder BLEI *(Abramis brama)* taugt trotz seiner vielen, teilweise starken Gräten als Brat- oder Grillfisch. Er eignet sich auch zum Räuchern, vor allem mit Wacholder.

Der READBREAST SUNFISH, SUN PERCH *(Lepomis auritus)*, ebenfalls ein Sonnenbarsch, ist von den Großen Seen bis nach Florida zu finden. Beliebt bei Sportanglern.

OSTSEEHERING, frisch aus dem Rauch. Traditionell wird er fast pur genossen – nur noch eventuell von grobem Meersalz und frischem Brot begleitet.

MAKRELEN gehören zu den beliebtesten Räucherfischen – sind allerdings keine ganz kalorienarme Delikatesse. Die Filets kommen auch mit würzigen Auflagen ins Angebot.

GERÄUCHERTE MIESMUSCHELN sind eine Spezialität von den Orkney-Inseln. Auch andere Schaltiere sind von dort »smoked« erhältlich, etwa Austern und Jakobsmuscheln.

KIPPER heißen vom Rücken her gespaltene, fette Räucherheringe. In England legt man sie in Salzlake und räuchert sie dann kalt, in Skandinavien werden sie heiß geräuchert.

SAIBLINGE sind, wie alle Salmoniden, zum Räuchern ideal. Zum Verkauf wurde hier die Haut vom Fleisch gelöst, dann wieder über die im Ganzen belassenen Fische geklappt.

KIELER SPROTTEN, das ist inzwischen international fast ein Markenname. Die kleinen Heringsfische werden für diese Spezialität im Ganzen und unausgenommen heiß geräuchert.

Beim Räuchern kann man zweierlei Methoden unterscheiden: zunächst das Heißräuchern bei Temperaturen von 60 °C und mehr, wobei die Fische – etwa Aal oder Hering, der sich dabei in Bückling »verwandelt« – innerhalb einiger Stunden die gewünschte Gare erhalten. Während der Endphase setzt man übrigens die Räucherware feuchter Hitze aus; dazu wird die Luftzufuhr gedrosselt und das Räuchermaterial mit feuchten Spänen bedeckt. Das Heißräuchern ist die Methode der Wahl für frische Fische; solche Produkte sind

## Räuchern und trocknen: Seit Jahrhunderten werden Fisch und Meeresfrüchte auf diese Weise konserviert.

# Smo

LACHS ist weltweit der Räucherfisch Nummer 1. Meist ist das »Ausgangsprodukt« inzwischen Farmlachs, sei es aus dem Atlantik oder aus dem Pazifik.

In Asien wird Seafood aller Art getrocknet. Solche Produkte verwendet man dort überwiegend als eine Art Würzmittel, zum Teil auch gemahlen. Auf dem nebenstehenden Bild sind oben rechts getrocknete Kalmare zu erkennen, darunter ein Jack Crevalle und zwei Trevallys, dazu einige Snapper, rechts in der Mitte kleine, im Ganzen getrocknete Ährenfische. Diese »Silver fishes« werden auch als Suppeneinlagen gereicht.

In der Boqueria, dem berühmten Markt von Barcelona, wird ein reiches Sortiment an Fischspezialitäten feilgeboten. Dieser Stand hat sich auf Stockfisch in allen Variationen verlegt.

allerdings nur 4 bis 8 Tage haltbar. Anders bei der zweiten Räucherart, dem Kalträuchern: Hierzu wird der Fisch zunächst gesalzen, dann kurz an der Luft getrocknet und schließlich bei Temperaturen von nur 15 bis 20 °C geräuchert – und das kann mehrere Tage in Anspruch nehmen. Kalt geräucherter Fisch, etwa Räucherlachs oder englische Kippers, halten sich dann bis zu 14 Tage.

Wie auch immer, Seafood aus dem Rauch kennzeichnet das typische Aroma, das in seinen Nuancen vom verwendeten Holz abhängt, sowie die appetitlich goldgelbe Farbe. Im Geschmack nicht so intensiv, dafür aber deutlich länger haltbar sind getrocknete, eventuell zuvor noch gesalzene Fische. Abgesehen von Stock- und Klippfisch sowie Spezialitäten wie der spanischen »Mojama« kommt dieser Konservierungsmethode in westlichen Küchen jedoch keine große Bedeutung zu. Anders in Asien: Dort sind nicht nur Fische aller Arten und Größen »knochentrocken« erhältlich, sondern auch Garnelen und Tintenfische, von Abalonen, Quallen und Seegurken ganz zu schweigen – ein probates Mittel, um alle, die fernab der Küsten wohnen, mit Seafood zu versorgen.

KLIPP- und STOCKFISCH, knochentrocken und hart – so ist Dorsch bei sachgemäßer Lagerung lange haltbar. Vor der Verwendung muss er ausreichend gewässert werden.

MOJAMA DE ATÚN ist eine exquisite und nicht gerade preisgünstige spanische Pökelspezialität: in Salzlake eingelegte und dann luftgetrocknete Filetstücke vom Roten Tun.

GETROCKNETE HAIFISCHFLOSSEN, eine chinesische Spezialität. Verwendet werden die Spitzen der Schwanz- sowie die Brustflossen verschiedener Hai-Arten.

# Kavia

## Der Echte vom Stör bedeutet Luxus pur. Doch noch mehr »Gesalzenes« ist auf dem Markt.

Mit einem Löffel LACHSKAVIAR werden einfache »Baked potatoes« zur exquisiten Vorspeise.

Herstellen kann man Kaviar, engl., frz. und span. caviar, ital. caviale, prinzipiell aus dem Rogen jeder Fischart und Salz – abgesehen von solchen Arten, deren Rogen giftig ist wie bei den Keulenfischen, zu denen der berühmt-berüchtigte japanische Fugu zählt. Unbestrittener Spitzenreiter ist der Kaviar, der aus dem

BELUGA ist der feinste, begehrteste und teuerste Kaviar. Mit 3,5 cm Durchmesser ist die Körnung sehr groß.

OSIETRA ist zwar kleiner im Korn als Beluga, dafür hartschaliger und weniger empfindlich. Nussartiges Aroma.

SEVRUGA heißt der Kaviar vom kleinsten Stör. Dünnschalig, mit kräftig-würzigem Aroma und stahlgrauer Farbe.

KAVIAR VOM SEEHASEN ist die hier zu Lande günstigste aller Kaviarsorten. Der Rogen ist relativ stark gesalzen und kann nach Belieben rot oder schwarz eingefärbt werden.

Der auf beiden Seiten des Nordatlantiks verbreitete SEEHASE oder LUMPFISCH *(Cyclopterus lumpus)* ist weniger seines Fleisches wegen begehrt, …

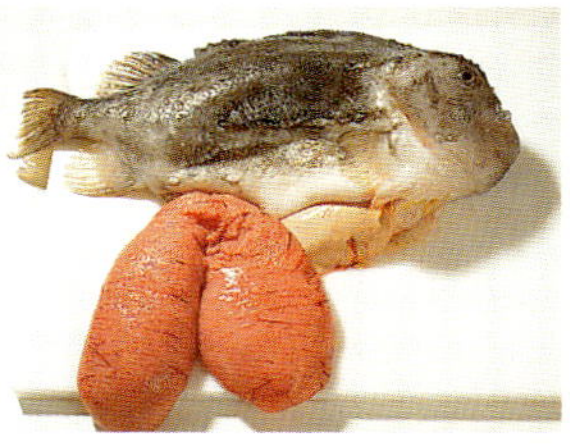

… sondern als Lieferant von Kaviar. In Island wird dieser als »Perles du Nord«, in Dänemark als »Limfjordskaviar«, in Deutschland als »Deutscher Kaviar« gehandelt.

ar

Rogen von drei verschiedenen Störarten – Beluga, Osietra oder Waxdick sowie Sevruga oder Sternhausen – hergestellt wird. Kenner sind sich einig, dass davon wiederum der russische – Kaviar vom Stör wird unter anderem auch in China und in Kalifornien produziert – am feinsten schmeckt. Vielleicht, weil dort die besten Qualitäten nur so viel gesalzen werden, wie es zur Konservierung unbedingt nötig ist. »Malossol«, zu Deutsch »wenig Salz«, lautet die russische Bezeichnung dafür.

Nicht nur Rogen, sondern auch ganze Fische oder Filets werden gesalzen, um sie zu konservieren. Beliebt dafür sind in Europa vor allem Hering, Sardine und Sardelle. Durch das Salzen wird dem Fisch Wasser entzogen, und das Fischeiweiß beginnt zu gerinnen, was, grob gesagt, eine Art von Garen bewirkt. Zugleich entwickeln sich dabei typische Aromastoffe, vor allem bei relativ fettreichen Fischen wie etwa Heringen, Makrelen, Sardellen oder Lachsen. Die Haltbarkeit derart konservierter Fische richtet sich nach der verwendeten Salzmenge: Heringe, die nur mild gesalzen wurden, können nach mehreren Monaten weich werden und tranig schmecken; stark gesalzene Sardellen oder Anchovis, engl. anchovy, frz. anchois, ital. alice, acciuga, span. anchoa, halten sich dagegen einige Jahre. Nicht zu verwechseln damit sind Anchosen: So heißen bei uns mild gesalzene, mit Kräutern und eventuell auch mit Zucker und Essig gewürzte Produkte.

MATJES sind Salzfische der besonderen Art: »jungfräuliche« Heringe ohne Ansatz von Milch oder Rogen, mit recht hohem Fettgehalt und daher sehr zart. In Holland nur mild gesalzen.

Nicht nur Fleisch und Rogen, sondern auch LATUME, das rosafarbene Sperma der Tunfische, wird auf Sizilien verzehrt. Frisch sehr weich und wässrig, wird die »Milch« für einige Wochen in Salzlake gelegt, dann luftgetrocknet und in neutralem Pflanzenöl konserviert. Man serviert Latume als Antipasto.

Von SARDELLEN kommen bei uns meist nur die gesalzenen Filets auf den Markt. In Italien werden die Fische auch im Ganzen gesalzen; so bringen sie noch mehr Geschmack mit.

KETA-KAVIAR, der orangegelbe Rogen des Chum salmon oder Keta-Lachses. Große Körnung, aber sehr empfindlich.

FORELLENKAVIAR ist geschmacklich dem Lachskaviar ebenbürtig. Frisch und nur leicht gesalzen am besten.

TOBI-KO nennt man den Kaviar von Fliegenden Fischen in Taiwan. In Europa in Spezialgeschäften erhältlich.

HUEVA SECA – so heißt gesalzener, gepresster und getrockneter Rogen von Seehecht, Kabeljau, Tunfisch oder Steinbeißer in Spanien. In Italien als »Bottarga« auf dem Markt.

Der einfachste und beste Sud zum Kochen von Garnelen wäre sauberes Meerwasser – aber wer hat das schon? Doch man kann Meerwasser »imitieren«: mit einer Mischung von 2 EL Meersalz pro Liter Wasser. Kleine Sägegarnelen garen darin 4 Minuten, größere Arten entsprechend länger.

## Knackig und delikat, gehören sie rund um die Welt zu den beliebtesten Meeresfrüchten überhaupt.

# Garn

GRÖNLAND-SHRIMPS oder TIEFSEEGARNELEN *(Pandalus borealis)*, eine kleine, im Nordatlantik und -pazifik verbreitete Kaltwasserart. Hohe Qualität, vorzüglicher Geschmack.

GRANATE, auch SANDGARNELEN *(Crangon crangon)*, im Handel »Nordseekrabben« genannt, werden in den Häfen gekocht angelandet. Am besten schmecken diese kleinen – hier etwa lebensgroß gezeigten – Garnelen frisch, selbst aus der Schale gepult und unmittelbar verzehrt.

Die ROSENBERGGARNELE *(Macrobrachium rosenbergii)*, eine bis zu 32 cm lange Süßwassergarnele, ist leicht an den langen, blau gefärbten Scheren zu erkennen. Allerdings wird sie selten im Ganzen angeboten; meist kommt sie als tiefgefrorener »Hummerkrabben-Schwanz« zum Verkauf.

Die SÄGEGARNELE *(Palaemon serratus)* gehört zu den besonderen Delikatessen – intensiv befischt wird sie an den Mittelmeer- und den südlichen Atlantikküsten Europas.

Die CHILENISCHE KANTENGARNELE *(Heterocarpus reedei)* ist geschmacklich sehr hochwertig. Außerhalb Chiles kommt nur das gekochte, gefrorene Schwanzfleisch auf den Markt.

Die feine OSTSEEGARNELE *(Palaemon adspersus)* – die auch im Mittel- und Schwarzen Meer zu finden ist – gelangt hier zu Lande nur noch an der Ostseeküste ins Angebot.

Fast genauso köstlich wie die großen, gut gepanzerten Krebstiere, dabei einfacher in der Vor- und Zubereitung sowie deutlich günstiger im Preis: Kein Wunder, dass Garnelen – engl. shrimps, prawns, frz. crevettes, ital. gamberi, gamberetti, span. camarones, gambas – die wirtschaftlich wichtigsten Krustentiere geworden sind, die auf allen Ozeanen in großen Mengen gefischt und in tropischen und subtropischen Gewässern auch mit großem Erfolg gefarmt werden.
Allerdings kommen höchstens Küstenbewohner in den Genuss, die feinen Krustentiere so auf den Tisch zu bringen, wie sie unzweifelhaft am besten sind: frisch aus dem Meer. Doch

# elen

moderne Tiefgefriertechnik macht es möglich, dass auch im Binnenland kaum Qualitätseinbußen befürchtet werden müssen.
Sofort nach dem Fang roh oder gekocht gefroren, im Ganzen, ohne Kopf oder ganz beziehungsweise zum Teil geschält: Die Angebotspalette ist enorm. Nach Arten unterschieden werden tiefgekühlte Garnelen international nur selten gehandelt, und wenn auf der Packung doch einmal eine Bezeichnung zu finden ist, führt sie leider nur allzu oft in die Irre – so werden Riesengarnelen etwa als Scampi oder unter dem Fantasienamen »Hummerkrabben« angeboten. Handelsüblich ist eine Sortierung nach Größen; Zahlenangaben wie 16/20 verraten, dass durchschnittlich 16 bis 20 Garnelen der entsprechenden Sortierung ein englisches Pfund, also 545 g, ergeben.

Die BLASSROTE TIEFSEEGARNELE *(Aristaeus antennatus)* wird vor allem im Atlantik vor Marokko und im westlichen Mittelmeer gefischt. Fleisch von außerordentlich guter Qualität.

Die ROTE RIESENGARNELE *(Plesiopenaeus edwardsianus)*, eine Tiefseegarnele, die auf beiden Seiten des Atlantiks verbreitet ist. Selten auf dem Markt, daher meist sehr teuer.

Die FURCHENGARNELE *(Penaeus kerathurus)* liefert Fleisch von höchster Qualität. Die Art kommt im ganzen Ostatlantik von Südengland bis Angola vor, außerdem im Mittelmeer.

Die ATLANTISCHE WEISSE GARNELE *(Penaeus setiferus)* ist eine der wichtigsten Garnelen auf dem nordamerikanischen Markt. Sie wird vor allem an der Golfküste der USA gefischt.

Die HAUPTMANNSGARNELE *(Penaeus chinensis)* ist eine der wirtschaftlich bedeutenden Garnelen Asiens; Hauptexporteur ist China. Ausgesprochen schmackhaftes Fleisch.

Die delikate ROSA GOLFGARNELE (*Penaeus duorarum*) wird überwiegend an den Küsten von Florida und Texas gefischt und dort meist frisch vermarktet.

Die GRÜNE TIGERGARNELE (*Penaeus semisulcatus*) ist im Indischen und Pazifischen Ozean bis nach Australien heimisch. Meist kommt Tiefgefrierware mittlerer Größe zu uns.

Die SENEGAL-GARNELE (*Penaeus notialis*) ist empfindlich gegenüber Temperaturschwankungen, so daß die Qualität sehr von der Behandlung vor dem Tiefgefrieren abhängt.

Die SCHIFFSKIELGARNELE (*Penaeus monodon*) zählt zu den größten auf dem Markt angebotenen Garnelen, im Geschmack ist sie jedoch anderen Riesengarnelen unterlegen.

Männchen oder Weibchen? Beim HUMMER gar nicht so einfach zu sagen. Ein Kennzeichen ist das erste Beinpaar am Hinterleib, das beim Männchen (links) unter den Brustpanzer geklappt ist. Beim Weibchen sind die Schwanzsegmente etwas breiter.

# Humme

Eines der Symbole der Haute cuisine – und seit jeher etwas ganz Besonderes.

Der AMERIKANISCHE HUMMER *(Homarus americanus)*, in den USA »Maine lobster« genannt, ist im nordwestlichen Atlantik von Kanada bis nach North Carolina verbreitet.

Der EUROPÄISCHE HUMMER *(Homarus gammarus)* wird vor allem in der Nordsee, an der französischen Atlantikküste und in den kühleren Regionen des Mittelmeers gefangen.

Leicht zu erkennen ist dieses edelste aller Krustentiere, engl. lobster, frz. homard, ital. astice, span. bogavante, an seinen beiden kräftigen Scheren. Die beiden Arten aus Europa und aus Amerika lassen sich übrigens im Aussehen nur schwer unterscheiden: *Homarus americanus* besitzt etwas breitere Scheren – was man aber nur in der Gegenüberstellung gleich großer Tiere erkennt – und darüber hinaus einen Dorn am Stirnhorn. Die Bestände des Europäischen Hummers sind mittlerweile durch Überfischung weitgehend dezimiert, deshalb kommen auch in Europa inzwischen überwiegend Hummer aus Amerika auf den Markt – zum Teil bereits gekocht und tiefgefroren; sie werden aber auch, sorgfältig verpackt, lebend auf die Reise geschickt. Wie auch immer, zubereiten und »knacken« kann man beide Arten völlig gleich – wie man bei einem gekochten Hummer an das köstliche Fleisch kommt, verrät die Bildfolge unten. Beim Einkauf lebender Hummer sollte man vorsichtshalber einen Vitalitätstest machen: Nur ein Tier, das beim Hochheben kräftig die Beine und Scheren bewegt, ist wirklich frisch. Am besten kauft man Hummer in den Hauptfangzeiten Frühling und Frühherbst, dann sind die Tiere nämlich nicht zu lange in Becken gehältert worden, wobei sie oft etwas an Gewicht verlieren.

HUMMER TRANSPORTIEREN oder für kurze Zeit lagern: Dazu »fesselt« man die Scheren mit Gummibändern und setzt die Tiere in mit Schaumstoff oder feuchter Holzwolle ausgelegte Kisten.

GEKOCHTEN HUMMER TRANCHIEREN:

Die Scheren vom Rumpf abdrehen und den Hummer ab der Vertiefung zwischen Kopf und Rumpf entlang der Mittelnaht durchtrennen.

Mit einem Löffel die grünliche Leber herausnehmen, die Antennen abtrennen. Mit den Fingern den Darm entfernen, dann die Beine abdrehen.

Um die Scheren auszubrechen, den kleinen Scherenfinger abbrechen. Die Schere im Gelenk von dem darunter sitzenden Glied abdrehen.

Das große Scherenteil hochkant stellen und mit einem schweren Messer(rücken) anknacken. Das Fleisch vorsichtig herausziehen.

Ein Fang für Feinschmecker: Frische SCAMPI *(Nephrops norvegicus)* werden hier im Fischerhafen von St. Guénolé in der Bretagne angelandet. Direkt vor Ort – entweder vom Schiff oder auf dem Markt – einzukaufen wäre natürlich der Idealfall. Denn hier sind Frische und damit köstlicher Geschmack garantiert.

Entlang der gesamten europäischen Atlantikküste bis nach Marokko und fast im ganzen Mittelmeerraum ist er zu finden, und überall wird er hoch geschätzt: der Kaisergranat, hier zu Lande besser bekannt unter seinem italienischen Namen Scampo (Mehrzahl Scampi). Das gesamte Kopfteil mit den Scheren ist zwar kulinarisch nicht zu verwerten, das Schwanzfleisch schmeckt dafür umso köstlicher. Entdeckt man frische Scampi, engl. Norway lobster, lobsterette, frz. langoustine, span. langustino, im Angebot, sollte man also zugreifen. Allerdings empfiehlt es sich, die Ware kritisch zu prüfen, denn das zarte Fleisch verdirbt recht schnell. Zeichen für Frische sind transparentes Muskelfleisch und ein angenehmer, keinesfalls »fischiger« Geruch. Im Zweifelsfall sollte man lieber zu Tiefkühlware greifen.

Kulinarisch nicht minder beliebt sind die Hummerverwandten aus dem Süßwasser, die Flusskrebse, engl. crayfish, frz. écrevisse, ital. gambero, span. cangrejo de río. Viele der auf diesen Seiten gezeigten Arten werden inzwischen in Teichwirtschaft gezüchtet; dennoch sind man-

GARNELE oder SCAMPO? Ungeschält lassen sich beide leicht unterscheiden: Scampi haben lange, sehr schlanke Scheren. Ist das Kopfteil einmal entfernt, erkennt man Garnelenschwänze daran, dass sie sich zur Schwanzflosse hin verjüngen. Scampischwänze hingegen bleiben etwa gleich breit. Einmal geschält, ähneln sie sich jedoch sehr. Ein Tipp: Nur Garnelenschwänze sind geschält im Handel.

# Die kleinen Verwandten des Hummers sind ebenfalls begehrt: Flusskrebse und Scampi

che, etwa der europäische Edelkrebs oder der australische Marron, eher seltene und damit kostspielige Delikatessen. Flusskrebsfleisch wird im Handel bereits gekocht und in Lake gelegt oder mariniert sowie tiefgefroren angeboten, aber auch lebende Krebse sind erhältlich. Letztere lässt man für die Zubereitung, wie Hummer auch, einzeln mit dem Kopf voraus in sprudelnd kochendes, nicht zu stark gesalzenes Wasser gleiten; ein Schuss Essig im Kochwasser intensiviert die Rotfärbung des Panzers.

Der EDELKREBS unterscheidet sich vom Sumpfkrebs durch die deutlich breiteren Scheren. Gerade das darin enthaltene Fleisch schmeckt vorzüglich.

Der LOUISIANA SUMPF-FLUSSKREBS *(Procambarus clarkii)* ist der weltweit am häufigsten gefischte Flusskrebs. Charakteristisch für ihn ist der leuchtend rote Panzer.

Der EDELKREBS *(Astacus astacus)*, früher in ganz Europa häufig anzutreffen, ist heute ausgesprochen selten.

NEUSEELÄNDISCHE KAISERGRANATE *(Metanephrops challengeri)* sind den europäischen in Sachen Geschmack ebenbürtig. Außerhalb Neuseelands meist tiefgefroren angeboten.

Der SIGNALKREBS *(Pacifastacus leniusculus)* ähnelt, von der Oberseite her gesehen, dem Edelkrebs stark, …

… ist aber an seiner blauen Bauchseite und den roten Scherenunterseiten gut zu erkennen. Er stammt aus den USA.

Der SUMPFKREBS oder GALIZIER *(Astacus leptodactylus)* ist die derzeit in Europa wichtigste Flusskrebsart.

MARRON, GROSSER AUSTRALKREBS *(Cherax tenuimanus)*. Wird in Westaustralien und Queensland gefarmt.

YABBIE, KLEINER AUSTRALKREBS *(Cherax destructor)*. In Australien stark befischt; sehr gute Fleischqualität.

Die KALIFORNISCHE LANGUSTE *(Panulirus interruptus)* hat einen einheitlich rot bis rotbraun gefärbten Panzer. Das Fanggebiet und damit auch die Anlandungsmengen sind recht klein.

Zubereiten lassen sich Langusten wie Hummer auch: Entweder man kocht sie einfach in Salzwasser oder aber, wie hier, in einer Court-Bouillon mit Wurzelgemüse und einem Schuss Essig.

In Sachen Geschmack und Verwendbarkeit können Langusten den Vergleich mit dem Hummer ohne weiteres bestehen. Es fehlen lediglich die kräftigen Scheren, die beim Hummer ebenfalls einen nicht zu verachtenden Fleischanteil liefern. Langusten – engl. spiny lobster, frz. langouste, ital. aragosta, span. langosta – dagegen besitzen mächtige, oft mehr als körperlange Antennen; daran kann man die Tiere problemlos vom Hummer unterscheiden. Langusten werden in nahezu allen Meeren der Welt gefischt, überwiegend jedoch in den Warmwasserregionen der Tropen und Subtropen; dort findet sich auch die größte Artenvielfalt. Und überall, wo sie gefangen werden, sind Langusten ihres delikaten Geschmacks wegen hoch geschätzt. Das hat allerdings zur Folge, dass vielfach die Bestände arg zurückgegangen oder gar gefährdet sind, wie beispielsweise bei der Japanischen Lan-

SPOTTED SPINY LOBSTER *(Panulirus guttatus)* aus dem tropischen Westatlantik. Typisch: die weißen Punkte.

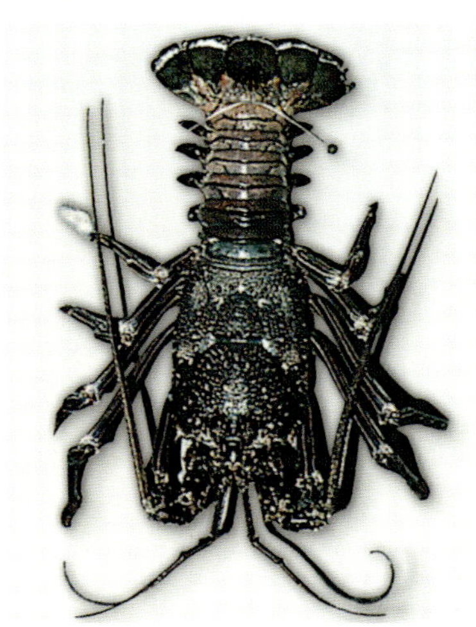

JAPANISCHE LANGUSTE *(Panulirus japonicus)*. In Ostasien wird sie intensiv befischt, daher dezimierte Bestände.

Die EUROPÄISCHE LANGUSTE *(Palinurus elephas)* kommt im Ostatlantik von Irland bis Marokko und im Mittelmeer vor. Sie erreicht eine Länge von bis zu 50 cm.

Eine sichere Methode, die VITALITÄT EINER LANGUSTE beim Kauf zu testen, ist das Berühren der »Hörner« über den Augen: Frische Langusten reagieren mit Zappeln.

EIER TRAGENDE LANGUSTEN dürften hier zu Lande nicht angeboten werden. Im Bild sichtbar: die platten Hinterleibsbeine, unter denen die Eier verborgen sind.

Der zähe MAGENSACK der Languste ist ungenießbar und muss entfernt werden. Sehr geschätzt dagegen sind die grüne Leber und der orangefarbene Corail.

Die graugrüne SCHLICKLANGUSTE *(Panulirus polyphagus)* wird von Indien bis zu den Philippinen häufig gefischt.

Die GRÜNE LANGUSTE *(Panulirus regius)* kommt vorwiegend im tropischen Ostatlantik bis nach Angola vor.

guste rund um die japanischen Inseln der Fall. In Europa kommen vor allem die Europäische und die Mauretanische Languste auf den Markt, in Amerika dagegen ist die Karibische Languste die kommerziell wichtigste Art. In den USA und in Europa sind darüber hinaus zuweilen auch die Kaplanguste und die Australische Languste im Angebot zu finden, zum Teil lebend, überwiegend jedoch als Tiefkühlware.

LOBSTER TAILS, die Schwänze der Karibischen Languste, werden auch in Europa vermarktet – überwiegend tiefgefroren. Ein wichtiges Exportland ist Kuba.

# Langusten

## Stachelig und unnahbar wirken diese großen Krustentiere; Feinschmecker lassen sich davon jedoch nicht abschrecken.

Die schön gezeichnete ORNATLANGUSTE *(Panulirus ornatus)* ist im Indopazifik beheimatet. Bis zu 50 cm lang.

Die MAURETANISCHE LANGUSTE *(Palinurus mauritanicus)* ist mit der Europäischen vergleichbar, wird aber größer.

Die KAPLANGUSTE *(Jasus lalandii)* wird in Südafrika kommerziell gefischt. Vorzüglich im Geschmack.

AUSTRALISCHE LANGUSTE *(Jasus novaehollandiae)*, eng mit der Kaplanguste verwandt; südliches Australien.

Als CHILE-LANGOSTINOS werden zwei verschiedene Arten von Mittelkrebsen vermarktet: *Cervimunida johni* und …

… *Pleuroncodes monodon*. Sie zählen zu den Springkrebsen und liefern sehr feines, hochwertiges Fleisch.

Der TIEFWASSER-SPRINGKREBS *(Munida rugosa)* ist der einzige seiner Art, der in Europa auf den Markt kommt.

Die GALATHÉE ROUGE – so heißt der Tiefwasser-Springkrebs in Frankreich – wird an den französischen und spanischen Atlantikküsten zuweilen frisch vermarktet.

BREITKOPF-BÄRENKREBS *(Thenus orientalis)* aus dem tropischen Indopazifik. Wird in Australien sehr geschätzt.

KLEINER BÄRENKREBS *(Scyllarus arctus)*. Wird nur wenig gefischt, selten auf dem Markt. Im Mittelmeer verbreitet.

BRASILIANISCHER BÄRENKREBS *(Scyllarides brasiliensis)*. Erkennbar an den roten Flecken auf dem Hinterleib.

Mehr oder weniger skurril sehen sie aus, die Krustentiere auf dieser Seite. Von ihrem Aussehen sollte man sich jedoch nicht abschrecken lassen, denn unter den teilweise bizarren Panzern verbirgt sich ausgesprochen köstliches Fleisch. Das gilt ganz besonders für die Mittelkrebse, zu denen der Chile-Langostino und die Galathée rouge zählen. Hier zu Lande sind beide leider meist nicht frisch, sondern nur gekocht und tiefgefroren oder als Dosenware erhältlich. Da nur das Fleisch der Schwanzmuskulatur verwertet wird, ist die Ausbeute denkbar gering – bei der Galathée rouge etwa beträgt sie lediglich 1/8 des Gesamtgewichtes. Ähnliches gilt auch für die Bärenkrebse, deren feiner Geschmack dem des Hummers ähnelt. Kein Wunder, dass man diese in den Fanggebieten sehr hoch schätzt – und die Bestände mancherorts bereits überfischt sind.

BÄRENKREBSE liefern zwar – im Verhältnis zur Körpergröße – nur wenig Fleisch, dieses ist jedoch von ganz ausgezeichneter Qualität, fest in der Konsistenz, zart im Aroma. Es schmeckt gekocht und gebraten gleichermaßen gut.

Die WOLLHANDKRABBE oder Shanghai crab *(Eriocheir sinensis)*, eine in China hoch bezahlte Delikatesse, ist ein Flussbewohner und wandert nur zum Laichen ins Meer.

Für EINSIEDLERKREBSE (*Pagurus* sp.) ist der weiche, ungepanzerte Hinterleib charakteristisch. Sie ziehen sich daher zum Schutz gern in leere Schneckenhäuser zurück.

Die beiden Scheren der Landkrabbe unterscheiden sich sichtlich in der Größe; das hier stolz präsentierte Exemplar ist »Linkshänder«.

Die KARIBISCHE LANDKRABBE *(Cardisoma guanhumi)* ist von Südflorida über die Karibik und den Norden Südamerikas bis nach Brasilien verbreitet. Rücken und Beine der Krabben sind blau, neben dem Mund finden sich zwei gelbe Flecken. Landkrabben spielen in der kreolischen Küche eine große Rolle; um die Weihnachtszeit werden sie bisweilen auch in Paris angeboten.

# Weniger bekannt, aber dennoch köstlich: Landkrabben, Entenmuscheln, Bären- und Heuschreckenkrebse.

Einige der anderen Krebstiere auf dieser Seite würde man auf den ersten Blick vielleicht eher für Muscheln, Schnecken oder gar Insekten halten, Heuschreckenkrebse etwa, Seepocken, Entenmuscheln oder Einsiedlerkrebse. Kulinarisch kommt ihnen im Grunde nur dort, wo sie auch tatsächlich gefischt werden, eine Bedeutung zu; meist sind sie jedoch ausgesprochen geschätzt. So etwa der Bernhards-Einsiedler *(Pagurus bernhardus)* in der Bretagne oder die Riesen-Seepocke in Chile; aus beiden weiß man in den jeweiligen Fanggebieten köstliche Suppen zuzubereiten. Die Felsen-Entenmuschel wiederum, die von den Fischern zum Teil auf halsbrecherische Weise von den Meeresfelsen »geerntet« wird, ist in Nordspanien vor allem als »tapa« beliebt, als kleiner Leckerbissen zum Sherry. Den Heuschreckenkrebs dagegen schätzt man in Italien, vor allem in Venezien, an dessen Küsten die Tiere besonders häufig angelandet werden. So stammt eines der besten Rezepte aus der Lagunenstadt: Die Krebse werden dort ungeschält gekocht oder gedämpft und mit Olivenöl, Zitronensaft, Salz und Pfeffer angemacht. Aber auch in Kombination mit Pasta schmeckt das Fleisch – das übrigens etwas weicher ist als das von Garnelen – sehr gut.

Der GEMEINE HEUSCHRECKENKREBS *(Scylla mantis)* kommt auf südeuropäischen Fischmärkten regelmäßig lebend ins Angebot. Heuschreckenkrebse werden manchmal mit Scampi verwechselt, sind aber aufgrund des Fehlens der langen Scheren und durch die beiden dunklen Flecken auf den Schwanzflossen gut von diesen zu unterscheiden. Kennzeichnend für Heuschreckenkrebse ist außerdem der im Verhältnis zum Schwanz sehr kurze, gedrungene Kopfteil.

Die FELSEN-ENTENMUSCHEL *(Mitella pollicipes)* ist ein besonderer Leckerbissen, den man sich nicht entgehen lassen sollte. Wird regional in Frankreich und Spanien angeboten.

Die bis zu 22 cm lange RIESEN-SEEPOCKE *(Megabalanus psittacus)*, die an der Atlantikküste Südamerikas zu finden ist, gilt vor allem in Chile als Delikatesse.

TASCHENKREBS AUSBRECHEN: Dazu Beine und Scheren abdrehen und das Fleisch aus dem Panzer nehmen.

In den massiven Krabbenscheren steckt oft das beste Fleisch – das Knacken lohnt sich deshalb auf jeden Fall.

Ansprechend servieren kann man Krabbensalate oder -gratins in den gut gesäuberten Panzern der Tiere.

## Gut gepanzert und kompakt – in aller Welt als Delikatesse geschätzt.

# Krabben

Der ITALIENISCHE TASCHENKREBS *(Eriphia verrucosa)* ist in allen Mittelmeerländern sehr beliebt.

Diese KORALLENKRABBE *(Carpilius corallinus)* stammt aus der Karibik und kommt nur dort auf den Markt.

Fast überall, wo Fischer sie anlanden, gelten die wehrhaften Schaltiere als besonderer Leckerbissen. Zubereiten lassen sich alle Krabbenarten gleich: Sie werden, Kopf voraus, einzeln nacheinander in sprudelnd kochende Flüssigkeit eingelegt und gegart. Ob man dafür eine eigens zubereitete Court-Bouillon verwendet oder die Krabben in Salzwasser kocht, bleibt dem eigenen Geschmack überlassen. Mit dem Salz sollte man dabei übrigens nicht zu sparsam umgehen, denn in zu wenig gesalzenem Wasser kann das Fleisch auslaugen.

San Franciscos Hafenviertel ist eine Top-Adresse für Krabbenfans. Hier werden Dungeness crabs im Sommer im Freien gekocht, fachmännisch zerteilt – wie rechts gezeigt – und sofort verzehrt.

Die MANGROVEN-KRABBE *(Scylla serrata)* ist im gesamten tropischen Indopazifik verbreitet. In den Küchen Südostasiens ist sie die begehrteste Krabbe überhaupt.

Bei Krabben verbirgt sich das delikateste Fleisch meist in den Scheren; es lohnt sich also auf jeden Fall, sie zu knacken, ebenso wie die dünnen Beine. Beide sind jedoch von einem recht stabilen Panzer geschützt; diesen klopft man entweder mit dem Rücken eines schweren Messers vorsichtig auf, oder man benutzt einfach einen Nussknacker.

Auch im Brustpanzer steckt verwertbares Fleisch, und außerdem das, was viele Feinschmecker als besondere Delikatesse schätzen: Die Eierstöcke der Weibchen, Corail genannt, sowie die Leber. Beide sind ein Indikator für die Garzeit: Sie sollten fest sein; sind sie noch pastenartig oder flüssig, ist die Krabbe nicht ausreichend lange gegart worden.

Eine besondere Spezialität, die vor allem in den USA beliebt ist, sind die so genannten Butterkrebse oder »Softshell crabs«. Hierbei handelt es sich nicht um eine besondere Spezies, sondern um Krabben, die unmittelbar nach dem Panzerwechsel gefangen wurden. Ihr neuer Panzer ist dann noch »butterweich«, so dass man sie quasi mit der »Schale« im Ganzen verzehren kann – entfernt werden lediglich der Kopf, die Eingeweide und das unter den Körper geklappte Schwanzende. Die bevorzugte Zubereitungsart in den USA – wo überwiegend Blaukrabben als Softshell crabs angeboten werden – ist das Braten in der Pfanne. Frisch sind Butterkrebse in den USA im Mai und im Juni erhältlich, tiefgefroren das ganze Jahr über. Wie bei allen Krabben stehen auch bei Softshell crabs fangfrisch ausgenommene und sofort tiefgefrorene Exemplare frischen in der Qualität kaum nach – allerdings sollte man sie langsam im Kühlschrank auftauen.

Der KALIFORNISCHE TASCHENKREBS *(Cancer magister)*, in den USA »Dungeness crab« genannt, ist das kulinarisch beliebteste Krustentier an der Westküste des Landes.

Die MITTELMEER-STRANDKRABBE *(Carcinus aestuarii)* liefert nur wenig Fleisch, dieses jedoch ist sehr schmackhaft. An der Adriaküste gilt die Krabbe daher als Delikatesse.

Der TASCHENKREBS *(Cancer pagurus)* ist die in Europa am häufigsten angebotene Krabbenart. Sein Fleisch schätzt man vor allem an der französischen Atlantikküste.

Von der ROTEN TIEFSEEKRABBE *(Chaceon maritae)* kommen auf spanischen Fischmärkten vor allem die Scheren ins Angebot – sie sind eine beliebte Zutat für Paella.

Die PAZIFISCHE ROTPUNKT-SCHWIMMKRABBE *(Portunus sanguinolentus)* aus dem Indopazifik lässt sich an der auffälligen Zeichnung des Panzers leicht erkennen.

Entlang der gesamten amerikanischen Ostküste bis hin nach Mexiko spielt die BLAUKRABBE oder BLUE CRAB *(Callinectus sapidus)* kulinarisch eine wichtige Rolle.

Bei den Krebstieren auf dieser Seite handelt es sich, zoologisch gesehen, gar nicht bei allen um »echte« Krabben: Die ausgesprochen beliebten und wohlschmeckenden Königskrabben gehören vielmehr zu den Scheinkrabben, die im Unterschied zu den echten Krabben hinter den Scheren nur 3 und nicht 4 Beinpaare besitzen. Die hier kulinarisch relevanten Arten schätzen meist kälteres Wasser – etwa die nördlichen und südlichen Regionen von Atlantik und Pazifik, darauf deuten schon Namen wie »Antarktische« und »Alaska«-Königskrabbe hin – oder sie sind Tiefwasserbewohner. Frisch kommen sie bei uns nur selten in den Handel, da der Transport lebender Königskrabben extrem aufwändig wäre. Man findet sie daher meist als Dosenware im Angebot, unter dem Namen »King Crab Meat«, wenn sie aus Alaska oder Chile importiert werden, als »Kamchatka-Crabmeat« oder »Chatka Crab«,

Die Krabbensaison ist eröffnet! Zumindest hier an der Chesapeake bay an der Atlantikküste der USA. Hier sind vor allem BLAUKRABBEN beliebt, und die werden besonders gern als Softshell crabs, als so genannte Butterkrebse mit weichem Panzer, verzehrt. Aber auch das gekochte Fleisch »normaler« Blaukrabben ist bei Feinschmeckern an der Ostküste ausgesprochen beliebt. Frisch sind Blaukrabben auch in Europa zu bekommen, denn inzwischen gibt es Bestände im Mittelmeer, etwa in der nördlichen Ägäis und entlang der türkischen Küste.

## In Sachen Krabben gehören sie zum Feinsten vom Feinen: Seespinnen und Steinkrabben.

Die SCHAFKRABBE *(Loxorhynchus grandis)* gehört zur Familie der Seespinnen; größere Bestände gibt es nur an der Küste Kaliforniens, so dass die Art nur lokale Bedeutung hat.

Die GROSSE SEESPINNE *(Maja squinado)* spielt in der französischen Küche eine große Rolle. Das Fleisch wird in gewürztem Salzwasser gekocht und mit einer Sauce gereicht.

Die CHILENISCHE SEESPINNE *(Libidoclea granaria)* gelangt nur selten außerhalb Chiles auf den Markt, da sie selbst dort nur in geringen Mengen gefischt wird.

ALASKA-KÖNIGSKRABBEN *(Paralithodes camchatica)* können eine stattliche Größe erreichen. Sie enthalten relativ viel Fleisch und sind daher bei den Fischern sehr beliebt.

wenn es sich um Ware aus Russland handelt. Zuweilen sind die Beine auch gekocht und tiefgekühlt erhältlich – dann sollte man zugreifen, denn sie sind der Dosenware eindeutig vorzuziehen. King Crab Meat, das immer seinen Preis hat und haben wird, ist nicht zu verwechseln mit dem ebenfalls in Dosen angebotenen, aber viel günstigeren »Crabmeat« aus Asien: Hierbei handelt es sich um das gekochte Fleisch tropischer Schwimmkrabben.

Im Unterschied zu den Königskrabben gehören die recht bizarr geformten Seespinnen zu den echten Krabben. Von ihrem Aussehen sollte man sich allerdings nicht abschrecken lassen – das Fleisch einiger Arten ist so wohlschmeckend, dass es den Vergleich mit Hummerfleisch nicht zu scheuen braucht. Hier zu Lande kommt lediglich die Große Seespinne, engl. spinous spider crab, frz. araignée de mer, ital. grancevola, span. centolla, lebend auf den Markt; die übrigen Arten werden, wenn überhaupt, als Dosenware oder gekocht und tiefgefroren angeboten.

Die GOLD-KÖNIGSKRABBE *(Lithodes aequispina)* ist vom Westen Alaskas bis hin nach Mitteljapan verbreitet und lebt in Wassertiefen zwischen 270 und 600 m.

Die BLAUE KÖNIGSKRABBE *(Paralithodes platypus)* ist der Alaska-Königskrabbe sehr ähnlich, sie unterscheidet sich von dieser durch einen stärkeren Blauschimmer.

Das Fleisch von Königskrabben kommt meist aus Alaska oder Chile unter dem Namen »King Crab Meat« in den Handel. Seltener werden die gekochten Beine der Krabben tiefgefroren angeboten.

Die Scheren der SCHNEEKRABBE *(Chionoecetes opilio)* kommen gekocht und tiefgefroren als »Cocktail-Krabben« auf den Markt. Das Fleisch lässt sich leicht herausziehen.

STEINKRABBEN, zu denen auch dieses prachtvolle Exemplar zählt, sind von großer wirtschaftlicher Bedeutung. Sie können jedoch nur schlecht lebend transportiert werden.

## Feinschmecker auf beiden Seiten des Atlantiks lieben die »Königin der Muscheln«.

# Auste

Die BELON ist eine beliebte französische Auster der Art *Ostrea edulis.* Ihre besonderen Eigenschaften: bräunliches Fleisch und kräftiger Geschmack.

Die IMPERIALES aus den Niederlanden gehören ebenfalls zur Art *Ostrea edulis.* Sie werden vor allem in der niederländischen Oosterschelde gezüchtet.

Die flache Auster *Ostrea edulis* wird auch an der kanadischen Atlantikküste kultiviert. Die Marktbezeichnung für solche Muscheln ist MALPEQUE.

Unter den Schaltieren nimmt die Auster, engl. oyster, frz. huître, ital. ostrica, span. ostra, in kulinarischer Hinsicht einen herausragenden Platz ein. Äußerlich eher unscheinbar, grau und schuppig, bringt sie dennoch Gourmets in aller Welt zum Schwärmen. Und bereits in der römischen Antike ließ man begehrte Sorten aus Britannien und Gallien in mit Meerwasser gefüllten Amphoren nach Italien schaffen. Die Römer waren es übrigens auch, die damit begannen, Austern in geschützten Meeresbuchten zu züchten. Die ersten französischen Austernparks wurden dagegen erst vor etwa 150 Jahren angelegt. Austernzucht ist eine aufwändige und arbeitsintensive Angelegenheit: Am Anfang steht das Einfangen der winzigen Muschellarven, die, frei im Wasser schwimmend, einen »Ankerplatz« suchen. Austernzüchter bieten ihnen genau das an: Kollektoren aus mit Kalk überzogenen Platten, Dachziegeln, Plastikstäben oder -würfeln, auf denen sich die Muscheln festsetzen können. Nach 8 Monaten werden die jungen Austern dann in Parks mit planktonreichem Wasser verbracht, wo sie 2 bis 3 Jahre bleiben, bis sie ihre Marktgröße erreicht haben. Bei den französischen Claires und Marennes schließt sich eine Phase in den »Claires« an, flachen Becken mit nährstoffreichem, weniger salzhaltigem Wasser, in denen die Austern zu optimaler Qualität heranreifen. Vor dem Verkauf werden alle Austern noch für einige Zeit in saubere Becken umgesetzt, in denen sie sich von Sand und sonstigen Verunreinigungen befreien können.

AUSTERNZUCHT in Spanien: Hier wachsen die Muscheln an Tauen heran, die von Holzplanken ins Meer hängen. So kann man die Ernte später bequem und schnell einbringen.

Lebend-frisch – so werden 80 % der AUSTERN verzehrt, die in Europa auf den Markt kommen. In Amerika dagegen schätzt man die delikaten Schaltiere auch gebraten, geräuchert oder luftgetrocknet.

Die dickschalige GALWAY *(Ostrea edulis)* kommt ursprünglich von der Westküste Irlands. Ihr Geschmack entspricht in etwa dem der französischen Belon.

Die dänischen LIMFJORD-AUSTERN zählen zu den Nordsee-Austern. Die optimalen Bedingungen des Limfjords ermöglichen Zuchten von guter Qualität.

In der Türkei werden noch Wildvorkommen der EUROPÄISCHEN AUSTER genutzt. Im Schwarzen Meer jedoch sind die Austernbänke durch Schnecken bedroht.

Diese längliche Variante der PORTUGIESISCHEN FELSENAUSTER mit ihrer stark eingekerbten Schale stammt aus der nördlichen Adria.

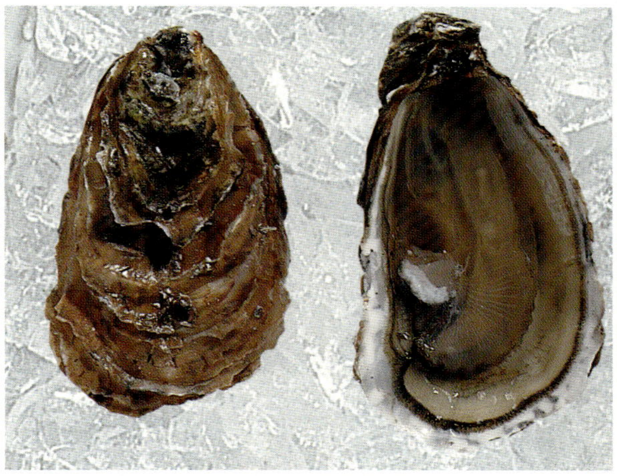

FINES DE CLAIRES heißen die begehrten Felsenaustern aus den Zuchtbecken um Marennes. Das typische Aroma und die Färbung des Fleisches werden durch Algen verursacht.

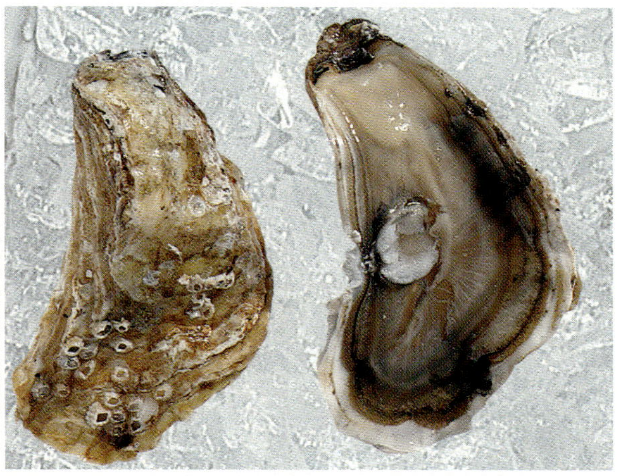

Diese wegen der Schalenform als PAPILLON, Schmetterling, bezeichnete *Crassostrea angulata* ist eine besonders aparte Zuchtauster aus Frankreich.

Die COLCHESTER, ebenfalls eine *Ostrea edulis*, ist eine Nordsee-Auster, die ursprünglich aus dem Mündungsgebiet der Colne (Essex) stammt.

Auch an beiden Küsten Spaniens wird *Crassostrea angulata* gezüchtet. Die flache Form dieser Austern erinnert an die französischen Fines de Claires.

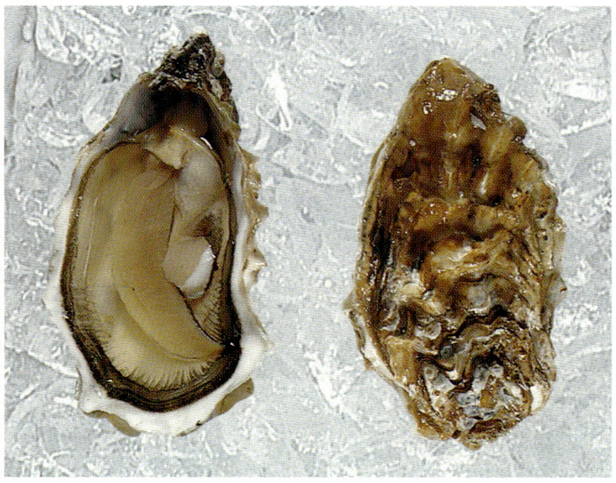

Die PORTUGIESISCHE FELSENAUSTER *(Crassostrea angulata)* kommt besonders häufig an Küsten Spaniens, Portugals und Marokkos vor.

Mit einer AUSTERNWAAGE werden die Schaltiere für den Verkauf nach Gewichtsklassen sortiert.

Auster ist nicht gleich Auster. Vor allem vier Arten spielen auf dem Weltmarkt eine Rolle: die Europäische Auster *(Ostrea edulis)*, die Portugiesische oder Felsenauster *(Crassostrea angulata)*, die Pazifische Felsenauster *(Crassostrea gigas)* sowie die Amerikanische Auster *(Crassostrea virginica)*. Hier zu Lande kommen hauptsächlich die Europäische – aus französischen und niederländischen Aquakulturen – sowie die beiden Felsenauster-Arten auf den Markt, wobei von Letzteren die Pazifische wegen ihrer Größe die höheren Preise erzielt.

AUSTERN ÖFFNEN:

Die Auster – gewölbte Seite nach unten – fest packen und mit dem Austernmesser am Scharnier einstechen.

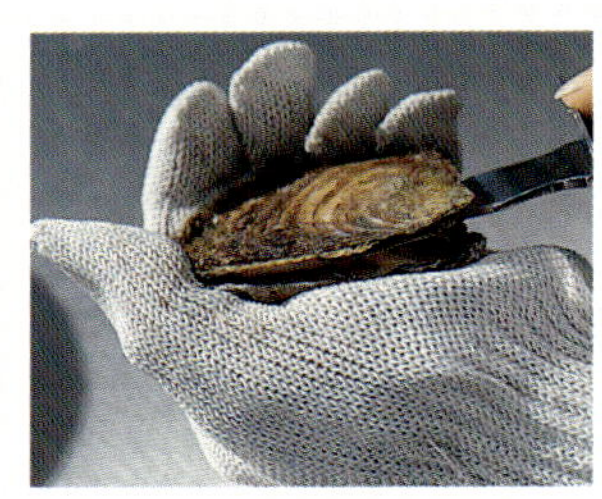

Das Scharnier durchtrennen und das Messer zwischen den Schalenhälften rundherum führen.

Die oben liegende, flachere Schalenhälfte anheben und die Muschel mit dem Messer lösen.

Die obere Klappe abnehmen, dabei die Muschel waagrecht halten, damit die Flüssigkeit nicht verloren geht.

Die geöffneten Austern auf einer Platte anrichten, nach Belieben mit Zitrone garnieren und servieren.

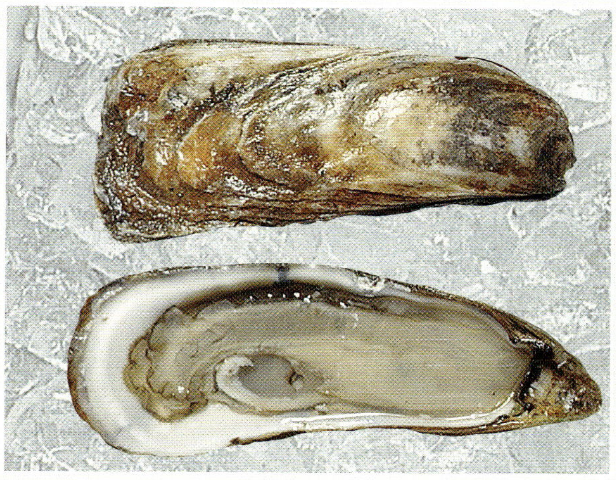

Die lang gestreckte CHATAM, eine *Crassostrea virginica* von der US-Ostküste, ähnelt der »Chincoteague«, ist aber etwas regelmäßiger geformt.

Die BELON aus Maine, eine breit-ovale Variante von *Crassostrea virginica*, verdankt ihren Namen der Ähnlichkeit mit den französischen Austern.

Die BOX-OYSTER, wiederum eine *Crassostrea virginica*, ähnelt der ebenfalls von Long Island stammenden Blue Point, ist aber größer und breiter oval.

Die SYDNEY-FELSENAUSTER *(Crassostrea commercialis)* kommt an der australischen Südostküste vor und wird in großen Aquakulturen gezüchtet.

Bei der SYLT SPEZIAL handelt es sich um eine Pazifische Felsenauster. Die kommerziellen Austernkulturen an der deutschen Nordseeküste beschränken sich auf diese Art.

Die GOLDEN MANTEL, eine *Crassostrea gigas* von der US-amerikanischen Pazifikküste, zeichnet sich durch eine schöne goldgelbe Farbe aus.

CHINCOTEAGUE heißt diese lang gestreckte *Crassostrea virginica* aus Virginia. Sie wird etwas größer als ihre nördlichen Artgenossen.

Unter dem Handelsnamen BLUE POINT werden Amerikanische Felsenaustern von Long Island in den USA angeboten. Sie sind rundlich in der Form.

In Florida wird eine andere Sorte der Amerikanischen Felsenauster, die bizarr geformte Schalen besitzen kann, unter der Bezeichnung APALACHICOLA angeboten.

In Japan werden solche kleinen Pazifischen Felsenaustern unter der Bezeichnung KAMIMOTO gehandelt. Rundlich in der Form, die Schalen können stark gerippt sein.

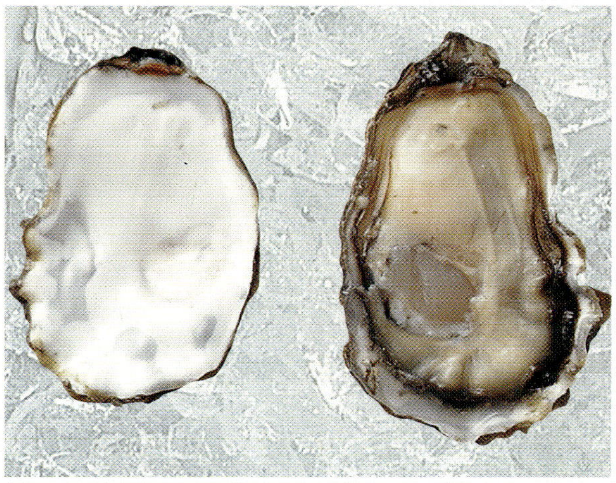

Diese kleinere Sorte der Pazifischen Felsenauster von der Westküste der USA kommt unter der Bezeichnung YEARLING auf den Markt.

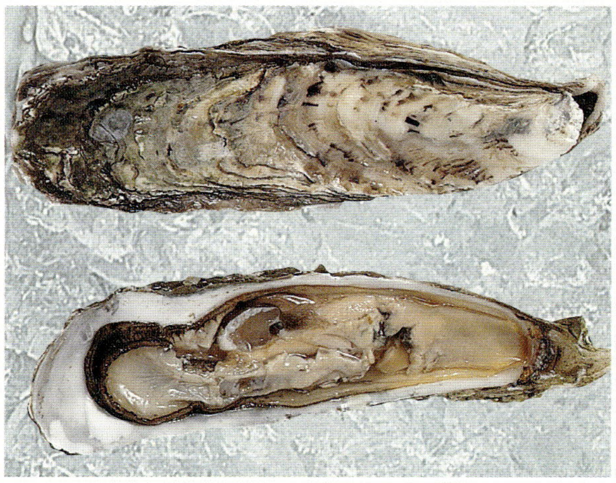

Die PAZIFISCHE FELSENAUSTER aus Japan wurde an der Pazifikküste der USA eingeführt. Sie deckt dort überwiegend den Bedarf und wird hier besonders groß.

Klassisch und immer wieder köstlich: Miesmuscheln, gegart in einem Sud mit Wurzelgemüse, Gewürzen und einem guten Schuss Weißwein.

# Musc

NORDSEE-MIESMUSCHELN *(Mytilus edulis)* werden in größerem Stil in den Niederlanden, Dänemark, Frankreich und Deutschland gezüchtet.

Die MITTELMEER-MIESMUSCHEL *(Mytilus galloprovincialis)* lässt sich durch ihre breiteren Schalen von der Nordsee-Miesmuschel unterscheiden. Vor allem in Spanien gezüchtet.

MEERDATTELN *(Lithophaga lithophaga)* gelten rund ums Mittelmeer als Delikatesse. Diese Miesmuschelverwandten sind schwierig zu ernten, da sie sich in Kalkstein einbohren.

Die hellen, in der Größe den Miesmuscheln vergleichbaren MANGROVENMUSCHELN (*Glauconomya* sp.) spielen in Südostasien eine große kulinarische Rolle.

Zu den Schönsten unter den Muscheln zählen ganz eindeutig die Kammmuscheln mit ihren strahlenförmig gerippten, auf der Innenseite porzellanweißen Klappen. Und nicht nur optisch sind sie ein Genuss: Das zarte, weiße Fleisch und der orangerote Corail sind ausgesprochen delikat. Die meisten Kammmuschelarten unterscheiden sich durch ihre Lebensgewohnheiten von den anderen kulinarisch interessanten Schaltieren: Sie können nämlich bei Bedarf frei im Wasser schwimmen, wobei sie sich durch Auf- und Zuklappen der Schalen nach dem Rückstoßprinzip fortbewegen. Die Bekannteste unter den Kammmuscheln unserer Breiten ist die Jakobsmuschel – engl. scallop, frz. coquille Saint-Jacques, ital. pellegrina, capa santa, span. peregrina, rufina –, doch besteht kulinarisch kaum ein Unterschied zwischen ihr und den anderen Arten. Die klassische Zubereitung ist das Gratinieren, genauso vorzüglich schmeckt das Fleisch aber auch gegrillt oder gebraten. Ein eher erschwinglicher Leckerbissen aus dem Meer sind im Vergleich dazu die Miesmuscheln – nicht zuletzt deshalb, weil sie vielerorts in Muschelgärten gezüchtet werden und daher in relativ großen Mengen ins Angebot kommen. Die Methoden des Farmens sind unterschiedlich: So werden junge Miesmuscheln in den Niederlanden beispielsweise auf dem Meeresboden »ausgesät« und bilden beim Heranwachsen regelrechte Muschelbänke. In Spanien hängt man dicke Taue ins Meer, an denen sich die Muscheln festsetzen können, in Frankreich und Italien werden dafür eigens Pfähle im Meeresgrund verankert. International kommen inzwischen auch Miesmuscheln aus neuseeländischen Zuchten auf den Markt. Sie sind größer und daher ergiebiger als europäische Miesmuscheln, lassen sich aber wie diese zubereiten. Alle frischen Miesmuscheln sollte man vor der Zubereitung sorgfältig waschen und putzen, das heißt, von den Byssusfäden befreien – den zähen Fasern, mit deren Hilfe sich die Tiere am Untergrund verankern. Für alle frischen Muscheln gilt übrigens, dass offene Exemplare, deren Klappen sich auf »Anklopfen« nicht wieder langsam schließen, vor der Zubereitung aussortiert werden müssen. Und nach dem Garen noch immer geschlossene Muscheln sollte man ebenfalls wegwerfen.

NEUSEELÄNDISCHE MIESMUSCHELN *(Perna canaliculus)* lassen sich leicht an ihren großen, dünnen grünen Schalen erkennen. Sie besitzen sehr zartes, schmackhaftes Fleisch.

MIESMUSCHELN SÄUBERN: Zunächst werden sie gründlich unter fließendem kaltem Wasser gewaschen, …

… dann wird jede Muschel entbartet, das heißt, man zieht mit Daumen und Zeigefinger die Byssusfäden ab.

## Besonders delikat: die eleganten Kammmuscheln. Aber auch Miesmuscheln & Co. sind nicht zu verachten.

# heln

Die JAKOBSMUSCHEL oder Pilgermuschel *(Pecten jacobaeus)* ist die größte europäische Kammmuschel.

Die KLEINE PILGERMUSCHEL *(Aequipecten opercularis)*, auch REISEMANTEL genannt, ist mit maximal 11 cm Schalenlänge eine relativ kleine Kammmuschel. Verbreitet ist sie im Atlantik von Norwegen bis zu den Kanarischen Inseln, darüber hinaus im gesamten Mittelmeer. Überall dort wird sie auch gefangen und vermarktet; einen besonders blühenden Handel mit der »Queen scallop«, so ihr englischer Name, verzeichnen die schottischen Orkney-Inseln.

QUEEN-SCALLOP-FLEISCH kommt hier zu Lande meist tiefgefroren oder als Dosenware auf den Markt. Im Bild gut zu unterscheiden: das weiße Muskelfleisch und der rote Corail.

JAKOBSMUSCHELN ÖFFNEN:

Die Muschel – flache Seite nach oben – gut festhalten. Mit einem Messer den Schließmuskel an der flachen Innenseite durchschneiden.

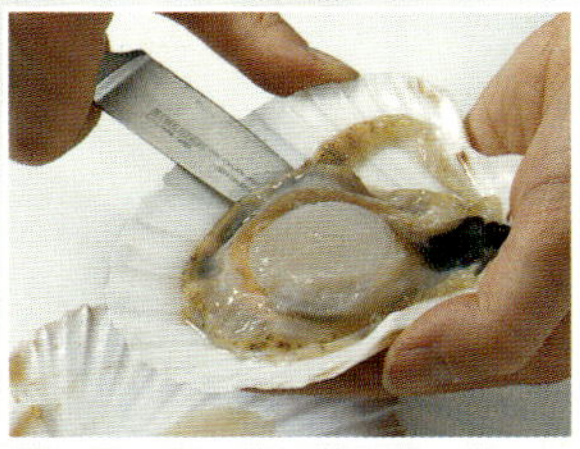

Die flache Schale abheben und mit einem Messer erst das Fleisch entlang dem grauen Mantelrand, dann den Schließmuskel ablösen.

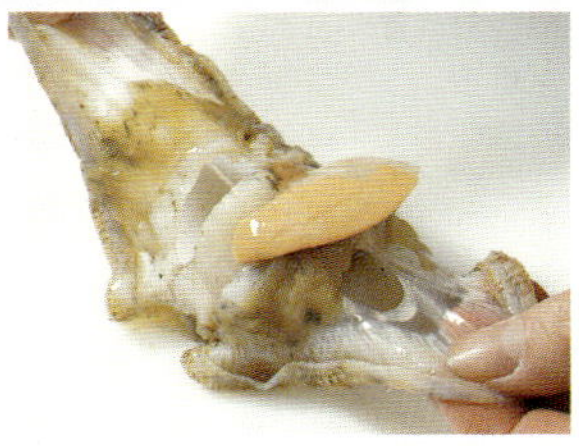

Mantelrand und den dünnen Mantel vorsichtig von Muskelfleisch und Corail abziehen und mit einem Messer sorgfältig abschneiden.

Das helle Muskelfleisch (Nüsschen) und den roten Corail (Rogen) voneinander trennen. Beides kann in der Schale gratiniert werden.

Der KÖNIGSMANTEL *(Chlamys nobilis)* wird in Japan hoch geschätzt und dort gern für Sushi verwendet.

ALASKA-KAMMMUSCHELN *(Chlamys hastata hericia)* findet man entlang der nordamerikanischen Pazifikküste.

Die KNOTIGE KAMMMUSCHEL *(Nodipecten nodosus)* dagegen ist an der amerikanischen Ostküste verbreitet.

Die PURPUR-KAMMMUSCHEL *(Argopecten purpuratus)* wird entlang der Küsten Perus und Chiles gefangen.

# Ven

## und andere Muscheln: In vielerlei Formen und Farben versprechen sie großen Genuss.

Gedämpfte VENUSMUSCHELN sind kulinarisch ausgesprochen vielseitig. Hier wurden sie auf einem asiatisch gewürzten Garnelenreis angerichtet.

Die bis zu 5 cm breite ESSBARE HERZMUSCHEL *(Cerastoderma edule)* ist von kugeliger Form. Ihr Fleisch wird vor allem in Spanien geschätzt. Dort auch als Konserve erhältlich.

Als LITTLENECK CLAMS bezeichnet man in den USA die kleinsten, bis 5 cm großen Quahog-Muscheln *(Mercenaria mercenaria)*. Sie werden überwiegend roh verzehrt.

AKAGAI *(Scapharca broughtonii)* heißt diese Archenmuschelart in Japan. Sie gilt als die Muschel, die für Sushi am besten geeignet ist, und wird entsprechend teuer verkauft.

CHERRYSTONES wird die nächstgrößere Quahog-Sortierung genannt. Solche Exemplare sind dann bis zu 7 cm groß und etwa 5 Jahre alt. Auch sie isst man in den USA gern roh.

Die GEODUCK *(Panopea generosa)* ist die größte Muschel der amerikanischen Pazifikküste. Auffallend: der fleischige Sipho, der nicht in die Schale gezogen werden kann.

Die GERADE MITTELMEER-SCHWERTMUSCHEL *(Ensis minor)* ist in allen mediterranen Ländern beliebt. Das Fleisch ist cremig-weiß und zart, allerdings oft sehr sandig.

Alle Quahogs, die noch größer sind, werden als CHOWDER- oder STEAMER CLAMS gehandelt. Zu groß für den Rohverzehr, kommen sie meist mit hinein in Eintöpfe (Chowders).

Die KLAFFMUSCHEL oder Strandauster *(Mya arenaria)* wird vor allem in den USA – dort heißt sie »Softshell clam« – sehr geschätzt. Sie ist roh wie gegart gleichermaßen beliebt.

# us

Vor allem die große Familie der Venusmuscheln, engl. clam, frz. veneride, praire, ital. vongola, span. chirla, zu der auch die Teppichmuscheln zählen, liefert rund um die Welt begehrte Leckerbissen aus dem Meer. Ob man das aromatische Muschelfleisch wie in Italien mit Pasta oder Reis serviert, roh für Sushi verwendet, wie es in Japan üblich ist, oder in kräftigen Eintöpfen mit Mais oder gar als »Clambake« auf glühenden Steinen zubereitet, wie man es in den USA schätzt, bleibt ganz dem eigenen Geschmack überlassen. Auch skurril wirkende Arten wie die Schwertmuschel mit ihrer lang gestreckten, röhrenförmigen Schale, die sich tief im weichen Meeresboden einbohren kann, oder die Geoduck – ihr langes Atemrohr, der Sipho, kann bis zu 2 kg schwer und bis zu einer Länge von 130 cm ausgestreckt werden – lassen sich vielfältig verwenden.
Doch welche Art in welchem Teil der Erde man auch probiert, man sollte stets darauf achten, nur Muscheln aus sauberen Gewässern zu verzehren. Die Tiere sind nämlich effektive »Filteranlagen«, weshalb sich in ihrem Fleisch Schadstoffe konzentrieren können. Vor allem in der warmen Jahreszeit kann es zu Anreicherungen giftiger Algen kommen – daher stammt in unseren Breiten auch die Regel, Muscheln nur in Monaten mit einem »r« zu verzehren.

Die delikate JAPANISCHE TEPPICHMUSCHEL *(Ruditapes philippinarum)* mit der lebhaft gemusterten Schale wird mittlerweile in den Lagunen der nördlichen Adria gezüchtet, …

… sie ist aber auch an der Westküste der USA sehr begehrt. Dort wird die »Manila clam« genannte Muschel gern lebendfrisch, »on the half shell«, serviert.

Die STRAHLIGE VENUSMUSCHEL *(Chamaelea gallina)* ist unter dem Namen »Vongola« sicherlich jedem Italienurlauber bekannt. Das Fleisch ist zart, von sehr gutem Geschmack.

Die KREUZMUSTER-TEPPICHMUSCHEL *(Ruditapes decussatus)* gehört zu den schmackhaftesten Teppichmuscheln. Vor allem in der Bretagne als »Palourde croisée« beliebt.

Die hübsche GLATTE VENUSMUSCHEL *(Callista chione)* ist mit bis zu 11 cm Breite eine der größeren Muscheln dieser Art. Sie wird vor allem in Italien und Spanien gefischt.

Die DICKSCHALIGE TROGMUSCHEL *(Spisula solida)* kommt entlang der östlichen Atlantikküste bis nach Nordafrika vor. Ihr Fleisch ist vor allem gedünstet ausgesprochen delikat.

HAMAGURI wird diese Venusmuschelart *(Meretrix lusoria)* in Japan genannt. Dort wird sie für eine besondere, muschelförmige Sushisorte verwendet, in China dagegen für Suppen.

Das Fleisch der bis zu 8 cm breiten SAMTMUSCHEL *(Glycimeris glycimeris)* besitzt einen sehr guten Geschmack, ist jedoch relativ zäh. Daher wird es am besten farciert.

Die MITTELMEER-DREIECKSMUSCHEL *(Donax trunculus)* ist die größte der Dreiecksmuschelarten. Sie erreicht eine Breite von bis zu 5 cm und schmeckt roh oder gedünstet sehr gut.

Die RAUE VENUSMUSCHEL *(Venus verrucosa)* wird an der französischen Atlantikküste und im Mittelmeer gefischt. Man sollte sie nicht zu lange garen, um das Aroma zu bewahren.

Die GESPRENKELTE WEINBERGSCHNECKE *(Helix aspersa)* zählt wie ihre größere Verwandte zu den Schnirkelschnecken. Sie ist hauptsächlich in Südeuropa verbreitet.

Die WEINBERGSCHNECKE *(Helix pomatia)* ist für Feinschmecker die Schnecke par excellence – klassisch gekocht und mit Kräuterbutter serviert. Für den Markt werden die Tiere heute, wie übrigens auch schon von den Römern in der Antike, in so genannten Schneckengärten gezüchtet und gemästet. Im Handel sind Weinbergschnecken meist küchenfertig vorbereitet und tiefgefroren oder als Dosenkonserven.

Die GEMEINE NAPFSCHNECKE *(Patella vulgata)* ist von Nordnorwegen bis Nordspanien auf Strandfelsen zu finden. Das Fleisch ist recht zäh, aber von gutem Geschmack.

Das KAMTSCHATKA-SEEOHR *(Haliotis kamtchatkana)*, eine Abalone-Art, ist vor allem im Nordpazifik verbreitet, kommt aber bis nach Kalifornien hin vor.

Das GLATTE SEEOHR *(Haliotis tuberculata)* ist in Südaustralien verbreitet.

# Sch

Unter den Schnecken gibt es Land- sowie Süß- und Salzwasserbewohner. Manche unter ihnen besitzen die spiralig gewundenen, sprichwörtlichen Schneckenhäuser, andere, vor allem solche, die sich an Meeresfelsen anheften und dort den Algenbewuchs abweiden, könnte man auf den ersten Blick mit Muscheln verwechseln, so flach ist ihr schalenartig wirkendes Kalkgehäuse. Von den Muscheln unterscheiden sie sich jedoch eindeutig durch das Fehlen einer zweiten Schale. Und bei den Seeohren, auch Meerohren oder Abalonen genannt, findet sich bei näherem Hinsehen dann doch eine kleine, gewundene Spitze. Während in kühleren Regionen überwiegend Land- und Meeresschnecken für die menschliche Ernährung genutzt werden, spielen in tropischen Gebieten auch Süßwasserschnecken eine Rolle. Aus kulinarischer Sicht sind sie jedoch alle nicht unbedingt jedermanns Sache, denn zumindest die größeren Arten besitzen ein etwas zähes Fleisch, das der richtigen Zubereitung bedarf. Das gilt für die in Frankreich und Italien verzehrten Schnecken ebenso wie für

Die RIESENFLÜGELSCHNECKE *(Strombus gigas)*, besser bekannt unter ihrem englischen Namen Conch, ist von der Küste Floridas bis nach Trinidad anzutreffen. Dort gilt …

… CONCH-MEAT als Leckerbissen. Um es zu gewinnen, muss die Schale zerschlagen, der Muskel herausgelöst und von der äußeren Haut befreit werden.

## Die Weichtiere mit dem hübschen Gehäuse stehen bei ihren Fans hoch im Kurs.

# ecken

Die STRANDSCHNECKE *(Littorina littorea)*, eine im Nordatlantik sehr häufige Meeresschnecke, wird in Frankreich, England und Irland regelmäßig auf den Märkten angeboten.

die in Nordamerika, Ostasien und Australien beliebten Abalonen. Werden sie nicht gleich roh, etwa für Sushi, verwendet, ist bei der Zubereitung große Sorgfalt geboten, damit die kostspielige Delikatesse nicht die Konsistenz einer Schuhsohle erhält. Meist schneidet man den von Eingeweiden und ungenießbarem dunklem Rand befreiten hellen Fuß in dünne Scheiben, klopft diese vorsichtig weich und gart sie dann entweder sehr kurz, weniger als 1 Minute, oder aber sehr lange, wie bei chinesischen Suppen oder Schmorgerichten, mindestens 5 bis 6 Stunden. Nach dieser Langzeit-Methode wird auch die aus Ostasien eingeführte, teure Dosenware vorbereitet.

SPIRALE VON BABYLON *(Babylonia formosae)* ist der ausgefallene Name dieser Wellhornschneckenart. Sie ist in feinsandigen Küstenzonen des tropischen Pazifik anzutreffen.

Die im Mittelmeer verbreitete PURPURSCHNECKE *(Murex trunculus)* wurde nicht immer ihres Fleisches wegen gefangen – in der Antike stellte man aus ihr einen Farbstoff her.

Die bis 4 cm lange GLATTE NETZREUSENSCHNECKE *(Nassarius mutabilis)* kommt fast ausschließlich im Mittelmeer vor und wird vor allem in Italien in großen Mengen gefangen.

Das BRANDHORN *(Bolinus brandaris)* ist leicht am stacheligen Gehäuse mit der langen Spitze zu erkennen. Im westlichen Mittelmeerraum und an der Adria häufig auf dem Markt.

WELLHORNSCHNECKEN *(Buccinum undatum)* sind mit bis zu 11 cm Gehäuselänge recht groß. Gefischt werden sie vorwiegend im Ärmelkanal und im Nordatlantik.

KRAKEN spielen sowohl in vielen Mittelmeerländern als auch in Ostasien kulinarisch eine große Rolle. Die in Europa wichtigste Art der GEMEINE KRAKE *(Octopus vulgaris)*, im kleinen Bild oben rechts zu sehen.

Im Umgang mit Seeigeln beneidenswert geschickt sind diese Fischer im sizilianischen Agrigent: Sie »knacken« die stacheligen Schalen mit wenigen Handgriffen – nur mit einer Schere ausgerüstet.

Der dunkelviolette bis bräunliche STEINSEEIGEL *(Paracentrotus lividus)* ist die in Europa häufigste essbare Seeigelart. Der Kalkpanzer erreicht einen Durchmesser von 7 cm.

Der GEMEINE KALMAR *(Loligo vulgaris)* kann eine Länge von 50 cm und ein Gewicht von bis zu 2 kg erreichen. Proteinreiches, festes, mageres Fleisch.

In der Karibik werden SEEIGEL in großen Mengen verzehrt. Auf den französischen Antillen sind sie für »Blaff«, ein ebenso schmackhaftes wie populäres Fischgericht, unverzichtbar.

Auch wenn sie äußerlich keine Ähnlichkeit haben, zoologisch sind Octopus & Co. mit den Muscheln und Schnecken verwandt. Allerdings liegt bei den meisten Tintenfischen die Kalkschale – der so genannte Schulp – im Körper, manche Arten, etwa die Kraken, besitzen gar keine Schale. Aufgrund der Lage der Tentakel bezeichnet man diese Tiere auch als »Kopffüßler«. Unterschieden wird zwischen den zehnarmigen – dazu gehören Kalmar, engl. squid, frz. calmar, ital. calamaro, span. calamar, und Sepia, engl. cuttlefish, frz. seiche, ital. seppia, span. sepia – und den achtarmigen Tintenfischen, zu denen die Kraken, engl. octopus, frz. pieuvre, ital. polpo, span. pulpo, zählen. Doch wie auch immer, kulinarisch verwendbar sind bei allen Arten das Fleisch der Körperbeutel sowie der Tentakel. Während kleinere Exemplare ohne weiteres im Ganzen zubereitet und verzehrt werden können, müssen grö-

# In vielen Ländern weiß man sie raffiniert zuzubereiten: Seeigel, Kalmar und Octopus

ßere zunächst weich geklopft werden. Kalmare eignen sich hervorragend zum Füllen, oder man schneidet den Körper in Ringe, zieht diese durch Ausbackteig und frittiert sie – so werden die allseits bekannten »Calamari fritti« zubereitet. Kraken dagegen, deren Fleisch umso zarter ist, je kleiner sie sind, müssen lange schmoren oder kochen und werden dann eventuell noch mariniert.

Von den zu den Stachelhäutern gehörenden Seeigeln dagegen, engl. sea urchin, frz. oursin, ital. riccio di mare, span. erizo de mar, schätzen Feinschmecker nicht das Fleisch, sondern lediglich die Keimdrüsen (Gonaden) der Tiere, die roh wie gegart als Delikatesse gelten.

SEPIATINTE GEWINNEN:

Die Fangarme abtrennen, den Körper des Tintenfischs vorsichtig aufschneiden und den Schulp herausnehmen.

Mit einem Daumen in den Körper greifen und die Eingeweide herauslösen. Vorsicht, der Tintenbeutel darf dabei nicht verletzt werden.

Die Tinte mit Daumen und Zeigefinger aus dem Beutel drücken und auffangen. Traditionell für Risotti, Saucen und Nudelteige verwendet.

KALMAR VORBEREITEN:

Mit einer Hand den Körperbeutel festhalten, mit der anderen die Tentakel samt dem Kopf herausziehen.

Knapp über den Augen die Tentakel so abtrennen, dass diese durch einen schmalen Ring verbunden bleiben.

Den Ring in der Mitte greifen, mit dem Zeigefinger die Mundwerkzeuge von unten herausdrücken, entfernen.

Den Körperbeutel mit einer Hand fassen und die transparente innere Schale mit den Fingern herausziehen.

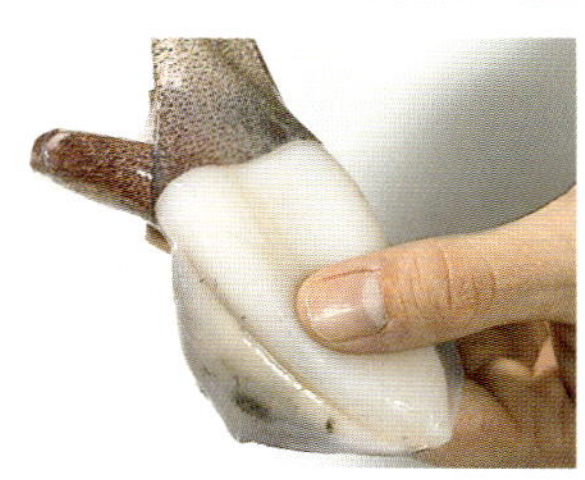

Vom Körperbeutel die Haut abziehen, dann den Beutel innen und außen gründlich waschen.

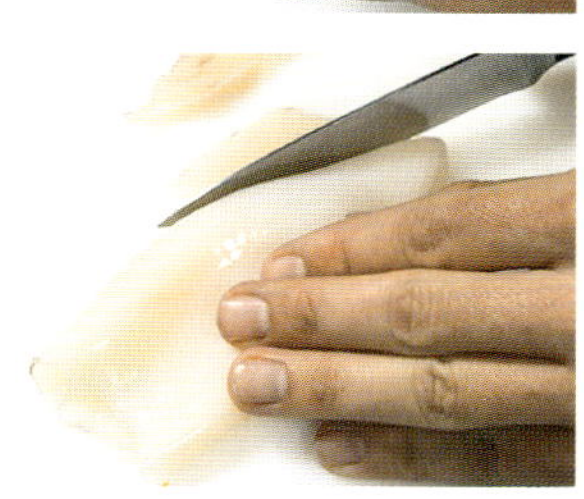

Die Flossen mit einem scharfen Messer abtrennen. Sie können, wie die Tentakel, für Füllungen verwendet werden.

Die nur 3 bis 6 cm großen SEPIOLEN (*Sepiola* sp.) sind vor allem im Mittelmeer verbreitet. Sie sind so zart, dass sie im Ganzen zubereitet werden können.

Die SEPIA oder der GEMEINE TINTENFISCH *(Sepia officinalis)* besitzt einen ovalen bis runden Körper; typisch ist das »Zebrastreifenmuster« auf dem Rücken.

MOSCHUSKRAKEN *(Ozaena moschata)*, die mit dem Octopus verwandt sind, werden bis zu 40 cm lang. In Italien legt man gekochte »Moscardini« mit Knoblauch in Olivenöl ein.

Algenhändler in Tokio. Die getrockneten Algen werden en gros angeliefert und dann erst vor Ort in handlichere Größen abgepackt, hier etwa in kleine Beutel. Im Gegensatz zu vielen anderen Ländern bereichern in Ostasien die verschiedenen Algensorten schon seit Jahrtausenden den Speiseplan ganz selbstverständlich, aber auch an der europäischen Atlantikküste werden bereits einige Hundert Tonnen pro Jahr geerntet.

Aus botanischer Sicht gehören die unter dem Oberbegriff Algen zusammengefassten Meerespflanzen – der Begriff leitet sich übrigens von alga, lateinisch für Seegras, ab – ganz verschiedenen Familien an. Vor allem drei davon, nämlich Grünalgen *(Chlorophyceae)*, Braunalgen *(Phaeophyceae)* und Rotalgen *(Rhodophyceae)*, sind als Lebensmittel von Bedeutung. Algen, engl. seaweed, alga, frz. algue, ital. und span. alga, gehören wie die Pilze zu den so genannten Lagerpflanzen (Tallophyten), bei denen keine deutliche Unterscheidung in Wurzel, Stamm und Blätter ausgemacht werden kann. Im Gegensatz zu den Pilzen enthalten sie allerdings Blattgrün und sind dadurch zur Photosynthese befähigt. Hinzu kommen bei vielen der über 5000 Arten noch braune, rote oder blaue Farbstoffe, die

Algenvielfalt auf einem japanischen Markt: Weil sie in der Regel vor dem Transport gesalzen werden, müssen Algen vor ihrer Verwendung eine gewisse Zeit unter fließendem kaltem Wasser gewässert werden.

# Al

NORI *(Porphyra tenera)*, in Japan eine der wichtigsten Algenarten. Aus ihr werden die gepressten Nori-Blätter für Sushi hergestellt.

DULSE *(Palmaria palmata)*. Eine Rotalge, die in den kalten Küstengewässern des Atlantiks sowie des Pazifiks gedeiht. Sie wird an der bretonischen Küste mit Erfolg kultiviert.

HARICOT VERT DE MER *(Himanthalia elongata)*, auch Meeresspaghetti genannt. Lange, dunkle Alge, reich an Vitaminen und Spurenelementen. Wird vor der Bretagne kultiviert.

LAITUE DE MER, Meeressalat, Ulve *(Ulva lactuca)*. Mild im Geschmack, erinnert diese Grünalge getrocknet in Geruch und Aussehen an Spinat, frisch dagegen eher an Salat.

WAKAME *(Undaria pinnatifida)*, nach Nori die wichtigste japanische Alge. Sie wird frisch und getrocknet gegessen. Zerstoßen ergibt Wakame ein mineralstoffreiches Würzmittel.

WAKAME KOCHEN: Gründlich wässern, in kochendes Wasser einlegen und die Algen 1/2 Minute aufkochen. In Eiswasser abschrecken, ausbreiten und die Mittelrippe entfernen.

Als Hülle für Maki-zushi unentbehrlich: getrocknete und gepresste Noriblätter. Mit Hilfe einer Bambusmatte wird der Reis mitsamt der würzigen Füllung eng in die Algenblätter eingerollt und anschließend in Stücke geschnitten. Der Algenmantel verleiht den Maki-zushi dabei die notwendige Stabilität.

1
2
3

4

## Das »Gemüse« aus dem Meer wird – ob frisch oder getrocknet – als Nahrungsquelle immer wichtiger.

# gen

das Grün mehr oder weniger überdecken. Algen sind in allen Meeren der Welt verbreitet und außerordentlich vielgestaltig. Manche erinnern in der Form an Salatblätter, etwa der Meeressalat, andere sind bandförmig schmal wie die »Meerbohnen«. Große Meerespflanzen, die eine Länge von bis zu 15 Metern erreichen, bezeichnet man als Tang. Während unsere Vorfahren Algen noch ganz selbstverständlich als protein- und mineralstoffreiche Nahrung kannten, zählen sie heute nur noch – oder schon wieder – für einen recht kleinen Teil der Bevölkerung zur Alltagskost: In Ostasien, Indien, der ehemaligen Sowjetunion oder an den Küsten Nord- und Südamerikas verwendet man die Meeresgewächse als Suppeneinlage, Gemüse oder Ähnliches. Auch an der europäischen Atlantikküste werden zunehmend Algen kultiviert und finden auch Abnehmer. Hervorzuheben ist ihr relativ hoher Eiweißgehalt bei gleichzeitig geringem Fettanteil. Zudem enthalten sie viel Jod und Calcium.

1 – Um NORIBLÄTTER zu erhalten, hackt man die frischen Algen in Stücke, presst diese zwischen Bambusmatten und trocknet sie an der Sonne oder in speziellen Trockenkammern. 2 – ARAME *(Eisenia bicyclis)*, japanische, braune Meeresalge mit angenehm zartem Aroma. Wird für Suppen, Salate und Eintöpfe verwendet. 3 – KOMBU, SEEKOHL *(Laminaria japonica)*, eine andere Braunalgenart. Die besten Sorten wachsen in den kühlen Gewässern vor der nordjapanischen Küste. Werden gekocht, sautiert oder frittiert und sind neben Bonitoflocken die Basis für Dashi, die leichte, in Minutenschnelle zubereitete japanische Brühe. 4 – HIJIKI *(Hizikia fusiformis)*, japanische Braunalge mit intensivem Meeresaroma, wird für Suppen, Tofu- oder Gemüsegerichte verwendet.

# Tom

## Rund, prall und saftig: Die Früchte aus der Neuen Welt gehören zum beliebtesten Gemüse überhaupt.

Dabei war das Debüt der in Mittelamerika beheimateten und bei den Azteken »tomatl« genannten Frucht in der Alten Welt alles andere als Erfolg versprechend. Die Tomate *(Lycopersicon esculentum)*, engl. tomato, frz. und span. tomate, ital. pomodoro, gehört zu den Nachtschattengewächsen (Solanaceae) und enthält in den grünen Pflanzenteilen sowie in unreifen Früchten das giftige Alkaloid Solanin. So wurde sie, wie ihre Verwandten Kartoffel und Paprika auch, in Europa nur zögerlich aufgenommen; anfangs baute man sie nur als Zierpflanze an. Übrigens lässt die früheste Erwähnung in Europa – durch einen italienischen Botaniker des 16. Jahrhunderts – auf eine gelbfrüchtige Sorte schließen. Sie wurde pomo d'oro, Goldapfel, genannt, und dieser

'CUORE DI BUE', Ochsenherz, heißt diese stark gerippte, aromatische Fleischtomate aus Italien. Beliebt für Salate. ▷

# aten

Name blieb der Frucht im Italienischen dann erhalten. Trotz ihres wenig positiven Rufs wurde die Tomate aber, vor allem in den Mittelmeerländern, seit dem 16. Jahrhundert angebaut und verzehrt – förderlich war sicherlich, dass man sie für ein Aphrodisiakum hielt: Das bezeugen die volkstümlichen Namen »Liebesapfel«, »Pomme d'amour« oder »Love apple«. Und in Österreich nennt man die Früchte bis heute liebevoll »Paradeiser«. Einmal von diesem unbestätigten Gerücht abgesehen, handelt es sich bei der Tomate tatsächlich um eine »gehaltvolle« Frucht mit bemerkenswerten Anteilen an Mineralstoffen und Vitaminen, dazu ist sie reich an bioaktiven Stoffen, vor allem an Carotinoiden. Mittlerweile werden Tomaten rund um die Welt kultiviert; zum Teil auch im Unterglas- oder Folienanbau, sodass eine nahtlose Belieferung das ganze Jahr hindurch gewährleistet ist. Ausgedehnte Treibhauskulturen werden in den Niederlanden, in Belgien, aber auch in Spanien einschließlich der Kanarischen Inseln betrieben.

Bei den krautigen Tomatenpflanzen unterscheidet man zwischen solchen mit unbegrenztem Höhenwachstum, die bis zu 2 m hohe Stöcke ausbilden können, regelmäßig von Seitentrieben befreit werden müssen und einer Stütze bedürfen, sowie Buschtomaten, deren Wachstum durch eine natürliche Genmutation begrenzt ist. Sie benötigen eine Mulch- oder Folienabdeckung rund um die Pflanze, damit die Früchte nicht direkt auf dem Boden aufliegen und vorzeitig zu faulen beginnen. Grundsätzlich lieben die aus den Subtropen stammenden Tomatenpflanzen zwar Sonne und Wärme, doch sind inzwischen auch Sorten gezüchtet worden, die in weniger begünstigten Klimaten gedeihen. Wer selbst Tomaten anbauen möchte, findet daher sicher auch für »seine« Region geeignete Pflanzen.

'CONCHITA' ist eine Kirschtomate, die auch als Strauchtomate in den Handel kommt. Die Früchte sind fest, tiefrot, aromatisch, süßlich und bleiben an der Rispe relativ lange frisch.

ROTE FLASCHENTOMATEN, mit viel Fruchtfleisch, aber nur wenigen Kernen, süß und aromatisch. Für Salate ideal, aber auch zum Einkochen gut geeignet, da leicht zu schälen.

'LOCARNO' heißt diese gelbe runde Sorte, die als Strauchtomate oder lose angeboten wird. Das Aroma ist ausgeprägt und intensiv, die Früchte sind knackig und saftig.

'YELLOW PEAR', eine birnenförmige, sehr alte und ertragreiche Sorte. Die gelben Früchte – hier aus puertoricanischem Anbau – sind fest und enthalten wenig Säure.

'CAMPARI', in Holland auch unter dem Namen »Tasty Tom« vermarktet, bringt kompakte, gleichmäßige Rispen mit 7 bis 8 kleinen, festen, tiefroten Früchten. Würzig, angenehm süß.

'GEHÖRNTE DER ANDEN', eine mittelfrühe, leuchtend rote Tomatensorte mit fleischigen Früchten, die in der Form Spitzpaprika gleichen. Wenig Saft und Kerne, aber viel Aroma.

'ELEGANCE', eine schmackhafte runde rote Sorte, kommt ebenfalls häufig als Strauchtomate ins Angebot. Die prallen, glänzenden Früchte sind lange haltbar.

'COSTOLUTO' – hier halbreife Früchte mit beginnender Rotfärbung aus Sizilien –, eine italienische Fleischtomaten-Sorte. Süß-fruchtig im Aroma, starkt gerippt. bis zu 200 g schwer.

'CAROBETA', eine feste, orangefarbene runde Sorte. Enthält etwa viermal mehr Carotin als vergleichbare »Rote«.

FLEISCHTOMATEN weisen im Vergleich zu runden Sorten mehr oder weniger ausgeprägte »Rippen« auf.

'SPRANCO' ist eine runde Sorte von besonders gleichmäßiger roter Farbe. Schnittfest, mit gutem Aroma.

'TRADIRO', eine rote runde Sorte von intensiver Farbe. Schnittfest und relativ lange haltbar.

'PROSPERO' bringt mittelgroße, gleichmäßig gerundete, festfleischige Früchte von schöner roter Farbe.

'VOYAGER' kommt häufig als Strauchtomate ins Angebot. Saftig, knackig, rot glänzend und schnittfest.

Zu den ROTEN RUNDEN TOMATEN zählen die für den Handel wichtigsten Sorten. Ganzjährig im Angebot.

'JAMAICA', eine mittelgroße runde rote Sorte, deren Rispen besonders lange frisch bleiben. Guter Geschmack.

'ROMA', eine der klassischen italienischen Eiertomaten-Sorten. Meist aus Freilandanbau, ideal für Saucen.

'FAVORITA', eine häufig angebaute rote Kirschtomatensorte, die saftig-süße, tiefrote Früchte liefert.

'RAPSODIE' heißt diese nur ganz schwach gerippte Fleischtomate. Große, sehr fleischige Früchte.

ORANGEFARBENE EIERTOMATEN sind auch als Strauchtomaten auf dem Markt, etwa von der Sorte 'Orano'.

'MASTER F 1' heißt eine neu gezüchtete rote Fleischtomate aus den Niederlanden. Nur sehr schwach gerippt.

'SUNNY GOLD', eine Neuzüchtung, ist eine orangefarbene Kirschtomate mit frischem, säuerlichem Geschmack.

'SOLAIRO' wird überwiegend auf Nährsubstrat im Unterglasanbau gezogen. Runde, rote, feste Früchte.

'CELINE', eine festfleischige, leicht schälbare, leuchtend rote Eiertomate. Niedriger Fruchtsäuregehalt.

Die holländische Sorte 'FERRARI' verdankt den Namen ihrer kräftigen Farbe. Wird vor allem nach England exportiert.

'TEMPTATION' wird häufig als Strauchtomate vermarktet. Saftig, fruchtig, Früchte von 60 bis 70 g Gewicht.

'STARFIGHTER', runde Strauchtomaten von mittlerer Größe. Schnittfest, haften gut an der Rispe, lange haltbar.

Gelbe Kirschtomaten der Sorte 'YELLOW SPRING'. Sehr aromatisch, aber noch relativ selten im Angebot.

# Tomaten in allen Farben und Formen – von alten Freilandsorten bis hin zu solchen, die speziell für den Anbau unter Glas gezüchtet worden sind.

Die Sortenvielfalt bei Tomaten ist inzwischen nahezu unüberschaubar. Grundsätzlich lassen sich jedoch drei Gruppen unterscheiden: Die »normalen« runden Tomaten, die meist einen vergleichsweise hohen Anteil an Fruchtsäuren sowie relativ viele Samen in den 2 bis 3 Fruchtkammern aufweisen, dann die länglichen Eier-, Pflaumen- oder Flaschentomaten, die demgegenüber einen höheren Fleisch- und Zuckeranteil besitzen und sich leichter schälen lassen, und zu guter Letzt die Fleischtomaten, die mehr oder weniger stark gerippt und von unregelmäßiger Form sind. Sie haben im Unterschied zu den anderen Tomaten darüber hinaus eine dickere Fruchtfleischschicht und mehr als 4 Fruchtkammern im Innern. Wachsender Beliebtheit erfreuen sich außerdem die kleinen Kirschtomaten, auch Cherry- oder Cocktail-Tomaten genannt, die jedoch eine eigene Varietät bilden: *Lycopersicon esculentum* var. *cerasiforme*. Von nahezu allen Gruppen kommen auch leuchtend gelbe oder orangefarbene Früchte auf den Markt. Sie zeichnen sich generell durch eine dickere Schale und damit bessere Haltbarkeit aus, sie schmecken teilweise genauso intensiv und süß, teils noch süßer wie viele ihrer roten Verwandten und sind aufgrund ihrer attraktiven Farbe zum Garnieren besonders beliebt. Bis auf die Fleischtomaten kommen viele Sorten in letzter Zeit auch als Strauchtomaten, also noch an der Rispe, in den Handel.

Doch ganz gleich, wie und wo Tomaten angebaut worden sind: Zieht man sie nicht im eigenen Garten, kann man davon ausgehen, dass die Früchte grünreif geerntet wurden; sie würden sonst selbst kurze Transporte nicht unbeschadet überstehen. Nachreifen lassen sollte man sie bei Zimmertemperatur; im Kühlschrank gelagert verlieren sie an Aroma.

Die TOMATILLO oder GRÜNE TOMATE *(Physalis philadelphica)* stammt aus Mittelamerika. Wie bei den nahe verwandten Kap-Stachelbeeren *(Physalis peruviana)* reifen auch hier die Früchte in einer papierartigen Hülle heran. Tomatillos sind in Mexiko und den USA beliebt für die Zubereitung von Eintöpfen, Suppen und Saucen.

'CHASER', eine runde holländische Sorte mit Früchten von tiefroter Farbe. Wichtigster Abnehmer ist England.

Eine neue, hübsche Vermarktungsidee: KIRSCHTOMATEN von unterschiedlicher Farbe in einer Verpackung.

EIERTOMATEN werden in Italien in großen Mengen auf Sizilien und in Kampanien rund um den Vesuv angebaut.

KLEINE WEISSE AUBERGINEN. Sie erinnern in der Form an ein Hühnerei, daher auch der Name Eierfrucht oder eggplant.

KLEINE LÄNGLICHE HELLVIOLETTE SORTE, in Asien sehr beliebt, hier zu Lande in Asienläden erhältlich.

GRÜNWEISS GESTREIFTE AUBERGINEN, eine kleine runde Varietät aus Asien.

# Aub

## Die prallen Schönen – von denen es unzählige Varianten gibt – bekennen Farbe.

AUBERGINENBLÜTE. Die großen Früchte entwickeln sich stets aus relativ kleinen, nur etwa 2 bis 5 cm großen, meist hellvioletten, seltener aus weißen Blüten.

HELLGRÜNE, SCHLANGENFÖRMIGE AUBERGINE der Varietät *serpentinum* aus Indien und Thailand.

Die Aubergine oder Eierfrucht *(Solanum melongena)*, engl. aubergine, eggplant, frz. aubergine, ital. melanzana, petonciano, span. berenjena, zählt zu den Nachtschattengewächsen (Solanaceae). Angebaut wird die Wärme liebende, vermutlich aus Indien stammende Pflanze heute beinahe überall in den Tropen und Subtropen, sogar in den gemäßigten Zonen. In Form und Farbe sind die Früchte des etwa 1 m hohen, einjährig kultivierten Auberginenstrauches sehr vielgestaltig, doch das war nicht immer so. Die Stammform der Pflanze brachte nämlich »nur« kleine weiße oder gelbe eiförmige Früchte hervor – daher der Name Eierfrucht. Die kleinen Sorten sind in Asien bis heute beliebt. In Europa dagegen schwört man auf die länglichen, violetten bis schwarzen Sorten. Zu Beginn – im 13. Jahrhundert gelangte die Aubergine mit den Arabern nach Europa – war sie noch wenig geschätzt und als »mela insana«, krankmachender Apfel, berüchtigt. Bis man erkannte, dass die Früchte nicht zum Rohverzehr taugen, sondern erhitzt werden müssen – zum einen aufgrund des in unreifen Früchten enthaltenen giftigen Solanins, zum andern wegen der Bitterstoffe im

LÄNGLICH OVALE, DUNKELVIOLETTE AUBERGINEN mit glänzender Haut sind auf dem mitteleuropäischen Markt häufig anzutreffen. Das Fruchtfleisch ist bei allen Sorten weiß.

VIOLETTBEIGE GESTREIFTE AUBERGINEN. Zu sehen sind hier die vielen essbaren, hellen Kerne im Fruchtfleisch. Sind diese bräunlich verfärbt, ist dies ein Zeichen von Überreife.

KLEINE, SCHNEEWEISSE AUBERGINEN gibt es in Asien schon sehr lange. Die Haut dieser Sorte weist keine Farbpigmente auf, es schimmert vielmehr das Fruchtfleisch durch.

KLEINE, VIOLETTE SCHLANKE AUBERGINEN mit grünem Kelch. Auberginen enthalten Vitamin B und C. Immer separat aufbewahren, da sie empfindlich auf Ethylengas reagieren.

In Südeuropa bevorzugt man LÄNGLICHE SCHLANKE AUBERGINEN. Eierfrüchte bestehen zu 92 % aus Wasser und enthalten nur wenige Nährstoffe, etwa Calcium und Eisen.

JAPANISCHE AUBERGINEN. Die »Konasu« haben einen anders geformten Kelch, werden nur 10 cm lang und schmecken deutlich milder und süßer als westliche Sorten.

erginen

Fruchtfleisch. Auberginen werden daher immer gegart. Viele Neuzüchtungen sind zwar frei von Bitterstoffen, es empfiehlt sich aber, die Früchte vor der Weiterverarbeitung in Scheiben zu schneiden und zu salzen. Dies entzieht nicht nur eventuell doch vorhandene Bitterstoffe, sondern auch Wasser. Das anschließende Ausdrücken und Trockentupfen verhindert, dass die Auberginen beim Braten oder Frittieren zu viel Fett aufsaugen.

KLEINE ROTE UND GRÜNE AUBERGINEN, in der Form rund bis eiförmig-oval, in der Optik tomatenähnlich.

PEA AUBERGINE *(Solanum torvum)* ist eigentlich gar keine Aubergine. Früchte zwischen 5 und 15 mm groß. Bitter.

OVALE GRÜNWEISS GESTREIFTE AUBERGINEN. Kleine Sorte mit vielen Kernen und wenig Fruchtfleisch.

Die Ernte des empfindlichen Gemüses erfolgt noch immer von Hand: Mit einem glatten Schnitt wird der Stiel durchtrennt.

## Ein glänzender Auftritt: saftig, knackig und mit viel Vitamin C auch sehr gesund.

# Pap

RUNDER MINI-PAPRIKA aus den Niederlanden. Aufgrund seines milden Geschmacks für Salate sehr beliebt.

MINI-PAPRIKA aus Holland. Eine der vielen, attraktiven Neuzüchtungen der letzten Jahre. Schön für Garnituren.

TOMATENPAPRIKA aus Ungarn. Dickes Fruchtfleisch, süß, mit ausgeprägtem Aroma. Sehr hoher Vitamin-C-Gehalt.

MILDER, ROTER SPITZPAPRIKA Typ »eckig spitz«, hier aus Holland. Auch in vielen anderen Ländern angebaut.

Dieser skurril geformte SPANISCHE GEMÜSEPAPRIKA wird etwa 20 cm lang. Sehr mild im Geschmack.

SPITZPAPRIKA, ROT – im Längsschnitt: Das helle Gewebe in der Mitte heißt Placenta, auf ihm sitzen die Samen.

CHARLESTON, auch Carliston genannt. Dünnwandige, sehr zarte Paprikasorte, die in der Türkei viel angebaut wird. Sie macht etwa ein Viertel der dortigen Jahresproduktion aus.

DOLMA, dünnwandiger zarter Gemüsepaprika aus der Türkei. Kleinster Vertreter des Blocktyps. Mild, gut für Salate.

SCHWARZER GEMÜSEPAPRIKA, neuere Züchtung aus Holland, die sich in den Inhaltsstoffen nicht unterscheidet.

ORANGEFARBENER GEMÜSEPAPRIKA, HOLLAND. Aufgrund der attraktiven Farbe gut für Salate geeignet.

SCHWARZVIOLETTER SPITZPAPRIKA mit ausgeprägtem Stiel, eine jüngere Züchtung aus Holland. Die auffällig dunkle, schwarzviolette Farbe verliert sich beim Erhitzen.

# rika

△ GEMÜSEPAPRIKA AUS HOLLAND. Kommt auch unter der Bezeichnung »eckig abgestumpft« in den Handel. Die unterschiedliche Farbe ist kein Sortenmerkmal, sondern kennzeichnet vielmehr den Reifestand.

Aus kulinarischer Sicht hat der aus Mittel- und Südamerika stammende Gemüsepaprika hier zu Lande eine erstaunlich junge Karriere hinter sich, wenn man bedenkt, dass er inzwischen zu einer der beliebtesten Gemüsearten avanciert ist. Wie die meisten aus der Familie der Nachtschattengewächse (Solanaceae) kam auch die Paprikapflanze erst mit den Spaniern aus der Neuen Welt nach Europa und machte dort zunächst als Zierpflanze von sich reden. Dass man Paprika auch essen konnte, entdeckte man dann erst im 19. Jahrhundert. Und so richtig beliebt wurde er erst, als es durch zahlreiche Züchtungsversuche gelungen war, ihm die Schärfe zu nehmen. Dadurch ist Gemüsepaprika (*Capsicum annuum* var. *annuum*), engl. sweet pepper, frz. poivron, paprica, piment doux, ital. peperone, span. pimenton dulce, im Gegensatz zum feurig-scharfen Gewürzpaprika, mehr oder weniger capsaicinfrei und sehr mild. Angebaut werden die Schoten – aus botanischer Sicht müsste man Beeren sagen, denn um solche handelt es sich genau genommen – überall dort, wo entsprechend günstige klimatische Bedingungen herrschen, vielfach aber auch unter Glas. Im Gegensatz zur Form ist die Farbe beim Gemüsepaprika

nicht unbedingt ein Sortenmerkmal, sondern Ausdruck des jeweiligen Reifegrades. Grüne Schoten sind unreif, rote oder gelbe beispielsweise dagegen an der Pflanze ausgereift, was nicht nur den Geschmack, sondern auch den Vitamin-C-Gehalt positiv beeinflusst: bis zu 300 mg pro 100 g können es sein, bei Tomatenpaprika gar bis zu 400 mg. Gemüsepaprika ist inzwischen ganzjährig erhältlich. Man sollte beim Einkauf jedoch darauf achten, glänzende, feste Früchte ohne Runzeln zu erstehen – ist dies doch ein Zeichen zu langer Lagerung.

GEMÜSEPAPRIKA HÄUTEN:

Die Schoten bei 220 °C im vorgeheizten Ofen backen, bis die Haut »Blasen« wirft und leicht bräunt.

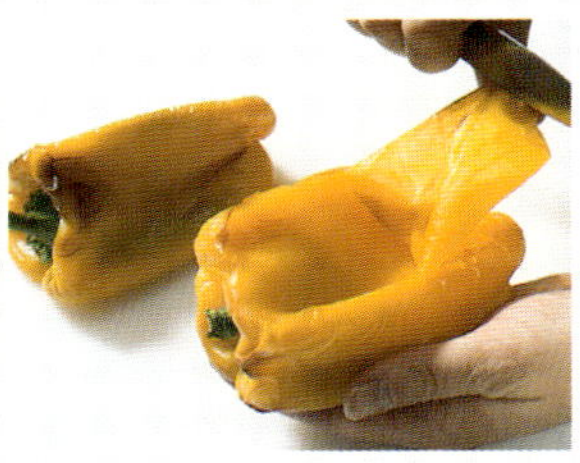

Schoten unter einem feuchten Tuch oder in einer Plastiktüte »schwitzen« lassen. Von oben nach unten häuten.

Die Früchte der Länge nach halbieren, dabei aufpassen, dass das weiche Fruchtfleisch nicht zerdrückt wird.

Pellkartoffel mit einem Klecks Crème fraîche und Kaviar: einfach und raffiniert zugleich. So wird das Alltagsgemüse zur Delikatesse.

## Von außen eher unscheinbar – doch unter der dünnen Schale verbergen sich wertvolle Inhaltsstoffe.

# Kartoffe

'SIEGLINDE', beliebte deutsche Kartoffel. Langovale, fest kochende Sorte mit gelbem Fleisch. Feiner Geschmack.

'SPUNTA', niederländische mittelfrühe, fest kochende Sorte. Viel im Mittelmeerraum kultiviert und von dort importiert.

'BAMBERGER HÖRNLE', gelbfleischige, längliche, fest kochende, alte Spätsorte. Hervorragend im Geschmack.

'DÉSIRÉE', mittelfrühe, vorwiegend fest kochende Sorte aus den Niederlanden. Rundoval, für Pommes frites geeignet.

'REDS'. Eine auffallend gefärbte, rotschalige Speisekartoffel aus den USA, mit sehr hellem Fleisch. Kartoffelsorten aus den USA gelangen in Europa nur selten in den Handel.

'RUSSETS', eine rundovale Speisekartoffel aus den USA mit relativ tiefen Augen.

'WHITES', eine gelbfleischige und gelbschalige Kartoffelsorte aus den USA. Vorwiegend fest kochend.

Der Ursprung der Kartoffel *(Solanum tuberosum)*, engl. potato, frz. pomme de terre, ital. patata, span. patata, liegt in den Anden Südamerikas, wo sie auch heute noch in zahlreichen Wildformen vorkommt. In Europa ist die Kartoffel seit dem 16. Jahrhundert bekannt, als Nahrungsmittel populär wurde das »Gold der Inkas« jedoch erst etwa 200 Jahre später.

# eln

Heute ist die Kartoffel eines der wichtigsten Grundnahrungsmittel und wird in vielen Ländern der Erde angebaut. Aus botanischer Sicht handelt es sich bei den teils runden, teils mehr ovalen Knollen übrigens nicht um Früchte, sondern um die verdickten Teile von unterirdischen Sprossen der einjährigen Kartoffelpflanze, die darin Reservestoffe speichert. Kartoffeln sind ungeheuer vielseitig, und das nicht allein was das Aussehen anbelangt – die hier exemplarisch vorgestellten Sorten zeigen die Unterschiede in Farbe und Form –, sondern auch im Hinblick auf Kocheigenschaft und Einsatz in der Küche. Für Salate, Pell- oder Bratkartoffeln sollten es auf jeden Fall fest kochende Sorten sein. Mittelfeste, vorwiegend fest kochende Sorten sind von leicht mehliger Konsistenz und damit genau die richtigen für Salz- oder Pellkartoffeln, Aufläufe und Gratins. Mehlige Sorten dagegen eignen sich besonders für Pürees, Klöße, Reibekuchen oder Kroketten.

'RED DUKE OF YORK' aus Schottland. Gelbfleischige und eher fest kochende Frühkartoffel. Rotschalige Mutante.

'MAJA', mittelfrühe deutsche Sorte. Vorwiegend fest kochende, gelbfleischige Knollen mit rauer Schale.

'PINK FIR APPLE'. Alte, fest kochende Sorte, in England und Deutschland bekannt. Gelbfleischig mit rosa Schale.

'DIAMANT', vorwiegend fest kochende, alte holländische Frühsorte. Ums Mittelmeer viel kultiviert. Geschmack mäßig.

'NICOLA', mittelfrühe deutsche Sorte, hier aus Italien. Fest kochend mit gelbem Fleisch. Beliebt als Salatkartoffel.

'GRANOLA', eine mittelfrühe deutsche Sorte. Vorwiegend fest kochend oder halbmehlig; im Geschmack sehr mild.

DÄNISCHE SPARGELKARTOFFEL, auch »Asperges« genannt. Fest kochende Sorte mit gelbem Fleisch.

'QUARTA', eine mittelfrühe, vorwiegend fest kochende Sorte aus Deutschland. Große Knollen, kräftiger Geschmack.

'RED KING EDWARD VII', rote Mutante von King Edward. Rund- bis spitzovale, weißfleischige Sorte. Mehlig kochend.

'VIOLETTE NOIR', französische Sorte, auch »Trüffelkartoffel« genannt. Auffällige Färbung, rar, edles Nussaroma.

'ROSEVAL', länglich-ovale, fest kochende französische Sorte. Rotschalig mit rosagelbem Fleisch. Guter Geschmack.

'UKAMA', eher fest kochende Sorte aus den Niederlanden. Mildes, aber ausgeprägtes Aroma. Gut zu schälen.

'BINTJE', mehlig kochende niederländische Sorte. Klassisch für Pommes frites und Chips. Im Frühjahr viel am Markt.

'PRIMURA', Frühkartoffel aus den Niederlanden. Eine vorwiegend fest kochende Sorte mit mittelgroßen Knollen.

'LIKARIA', mittelfrühe, mehlig kochende Sorte aus der ehemaligen DDR. Ovale Knollen mit flacher Augentiefe.

'CHUGAUAS', relativ kleine, rotschalige Kartoffelsorte aus Kolumbien. Benannt nach ihrem Herkunftsort.

'LINDA', mittelspäte deutsche Sorte, rundoval, mit gelbem Fleisch. Fest kochend, daher auch ideal zum Braten.

'MARABEL', eine frühe, rundovale, vorwiegend fest kochende Sorte mit gelbem Fleisch und relativ heller Schale.

'PURACE', eine neue kolumbianische, mehlig kochende Sorte mit hellgelbem Fleisch. Gut für Pürees geeignet.

'LA RATTE', eine mittelfrühe, fest kochende, hörnchenförmige Sorte aus Frankreich. Sehr guter Geschmack.

'BARONESSE', Frühsorte. Eine gelbfleischige, rundovale Speisekartoffel aus Spanien. Vorwiegend fest kochend.

'CRIOLLA' aus Kolumbien, in ganz Südamerika in einer Höhe von 2000 m angebaut. Wird stets mit Schale verzehrt.

'GRATA', hochwertige, mittelfrühe Sorte aus Deutschland. Vorwiegend fest kochend, ausgeprägter Geschmack.

'TIMATE', Speisefrühkartoffel aus Italien. Kleinere Knollengröße, vorwiegend fest kochende Sorte mit gelbem Fleisch.

'TUQUERREA' ist eine mehlig kochende Sorte aus Südkolumbien, häufig zum Braten oder für Pürees verwendet.

GRENAILLES – keine Sorte im eigentlichen Sinn. So nennt man in Frankreich die kleinste Sortierung (25 bis 35 mm).

'ARINDA', Speisefrühkartoffel aus Italien. Rundovale, vorwiegend fest kochende Sorte mit relativ hellem Fleisch.

'SABANERA', beliebte Sorte in Kolumbien. Halbmehlig kochend. Rundoval, hellgelbes Fleisch. Gut zum Backen.

'ADRETTA', großknollige, runde Kartoffelsorte aus der ehemaligen DDR. Mehlig kochend, hellgelbes Fleisch.

'ACCENT', eine rundovale, gelbfleischige Kartoffelsorte aus Deutschland. Vorwiegend fest kochend.

Noch immer hält sich das Vorurteil, Kartoffeln machten dick. Zu Unrecht, denn sie haben mit 0,1 bis 0,3 % einen verschwindend geringen Fettgehalt und sind mit etwa 70 Kalorien pro 100 g ausgesprochen figurfreundlich. Dabei haben die unscheinbaren Knollen noch mehr zu bieten: Aufgrund des hohen Gehalts an Kohlenhydraten in Form von Stärke sind sie ein wichtiger Energielieferant für den Körper. Hinzu kommt ihr mit 15 mg/100 g Vitamin C relativ hoher Vitamin-C-Gehalt. Des weiteren enthalten Kartoffeln die Vitamine $B_1$, $B_2$ und K. Eiweiß ist in den Knollen zwar nur in geringer Menge vorhanden, etwa 2 g/100 g, es hat aber aufgrund seines hohen Lysingehaltes eine hohe biologische Wertigkeit. Die ganz links abgebildeten Kartoffelsorten aus Südamerika kommen bei uns nur selten auf den Markt, sind jedoch in der Regel wohlschmeckend und darüber hinaus für die Züchter sehr interessant aufgrund ihrer Resistenz gegenüber Pilz- und Viruskrankheiten. Weniger mit Kartoffeln zu tun, als es der Name vermuten lässt, haben dagegen die Süßkartoffeln oder Bataten *(Ipomoea batatas)*, engl. sweet potato, frz. patate douce, ital. patata dolce, span. batata. Sie zählen nämlich nicht zur Familie der Nachtschattengewächse, sondern zu den Windengewächsen (Convolvulaceae). Von Kartoffeln unterscheiden sie sich außer in der Größe vor allem im Geschmack – bedingt durch den hohen Zuckergehalt. Süßlich schmeckt auch eine andere Knolle, die Topinambur, die jedoch – mindestens hier zu Lande – als Gemüse fast in Vergessenheit geraten ist.

JAPANISCHE KLETTENWURZEL, GOBO (*Arctium lappa* var. *edule*), engl. edible burdock. Diese in Japan geschätzte Wurzel wird bis zu einem Meter lang und erreicht eine Dicke von 2 bis 4 cm. Ähnelt in der Verwendung der Schwarzwurzel und muss wie diese dünn geschält werden.

# Noch mehr Kartoffeln und andere nahrhafte Wurzeln und Knollen.

TOPINAMBUR, ERDBIRNE, ERDAPFEL oder auch ERDARTISCHOCKE *(Helianthus tuberosus)*, engl. Jerusalem artichoke, frz. topinambour, ital. topinambur, span. tupinambo. Die Topinamburpflanze ähnelt der Sonnenblume und bringt ebenfalls schöne, dunkelgelbe Blüten hervor. An den Wurzeln bildet die Pflanze – wie die Kartoffel – etwa zwei bis drei Dutzend kleine bis mittelgroße, oft bizarr geformte Knollen.

TARO, WASSERBROTWURZEL *(Colocasia esculenta)*, engl. taro, cocoyam, frz. taro, chou de Chine, ursprünglich aus Indien und Südostasien stammend, zählt zu den bedeutendsten Kulturpflanzen der Tropen und Subtropen. Wichtige Anbauländer sind Nigeria, Ghana, die Elfenbeinküste, Togo und mit großem Abstand Japan und Papua-Neuguinea. Zubereitet werden die stärkereichen Knollen aus der Familie der Araceae ganz ähnlich wie Kartoffeln: Man kocht sie entweder in Salzwasser – wegen der Calciumoxalatkristalle das Kochwasser wechseln – oder aber sie werden geröstet, frittiert oder gebacken. So oder so benötigen sie lange Garzeiten.

TAROKNOLLEN der Varietät EDDOE bilden eine relativ kleine Hauptknolle mit vielen ovalen Knöllchen an der Basis des Stammes. Diese Sorte wird vorwiegend in Afrika angebaut.

Topinambur sollte man immer sorgfältig waschen, denn sie – hier Vertreter der Sorte 'BIANKA' – werden des Aromas wegen am besten ungeschält gegart.

KNOLLENZIEST, JAPANISCHE KARTOFFEL *(Stachys affinis)*, engl. Chinese artichoke, frz. crosne. Die Rhizome erinnern im Geschmack an Schwarzwurzeln oder auch an Artischocken.

BATATE, SÜSSKARTOFFEL, eine weißfleischige Sorte mit hellbrauner Schale. Wie Kartoffeln zubereitet, ist aber botanisch nicht mit ihnen verwandt, sondern ein Windengewächs.

TOPINAMBUR der Sorte 'ROTE ZONENKUGEL'. Kleine, am Ende spitz zulaufende, leicht violette Knollen. Das Fleisch ist jedoch bei allen Sorten stets weiß bis cremefarben.

SCHWARZWURZEL, WINTERSPARGEL *(Scorzonera hispanica)*, engl. black salsify, frz. scorsonère, ital. scorzonera, span. escorzonera, ist ein hochwertiges Wintergemüse.

ROTE SÜSSKARTOFFEL, spindelförmige, rotschalige Knolle mit lachsfarbenem Fleisch. Gelbfleischige Sorten enthalten mehr Carotin als weißfleischige, wichtige Carotinquelle.

TOPINAMBUR der Sorte 'GUTE GELBE'. Die Knollen sind oft recht verwachsen und das Schälen gestaltet sich mühsam. Leichter geht's, wenn man sie vorher blanchiert.

# Mais, Yam & Co.: In vielen Teilen der Welt gehören sie zu den Grundnahrungsmitteln.

# Mais

Mini-Mais-Ernte in Thailand: Die zarten Kölbchen sind in Asien sehr gefragt, eignen sie sich doch hervorragend zum schnellen Garen im Wok.

Wenn es um Mais als Gemüse geht, so kommt von dieser Gattung der Gräser nur eine der unterschiedlichen Mais-Konvarietäten in Frage: *Zea mays* convar. *saccharata* – Gemüse-, Speise-, Zucker- oder Süßmais genannt. Vom Körnermais, der als Getreide oder als Futtermittel genutzt wird, unterscheidet er sich dadurch, dass die Umwandlung von Zucker in Stärke hier langsamer vor sich geht – die Körner schmecken dadurch deutlich süß. Für den Frischverzehr wurden sogar »extrasüße« Sorten gezüchtet. Vom Körnermais unterscheiden sie sich durch kleinere Kolben und frühere Reife. Ganz reif werden sie allerdings nicht geerntet, sondern im Stadium der »Milchreife«, wenn die Körner rund und glatt sind und auf Druck ein milchiger Saft austritt. Die aus den Hüllblättern herausragenden Narbenfäden sind in diesem Stadium braun. Von einigen Zuckermaissorten können auch die ganz jungen, noch kleinen

Kölbchen geerntet werden, die vor allem in Asien beliebt sind, aber sauer eingelegt auch bei uns angeboten werden. Sie sind so zart, dass sie im Ganzen verzehrt werden können; von dem Mais im Milchreifestadium können dagegen lediglich die Körner verwertet werden. Doch auch hier lassen sich die Kolben im Ganzen zubereiten – besonders gut sind sie in Salzwasser gekocht oder, mit Butter bestrichen, gegrillt. Und nicht nur von ihrem feinen Geschmack her sind Zuckermaiskolben interessant, auch ihr Nährwert kann sich sehen lassen: Hauptinhaltsstoffe sind Kohlenhydrate, Eiweiß, Fett, Calcium, Kalium, Eisen, Provitamin A, Vitamine der B-Gruppe sowie Vitamin C. Heikel ist nur die Aufbewahrung, denn dabei können die Kolben an Aroma einbüßen und viel von ihrer feinen Süße verlieren: Der Zucker wird bei zu warmer Lagerung in Stärke umgewandelt, und das innerhalb weniger Stunden. Am besten gut gekühlte, bereits geschälte – die Hüllblätter beschleunigen ebenfalls den Zuckerabbau – Ware kaufen und diese so rasch wie möglich verbrauchen.

Sehr viel unempfindlicher ist da ein anderes stärkehaltiges Nahrungsmittel, das in tropischen und in feuchten subtropischen Regionen kultiviert werden kann: der Yam, auch Brotwurzel genannt, engl. yam, frz. und ital. igname, span. ñame. Yamknollen sind, luftig gelagert, mehrere Monate haltbar. Alle Yam-Arten gehören zur Gattung *Dioscorea*; es sind überwiegend Kletterpflanzen, die unterirdische Knollen ausbilden. Zubereiten und verwenden lassen sie sich im Grunde wie Kartoffeln: Frittieren, Kochen, Backen und Dämpfen kommen als Garmethoden in Frage. Doch wird Yam in den Anbauländern nicht nur frisch, sondern auch getrocknet verwendet, in Form von Chips, Flocken, Mehl oder Stärke. 95 % der Weltanbaufläche für Yam finden sich im westlichen Afrika, aber auch in manchen Gebieten Südostasiens und Amerikas sind die kohlenhydratreichen Knollen ein wichtiges Nahrungsmittel. Da der Anbau der Pflanzen recht aufwändig ist und eine Menge Handarbeit erfordert, wird Yam vielerorts inzwischen durch die leichter zu kultivierenden Süßkartoffeln und durch Maniok verdrängt. Maniok – engl. cassava, manihot, frz. manioc, ital. manioca, span. mandioca, yuca – stammt ursprünglich aus einem Gebiet, das vom Amazonas bis nach Zentralamerika reicht. Die wichtigsten Produzenten sind inzwischen Brasilien, Nigeria und Thailand. Die stärkereichen Wurzelknollen des Strauchs, die jahrelang ohne zu verderben im Boden verbleiben können, stehen in ihrer Bedeutung als Grundnahrungsmittel weltweit an sechster Stelle.

BABY-, MINI-MAIS ist keine eigene Sorte, vielmehr nennt man so die jungen, unreif geernteten, knapp 10 cm langen Zuckermaiskölbchen. Sie werden oft als Pickles angeboten.

MANIOK, KASSAVE *(Manihot esculenta)*. Die essbaren, nährstoffreichen Wurzeln können bis zu 1 m lang werden.

SCHWARZER oder BLAUER MAIS, eine sehr attraktive Maissorte – hier ein Beispiel aus Peru. Die Körner werden frisch verzehrt, aber auch vermahlen und zu Tortillas verbacken.

JAPANISCHER YAM *(Dioscorea japonica)* unterscheidet sich durch seine helle Schale und die abgeplattete Form mit dem zweigeteilten Ende von allen anderen Yamsorten.

GRAUER MAIS, HUITLACOCHE *(Zea mais* convar. *zaiata)*. Die Farbe und die unregelmäßige Form der Körner, die in Mexiko als Delikatesse gelten, rührt von einem Pilzbefall her.

CHINESISCHER oder ASIATISCHER YAM *(Dioscorea esculenta)* besitzt kleine, aromatische Knollen, die wie Kartoffeln gekocht werden können. Die Form erinnert an Süßkartoffeln.

Frischer ZUCKERMAIS, SPEISEMAIS oder GEMÜSEMAIS ist ganz zweifelsohne eine Delikatesse. Lagern lässt er sich allerdings, je nach Sorte, nur 4 bis 10 Tage bei 0 °C.

Diese schmackhafte gelbfleischige Yamsorte kommt aus Jamaica – auf den Inseln der Karibik ist Yam als Nahrungsmittel generell sehr begehrt.

Möchte man Zuckermaiskolben nicht im Ganzen zubereiten, wäscht man sie, entfernt die Enden und schabt die Körner mit einem stabilen Messer einfach ab.

WASSER-YAM, auch GROSSER YAM *(Dioscorea alata)* genannt, ist die am weitesten verbreitete Yamsorte. Die Knollen können ein Gewicht von bis zu 60 kg erreichen.

# Erb

## Ob frisch oder getrocknet, Hülsenfrüchte stecken voller Nährstoffe und Eiweiß. Besonders begehrt sind die ersten, zarten Frühjahrsboten.

TROCKENERBSEN werden all jene Erbsen genannt, die an der Pflanze ausreifen. Daher gibt es sie in ganz unterschiedlichen Farben und Formen: von weiß oder gelb über grün bis grau oder marmoriert. In den Handel gelangen Trockenerbsen entweder ganz oder halbiert, wobei Letztere etwas preiswerter sind. Das rührt daher, dass Trockenerbsen meist geschält werden, weil die äußere Samenschale hart und unverdaulich ist. Durch das Schälen wird ihre Oberfläche stumpf, weshalb die Samen dann wieder geschliffen und poliert werden. Dabei zerfällt ein Teil der Samen in zwei Keimblätter, die wiederum als geschälte, halbe Erbsen in den Handel kommen. Trockenerbsen haben einen höheren Nährstoffgehalt als frische Erbsen, schmecken jedoch aufgrund des höheren Stärkegehaltes leicht mehlig und weniger süß.

Bei den ZUCKERERBSEN fehlt die dünne Pergamentschicht an der Innenseite der Hülse, daher können die zarten Hülsen mitsamt den unreifen Samen im Ganzen verzehrt werden.

SPARGEL- oder FLÜGELERBSEN *(Tetragonolobus purpureus)* entwickeln sich aus leuchtend roten Blüten. Gedünstet erinnern die jungen, 5 bis 6 cm langen Hülsen an Spargel.

Die Erbse *(Pisum sativum)*, engl. pea, frz. pois, ital. pisello, span. guisante, arveja, zählt zu den ältesten Gemüsepflanzen überhaupt. Es existieren unzählige Sorten, die – je nach Wuchshöhe – zu den niedrig wachsenden, sich selbst stützenden Buscherbsen oder zu den an einem Gerüst bis zu 2 m hochrankenden Reisererbsen gerechnet werden. Der Handel unterscheidet darüber hinaus – optisch nicht immer ganz leicht nachzuvollziehen – in Schal- und Markerbsen. Erstere enthalten Kohlenhydrate vor allem in Form von Stärke und schmecken leicht mehlig, sie können als Trockenerbsen verwendet werden. Die zarteren Markerbsen hingegen enthalten Kohlenhydrate vorwiegend als Zucker, eignen sich jedoch zum Trocknen nicht, da die Samen beim Kochen nicht weich werden. Auch bei den Bohnen *(Phaseolus vulgaris)*, engl. bean, frz. haricot, ital. fagiolino, span. judía, alubia, unterscheidet man – je nach Wuchs – zwischen dem niedrig wachsenden Buschbohnen- und dem hochrankenden Stangenbohnentyp.

# sen

Beim Putzen von grünen Bohnen fällt kaum Abfall an, solange das Gemüse noch jung und zart ist. Dann genügt es, lediglich die Enden zu entfernen. Am besten geht dies mit einem kleinen scharfen Messer. Werden die Bohnen hingegen später geerntet, sind sie etwas größer und haben eventuell zähe Fäden, die man unbedingt entfernen sollte, denn sie beeinträchtigen den Genuss doch sehr. Vor dem Verzehr müssen frische Bohnen grundsätzlich mindestens 10 Minuten gekocht werden – Kochwasser wegschütten –, denn der giftige Eiweißstoff Phasin wird nur durch das Kochen abgebaut.

Als KENIABOHNEN bezeichnet man Sorten mit fast stricknadeldünnen, zarten, samenlosen Hülsen. Relativ teuer.

STANGENBOHNEN mit flachen breiten Hülsen werden als »Breite Bohnen« oder als »Coco-Bohnen« gehandelt.

Violettschalige Bohnen, als »BLAUE BOHNEN« bezeichnet, sind selten. Beim Kochen verschwindet die Farbe.

DICKE BOHNEN (*Vicia faba* ssp. *faba* var. *faba*). Botanisch zählt diese Varietät, in Italien als Fava beliebt, zur Familie der Wicken. Gegessen werden nicht die Hülsen, nur die Samen.

BUSCHBOHNEN gibt es in vielen Formen und Farben. Sie sind die Basis für die im Handel erhältliche Tiefkühlware.

GELBE STANGENBOHNEN mit breiten Hülsen. Diese Sorte kommt hier zu Lande nur relativ selten in den Handel.

WACHS- oder BUTTERBOHNEN sind gelbe Busch- oder Stangenbohnen. Die Farbintensität kann variieren.

Die schmale REISBOHNE *(Vigna umbellata)* trägt ihren Namen wegen der kleinen, nur 5 bis 8 mm großen Samen. Getrocknet werden sie zu oder anstelle von Reis verzehrt.

Die rötlich weiß gesprenkelten Samen der BORLOTTI-BOHNEN schätzt man in Italien frisch oder getrocknet.

SPARGELBOHNEN (*Vigna unguiculata* ssp. *sesquipedalis*). Die Hülsen können eine Länge von bis zu 90 cm erreichen.

GOA- oder FLÜGELBOHNEN *(Psophocarbus tetragonolobus)*, in Ostasien und Afrika eine wichtige Eiweißquelle.

TOOR DAL, gelbe Linsen, geschält, halbiert und geölt. Vor dem Kochen sollte man das Öl abwaschen.

Verschiedene Linsensorten: Von links nach rechts: BRAUNE BERGLINSEN aus Umbrien, Italien. Dahinter GRÜNE LINSEN, wie sie im Handel erhältlich sind. Daneben ROTE LINSEN, geschält. Ohne Schale lässt sich die Sorte auf den ersten Blick erkennen; schwieriger wird's bei den UNGESCHÄLTEN ROTEN LINSEN, unten, sie könnte man verwechseln.

Getrocknete KICHERERBSEN *(Cicer arietinum)*, Kabuli-Chana. In Indien, aber auch im Mittelmeerraum beliebt.

Getrocknete BRAUNE KICHERERBSEN aus Indien, auch als Kala chana bezeichnet. Etwas kleiner und dunkler.

# Bunt ist die große Palette der getrockneten Bohnen, Linsen und Kichererbsen – hier die wichtigsten Sorten.

BRAUNE LINSEN *(Lens culinaris)*, flach und rund, müssen vor dem Kochen eingeweicht werden, kräftiger Geschmack.

FLAGEOLETBOHNEN werden aufgrund ihrer Zartheit in Frankreich gern etwa zu Lamm oder als Salat gegessen.

CHANNA DAL *(Cicer arietinum)*. Kleinsamige, gelbe Kichererbse, halbiert. In Indien sehr beliebt, auch für Currys.

Unter den Hülsenfrüchten spielen die Trocken- oder Speisebohnen, engl. bean, frz. haricot, ital. fagiolo, span. judía, weltweit die wichtigste Rolle, sind sie doch in Afrika, Asien und in Südamerika der wichtigste Eiweißlieferant – zumindest für die ärmeren Bevölkerungsschichten. Aus ernährungswissenschaftlicher Sicht liefern die meist üppig gewürzten und zusammen mit Weizenfladen oder Reis gereichten Gerichte eine geradezu ideale Nährstoffkombination. Gehandelt werden Trockenbohnen auf allen Kontinenten in unzähligen Sorten, doch gehört die Mehrzahl davon einer einzigen Gattung

URDBOHNEN oder URID DAL *(Phaseolus mungo)*, hier ungeschält, werden in Indien viel angebaut.

Schält man die kleinen URDBOHNEN oder URID DAL, so wie hier, zerfallen sie häufig in ihre beiden Hälften.

Die kleinen, roten ADZUKIBOHNEN *(Vigna angularis)* werden beim Kochen sehr zart und schmecken leicht süßlich.

HÜLSENFRÜCHTE EINWEICHEN:

Getrocknete Bohnen, Erbsen oder Linsen müssen in der Regel vor dem Garen eingeweicht werden. Hülsenfrüchte in eine Schüssel füllen und mit kaltem Wasser bedecken.

Die Hülsenfrüchte nach 8 bis 12 Stunden in ein Sieb abgießen. Das Einweichwasser wegschütten, es enthält blähende, unverdauliche Stoffe (Raffinose, Stachyose).

Die exakte Einweichzeit von Hülsenfrüchten anzugeben ist schwierig. Kochfertig sind sie in jedem Fall dann, wenn sich ihr Volumen in etwa verdoppelt bis verdreifacht hat.

Die MOTTEN- oder MÜCKENBOHNE *(Phaseolus aconitifolius)*, in Indien beheimatet, trockenheitsresistente Sorte.

GRÜNE MUNG(O)BOHNEN *(Phaseolus aconitifolius)*, hier ungeschält, sind zumeist Basis für die »Sojasprossen«.

MOONG DAL, Mungbohnen, hier halbiert und geschält. Werden im Norden und Westen Indiens gern gegessen.

Immense Vielfalt: getrocknete Hülsenfrüchte – nach Farbe und Größe sortiert – an einem Marktstand in Mexiko. Das beeindruckende Angebot zeigt, wie wichtig Bohnen & Co. für die Küchen Mittel- und Südamerikas sind.

*(Phaseolus vulgaris)* an. Verwendung finden getrocknete Bohnenkerne, ebenso wie andere Hülsenfrüchte, oft für Eintöpfe, Suppen oder Pürees, aber auch für Salate. Doch nicht nur aus den süd- und mittelamerikanischen Küchen sind sie gar nicht wegzudenken, auch auf dem indischen Subkontinent werden »Dal« – so der Sammelbegriff für kleinsamige, relativ schnell garende Hülsenfrüchte – sehr häufig als Beilage oder Hauptzutat von Currys gereicht. Zu kaufen gibt es die getrockneten Proteinlieferanten wie Linsen, engl. lentil, frz. lentille, ital. lenticchia, span. lenteja, und Kichererbsen, engl. chick pea, gram, frz. poischiche, ital. cece, span. garbanzo, entweder ganz oder halbiert, ungeschält oder geschält. Letzteres hat zwar den Nachteil, dass sie beim Kochen häufiger zerfallen, doch sind Hülsenfrüchte ohne die harte, ballaststoffreiche Schale leichter verdaulich – wodurch sich die Folgen des unverdaulichen Kohlenhydrats Stachyose, das Blähungen und Unpässlichkeiten verursacht, erheblich verringern. Ob Bohnen oder Linsen, getrocknete Hülsenfrüchte müssen vor dem Kochen in aller Regel eingeweicht werden, wie links beschrieben – wie lange, das steht meistens auf der Packung, sonst einfach über Nacht. Da sie auch nach dem Einweichen beim Kochen ihr Volumen vergrößern, sollte man einen relativ großen Topf wählen. Wer seine Bohnen im Ofen garen will, gießt die Flüssigkeit nach und nach zu und lässt die Kerne köcheln, bis sie weich sind.

PERLBOHNE, in Frankreich für »Cassoulet«, in den USA für »Baked beans« verwendet. Mehlig kochend.

DICKE BOHNEN, SAUBOHNEN, FAVE *(Vicia faba)*. Mehlig kochend, gut für deftige Eintöpfe, Salate und Pürees.

FEUER- oder PRUNKBOHNEN werden vor allem in den subtropischen Gebirgslagen Mittelamerikas kultiviert.

APPALOOSA-BEANS, rotbraun- oder schwarz-beige gesprenkelt. Sie stammen aus dem Südwesten der USA.

KIDNEYBOHNEN, in Afrika und Amerika angebaut, dunkelrot, mehlig und süßlich. Speziell für »Chili con carne«.

BORLOTTI-BOHNEN, klein. Italienische, bräunlich-gesprenkelte Sorte. Weich kochend und leicht bitter-süß.

Die große bräunlich-rote BORLOTTI-BOHNE gehört in viele italienische Gerichte, etwa in die »Minestrone«.

WACHTELBOHNE. Die gesprenkelten, an Wachteleier erinnernden Samen sind mehlig, jedoch fest kochend.

LIMABOHNE, MONDBOHNE *(Phaseolus lunatus)*, stammt aus Peru. Wird beim Kochen weich, zerfällt aber nicht.

CANELLINI-BOHNEN, mittelgroß, weich kochend. In Italien (speziell in der Toskana) eine überaus beliebte Sorte.

SCHWARZE BOHNEN. In Mittel- und Südamerika ein wichtiges Nahrungsmittel. Zart und süß im Geschmack.

AUGENBOHNE, CHINABOHNE *(Vigna sinensis)*. Vielseitig und mild im Geschmack. Durch das schwarze oder …

… gelbe Auge, wie bei den YELLOW-EYE-BEANS, nicht zu verwechseln. Beliebt in den Südstaaten der USA.

Die schlanken Samen der BRAUNEN BOHNEN haben einen herzhaften Geschmack, gut für Suppen und Eintöpfe.

Sie strotzen nur so vor gesunden Inhaltsstoffen: SOJABOHNENSPROSSEN enthalten reichlich Vitamin A und E, Vitamine der B-Gruppe, außerdem Eisen, Phosphor, Kalium, Magnesium und Calcium. Der Name täuscht allerdings, denn diese für viele asiatische Gerichte unverzichtbare Zutat keimt nicht aus Soja-, sondern vielmehr aus den kleinen grünen Mung(o)bohnen.

## Frisch, knackig und mit immens viel Vitalstoffen – daher optimal im Winter: Keime und

# Spross

BUCHWEIZEN *(Fagopyrum esculentum)*. 1 bis 2 Std. einweichen, Keimdauer 3 bis 4 Tage, 1-mal/Tag wässern.

SENFSAMEN *(Sinapis alba)* 4 Std. einweichen, 3 bis 5 Tage keimen lassen, dabei 1-mal alle 1 bis 2 Tage wässern.

ROGGEN *(Secale cereale)*. Die Körner 6 bis 12 Std. einweichen, 2 bis 5 Tage keimen lassen, 1-mal täglich wässern.

HAFER *(Avena sativa)*. Die Körner 4 bis 8 Std. einweichen, dann 2 bis 5 Tage keimen lassen, 1-mal täglich wässern.

WEIZENKÖRNER *(Triticum)* 6 bis 12 Std. einweichen, 2 bis 5 Tage keimen lassen, dabei 1 x täglich wässern.

GERSTE *(Hordeum vulgare)* wird 6 bis 12 Std. eingeweicht. Keimdauer 2 bis 5 Tage, 1- bis 2-mal täglich wässern.

Gesund sind sie in der Tat: Zum einen, weil sie in den meisten Fällen roh verzehrt werden können, während die Samen ungekeimt, so etwa bei Hülsenfrüchten, nur gekocht genießbar sind. Außerdem vervielfacht sich während des Keimens der Gehalt an Mineralstoffen und Vitaminen. Daher können Sprossen den Speiseplan vor allem im Winter in geradezu idealer Weise bereichern: etwa als zusätzlicher Vitaminspender im Salat oder auch als Gemüse. Aber Achtung: kleine Menge, große Wirkung; es genügen meist schon 1/2 bis 1 EL Samen pro Portion. Nicht fehlen dürfen Sprossen auch – vornehmlich gekeimte Mungbohnen – bei den bunten Gemüsegerichten aus dem Wok oder der bekannten Frühlingsrolle. Die asiatischen Esskulturen wissen schon lange um das Geheimnis der unscheinbaren Keimlinge, und einen entsprechenden Stellenwert haben diese in den asiatischen Küchen. Doch auch hier zu Lande greift man immer öfter zu Sprossen und Co.; sie sind mittlerweile – bereits fertig gekeimt – in den Gemüseabteilungen der Super-

SPROSSEN KEIMEN: Die entsprechend lange eingeweichten Samen – in diesem Fall Weizen – in ein Sieb geben und kalt abbrausen. Die gewünschte Menge in die Keimfrischbox einfüllen und mit Wasser bedecken. Die Box besteht aus einer lichtdurchlässigen Plastikröhre und hat auf beiden Seiten einen Sieb-Schraubverschluss. Das hat den Vorteil, dass die Samen beim Keimen nicht zu feucht sind, überschüssiges Wasser kann ablaufen.

märkte anzutreffen. Wer in puncto Qualität sicher gehen will, der »züchtet« seine Sprossen einfach selbst. Mehrere Methoden und Gerätschaften stehen hier zur Wahl: Die wohl einfachste besteht darin, die gewünschte Menge an Samen in ein Einmachglas zu füllen, sie darin mit lauwarmem Wasser zu bedecken und das Glas mit einem Mulltuch luftdurchlässig zu verschließen. Nach der – je nach Samenart unterschiedlichen – Einweichzeit gießt man

en

das Wasser ab, spült mehrmals durch und füllt frisches Wasser ein. Nach 10 Minuten das Wasser abgießen und die Samen gut abtropfen lassen; sie sollten feucht, aber keinesfalls nass sein, da sie sonst schimmeln. Bei genügend Wärme (etwa 20 °C) und Licht wird nun ein Wachstumsprozess in Gang gesetzt. Nach ein paar Tagen können die Sprossen »geerntet« werden. Der Handel bietet übrigens eine ganze Reihe von unterschiedlichen Keimgeräten an, die sich in der Funktion aber alle gleichen; es gibt etwa stapelbare, lichtdurchlässige Schalen oder auch die so genannten Keimfrischboxen (oben im Bild). Zum Keimen geeignet sind unbehandelte Getreide-, Kräuter- oder Gemüsesamen. Manche, etwa Senf, Leinsamen oder Kresse, sondern allerdings nach dem Anfeuchten Schleim ab, der die Schlitze des Keimapparats verstopfen würde. Darum verteilt man solche Samen am besten auf einem flachen Teller und besprüht sie drei- bis viermal täglich mit Wasser. Hülsenfrüchtesprossen sollte man vor dem Verzehr blanchieren.

KÜRBISKERNE (*Cucurbita* sp.). Die Keimdauer für Kürbiskerne beträgt 3 bis 4 Tage, nur 1 x täglich wässern.

ADZUKIBOHNE (*Vigna angularis*), die Keimdauer beträgt etwa 5 Tage, dabei die Samen 2-mal täglich wässern.

SCHWARZE SOJABOHNE (*Glycine max.*). Eingeweichte Samen 4 bis 5 Tage keimen lassen, 2-mal/Tag wässern.

KICHERERBSE (*Cicer arietinum*). 6 bis 12 Std. einweichen, bis 5 Tage keimen lassen, 2- bis 3-mal täglich wässern.

KRESSE (*Lepidium sativum*). Samen 4 Stunden einweichen, Keimdauer 5 bis 6 Tage, 2- bis 3-mal/Tag befeuchten.

GELBE SOJABOHNE (*Glycine max.*). Die Samen einweichen und 4 bis 5 Tage keimen lassen. 1 bis 2 x wässern.

MUNGBOHNE (*Vigna radiata*). Die Samen keimen leicht, sie sind nach 3 bis 5 Tagen »fertig«, 2 x täglich wässern.

SONNENBLUMENKERNE (*Helianthus annuus*) 4 Std. einweichen, 3 bis 5 Tage keimen lassen, täglich 1 x wässern.

ALFALFA, LUZERNE (*Medicago sativa*). Nicht einweichen, 1- bis 2-mal täglich befeuchten, Keimdauer 4 bis 5 Tage.

KLEINE BRAUNE LINSEN oder BERGLINSEN, ähnlich wie die größeren Linsen rechts, etwas kürzere Einweichzeit.

RETTICH (*Raphanus sativus*). Samen 4 Std. einweichen, 3 bis 5 Tage keimen lassen, dabei 1 x täglich wässern.

LINSEN (*Lens culinaris*). 6 bis 12 Std. einweichen. Keimdauer 3 bis 4 Tage, pro Tag 1- bis 2-mal wässern.

BOCKSHORNKLEE (*Trigonella foenum-graecum*). 5 Std. einweichen. Täglich 1- bis 2-mal wässern, 3 Tage Keimzeit.

SESAMSAMEN (*Sesamum indicum*). 4 Std. einweichen, 3 bis 6 Tage dunkel keimen lassen, 1-mal pro Tag wässern.

LEINSAMEN (*Linum usitatissimum*). 4 Std. einweichen. Keimdauer 3 bis 6 Tage, 1- bis 2-mal täglich wässern.

SALATGURKEN *(Cucumis sativus)* erreichen eine Länge von 30 bis 40 cm. Angebaut werden sie weltweit, vielfach unter Glas. In Europa die am häufigsten angebotene Gurkensorte.

JAPANISCHE KURIGURKE. Äußerlich der Salatgurke ähnlich, und zu dieser Gattung zählt sie auch. Wird etwa 25 cm lang, mit dunkelgrüner, warziger Schale. Fischähnliches Aroma.

Auch die MINI-GURKEN sind eine Variante der Salatgurken. Sie werden nur 100 bis 250 g schwer und bis zu 15 cm lang. Aufgrund ihres ausgeprägten Aromas zunehmend beliebt.

SCHMORGURKEN. Freilandgurken, die sich aufgrund ihres festen, weniger wasserreichen Fleisches gut zum Kochen eignen. Sie zählen zur selben Gattung wie Salatgurken.

WEISSE GURKEN sind Verwandte der Salatgurke. Sie kommen nur relativ selten auf den Markt. Beliebt wegen des dekorativen Aussehens. Verwendet wie grüne Gurken auch.

BITTERGURKE, BALSAMBIRNE *(Momordica charantia).* Der hohe Gehalt an Bitterstoffen gab diesem Gemüse seinen Namen. Die Früchte der Bittergurke können je nach Sorte stark variieren. Hier eine Varietät mit relativ glatter Oberfläche. Geerntet werden die bis zu 30 cm langen Früchte in der Regel unreif, wenn die Schale noch hellgrün und die Samen hellbraun sind. Mit zunehmender Reife verfärben sie sich gelb und der bittere Geschmack verstärkt sich noch.

KORILA (*Cyclanthera pedata*). Diese Wildgurke stammt vermutlich aus Mexiko. Aufgrund des geringen Fruchtfleischanteils nennen sie die Indios »Pepino hueco« – hohle Gurke.

Die dünnen, bis zu 2 m langen SCHLANGENGURKEN *(Trichosanthes cucumerina)* schmecken leicht süßlich und finden als Suppeneinlage oder Kochgemüse Verwendung.

LUFFA *(Luffa acutangula).* In den Anbauländern ein beliebtes Gemüse, das roh, aber auch gekocht verzehrt wird. Charakteristisch sind die deutlich hervortretenden Längsrippen.

Die Heimat der Gurke, engl. cucumber, frz. concombre, ital. cetriolo, cetriolino, span. pepino, liegt vermutlich in Nordindien, an den Hängen des Himalaya. Einer anderen Theorie zufolge soll sie aus Afrika stammen – Wildformen gibt es hier wie dort. Sicher ist, so oder so, dass die Verwandten von Kürbis und Melone – alle gehören sie zur Familie der Cucurbitaceae – sehr Wärme liebend sind und daher außerhalb der Tropen und Subtropen häufig im Gewächshaus angebaut werden müssen. Dennoch sind die weltweit kultivierten Gurken heute ein wichtiges Gemüse, nehmen sie doch nach Tomaten, Kohl und Zwiebeln immerhin den vierten Platz ein. Die fleischigen Beerenfrüchte bestehen zwar vornehmlich – zu 96 bis 97 % – aus Wasser, der Rest hat aus ernährungsphysiologischer Sicht aber einiges zu bieten: zum einen sind sie mit nur 8 kcal/100 g sehr kalorienarm, zum anderen weisen sie einen hohen Gehalt an Kalium, Calcium, Phosphor und Eisen auf sowie an den Vitaminen A, $B_1$ und C. Weil Letztere in und dicht unter der Schale sitzen, sollten junge Gurken nicht, ältere nur dünn geschält werden. Gurkensaft enthält außerdem einen Wirkstoff, der die Durchblutung der Haut anregt und deshalb auch in der Kosmetik Verwendung fin-

# Gurken

## Nur wenige kennen hier zu Lande die ganze Palette des angenehm erfrischenden Gemüses.

det – etwa als »Gurkenmilch« oder »-maske«. Manche der unzähligen Gurkenarten und -sorten schmecken mehr oder weniger bitter; so sind etwa Freiland-Einlegegurken meist bitterer als Salatgurken. Grund dafür ist der Bitterstoff Elaterimid. Die Bitterkeit tritt zuerst am Stielansatz auf, im Zweifel empfiehlt sich daher, vor der Verwendung im Salat oder als Gemüse hier eine Geschmacksprobe vorzunehmen.

KIWANO, HORNMELONE *(Cucumis metuliferus).* Eine wohlschmeckende afrikanische Wildgurkenart. Erinnert im Geschmack an eine Mischung von Banane, Limette und Gurke.

EINMACHGURKEN zählen zur Gattung der Salatgurken *(Cucumis sativus)* und werden – je nach Größe und Art der Konservierung – unterschiedlich genannt. Von oben nach unten: INDUSTRIEGURKEN (rechts oben) haben bei der Ernte schon eine gewisse Größe und werden etwa zu Senf-, Honiggurken oder anderen Gurkenkonserven verarbeitet. DELIKATESSGURKEN (Mitte) wiederum sind ein bisschen kleiner, und die meist recht pikant eingelegten CORNICHONS (rechts unten) sind die kleinsten der Familie.

# Zucchi

Konkurrenzlos vielseitig
und dabei äußerst
anpassungsfähig:
Ob rund oder länglich,
die kleinen Kürbisgewächse machen
immer eine gute Figur.

SCHLANGENGURKEN (*Trichosanthes cucumerina* var. *anguina*, im Bild ganz oben) können verdreht bizarre Formen annehmen. Oft werden sie daher während der Wachstumsphase mit Gewichten beschwert. Diese etwa 10 cm lange Varietät der BITTERGURKE oder BALSAMBIRNE (im Bild darunter) ist in den Anbauländern – kultiviert wird sie in der Karibik, Südostasien und China – ein geschätztes Gemüse. Charakteristisch ist ihre stachelwarzig gefurchte Schale.

Auch die ZUCCHINIBLÜTEN sind essbar. Gefüllt oder ausgebacken gelten sie gar als besondere Delikatesse. Zum Füllen eignen sich besonders die großen weiblichen Exemplare, zum Ausbacken wählt man eher die kleineren männlichen Blüten.

# ni

Tatsächlich sind sie mit dem Riesenkürbis – ital. zucca – eng verwandt, die kleinen grünen, weißen oder gelben Beerenfrüchte. Daher auch der Name: Im Italienischen heißen diese nämlich Zucchine – und diese Bezeichnung hat sich, in leicht veränderter Form, mit einem »i« am Ende, mittlerweile so gut wie überall durchgesetzt. Aus kulinarischer Sicht haben Zucchini (*Cucurbita pepo* var. *giromontiina*), engl. und frz. courgette, ital. zucchina, span. zucchini, mindestens hier zu Lande einen rasanten Aufstieg hinter sich: Vor 30 Jahren noch weitgehend unbekannt, sind sie heute aus dem Supermarktsortiment gar nicht mehr wegzudenken; im Mittelmeerraum dagegen wird das Gemüse seit jeher geschätzt. Am besten schmecken Zucchini jung geerntet, nicht länger als 15 bis 20 cm, weil sie dann besonders zart sind. Die hellen Kerne im Fruchtfleisch kann man übrigens bedenkenlos mitessen. Verarbeitet man die Früchte roh, wobei ihr leicht nussiges Aroma zur Geltung kommt, gilt dies umso mehr, denn je größer sie sind, desto faseriger wird das Fleisch. Bis zu 2 kg schwere und 40 cm lange Kolosse sind für die Küche weniger geeignet – Hobbygärtner sollten im Zweifel lieber früher ernten. Gegart schmecken Zucchini weitgehend neutral, gerade deshalb empfehlen sie sich für vieles als der ideale Begleiter: Ob zu Geflügel oder Fisch, zu Eiern, Nudeln oder Fleisch, das geschmackstolerante Gemüse passt – häufig mediterran gewürzt – einfach zu allem. Und gesund ist es obendrein: Neben Kohlenhydraten sind Eiweiß, Calcium, Phosphor, Eisen, Provitamin A sowie Vitamin C seine wichtigsten Inhaltsstoffe.

RUNDE GRÜNE ZUCCHINI unterscheiden sich im Geschmack nicht von den länglichen Sorten, sind jedoch aufgrund ihrer Form hervorragend zum Füllen geeignet.

RONDINI *(Cucurbita pepo)* sind den Zucchini nahe verwandt, doch unterscheidet sich diese Gemüsekürbisart in der Verwendung: Sie ist nicht zum Rohverzehr geeignet.

LÄNGLICHE GRÜNE ZUCCHINI, mehr oder minder hell gesprenkelt, sind das ganze Jahr im Angebot. Beim Einkauf auf gerade, feste Früchte mit makelloser Schale achten.

RUNDOVALE GRÜNE ZUCCHINI der Sorte 'Tondi di Nizza'. Sie halten sich – wie alle Zucchiniarten – im Gemüsefach des Kühlschranks gut zwei bis drei Wochen frisch.

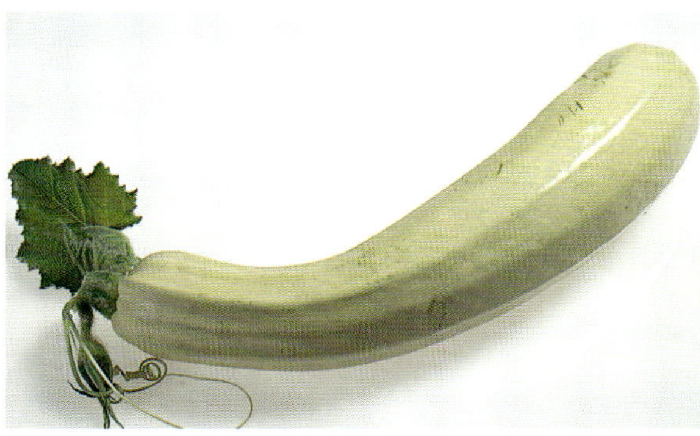

LÄNGLICHE, HELLGRÜNE ZUCCHINI der Sorte 'Long White Bush'. Egal, welche Farbe die Schale auch hat, allen Sorten gemeinsam ist das weiße bis hellgrüne Fruchtfleisch, ...

... das entfernt an Gurke erinnert, jedoch wesentlich weniger Wasser enthält und daher fester ist – so auch hier bei den LÄNGLICHEN HELLGRÜNEN ZUCCHINI aus der Türkei.

DUDHI *(Lagenaria siceraria)*. Heller, schlanker Flaschenkürbis aus Indien. Schon die Form lässt die Verwandtschaft zu Zucchini erkennen. Wird wie diese ungeschält zubereitet.

LÄNGLICHE GELBE ZUCCHINI nennt man in den USA passenderweise 'Goldrush'. In Geschmack und Verwendung unterscheiden sie sich jedoch nicht von den grünen Sorten.

Die etwa 25 cm lange SCHWAMMGURKE *(Luffa cylindrica)*, die bekannteste unter den rund 10 verschiedenen Luffa-Arten. Längsrippen sind hier nur andeutungsweise vorhanden.

GRÜNE CHAYOTEN *(Sechium edule)*, ein in Mittel- und Südamerika beheimatetes Kürbisgewächs mit festem, leicht süßlichem Fruchtfleisch, das schon die Azteken schätzten.

Halloween ist Kürbiszeit: Dann haben in den USA – und nicht nur dort – die Gutmütigen, zur Fratze geschnitzt, bemalt, ausgehöhlt und von innen beleuchtet, ihren großen Auftritt. In der »Nacht der bösen Geister«, vom 31. Oktober auf den 1. November, soll der Kürbis nämlich das Haus vor Spuk und ungebetenen Eindringlingen schützen.

# Kürb

## Keine Angst vor den Gemüseriesen – in Spalten geschnitten lassen sie sich gut verarbeiten.

Von oben nach unten – Speisekürbis der Sorte 'SWEETIE PIE' mit gelber Schale; Moschuskürbis der Sorte 'HOKKAIDO'; darunter 'SWEETIE PIE' mit dunkelgrüner Schale, ein BUTTERNUSSKÜRBIS mit heller Schale sowie ein MOSCHUSKÜRBIS mit graubrauner Schale.

Welche Bedeutung dem Kürbis weltweit zukommt, lässt sich schon daran erkennen, dass er der großen Familie, zu der auch Melonen und Gurken gehören, den Namen gegeben hat. Rund um den Globus existieren Hunderte von Sorten, die sich teilweise nur geringfügig unterscheiden. Die Botaniker teilen sie in fünf Arten ein: einmal in den aus Südamerika stammenden Speise- oder Riesenkürbis *(Cucurbita maxima)*, engl. pumpkin, winter squash, frz. potiron, courge, ital. zucca, span. ahuyama, zapallo. Der wird heute vor allem in den USA, aber auch in China, Japan und in Europa kultiviert. Sein Fruchtfleisch steckt unter einer harten Schale, ist lange haltbar und überaus vielseitig verwendbar; zum Rohessen ist er jedoch ungeeignet. Aus den Samen dieser Kürbisart gewinnt man das aromatische, angenehm nussig schmeckende Kürbiskernöl; in Südeuropa knabbert man die Kerne auch einfach so. Weitere Gattungen sind der Feigenblattkürbis *(Cucurbita ficifolia)*, der jedoch als Gemüse kaum Bedeutung hat – anders als die vielfältigen Formen des Ayote *(Cucurbita mixta)*, einer Kürbisart, die vor allem in Mittel- und Südamerika verbreitet ist. Aus kulinarischer Sicht interessant sind auch die beiden folgenden Arten, der Moschuskürbis *(Cucurbita moschata)*, von dem es sehr viele Formen gibt und dessen Kennzeichen sein orangefarbenes aromatisches Fruchtfleisch ist, sowie der Gartenkürbis *(Cucurbita pepo)*, der schließlich die am weitesten verbreitete Kürbisart ist. Hilfreich für den Verbraucher ist die viel einfachere Unterscheidung in Sommer- und Winterkürbisse: Erstere zählen zur Art *C. pepo*, sind kleiner im Wuchs und an ihrem hellen Fruchtfleisch sowie der dünnen Schale zu erkennen – sie müssen nicht geschält werden. Anders die Winterkürbisse, die entweder der Art *C. moschata* oder *C. maxima* angehören, eine feste Schale haben und zumeist geschält werden.

WACHSKÜRBIS *(Benincasa hispida)*. Ausgewachsen ist er von einer Wachsschicht überzogen und dadurch länger haltbar. Wird unter dem Namen WINTERMELONE gehandelt.

Kürbissorten in allen Farben, Formen und Größen, hier vom Riesenkürbis bis zum kleinen Patisson, lassen sich wunderbar zu einem stimmungsvollen Herbstbild arrangieren.

SPEISEKÜRBIS der Sorte 'TÜRKENTURBAN'. Obwohl er so aussieht, kein Zierkürbis, sondern sehr schmackhaft.

MOSCHUSKÜRBIS, stark gerippte Sorte mit orangefarbenem und aromatisch-feinem Fruchtfleisch.

bis

SPEISEKÜRBIS, Sorte 'GHOST RIDER'. Ein runder, leicht gerippter Kürbis mit orangegrün gemusterter Schale.

Auffällig ist diese SPEISEKÜRBISSORTE mit der warzigen Schale. In der Verwendung wie andere Speisekürbisse.

SPEISEKÜRBIS der Sorte 'BIG MAX'. Der große, feste, nur andeutungsweise gerippte Fruchtkörper ist lange haltbar.

MOSCHUSKÜRBIS. Hier eine stark gerippte Sorte mit dunkler, grünblauer Schale und gelbem Fruchtfleisch. Wird aufgrund seines feinen Aromas auch Muskatkürbis genannt.

Der SPAGHETTI-KÜRBIS verfärbt sich mit fortschreitender Reife gelb und bildet langfaseriges Fruchtfleisch aus.

'GELBER ZENTNER', ein Riesenkürbis, der seinem Namen alle Ehre macht: Bis zu 50 kg bringt er auf die Waage.

Optisch etwas Besonderes ist dieser glockenförmige MOSCHUSKÜRBIS mit seiner stark gerippten Schale.

GEFLECKTER MOSCHUSKÜRBIS aus Thailand. Diese flachrunde, gelbfleischige Sorte ist die Basis vieler thailändischer Kürbiszubereitungen. Wohlschmeckend und aromatisch.

EICHELKÜRBIS, auch bekannt unter seinem englischen Namen »Acorn squash«. Rundoval und leicht gerippt.

'BUTTERBALL', japanische Riesenkürbis-Hybridsorte mit nur 15 cm Durchmesser. Verfärbt sich reif orange.

Der BUTTERNUSSKÜRBIS zählt zu den Moschuskürbissen; wegen seines buttrig-weichen Fleisches sehr geschätzt.

KLEINE MOSCHUSKÜRBISSE der Sorte 'Jack Be Little'. Die orangefarbenen Minis eignen sich wunderbar als Portionskürbis oder – vor ihrem Auftritt in der Küche – als Dekoration.

PATISSONS, auch KAISER- oder BISCHOFSMÜTZEN genannt, zählen zur Gruppe der Gartenkürbisse.

GRÜNE MINI-PATISSONS können – wie Zucchini – mitsamt der Schale verwendet werden. Dadurch sind sie, genau ...

... wie die GELBEN MINI-PATISSONS, für die Gemüseküche sehr attraktiv, besonders gut schmecken sie gefüllt.

Gesund, beliebt und preiswert: Rot- und Weißkohl zählen in Deutschland nach wie vor zu den Gemüsefavoriten.

ROTKOHL, BLAUKRAUT (*Brassica oleracea* convar. *capitata*) hat festere Köpfe als Weißkohl und viel Vitamin C.

WIRSING (*Brassica oleracea* convar. *capitata* var. *sabauda*) hat, je nach Sorte, mehr oder weniger krause Blätter.

FRÜHWIRSING, ab Mai im Handel, bildet einen kleinen, fast blütenförmig gekrausten Kopf mit hellem, zartem Herz.

Beim BLUMENKOHL, KARFIOL (*Brassica oleracea* convar. *botrytis* var. *botrytis*), engl. cauliflower, frz. chou-fleur, ital. cavolfiore, span. coliflor, handelt es sich um den noch nicht voll entwickelten Blütenstand der Pflanze. Weiß bleibt er dadurch, dass die großen grünen Hüllblätter über dem Kopf zusammengebunden oder -geknickt werden.

Die Kreuzblütler (Cruciferae, Brassicaceae) sind eine große Familie, zu der 380 verschiedene Gattungen gehören, darunter neben Senf, Rettich und Kresse vor allem die zahlreichen, rund um den Globus kultivierten Kohl- und Rübenarten – vom Blumenkohl über Brokkoli bis hin zu Weiß- und Rotkohl. Da ist für jeden etwas dabei: Wem der teils doch sehr ausgeprägte Geschmack des Kohls, engl. cabbage, frz. chou, ital. cavolo, span. repollo, zu intensiv ist, dem seien die zarten, zurückhaltenderen Sorten aus Asien empfohlen. Zubereiten lassen sich Kraut und (weiße) Rüben, engl. turnip, frz. navets, ital. navone, span. nabo, auf jeden Fall überaus abwechslungsreich.

## Das Gemüse für alle Tage: preisgünstig, einfach in der Zubereitung und meist sehr vitaminreich.

# Kohl

WEISSKOHL, WEISSKRAUT (*Brassica oleracea* convar. *capitata* var. *alba*), engl. white cabbage, frz. chou blanc, ital. cavolo bianco, span. repollo blanco, ist das ganze Jahr über erhältlich und als Rohkost, milchsauer vergoren (Sauerkraut) oder auch als Gemüse sehr beliebt.

'ROMANESCO', grüne Blumenkohlsorte mit »türmchenartiger« Struktur, wird auch als Minarettkohl gehandelt.

MAIRÜBEN (*Brassica rapa* subvar. *majalis*) sind die feinsten unter den Speiserüben. Blätter wie Spinat zubereiten.

SENFSPINAT *(Brassica perviridis)* kann man wie Spinat verwenden, etwa zum Dünsten, Rohessen oder Gratinieren.

PAK-CHOI, CHINESISCHER SENFKOHL *(Brassica chinensis)* bildet keinen geschlossenen Kopf, eignet sich zum Dünsten, schmeckt aber auch als Rohkost. Nichts für lange Garzeiten.

VIOLETTER BLUMENKOHL. Bunter Blumenkohl ist der Sonne ausgesetzt und reicher an Vitamin C als der weiße.

HERBSTRÜBEN (*Brassica rapa* subvar. *rapifera*), hier der Sorte 'Runde Weiße Rotköpfige'. Gut püriert oder im Eintopf.

CIMA DI RAPA, STÄNGELKOHL (*Brassica rapa* var. *cymosa*) hat neben dem Kohlgeschmack auch eine bittere Note.

CHINAKOHL, JAPANKOHL *(Brassica pekinensis)*, hochoval in der Form. Von anderen Kopfkohlarten unterscheidet er sich erstens durch den fehlenden Strunk sowie durch ...

SENFKOHL, BLATTSENF, AMSOI (*Brassica juncea* ssp. *integrifolia*), wird viel in Südostasien kultiviert. Würzig-bitter.

KABU, JAPANISCHE RÜBE, äußerlich von der Mairübe kaum zu unterscheiden, allerdings schärfer als diese.

SCHNITTKOHL (*Brassica napus* var. *pabularia*). Ähnelt geschmacklich dem Wirsing, wird wie dieser zubereitet.

... seine leichte Verdaulichkeit. Japankohl ist eine Hybridsorte mit besserem Geschmack und regelmäßigem Wuchs, die ebenfalls als CHINAKOHL, hier oval, in den Handel kommt.

BROKKOLI (*Brassica oleracea* convar. *botrytis* var. *italica*), wesentlich vitaminreicher (Vit. C, Carotin) als Blumenkohl.

TELTOWER RÜBCHEN (*Brassica rapa* subvar. *pygmaea*), Zwergform der weißen Rüben. Schmeckt süßlich-mild.

GRÜNKOHL (*Brassica oleracea* convar. *acephala* var. *sabellica*) hat den höchsten Eiweißgehalt unter den Kohlsorten.

CAVOLO NERO oder SCHWARZKOHL nennen die Italiener diese dunkle Grünkohlvarietät (*Brassica oleracea* convar. *acephala* var. *virides*). Wird zubereitet wie Grünkohl.

VIOLETTER BROKKOLI ähnelt dem violetten Blumenkohl. In Italien beliebt, hier zu Lande jedoch kaum zu finden.

ROSEN-, SPROSSENKOHL (*Brassica oleracea* convar. *oleracea* var. *gemmifera*). Lose und geputzt im Handel.

Ob blau oder grün (rechts), KOHLRABI oder RÜBKOHL (*Brassica oleracea* convar. *acephala* var. *gongylodes*), ...

... engl. kohlrabi, frz. chou rave, colrave, ital. cavolo rapa, span. colinabo, haben immer weißes, knackiges Fruchtfleisch und unterscheiden sich nicht im Geschmack.

## Die einen süßlich-mild, die anderen brennend scharf – Wurzeln von Rote Bete bis Wasabi und noch mehr

# Rettich

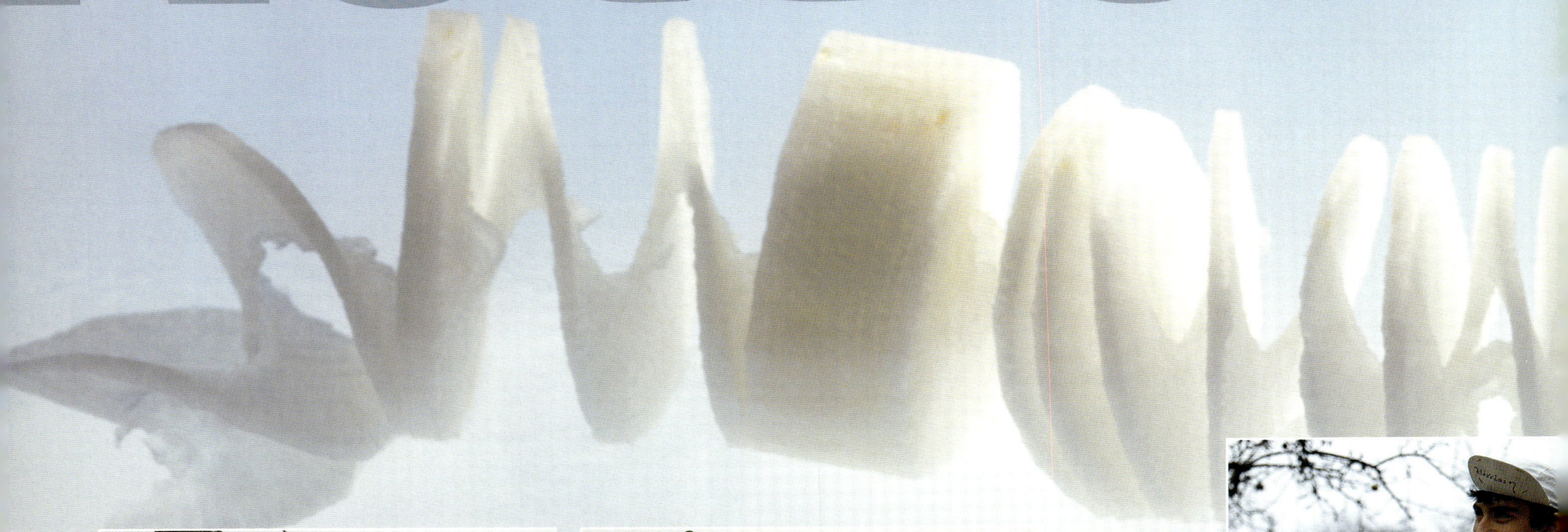

ROTE BETE (*Beta vulgaris* ssp. *vulgaris* var. *conditiva*) ist hier zu Lande ganzjährig am Markt. Aufgrund des angenehm säuerlichen Aromas sowie ihres Gehalts an Vitaminen ...

DAIKON-KRESSE wird aus den Samen des Daikon-Rettichs gezogen; es handelt sich dabei also um Rettich-Sprossen. In Verwendung und Geschmack ähnlich wie Gartenkresse.

MEERRETTICH (*Armoracia rusticana*) kommt nur in geringen Mengen frisch auf den Markt, der Rest wird industriell verarbeitet.

... und Mineralstoffen beliebt. Allerdings enthalten ROTE BETE, engl. beetroot, frz. betterave rouge, ital. barba bietola da orto, span. remolacha hortelana, häufig auch viel Nitrat.

MEERKOHLSPROSSE (*Crambe maritima*), etwa 20 cm lang. Wächst an den Küsten Nord- und Westeuropas wild, in den Handel gelangt jedoch nur kultivierte, gebleichte Ware.

WASABI, JAPANISCHER MEERRETTICH (*Eutrema wasabi*). Seine Rhizome liefern ein Meerrettich-ähnliches Gewürz, das entweder roh gerieben oder in Pulverform verwendet wird.

RETTICH (*Raphanus sativus* var. *niger*), hier eine rote Sorte, gibt es in verschiedenen Farben – sie hat jedoch auf den Geschmack keinen Einfluss.

HALBLANGE ROTE und WEISSE RETTICHE kommen bei uns ab Mai frisch – zu erkennen am Grün – bündelweise auf den Markt. Sie braucht man nicht zu schälen, Waschen genügt.

SCHWARZE RETTICHE, WINTERRETTICHE – hier die Sorte 'Runder Schwarzer Winter' – haben sehr festes Fleisch und eignen sich daher zum Lagern. Müssen geschält werden.

DAIKON-RETTICH (*Raphanus sativus* var. *longipinnatus*), milder als westliche Arten. In Ostasien zählt er zu den wichtigsten Gemüsearten. Lang und schlank, wiegt meist etwa 2 kg.

'EISZAPFEN' oder 'BLANCHE TRANSPARENTE' wird diese lange weiße Radieschensorte genannt, die nicht nur im Aussehen, sondern auch im Geschmack an Rettich erinnert.

Der Volksmund weiß: »Was scharf schmeckt, ist gesund« – und liegt damit genau richtig. Kein Wunder, dass der Rettich, engl. radish, frz. radis, ital. rafano, span. rabano, schon im Mittelalter als Heil- und Würzpflanze geschätzt war. Verantwortlich für seine Schärfe und auch die gesundheitsfördernde Wirkung sind in erster Linie die in ihm enthaltenen Senföle (Allyl-, Butylsenföl, Thiocyanat): Sie wecken den Appetit, fördern die Verdauung und werden auch bei Leber- und Gallenleiden empfohlen. Rettich isst man hier zu Lande überwiegend roh, wohl auch, weil beim Erhitzen der typische Rettichgeschmack – und damit der Großteil an ätherischen Ölen – verschwindet. In Ostasien zählt Rettich zu den Gemüsefavoriten, dort werden allerdings mildere Sorten angebaut; man genießt ihn sowohl gekocht als auch roh. Ein weiterer Kandidat, der einem Tränen in die Augen treiben kann, ist der aus Ost- und Südosteuropa stammende Meerrettich, engl. horse radish, frz. raifort, ital. barbaforte, ramolaccio, span. rabano picante. Die langen Wurzeln sind so scharf, dass Arbeiter in der Verarbeitungsindustrie gar Atemschutzmasken tragen müssen. Am intensivsten schmeckt er roh gerieben.

'MÜNCHNER WEISSER TREIB UND SETZ', eine kurze, gedrungene weiße Rettichsorte mit ausgeprägt aromatischem Geschmack. Erfreut sich in Bayern großer Beliebtheit.

RADIESCHEN (*Raphanus sativus* var. *sativus*), engl. small radish, frz. petit radis, ital. ravanello, span. rabanito, gibt es in verschiedenen Farben, das Fleisch ist jedoch immer weiß.

CHINESISCHER RETTICH – hier in seiner Ursprungsform. Kennzeichen der etwa 30 cm langen Rübe ist ihr stumpf auslaufendes Ende. In China als Kochgemüse geschätzt.

'WEISSPUNKTRADIESCHEN', in Frankreich besonders beliebte Sorte. Für die Schärfe sorgen auch hier Senföle, wobei Freilandware meist schärfer ist als Treibhausware.

KOPFSALAT (*Lactuca sativa* var. *capitata*) hat einen festen Kopf mit kräftigen Außenblättern. Frisch im Geschmack.

Auch der ROTE KOPFSALAT wird zunehmend beliebter, seine Blätter sind noch zarter als diejenigen des grünen.

'ROUGETTE DE MONTPELLIER' ist eine extrem kleine, rotblättrige Kopfsalatsorte aus Frankreich mit grünem Herz.

FELDSALAT, ACKERSALAT, RAPUNZEL (*Valerianella locusta*) – engl. corn-salad, frz. boursette, ital. valerianella dolcetta, span. valerianella ruipone – wird in der Schweiz als NÜSSLISALAT gehandelt. Aus ernährungsphysiologischer Sicht sind die kleinen Rosetten sehr wertvoll, besonders im Hinblick auf ihren Mineralstoff- (Eisen) und Vitamingehalt (C).

'LITTLE GEM', ein kleine, dem Romana ähnliche Sorte mit kompakten, leicht süßlichen Salatherzen, die meist ohne Umblätter angeboten wird. Besonders beliebt in Großbritannien.

PFLÜCKSALAT, SCHNITTSALAT (*Lactuca sativa* var. *crispa*) nennt man Salate, die keinen Kopf ausbilden. Hier die Sorte 'Grand Rapids' aus Holland. Teils auch im Topf angeboten.

## Frisch und knackig muss es sein, das »Grünzeug«, dann aber ist es, serviert mit einer leichten Vinaigrette, kaum zu übertreffen:

# Salat

Salate, ob grün oder rot, sind heute beliebter denn je: als leichte, bekömmliche, gesunde und, vor allem, kalorienarme Kost. Wichtig ist nur, sowohl was die Vitamine als auch den Geschmack anbelangt, wirklich topfrische Ware zu erwischen. Daher lieber nicht auf eine bestimmte Sorte setzen, sondern im Zweifel zu einer Alternative greifen. Und das dürfte bei der derzeitigen Riesenauswahl kein Problem sein, bereichern doch seit ein paar Jahren eine Menge an Neuzüchtungen den Markt. Zudem komplettieren Importe das jeweilige Angebot. Die meisten Salate lassen sich zwei großen Gruppen zuordnen: Einmal der Lattichfamilie; zu ihr gehören unter anderem die zarten Sorten, etwa Kopfsalat, engl. head lettuce, frz. laitue pommée, ital. lattuga cappuccio,

ROMANA-SALAT, SOMMERENDIVIE (*Lactuca sativa* var. *longifolia*). Aufrecht wachsend, dunkle Außenblätter und gelbes Herz. Runde Sorten – wie hier – werden bis zu 35 cm, ...

... ovale Sorten bis zu 40 cm hoch. Die Blätter sind kräftiger als beim Kopfsalat, darum ist Romana auch länger haltbar, gekühlt bis zu 3 Tagen. Wird mancherorts auch gedünstet.

Gut zu erkennen ist an diesem aufgeschnittenen ROMANA das gelbgrüne Herz; die hellere Farbe entsteht durch Lichtentzug. Musste man früher die Hüllblätter noch zusammenbinden, ist dies bei neueren Sorten nicht mehr nötig, sie sind selbstschließend. Romana hat übrigens einen hohen Vitamin-C-Gehalt.

span. lechuga, aber auch Eichblattsalat und andere Pflück- oder Blattsalate, die keinen Kopf ausbilden. Zur Gattung Lactuca zählen die robusteren Sorten wie der Romana oder der knackige Eissalat. Ihren Namen verdanken Lattichgewächse dem ihnen eigenen Milchsaft (lactuca von lat. lac = Milch), dessen beruhigende Wirkung schon die Römer in der Antike kannten. Die zweite große Gruppe umfasst die Endivien, engl. endive, frz. chicorée frisée, ital. indivia, span. endibia; sie zählen botanisch jedoch zu den Zichoriengewächsen – hierzu auf der nächsten Seite mehr – und weisen daher alle deren typische, leicht bittere Note auf. Mit diesen beiden wiederum wenig zu tun hat der Feldsalat, der eigentlich ein Kraut ist und erst seit etwa 100 Jahren kultiviert wird.

GLATTE ENDIVIE, WINTERENDIVIE, ESCARIOL (*Cichorium endivia* var. *latifolium*). Leicht bitter, relativ gut haltbar.

KRAUSSALAT ist eine neuere niederländische Züchtung aus Batavia- und Kopfsalat mit großen lockeren Köpfen.

HARLEKIN, SCHNABELSALAT der Sorte 'Carnival'. Ein Blattsalat mit stark geschlitzten und recht zarten Blättern.

FRISÉE-SALAT, KRAUSE ENDIVIE (*Cichorium endivia* var. *crispum*), hier eine Mini-Sorte, leicht bitter im Geschmack.

LOLLO ROSSA zählt – trotz des gegenteiligen Eindrucks, zu den Pflücksalaten. Erntet man die Blätter einzeln, ...

CRISPSALAT ist ein relativ krauser Eissalattyp, der vorwiegend in den Niederlanden unter Glas kultiviert wird.

GRÜNER FRISÉE hat ebenfalls die leicht bittere Note der Endiviensalate. Vorwiegend im Winter auf dem Markt.

... wächst der Salat immer wieder nach, auch beim LOLLO BIANCA. Beide unterscheiden sich nicht im Geschmack.

ROTER EISSALAT wird erst seit einiger Zeit vermehrt angeboten. Er ist ebenso knackig wie die grünen Sorten.

BATAVIA-SALAT, Kopf bildend, neuerer Eissalattyp. Liegt zwischen Kopf- und Eissalat, weniger knackig als dieser.

EICHBLATTSALAT der Sorte 'Salad Bowl' mit gelbgrünen, zarten Blättern. Angenehm im Geschmack, jedoch ...

EISSALAT, halbiert, wie er bei uns im Winter im Angebot ist: ohne Umblätter, fest, mit blass- bis gelbgrünem Herz.

NOVITA, relativ neue Blattsalatzüchtung aus den Niederlanden mit zarten Blättern. Nicht lange haltbar.

... nur sehr kurz haltbar. Auch den ROTEN EICHBLATTSALAT sollte man nicht länger als 1 Tag aufbewahren.

GRÜNER EISSALAT. Diese Sorte bildet feste Köpfe aus und kommt zumeist mit den Umblättern auf den Markt.

So mundet Chicorée ganz vorzüglich: Halbiert, in eine Auflaufform gelegt und mit Weißwein und Geflügelfond geschmort. Beliebt ist auch eine Kombination mit Schinken.

Die Sprosse der TREIBRÜBEN – hier vom Roten Chicorée – stehen dicht an dicht in Kästen. Ihre Anzucht erfolgt in Spezialbetrieben, auf den Markt kommen sie im Februar und März.

Beim ROTEN CHICORÉE (*Cichorium intybus* var. *foliosum*) handelt es sich um eine relativ junge Kreuzung aus Chicorée und Radicchio. Beim Erhitzen verliert er seine Farbe.

# Zichori

## sind ein Gemüse für alle, die's bitter mögen und daher eindeutig Liebhabersache.

CHICORÉE (*Cichorium intybus* var. *foliosum*), engl. witloof chicory, frz. chicorée, ital. cicoria belgia, span. achicoria, sollte lichtgeschützt aufbewahrt werden. Denn je mehr sich die Blätter ins Grüne verfärben, desto bitterer schmeckt er. Daher werden die Sprosse auch in abgedunkelten Treibräumen kultiviert. Vor der Zubereitung wird in aller Regel der Strunk entfernt, dann kann man Chicorée – wie die meisten Zichorienarten – entweder roh als Salat, gut schmeckt er etwa in Kombination mit Früchten, oder auch geschmort, gedünstet oder mit Béchamelsauce überbacken auf den Tisch bringen.

Viele schätzen jedoch gerade die herb-bittere Note, die allen Zichoriengewächsen eigen ist, und die mal mehr, mal weniger ausgeprägt zum Vorschein kommt. Sie rührt von dem in den Blattrippen enthaltenen Bitterstoff Intybin her, dem eine verdauungsfördernde Wirkung nachgesagt wird. Die Stammpflanze der Zichoriengewächse *(Cichorium intybus)*, die zur Gattung der Korbblütler (Compositae, Familie Asteraceae) gehören, ist die blau blühende, an Wegrändern und Feldrainen vorkommende Wilde Wegwarte, die heute noch von Europa über Nordafrika bis nach Asien anzutreffen ist. Aus ihr haben sich im Lauf der Zeit die verschiedenen Kulturformen entwickelt. Hierzu zählen die Wurzelzichorie (*Cichorium intybus* var. *sativum*) und die Salatzichorie (*Cichorium intybus* var. *foliosum*), deren Blätter und Wurzeln zunächst als Futterpflanze genutzt wurden, bevor man dann im 16. Jahrhundert entdeckte, dass Letztere sich auch als Kaffee-Ersatz eigneten. Zichorienkaffee erfreut sich übrigens in letzter Zeit bei Naturkostfreunden

en

zunehmender Beliebtheit. Zur Gruppe der Salatzichorien zählen die meisten hier abgebildeten Arten. Angefangen bei der Herbstzichorie, deren Bittergeschmack mit fortschreitender Reife zurückgeht, über die Kopf- oder Rosettenzichorien, wozu auch sämtliche Radicchiovarietäten zählen, sodann die Blattzichorien – ihr berühmtester Vertreter ist der italienische Catalogna – und die mehr Bitterstoffe enthalten als alle anderen Zichorienarten, bis hin zu den Treib- oder Bleichzichorien. Zu diesen gehört der Chicorée, dessen Entdeckung der Überlieferung nach auf einem Zufall beruht: Nach der Ernte lagerten belgische Bauern Zichorienwurzeln in der Erde ein, die dann in den Wintermonaten plötzlich wunderbar zarte Sprosse hervorbrachten. Nach diesem Zwei-Phasen-Prinzip funktioniert die Chicorée-Produktion bis heute: Zunächst erfolgt die Anzucht der Treibrüben, bevor mit dem Austreiben der hellen oder auch roten Sprosse dann die eigentliche Produktion beginnt.

HERBSTZICHORIE der Sorte 'Zuckerhut'. Ihren Namen verdankt sie nicht ihrem Geschmack – denn sie ist wie alle Zichorien bitter –, sondern vielmehr der spitzen Kopfform.

Die BLATTZICHORIE, CATALOGNA (*Cichorium intybus* var. *foliosum*) wird in Europa vor allem südlich der Alpen kultiviert. Charakteristisch sind die löwenzahnähnlichen Blätter, ...

ROTER CICORINO wird, wie auch der Grüne, vorwiegend in Italien angebaut. Beliebt ist er aufgrund seines hohen Anteils an Bitterstoffen, der viel höher ist als bei Rotem Chicorée.

... die je nach Sorte mehr (ganz oben) oder weniger stark (oben) eingekerbt sein können. Schmeckt roh im Salat, aber auch blanchiert und in Olivenöl und Knoblauch gedünstet.

GRÜNER CICORINO, hier der Sorte 'A grumolo verde', ist eine leicht bittere, wohlschmeckende Rosettenzichorie. Sie kommt in Italien im zeitigen Frühjahr auf den Markt.

CATALOGNA DI GALATINA, eine Blattzichorien-Spezialität aus Italien, bei der im Winter aus dem Innern der Pflanze die etwas bizarr aussehenden, knackigen Sprosse wachsen.

CICORIA DI SONCINO heißt diese Wurzelzichoriensorte aus Italien. Sie kann vom Herbst bis ins Frühjahr, ganz nach Bedarf, aus dem Boden gezogen werden. In der Küche ...

KULTUR-LÖWENZAHN *(Taraxacum officinale)*, engl. dandelion, frz. pissenlit, ital. dente di leone, span. diente de león, hier eine Sorte mit spitzen, nur mäßig gezähnten Blättern.

... Verwendung finden bei diesem Zichorientyp nur die Wurzeln – die bei dieser Varietät bis zu 60 cm lang werden können; sie schmecken roh geraspelt, aber auch gekocht.

Würzig schmeckt auch der in abgedunkelten Räumen gezogene GEBLEICHTE LÖWENZAHN; er enthält jedoch deutlich weniger Bitterstoffe als die Wildpflanze. Gut als Salat.

# Ra

'RADICCHIO DI CHIOGGIA' – der universelle und bekannteste aus der großen Radicchio-Familie. Er bildet runde, kompakte Köpfe aus und ist das ganze Jahr über erhältlich.

Den runden 'RADICCHIO DI CHIOGGIA' gibt es in verschiedenen Züchtungen. Hier eine grünlich-gelbe Sorte mit roten Einsprengseln und weißen Blattrippen. Für Salate geeignet.

Noch heller gefärbt ist dieser gelbgrüne Radicchio-Typ mit weißen Blattrippen, auch ein 'RADICCHIO DI CHIOGGIA'. Er kommt seltener in den Handel als die rote Varietät.

Der 'ROSSA DI VERONA' ist intensiv gefärbt, bildet längliche kleine, lockere Köpfe aus und ist im Geschmack eher mild. Auch bei ihm verweist der Name auf das Herkunftsgebiet.

Der 'RADICCHIO DI TREVISO' hat längliche, schmale, dunkelrote Blätter mit dicker weißer Mittelrippe. Er bildet keine Köpfe, sondern nur lockere Rosetten aus, gut für Risotti.

Der 'RADICCHIO TREVIGIANO' bildet als Blattzichorie nur lockere Rosetten mit nach innen gebogenen Blättern aus. Er eignet sich für Risotti, aber auch zum Braten oder Grillen.

'RADICCHIO LUCIA' – eine Neuzüchtung mit einem kegelförmigen, an Spitzkohl erinnernden, festen Kopf, rotweiß gesprenkelten Blättern und weißen Blattrippen.

Vielseitig ist Radicchio aber nicht nur in der Form, sondern vor allem in seiner Verwendung: Er wird nicht nur roh – als Salat – gern gegessen, sondern häufig auch geschmort, gegrillt oder einfach mit etwas Olivenöl in der Pfanne gebraten. Doch egal, von welcher Form und Farbe, bei allen Radicchio-Gewächsen handelt es sich um Kulturformen der Salatzichorie (*Cichorium intybus* var. *foliosum*), die ihrerseits zur Familie der Asteraceae gehört und – ebenso wie die Wurzelzichorie – von der Wilden Wegwarte abstammt. Diese kommt als Wildpflanze bis heute in Europa, Nordafrika sowie im Orient vor und war als Heil- und Gemüsepflanze schon in der Antike bekannt; ihre Kulturformen gibt es jedoch erst seit dem Mittelalter. Das Hauptanbaugebiet von Radicchio – die roten Sorten werden auch als Rote Endivie bezeichnet – liegt in Norditalien, vornehmlich in der Provinz Venetien. Hierauf deuten schon die Namen vieler Sorten hin, wie etwa 'Radicchio di Chioggia' – Chioggia ist ein kleiner Ort an der Adria, ganz in der Nähe von Venedig –, oder auch 'Radicchio di Treviso'.
Auf den Markt kommen die Salatpflanzen mit der unterschiedlichen Färbung hauptsächlich in den kühlen Monaten von Oktober bis Mai, wobei man grundsätzlich zwei Arten unterscheidet: zum einen den »Sommerradicchio«, zu dem die Chioggia-Sorten zählen, bei denen

RADICCHIO VORBEREITEN:

Kompakte Radicchioköpfe teilt man am besten in der Mitte durch. Falls nötig, vorher äußere, unansehnliche Blätter entfernen.

Den Strunk kegelförmig herausschneiden, wenn dessen bittere Note nicht erwünscht ist, und die Blätter klein scheiden.

# dicchio

**Einer der vielseitigsten, schon was sein Aussehen anlangt: Von rotviolett bis hellgrün, von rund bis kegelförmig kommt das Zichoriengewächs daher.**

Eingelegtes Kaninchen auf einem Bett von Blattsalaten, beträufelt mit einer Balsamico-Vinaigrette. Eine köstliche Kombination, bei der der Radicchio farblich wie geschmacklich Akzente setzt. Die leicht bittere Note passt nämlich ausgezeichnet zum delikaten Kaninchenfleisch.

Aussaat oder Pflanzung im Frühjahr erfolgen und die Ernte im Herbst. Zum andern gibt es den »Winterradicchio«, der im Sommer gesät wird und bei dem im Herbst die grünen Blätter absterben. Erst mit dem Einsetzen wärmerer Temperaturen treiben die Pflanzen dann erneut und bilden einen Kopf oder eine Blattrosette aus. Da sich die Bitterstoffe in Folge des Frosts abbauen, sind Wintersorten wie der 'Radicchio di Treviso' etwas milder im Geschmack. Im Sommer ist die bittere Note aufgrund einer ungleichmäßigeren Wasserversorgung stärker ausgeprägt. Den von vielen geschätzten, angenehmen Bittergeschmack verdankt der Radicchio übrigens dem in den Blattrippen enthaltenen Bitterstoff Intybin, welchem eine positive stoffwechselfördernde Wirkung zugesprochen wird. Hier zu Lande am häufigsten auf den Markt kommen die roten, runden und kleinköpfigen Radicchio-Sorten. Sie eignen sich sowohl für Salate, am besten in Kombination mit anderen Blattsalatsorten, als auch für Risotti oder zum Braten; helle, gelbgrüne Varietäten werden dagegen in der Regel nur als Salat verzehrt. Außerhalb Italiens seltener anzutreffen sind Radicchio-Sorten mit offenen Blattrosetten wie der 'Radicchio di Castelfranco' oder der 'Trevigiano'. Auch hier gilt: Helle Sorten eignen sich nur für Salat, rote auch zum Schmoren oder Grillen.

## Fenchel, Spinat & Co. schmecken als Rohkost, aus den Knollen und Blättern lassen sich aber auch feine Gemüsegerichte zubereiten.

# Fench

Ursprünglich stammt der Fenchel aus Vorderasien und dem Mittelmeerraum, wo er bis heute wild vorkommt. Als Arznei und Gewürz war die zur Familie der Doldengewächse (Umbelliferae, Apiaceae) zählende Pflanze schon den Ägyptern, Griechen und Römern bekannt, aber auch in Asien schätzte man ihre Würz- und Heilkraft. Medizinischen Zwecken dient vor allem die bittere Variante (var. *vulgare*). Daneben unterscheidet man Pfefferfenchel (ssp. *piperitum*) und süßen Fenchel (var. *dulce*). Verwendung in der Küche findet vorwiegend der milde Gemüse-, Garten- oder Zwiebelfenchel. Dieser ist – roh als Salat oder auch geschmort, gedünstet oder überbacken – insbesondere im Mittelmeerraum ein beliebtes Gemüse. Gut passt Fenchel zu Fisch, hellem Fleisch oder zu Geflügel; er schmeckt jedoch auch als Gemüse pur. Die Beschaffung der Vitamin-C-reichen Knollen ist kein Problem, da Fenchel, dessen charakteristisches Anisaroma von seinem Gehalt an ätherischen Ölen, vor allem an Fenchon und Anethol, herrührt, das ganze Jahr über erhältlich ist. Auch wenn das Gerücht vom hohen Eisengehalt längst widerlegt ist: Mindestens genauso beliebt ist Spinat *(Spinacia oleracea)*, engl. spinach, frz. épinard, ital. spinacio, span. espinaca. Wohl nicht zuletzt deshalb, weil sich aus den zarten Blättern – man unterscheidet im Handel nicht nach Sorten, sondern nach der Jahreszeit des Anbaus – so viel machen lässt: Spinat schmeckt als Füllung, aber auch, mit Olivenöl oder Sahne verfeinert, als Beilage hervorragend. Ähnlich wie Spinat werden übrigens eine Reihe weiterer, meist rarer Gemüsearten zubereitet; darunter das Eiskraut, dessen Blätter aussehen, als wären sie von gefrorenen Tautropfen benetzt.

Im Frühjahr kommt in Süditalien auch der kleinere, stark verwurzelte WILDE FENCHEL auf den Markt, hier in Palermo. Er schmeckt wesentlich intensiver als der Gemüsefenchel.

GEMÜSEFENCHEL (*Foeniculum vulgare* var. *azoricum*), engl. sweet fennel, frz. fenouil doux, ital. finocchio, span. hinojo de bulbo, kann – je nach Sorte – ganz unterschiedliche ...

... Formen annehmen. Oben im Bild eine Varietät mit sehr schmaler, lang gestreckter Knolle, in der Mitte eine runde, eher flache Knolle und im Bild unten eine breitere ...

... runde Sorte. Ob Fenchel frisch ist, lässt sich gut am Zustand des fedrigen Grüns ablesen. Leuchtendes Grün signalisiert Frische, ist es dunkel und welk, liegt er schon länger.

# nel

WASSERSPINATERNTE in Indonesien. Das tropische Gemüse wird vorwiegend in Asien, in Australien und vereinzelt auch in Afrika angebaut. Teils wächst die feuchtigkeitsliebende Pflanze direkt im Wasser – so wie hier –, teils auf dem Land.

Markt auf Lombok: Frisch geerntet wird Wasserspinat hier gleich »an die Frau« gebracht, in 1a-Qualität, versteht sich.

Spinat unterscheidet sich vor allem in der Zartheit: WINTERSPINAT ist gröber und hat stärker gewellte Blätter. Er ist ...

... bis ins Frühjahr hinein erhältlich. Zarter ist da schon der SOMMERSPINAT, der meist als Blattspinat serviert wird.

Vom WASSERSPINAT *(Ipomoea aquatica)*, hier die im Wasser wachsende Varietät, schätzt man die langen zarten Triebe und die Blätter. Gegessen werden sie entweder roh oder ...

... wie Spinat gekocht. Dies gilt auch für die »Landform« des WASSERSPINATS. Beide Sorten enthalten viel Vitamin C.

Am zartesten ist der ganz junge FRÜHLINGSSPINAT, der sehr feine Blätter hat. Er wird gern roh als Salat verzehrt.

Die GARTENMELDE *(Atriplex hortensis)* ist eng mit dem Spinat verwandt, enthält aber etwa 3-mal so viel Vitamin C.

STIELMANGOLD (*Beta vulgaris* var. *flavescens*) ist hier zu Lande an den Gemüsetheken wieder häufiger anzutreffen. Es gibt auch rotstielige Sorten, ebenso wie beim ...

BARBA DI FRATE, »MÖNCHSBART« *(Plantago coronopus)*, ist ein Wegerichgewächs. Schmeckt roh und gedünstet.

ADLERFARNSPROSSE *(Pteridium aquilinum)* gelten in Asien als Delikatesse. Erinnern im Aroma an grünen Spargel.

GLASSCHMALZ, SALZKRAUT, QUELLER *(Salicornia europaea)*, irreführend oft als Alge gehandelt, nur jung essbar.

... SCHNITTMANGOLD (*Beta vulgaris* var. *vulgaris*), die Farbe verschwindet jedoch beim Kochen. Schnitt- oder Blattmangold ist nicht lange haltbar, daher schnell verarbeiten.

Beim EISKRAUT *(Mesembryanthemum crystallinum)* entstehen durch Verdunstung Salzkristalle auf den Blättern.

NEUSEELANDSPINAT *(Tetragonia tetragonioides)*. Die dickfleischigen Blätter werden ähnlich wie Spinat zubereitet.

HORENSO ist eine zarte japanische Spinat-Varietät. Sie ist milder und süßer als hier zu Lande gehandelte Sorten.

# Stachelig und unnahbar! Und doch sind die grünvioletten Distelknospen eines der feinsten Gemüse überhaupt.

# Artischoc

Im Gegensatz zu vielen anderen Gemüsearten, die entweder Früchte, Knollen oder Wurzeln ausbilden, handelt es sich bei der Artischocke nicht um eine Frucht, sondern um die noch geschlossene Blütenknospe eines Distelgewächses aus der Familie der Korbblütler (Compositae). In Europa ist die Artischocke *(Cynara scolymus)*, engl. globe artichoke, frz. artichaut, ital. carciofo – was, nebenbei bemerkt, auch Dummkopf heißt –, span. alcachofa, nur als Kulturform anzutreffen. Die Stammform wie auch der Name der Distelpflanze, arabisch »al-char-schof«, stammt ursprünglich wohl aus Nordafrika oder dem Mittleren Osten, woher sie seit dem 16. Jahrhundert über die Levante nach Sizilien und weiter bis nach Frankreich und England gelangt ist.

Mit ihrem leicht bitteren, etwas herben Geschmack galt die Artischocke seit jeher als ein besonderes Gemüse, schon die alten Ägypter schätzten sie – wie auch die Römer – als Delikatesse. Im Frankreich des 18. Jahrhunderts war sie kulinarisches Privileg des Adels, nicht zuletzt deshalb, weil ihr eine gewisse aphrodisische Wirkung zugesprochen wurde – und wird, bis heute übrigens.

Angebaut wird die sehr frostempfindliche Pflanze in klimatisch begünstigten Zonen, vor allem rund ums Mittelmeer. Bedeutende Erzeugerländer sind Spanien, Italien, Frankreich, aber auch Marokko, Algerien, Israel, Ägypten und die Türkei. Artischocken kommen ganzjährig auf den Markt, Angebotsspitzen gibt es im Frühsommer und Spätherbst – und damit auch etwas günstigere Preise. Geerntet werden die teils über 1 m hohen Blütentriebe der Stauden grundsätzlich vor dem Aufblühen der Knospen, da bereits geöffnete Blütenköpfe

streng und faserig schmecken. Je nach Sorte können die Knospen zwischen 5 und 15 cm groß sein. Außer bei ganz jung geernteten, kleinköpfigen Sorten – und nur diese können im Ganzen verzehrt werden – isst man lediglich die fleischig verdickten Hüllblätter sowie den Blütenboden, insgesamt also nur etwa 20 Prozent der gesamten Pflanze. Teilweise verzehrt man auch die »chards« genannten gebleichten jungen Sprosse der Pflanze.

cken

Ältere Sorten haben oft recht stachelige Hüllblätter, neuere Züchtungen zeichnen sich durch große fleischige Blütenstände ohne Stacheln aus. Doch so oder so, Artischocken enthalten generell viele wichtige Inhaltsstoffe wie Calcium, Eiweiß, Eisen, Provitamin A sowie Vitamin B. Aufgrund ihrer Leber-, Magen- und Gallenfreundlichkeit gelten sie als sehr gesund, man schreibt ihnen zudem eine verdauungsfördernde, entgiftende und Cholesterin senkende Wirkung zu. Ihren feinherben Geschmack verdanken die Artischocken dem in Wurzeln und Blättern enthaltenen Bitterstoff Cynarin, der auch Basis ist für den »Cynar«, einen bitter schmeckenden Apéritif aus Artischockenextrakt, Kräutern und Alkohol.

'CAMUS DE BRETAGNE' heißt diese große, wichtigste Sorte aus Frankreich, aufgrund ihrer stumpfkugeligen Form auch »Stupsnase« genannt.

Diese GROSSE, RUNDKÖPFIGE, VIOLETTE ARTISCHOCKE – eine relativ neue Züchtung – stammt ebenfalls aus der Bretagne.

'ROMANESCO', eine mittelgroße italienische Sorte, wird viel exportiert. Hier zu Lande kommt sie in den Monaten von März bis Juni auf den Markt.

Auch die 'CATANESE' stammt aus Italien und zählt mit ihren langen, an den Spitzen violett gefärbten Blättern zu den mittelgroßen Sorten.

'VIOLETTO DI TOSCANA'. Außen violett und innen grün gefärbt sind die Blüten dieser kleinköpfigen Sorte aus der Toskana. In Italien sehr begehrt.

KLEINE, LÄNGLICHE ARTISCHOCKE aus Italien, mit langen, leicht abstehenden Blättern. Außen weniger dunkel gefärbt als die 'Violetto'.

'TUDELA', eine kleinköpfige, grüne, längliche Artischocke. Sie wird vorwiegend in Spanien angebaut. Jung kann man sie im Ganzen zubereiten.

SCHMALE, DUNKELVIOLETTE SORTE. Wie bei anderen kleinen Sorten auch, braucht man bei ihnen vor der Zubereitung kein Heu zu entfernen.

Die dornige Sorte 'SPINOSA SARDO' wird vorwiegend in Sardinien, aber auch in Ligurien kultiviert. Vor dem Verzehr müssen die stacheligen Blattspitzen entfernt werden.

Kleine zarte Artischocken sind auf den Märkten Süditaliens häufig anzutreffen. Sie brauchen wenig Vorbereitungszeit, da man sie komplett im Ganzen verzehren kann.

Wer will, kann die »Kleinen« aber auch bereits gegart erstehen und dann nach Belieben weiterverwenden, etwa für einen leckeren Pizzabelag oder eine feine Vorspeise.

Die Art der Vorbereitung hängt bei den Artischocken zunächst einmal von Sorte und Alter ab: Kleinköpfige junge Artischocken lassen sich nämlich »mit Stumpf und Stiel« verspeisen, bei ihnen müssen also zuvor weder das Heu noch die äußeren Blätter entfernt werden. Anders sieht es dagegen bei den mittel- bis großköpfigen Sorten aus, sofern diese nicht ganz jung geerntet werden – hier ist das »Entblättern« Pflicht. Ansonsten würden die zähen harten Hüllblätter den Genuss beträchtlich beeinträchtigen. Will man von Artischocken nur die Böden verwenden, empfiehlt sich, darauf zu achten, dass diese sich nicht bräunlich verfärben. Vorbeugend reibt man daher den Stielansatz unmittelbar nach dem Ausbrechen oder Abschneiden mit Zitrone oder Essigwasser ein. Und auch zum Kochen legt man die ausgelösten Böden in Essig- oder Zitronenwasser, dann bleiben sie appetitlich hell. Artischockenböden gibt es auch bereits vorge-

ARTISCHOCKENBÖDEN ZUBEREITEN:

Artischocken waschen und den Stiel herausbrechen oder mit einem scharfen Messer abtrennen. Dabei lösen sich die harten Fasern.

Den Blütenboden sofort mit Zitronensaft einreiben, damit er sich nicht braun verfärbt. Statt Zitrone kann man auch Essig verwenden.

Will man ausschließlich die Böden verarbeiten, schneidet man zwei Drittel der Hüllblätter mit einem schweren, scharfen Messer ab.

Schließlich entfernt man mit Hilfe eines kleinen Gemüsemessers die noch verbliebenen Blattansätze und harten Stellen an der Unterseite.

Das »Heu« – einen faserigen, ungenießbaren Flaum – entfernt man am besten mit einem Kugelausstecher oder scharfkantigen Teelöffel.

Artischockenböden in Zitronen- oder Essigwasser 5 bis 10 Minuten kochen. Herausheben, abtropfen lassen und nach Belieben verwenden.

# Auf die richtige Vorbereitung kommt's an: Sind die Stacheln erst entschärft, lassen sich Artischocken auf unterschiedlichste Weise zubereiten.

JUNGE ARTISCHOCKEN IM GANZEN KOCHEN:

Die stacheligen Blätter am Stiel entfernen, diesen auf etwa 10 cm kürzen und die stacheligen Blattspitzen mit einer Schere stutzen.

Die äußeren Hüllblätter – sie sind meist zäh und bitter – großzügig abzupfen, bis die hellen Innenblätter zum Vorschein kommen.

Die oberen Blattspitzen mit einem scharfen, schweren Kochmesser abschneiden – sie sind eher zäh und schmälern den Genuss.

Den noch verbliebenen Teil des Stiels mit einem Gemüsemesser großzügig abschälen – er ist zart und recht aromatisch.

Vorbereitete Artischocken in Essig- oder Zitronenwasser je nach Größe 10 bis 15 Minuten kochen. Sie sollten aber nicht zu weich werden.

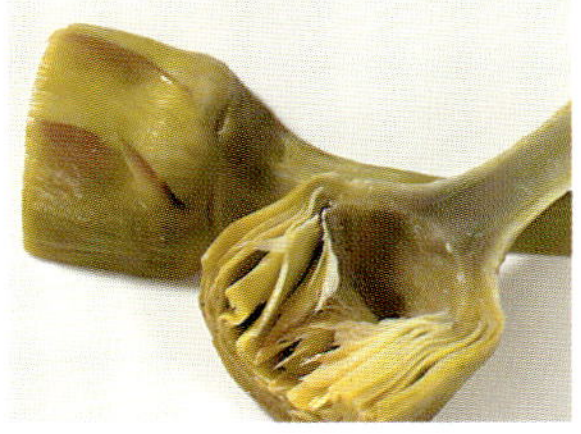

Die gegarten Blütenknospen entweder kalt abschrecken oder etwas abkühlen lassen und halbieren. Das Heu mit einem Löffel entfernen.

gart als Konserve, doch sind frisch zubereitete in Geschmack und Konsistenz ungleich besser und daher unbedingt vorzuziehen. Wer junge, mittelgroße Exemplare im Ganzen kochen will, kürzt zuvor den Stiel und die oberen Blattspitzen um ein gutes Stück, wie in der nebenstehenden Bildfolge beschrieben.

◁ Mit etwas Glück kann man in Sizilien auch heute noch solch bunt bemalten Eselskarren begegnen, auf denen meist mittelalterliche Szenen dargestellt sind. Mit ihnen bringen die Bauern ihre Produkte zum Markt, hier sind es Artischocken. Geerntet werden die Distelknospen vor der Blüte, und zwar noch immer von Hand, was sicherlich zu ihrem Preis beiträgt.

Geviertelt oder geachtelt eignen sich kleine Artischocken – etwa in Olivenöl eingelegt – ausgezeichnet als Vorspeise. Ganz vorzüglich schmecken sie auch in Scheiben geschnitten und in Olivenöl gebraten. In Italien liebt man Artischocken mit Bröseln, Käse, Fleisch und Schinken gefüllt. »Carciofi alla romana«, Artischocken auf römische Art, im Bild rechts oben, bergen eine würzige Füllung aus Bröseln, Oliven und Kräutern. Zum Füllen entfernt man die Hüllblätter, stutzt die Blattspitzen und kocht die Artischocken 10 Minuten. Dann entfernt man mit einer Drehbewegung die mittleren Blütenblätter und hebt mit einem Teelöffel oder Kugelausstecher das Heu heraus.

# Zwiebeln und Schalotten: Ihre Schärfe ist – Schicht für Schicht – für vieles unverzichtbar. Doch ob rot, braun, gelb oder weiß – seine Favoriten muss jeder selbst aussuchen.

Zwiebel

Die aus Mittelasien stammende und zur Familie der Liliengewächse (Liliaceae) zählende Zwiebel ist aufgrund ihrer Schärfe Gewürz und Gemüse zugleich. Seit mehr als 5000 Jahren schätzt man zudem ihre Heilwirkung, etwa als natürliches Antibiotikum. Die Formenvielfalt der Speisezwiebel (*Allium cepa* var. *cepa*) – engl. onion, frz. oignon, ital. cipolla, span. cebolla – ist enorm, die Unterschiede liegen in der Größe, der Farbe, vor allem aber in der Schärfe. Rote Zwiebeln werden aufgrund ihrer geringen Schärfe gerne für Salate verwendet. Noch milder als diese sind die großen, teils über 200 g schweren, in Spanien kultivierten Gemüsezwiebeln, die sich mit ihrem mild-süßen Aroma hervorragend zum Füllen oder Schmoren eignen. Generell gilt: Kleine, dunklere Zwiebeln sind schärfer als große, helle Exemplare. Verantwortlich für den mehr oder minder scharfen, beißenden Geschmack ist das ätherische Öl Allicin. Daneben enthalten Speisezwiebeln unter anderem Eiweiß, Schwefel, Fluor, Calcium, Provitamin A, Vitamine der B-Gruppe und Vitamin C. Botanisch gesehen ist die Zwiebel ein unterirdischer Spross mit dicht übereinander liegenden, fleischig verdickten Blättern, den so genannten Zwiebelschuppen, die von mehreren trockenen Häuten umhüllt werden. Als die feinste unter den Zwiebeln gilt die Schalotte (*Allium cepa* var. *ascalonicum*), sie findet vor allem in der gehobenen Küche Verwendung. Aufbewahren lassen sich alle Arten von Zwiebeln, sofern die Hälse gut abgetrocknet sind, am besten in luftdurchlässigen Säcken oder Behältnissen, bei Raumtemperatur etwa 2 bis 3, bei einer Temperatur von 1 bis 2 °C etwa 6 Monate.

Bei einer deftigen Brotzeit mit Käse oder auch Speck dürfen vielerorts Zwiebeln – meist in dünne Ringe geschnitten – nicht fehlen. Und das schon aus gesundheitlichen Gründen, denn Zwiebeln wirken einmal als natürliches Antibiotikum, außerdem enthalten sie jede Menge wertvoller Spurenelemente und Vitamine.

Die bis zu 200 g schwere, milde GEMÜSE- ODER MAUI-ZWIEBEL ist in Spanien aufgrund ihres süß-würzigen Geschmacks beliebt. Für Salate, zum Schmoren oder Grillen.

Die gewöhnlichen, braunschaligen SPEISEZWIEBELN gibt es in verschiedenen Farbtönen und Schärfegraden. Am zartesten sind jene von der ersten Ernte im Frühsommer.

WEISSE ZWIEBELN werden in Mitteleuropa wenig angebaut. In Italien und Spanien dagegen schätzt man sie aufgrund ihres leicht süßlichen Geschmacks und ihrer milden Schärfe.

ROTE ZWIEBELN stammen vorwiegend aus Italien. Ihre dünne, rote bis dunkelviolette Schale sowie die milde Schärfe machen sie als Salatzwiebel besonders interessant.

KLEINE ROTE ZWIEBELCHEN sind in Thailand sehr beliebt und werden darum auch als thailändische Zwiebeln bezeichnet. Die Mini-Zwiebeln sind mild im Geschmack.

Die SILBERZWIEBELN erreichen lediglich einen Durchmesser von 15 bis 35 mm. Sie eignen sich nicht nur zum Einlegen, sondern auch geschmort zu Kurzgebratenem.

KLEINE PLATTRUNDE SPEISEZWIEBELN gehören zu den frühen Sorten mit zurückhaltender Schärfe. Sie sind meist ab Mai auf dem Markt. Zum Rohessen oder Weiterverarbeiten.

KLEINE RUNDE ZWIEBELCHEN, CIPOLLINI. Werden vornehmlich in Italien angebaut. Sie eignen sich aufgrund ihrer Größe gut zum Schmoren oder Einlegen in Essig.

FLACHRUNDE, GROSSE WEISSE ZWIEBELN werden vorwiegend in Italien angebaut. Sie ähneln in Geschmack und milder Schärfe anderen weißen Zwiebelarten.

ROTE ZWIEBELN aus Rumänien, auch WASSERZWIEBELN genannt. Sie sind von länglicher Form, unterscheiden sich aber im Geschmack nicht von anderen roten Zwiebelsorten.

SCHALOTTEN gehören zu den mildesten unter den Speisezwiebeln. Aufgrund ihres feineren Aromas sind sie in der gehobenen Gastronomie unverzichtbar, etwa für Saucen.

LÄNGLICHE ARGENTINISCHE SCHALOTTEN mit heller, bräunlicher Schale. Schief-eiförmige Haupt- und Nebenzwiebeln, Verwendung wie andere Schalotten.

LÄNGLICHE, BRAUNSCHALIGE SCHALOTTEN der Sorte 'Bretonne longue' werden in Frankreich in großen Mengen angebaut, aber auch in Italien und den Niederlanden.

GRAUE SCHALOTTEN, hier die Sorte 'Grise de Bagnolet', sind in Frankreich beliebt. Man schätzt sie zum Verfeinern von Salaten und Aromatisieren von Weinessigen.

Die längliche, schmal geformte ROTE SEMIANZWIEBEL ist eine in Italien kultivierte Form der roten Zwiebel. Sie kann eine Länge von bis zu 30 cm erreichen.

# »Suppengrün« und mehr: Lauch und Sellerie, Möhre und Petersilienwurzel.

Die Verwandtschaft lässt sich nicht leugnen: Sowohl im Aussehen wie im Geschmack sind sich Lauch und Zwiebeln doch recht ähnlich, auch der Anbau stellt bei beiden keine größeren Probleme dar. Lauch – engl. leek, frz. poireau, ital. porro, span. puerro – ist robust und gedeiht daher auch in raueren Klimaten im Freilandanbau; nur die zarten, auch zum Rohverzehr geeigneten Frühsorten werden meist unter Glas gezogen. Ähnlich geringe Ansprüche stellt die Möhre (*Daucus carota* ssp. *sativus*), im Deutschen auch Karotte, Mohrrübe oder Gelbe Rübe genannt, engl. carrot, frz. carotte, ital. carota, span. zanahoria. Sie zählt

Spargelstangen verblüffend ähnlich sehen junge HOPFENSPROSSE *(Humulus lupulus)*, und wie Spargel können sie auch zubereitet werden. »Hopfenspargel« ist aufgrund seines feinen Geschmacks in Frankreich, Belgien, England und Italien begehrt, in Italien schätzt man darüber hinaus auch die »Bruscandoli« genannten jungen Hopfentriebe.

LAUCH und LAUCHZWIEBELN gehören trotz äußerlicher Ähnlichkeit unterschiedlichen Arten an. Erkennungszeichen ist die Form der Blätter: Während sie bei Lauch oder Porree (*Allium porrum* var. *porrum*, im Bild ganz unten) breit und flach sind, besitzen Lauchzwiebeln, auch Frühlings- oder Bundzwiebeln genannt (auf den beiden Bildern in der Mitte und ganz oben), schmale, röhrenförmige Blätter. Lauchzwiebeln zählen zu den Speisezwiebeln (*Allium cepa* var. *cepa*), ihr unteres Ende beginnt aber gerade erst, sich zu einer Zwiebel zu verdicken.

Die stärke- und nährstoffreichen, mild-süßlich schmeckenden LILIENZWIEBELN, vor allem die Zwiebeln der Tigerlilie *(Lilium lancifolium)*, spielen in Südostasien kulinarisch eine Rolle.

Die ZWIEBELN der SCHOPF-TRAUBENHYAZINTHE *(Muscari comosum)* sind in Italien, Spanien und Portugal – von Bitterstoffen befreit und gekocht – ein beliebtes Gemüse.

METERLAUCH werden bis zu 80 cm lange Lauchsorten – hier ein Beispiel aus der Türkei – manchmal scherzhaft genannt.

Die PASTINAKE oder PASTERNA (*Pastinaca sativa* var. *sativa*) ist in den USA, England, Skandinavien, aber auch in Holland, Frankreich und Ungarn als Wurzelgemüse beliebt.

weltweit zu den wichtigsten Gemüsesorten und wird rund um den Globus angebaut. Nicht jede Sorte ist übrigens von gelboranger Farbe, es gibt weiße, dunkelrote, in Asien gar violett gefärbte Sorten. Den fein-süßlichen Geschmack, der ihnen allen eigen ist, verdanken die Möhren ihrem mit 6 % recht großen Zuckeranteil. Hervorzuheben ist außerdem ihr hoher Gehalt an Provitamin A. Beim Einkauf sollte man beachten, dass Möhren, die mit ihrem Grün oder gewaschen verkauft werden, nicht allzu lange haltbar sind; nur ungewaschene, vorsichtig vom Kraut befreite und unverletzte »Sandmöhren« eignen sich zum längeren Einlagern. Der Dritte im klassischen Suppengrün-Bund schließlich ist der Sellerie, engl. celery, frz. célerie, ital. sedano, span. apio, von dem zwei Varietäten, Knollen- und Stangensellerie, im Handel angeboten werden. Wie der Name andeutet, werden von der einen vor allem die Knollen, von der anderen dagegen die Stängel verzehrt. Beide jedoch weisen den typischen würzigen Selleriegeschmack auf, die Stängel allerdings in etwas milderer Form. Das Aroma verdankt der Sellerie seinem hohen Anteil an ätherischen Ölen, die ihn gleichzeitig, zusammen mit seinem Gehalt an Eisen, Calcium, Provitamin A sowie Vitaminen der B-Gruppe und C, ernährungsphysiologisch ausgesprochen wertvoll machen.

Einige andere Wurzelgemüse sind demgegenüber zumindest hier zu Lande etwas in Vergessenheit geraten und verdienten es, nicht nur für die Vollwertküche wieder entdeckt zu werden. Dazu zählen etwa die nährstoffreiche Pastinake, die leider nur sehr selten auf dem Markt anzutreffende Kerbelrübe, die man mit etwas Glück wild wachsend finden kann, oder auch die aromatische Petersilienwurzel, die in letzter Zeit bei uns wieder häufiger im Angebot zu finden ist. Pastinaken und Petersilienwurzeln lassen sich wie Möhren aufbewahren, schälen und garen. Als typische Wintergemüsearten kommen sie frühestens ab Oktober in den Handel und lassen sich dann für die unterschiedlichsten Suppen und Eintöpfe nutzen, Pastinaken schmecken auch als Rohkost gut.

Als BUNDMÖHREN werden überwiegend frühe Möhrensorten, die im Frühling und Sommer jung geerntet werden, mitsamt ihrem Grün angeboten.

KNOLLEN- oder WURZELSELLERIE (*Apium graveolens* var. *rapaceum*) ist ein unverzichtbarer Bestandteil des klassischen Bouquet garni, aber auch für Sauerkonserven beliebt.

'PARISER MARKT' heißt eine kleine, runde, süß schmeckende Möhren-Frühsorte. Die Wurzeln werden jung geerntet; als Frischgemüse wie für die Konservenherstellung geschätzt.

PETERSILIENWURZEL oder WURZELPETERSILIE (*Petroselinum crispum* convar. *tuberosum*) dient überwiegend als Suppengewürz; das Grün kann wie Petersilie verwendet werden.

Die ARRACACHA (*Arracacia xanthorrhiza*) ist eine alte indianische Kulturpflanze, die in den Hochländern Perus, Kolumbiens, Boliviens, Ecuadors und Venezuelas angebaut wird.

STANGENSELLERIE, auch STAUDEN- oder BLEICHSELLERIE (*Apium graveolens* var. *dulce*) genannt, schmeckt roh ebenso gut wie gekocht, geschmort oder gebraten.

KERBELRÜBEN oder KNOLLENKERBEL (*Chaerophyllum bulbosum* var. *bulbosum*). Kann wie Kartoffeln zubereitet werden. Mehlig-süßlich und delikat, aber nur selten kultiviert.

KARDE oder CARDY (*Cynara cardunculus*) ist – auch im Geschmack – mit der Artischocke verwandt. Aus Italien kommt sie im Herbst gebleicht auf den Markt.

WILDSPARGEL AUS SARDINIEN. Die grünen, sehr dünnen Stangen des »Asparago selvatico«, den es auch auf Sizilien gibt, sind angenehm bitter und besonders aromatisch.

DÜNNER GRÜNER SPARGEL kommt im Frühjahr in ganz Italien auf den Markt. Das geschätzte Gemüse wird gern pur verzehrt, mit etwas Zitrone oder auch in einer Frittata.

MITTELDICKER GRÜNER SPARGEL wird in verschiedenen Ländern kultiviert. Auf den europäischen Markt kommt er etwa aus Italien, Spanien oder auch aus Frankreich.

Spargel *(Asparagus officinalis)* – engl. asparagus, franz. asperge, ital. asparago, span. esparrago – zählt zu den beliebtesten Frühjahrsgemüsen, und das nicht erst seit heute. Sein Anbau ist bereits seit 3000 v. Chr. in Ägypten belegt, und auch die Griechen liebten ihn. War er in Rom noch geschätzte und kostspielige Delikatesse – der Überlieferung nach ein Lieblingsgericht des Kaisers Augustus –, geriet er im Mittelalter dann etwas in Vergessenheit. Erst mit Beginn der Neuzeit wurde im Zuge der Renaissance auch der Spargel wieder entdeckt und avancierte erneut zum Luxusgemüse. Was mit daran gelegen haben mag, dass die mit feinen schuppenförmigen Schutzblättern bedeckten Köpfe sowie der Rest der Sprosse schon im Altertum als Aphrodisiakum galten. Zudem war die wohl aus Vorderasien stammende Pflanze aus der Gattung der Liliengewächse (Liliaceae) seit jeher als gesundheitsfördernd bekannt.

Der mehrjährige, sich über Rhizome vermehrende Spargel ist in weiten Teilen der Welt in der Wildform, aber auch als Kulturpflanze anzutreffen. Am besten gedeiht er auf leichten, lockeren, sandigen Böden. Generell teilt man die große Familie in 3 Gruppen ein, und zwar nach der Farbe: Da gibt es einmal den weißen Spargel, der in aufgeworfenen Erddämmen gezogen wird und einzeln von Hand gestochen werden muss, was sich im Preis niederschlägt. Früher bevorzugte man ihn, heute hingegen gewinnt auch der farbige zunehmend an Bedeutung. Zumal grüner Spargel sich

Diese VIOLETTGRÜNE SPARGELSORTE mit mitteldicken Stangen, die in vollem Sonnenlicht wächst, stammt aus Italien. Kräftig-aromatisch im Geschmack.

WEISSVIOLETTER SPARGEL aus Liguren/Italien mit mitteldicken Stangen und einem feinen Aroma. Er wächst teils unter, kurzzeitig auch über der Erde, wodurch er sich verfärbt.

Eine aparte VIOLETTE SPARGELSORTE aus Deutschland, wie sie auch in Frankreich oder Kalifornien gezogen wird. Kräftiges Aroma wie bei allen farbigen Sorten.

So genannter »MINI-GRÜNSPARGEL«, teilweise auch als Wildspargel bezeichnet, wird in Spezialkulturen in Frankreich angebaut. Aufgrund seines herben Aromas sehr geschätzt.

GRÜNEN SPARGEL PUTZEN:

Dünnen grünen Spargel schält man kaum, dickere grüne Stangen nur, wenn die Schale recht dick ist.

Ansonsten genügt es, das untere Ende abzuschneiden und eventuell das untere Drittel dünn zu schälen.

# Sp

SPARGEL VORBEREITEN UND KOCHEN:

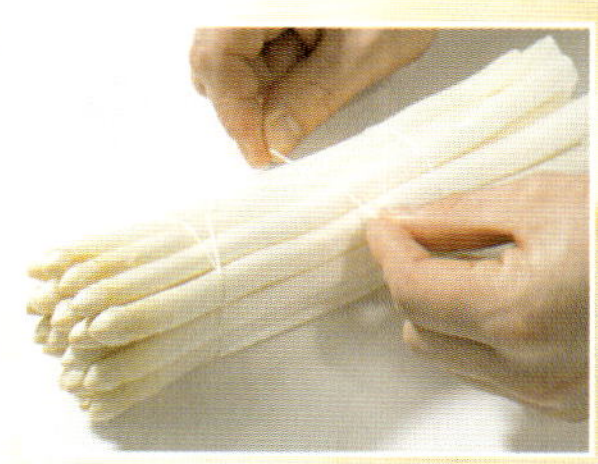

Die Spargelstangen zu einzelnen Bündeln von je 500 g verschnüren – am besten mit Zwirn oder Küchengarn.

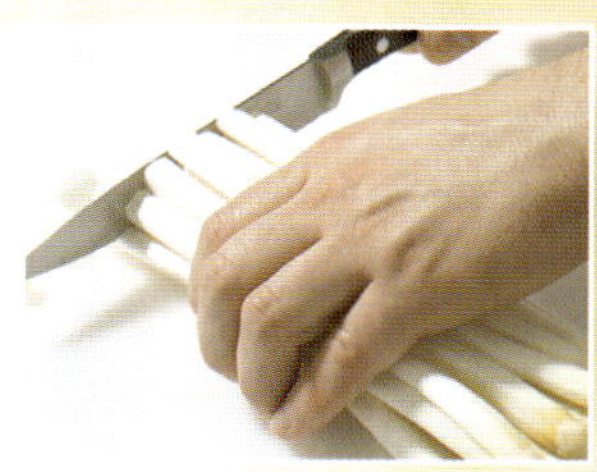

Sollten die Spargelstangen unterschiedlich lang sein, empfiehlt es sich, sie auf dieselbe Länge zu stutzen.

Dann legt man die Spargelbündel vorsichtig ins kochende, mit Zucker, Salz und Zitrone aromatisierte Wasser.

Es gibt aber auch spezielle, hohe Töpfe mit Siebeinsatz, in den die Stangen zum Garen aufrecht gestellt werden.

durch einen kräftigeren Geschmack und höheren Vitamin-C-Gehalt auszeichnet. Wie der violette, der teils im Dunkeln, dann im Licht wächst, hat auch der grüne eine leicht bittere Note. Was den Bleichspargel anbelangt, sollte man sich beim Putzen genügend Zeit nehmen und die Stangen lieber großzügig abschälen, zumal sich aus den Schalen eine hervorragende Suppe herstellen lässt. Wer sich dagegen weniger Arbeit machen möchte, greift stattdessen lieber gleich zum Grünen.

Für den köstlichen Spargel gibt es eine Vielzahl an Zubereitungen. Als Risotto etwa, mit Nudeln, als Suppe oder auch gratiniert. Viele bevorzugen ihn jedoch pur, im Dampf gegart und mit etwas flüssiger Butter, einer Sauce Hollandaise oder – italienisch – mit einer Mischung aus Olivenöl und Zitrone überzogen. Dazu eine Scheibe Schinken und ein Glas Weißwein – mehr braucht es nicht. Und noch ein Tipp zum Kochen: Spargel schmeckt bißfest nicht besonders, er sollte also je nach Größe mindestens 10, eher 15 Minuten garen.

**Zu welcher Farbe man bei diesem exquisiten Gemüse greift, ist nicht zuletzt eine Frage des persönlichen Geschmacks.**

# argel

Bester, frischer WEISSER SPARGEL oder BLEICHSPARGEL. Top-Qualitäten erkennt man an den vor Saft strotzenden, gleichmäßig gewachsenen Stangen, die beim Aneinanderreiben »quietschen«, an den festen geschlossenen Köpfen sowie an den hellen, frischen Schnittflächen. Sind diese schon angetrocknet und bräunlich, sollte man vom Kauf absehen. Frischer Spargel – auch grüner – von guter Qualität lässt sich, in ein feuchtes Tuch eingeschlagen, einige Tage aufbewahren.

BLEICHSPARGEL sticht man 1 bis 2-mal täglich, sobald die Köpfe zu erkennen sind. Im Licht verfärben sich die Spitzen erst violett, dann grün.

VIOLETTGRÜNER SPARGEL wächst im Gegensatz zu Bleichspargel in vollem Sonnenlicht. Geerntet wird in der Regel einmal pro Tag.

# Avoca

## Aroma und Nährstoffgehalt der »Butter des Waldes« aus Mexiko suchen wirklich ihresgleichen.

Zum VORBEREITEN EINER AVOCADO die Frucht mit einem Messer rund um den Samen einschneiden.

Die Hälften mit beiden Händen behutsam gegeneinander drehen, bis sich eine Hälfte abheben lässt.

Den Samen herausnehmen. Sollte er sehr fest sitzen, kann man ihn vorsichtig mit einem Küchenmesser lösen.

Die Schnittflächen mit Zitronen- oder Limettensaft bepinseln oder beträufeln, damit sie sich nicht verfärben.

Ist das Fruchtfleisch sehr weich, kann man es mit einem Löffel ringsum lösen und aus der Schale heben.

Von festeren Avocados kann man die Schale nach Belieben auch mit einem Sparschäler entfernen.

'REED', eine sehr ertragreiche späte Sorte, die ursprünglich aus Guatemala stammt, inzwischen aber auch in Israel angebaut wird. Das aromatische Fruchtfleisch ist von dunklem Gelb.

Avocados – engl. und ital. avocado, frz. avocat, span. aguacate – gehören, ebenso wie der Zimtstrauch, zu den Lorbeergewächsen; unter diesen ist der Avocadobaum jedoch der Einzige, der Früchte liefert. Diese überraschen durch den mit bis zu 30 % sehr hohen Fettgehalt des Fruchtfleischs, dem die Avocado auch ihren – allerdings ungebräuchlichen – deutschen Namen Butterbirne verdankt. Neben wertvollen, mehrfach ungesättigten Fettsäuren enthalten die Früchte reichlich Vitamine der B-Gruppe, Vitamin E sowie die Mineralstoffe Eisen, Calcium und Kalium. Kein Wunder, dass die unscheinbaren, mehr oder weniger runzeligen Avocados bei den Mayas und den Azteken Mittelamerikas als »Wunderfrüchte« verehrt und bereits vor mehr als 1000 Jahren in Kultur genommen wurden. Den Azteken verdanken sie auch ihren heutigen Namen; er entstand aus deren Bezeichnung für die fettreiche Frucht, »Ahuacatl« – was sich mit »Butter des Waldes« übersetzen lässt.

Hier zu Lande erfreuen sich Avocados zunehmender Beliebtheit, und sie sind inzwischen

# dos

Die AKI *(Blighia sapida)* wird seit dem 18. Jahrhundert auf den Westindischen Inseln kultiviert. Mit der Avocado ist sie botanisch nicht verwandt, ähnelt ihr jedoch im Geschmack. Sie muss vollreif verzehrt werden – un- oder überreife Früchte können giftig wirken.

AVOCADOS *(Persea americana)* werden am Baum nicht reif und weich, so dass sie in hartem Zustand geerntet werden. ▷

Bei WESTINDISCHEN AVOCADOS handelt es sich um recht große Früchte mit dünner, glatter Schale und relativ niedrigem Fettgehalt. Der Samen ist groß und sitzt meist lose.

das ganze Jahr über problemlos erhältlich, zum einen dank der unterschiedlichen Erntezeiten der einzelnen Sorten, zum anderen dadurch, dass Importe von der Südhalbkugel das »Sommerloch« im Norden ausgleichen.

Avocados werden im Handel meist nicht ganz ausgereift angeboten. Man sollte die Früchte unbedingt zu Hause nachreifen lassen, am besten in Zeitungspapier eingeschlagen; die Lagerung in der Nähe eines Apfels oder einer Banane beschleunigt den Prozess. Erst wenn sich die Frucht weich anfühlt und die Schale auf leichten Fingerdruck nachgibt, sollten die Avocados verwendet werden, denn nur bei Vollreife entfaltet sich das feine Aroma des cremig-schmelzenden Fruchtfleischs; unreife Exemplare schmecken fade und ein wenig bitter. Ausgereifte Früchte kann man noch eine Zeitlang im Kühlschrank lagern, dabei ist jedoch zu beachten, dass sie Temperaturen unter 6 °C nicht vertragen. Avocados werden überwiegend roh verzehrt, gut schmecken sie pur oder in Salaten, etwa mit Schinken, Garnelen- oder Geflügelfleisch. International bekannt ist auch die mexikanische Guacamole, eine pikante Avocadocreme. Wenn überhaupt, sollte man Avocados nur ganz kurz erhitzen: Das Fruchtfleisch wird sonst bitter.

'ETTINGER' mit ihrer leuchtend grünen Schale gehört zu den wichtigsten Avocadosorten. Sehr guter Geschmack.

'WURTZ' heißt diese schlanke, birnenförmige Sorte, die in Israel häufig angebaut wird. Hellgelbes Fruchtfleisch.

Bei 'HASS' verbirgt sich das cremige Fruchtfleisch mit seinem exzellenten Aroma unter einer runzeligen Schale.

'FUERTE' ist die am häufigsten kultivierte Sorte. Birnenförmig, dünne, glatte grüne Schale, aromatisches Fleisch.

'EDRANOL' wird vornehmlich in Südafrika angebaut und kommt von dort zwischen Juni und Oktober auf den Markt.

Die rauschalige 'RYAN', ebenfalls eine südafrikanische Sorte, wird zwischen September und Dezember geerntet.

'NABAL' bringt große, kugelige Früchte mit dunkler, fast glatter Schale. Der Fettgehalt ist mit maximal 12 % gering.

'BACON' wird überwiegend in Spanien angebaut. Eine sehr frühe Sorte, die bereits ab Oktober auf dem Markt ist.

Gurkenförmige MINI- oder COCKTAIL-AVOCADOS entstehen ohne Befruchtung, enthalten daher keinen Samen.

# Trop

LOTUSWURZELN bestehen aus 3 bis 4 Zwischenknotenstücken (Rhizomen), die von Röhren durchzogen sind. Sie können, in Scheiben geschnitten, gekocht, gebacken oder geschmort werden.

INDISCHER LOTUS *(Nelumbo nucifera)*. Die Blütenknospen (im Hintergrund) werden in Asien als Gemüse verwendet, die Samen aus den Fruchtständen (vorn im Bild) als Knabberei.

Wer käme hier zu Lande auf die Idee, den Vegetationskegel eines kleinen Baumes, die jungen Sprosse eines Grases oder gar die Rhizome einer Seerose zu verzehren? In tropischen Regionen jedoch sind das Mark von Palmen, die Sprosse des Bambus oder Lotuswurzeln begehrte Delikatessen, die übrigens auch »Westlern« durchaus zusagen, wenn sie sie einmal probiert haben. Und daher sind einige dieser ungewohnten Gemüsesorten mittlerweile auch bei uns zu bekommen, meist allerdings in Form von Konserven.

Das Prinzip, nach dem Palmenherzen gewonnen werden, zeigt die Bildfolge unten. Für die zarten kleinen Palmitos lässt man die Bäume jedoch nicht so groß werden, sonden fällt sie bereits, wenn sie noch sehr jung sind.

DAS MARK EINER KOKOSPALME GEWINNEN:

Die Palme – hier ist es ein ausgewachsenes Exemplar – wird gefällt, dann schlägt man die Blätter ab und entfernt eventuell die Früchte.

Über dem Ansatz der Blätter wird das Mark oder Herz sichtbar. Es wird herausgeschlagen und von den faserigen Blatthüllen befreit.

Das Palmenherz ist äußerst zart, dennoch von knackiger Struktur. Wird es samt den jungen Hüllblättern gekocht, spricht man von Palmkohl.

Von DASHEEN (*Colocasia esculenta* var. *esculenta*), einer Taro-Sorte, sind in den Tropen die Knollen sowie die jungen Stiele, »Leafstalks«, gekocht als Gemüse beliebt.

PALMENHERZEN oder Palmitos werden aus dem Mark von 20 verschiedenen Palmenarten gewonnen. Konservenware wird meist aus der Assai-Palme *(Euterpe edulis)* hergestellt.

# isch

## Ob Okra, Bambusprossen, Palmenherzen oder Lotus: Hier gibt's viel Köstliches zu entdecken.

In verschwenderischer Fülle präsentiert sich das Gemüseangebot auf asiatischen Märkten. Hier werden unter anderem verschiedene Gurken- und Kohlsorten angeboten.

Häufiger auf unseren Märkten zu entdecken sind inzwischen manche chinesische Kohlsorten, etwa Choisum, ebenso wie die ursprünglich in Äthiopien beheimateten Okraschoten. Bei Letzteren gilt es zu beachten, dass die Schoten eine schleimige Flüssigkeit enthalten, deren Konsistenz nicht jedermanns Sache ist. Um sie zu entfernen, kann man die Früchte vorbereiten, wie in den beiden Bildern unten beschrieben. Wird die Flüssigkeit jedoch – etwa zum Binden von Eintöpfen – benötigt, sollte man die Schoten gerade abschneiden, dann aber nicht in Essigwasser blanchieren.

BAMBUSSPROSSEN *(Phyllostachys pubescens)* sind ein in Asien sehr beliebtes Feingemüse, das allerdings seinen Preis hat. Die Sprossen werden stets gegart verzehrt – das Erhitzen zerstört die in ihnen enthaltene giftige Blausäureverbindung. Am zartesten ist »Winter bamboo«, der geerntet wird, sobald sich die Spitzen der Sprosse durch die Erde schieben.

OKRAS VORBEREITEN:

Um Okraschoten zu putzen, kann man im einfachsten Fall den Stielansatz mit einem kleinen scharfen Messer gerade abschneiden.

Die in den Schoten enthaltene Flüssigkeit lässt sich durch Blanchieren in Essigwasser entfernen. Anschließend die Okras kalt abschrecken.

Aus den hübschen gelben Blüten des OKRASTRAUCHS *(Abelmoschus esculentus)*, eines Eibischgewächses, entwickeln sich grüne, etwa fingerlange Kapselfrüchte, im Englischen nach ihrer Form »Lady's fingers« genannt.

Eine zweite Möglichkeit ist, die Okraschoten mit einem scharfen Messer bleistiftartig zuzuschneiden, ohne die Früchte dabei zu verletzen.

So »zugespitzt« bleiben die Schoten geschlossen, die im Innern enthaltene Flüssigkeit kann auf diese Weise nicht austreten.

Nach dem Putzen sollte man die Schoten in mit Zitronensaft versetztes Wasser legen, dann platzen sie beim Kochen nicht auf.

CHINESISCHER SALAT *(Lactuca indica)* wird bis zu 1,30 m hoch. Die Blätter pflückt man einzeln und bereitet sie als Gemüse zu.

CHINESISCHER BROKKOLI (*Brassica rapa* var. *alboglabra*). Begehrt sind vor allem die fleischigen Stiele, aber auch die jungen Blätter und Blüten können verzehrt werden.

CHOISUM (*Brassica rapa* var. *parachinensis*), eine Blattkohlsorte aus Oststasien mit ovalen Blättern und kleinen gelben Blüten. Zubereitet werden Triebspitzen, Blüten und Blätter.

CREMECHAMPIGNON, Rosa Champignon *(Agaricus bisporus).* Aromatischer als der weiße Kulturchampignon, besonders in Frankreich recht beliebt. Ganzjährig verfügbar.

WEISSER ZUCHTCHAMPIGNON *(Agaricus bisporus).* Frische Pilze sind fest, glatt, haben eine fleckenlose Haut und eine weiße Schnittfläche.

Frisch geerntet: BRAUNER CHAMPIGNON oder Egerling *(Agaricus bisporus),* kann in Größe und Farbe variieren. Mit Petersilie und Zwiebel sind die Pilze ein prächtiges Trio.

AUSTERNPILZ, Austernseitling *(Pleurotus ostreatus),* sowohl Wild- als auch Kulturpilz. Lammellen herablaufend, sehr kurze Stiele. Hervorragender Speisepilz, im Alter jedoch zäh.

GELBER AUSTERNPILZ *(Pleurotus citrinopileatus),* mit dem Rillstieligen Seitling verwandt, amerik. Golden Oyster Mushroom. Der Pilz wird in den USA und in Japan viel kultiviert.

Der BLUMENPILZ *(Lentinula edodes)* ist eine in China kultivierte Shiitake-Art. Der Name kommt daher, dass der Pilz – es gibt verschiedene Arten – auf bestimmten Blumen wächst.

HOHSHIMEJI *(Hypsizigus marmoreus).* In Japan auf Holz kultiviert, wird häufig als »Shimeji« verkauft. Der »echte« Shimeji *(Lyophyllum shimeji)* ist selten und wächst am Boden.

Jeder liebt sie, jeder will sie: Pilze, engl. mushrooms, frz. champignons, ital. funghi, span. sete, stehen bei Feinschmeckern hoch im Kurs. Seit jeher schätzt man ihr intensives Aroma. So wird der »Tongu«, international besser bekannt unter seinem japanischen Namen »Shiitake«, in China seit über 2000 Jahren kultiviert. In Europa begann man mit der Pilzzucht am Hof Ludwigs XIV – mit Champignons – und nicht umsonst

GROSSER RIESENSCHIRMLING *(Macrolepiota procera),* auch Parasolpilz genannt. Guter Speisepilz, die Stiele sind zäh, die Hüte schmecken gebraten oder paniert vorzüglich.

CHINESISCHE MORCHEL, Silberohr oder Weißer Holzohrenpilz genannt *(Tremella fuciformis).* Tropischer schwammähnlicher Gallertpilz, wenig Aroma, meist getrocknet im Handel.

STROHPILZE, Reisstrohpilze *(Volvariella volvacea)* sind etwa taubeneigroß, ihr abgerundeter Hut wird nach oben hin dunkler. Besonders beliebt in China (»chao gwoo«) und Japan (»namekotake«). Hier zu Lande kommen sie meist in Dosen oder getrocknet in den Handel.

GOLDGELBE KORALLE *(Ramaria aurea).* Jung sind die Astspitzen intensiver gelb, später gleichmäßig goldgelb, Fleisch im Strunk weiß. Nur junge Exemplare verwenden.

IGEL-STACHELBART, Shan Fu *(Hericium erinaceum).* Fruchtkörper aus Büscheln langer Stacheln, gemeinsamer Strunk. In China und Japan sehr beliebt, dort auch kultiviert.

ENOKITAKE *(Flammulina velutipes).* Langer Stiel mit auffällig kleinem Hut, Zuchtform des Gemeinen Samtfußrüblings. Vorwiegend in Japan kultiviert. Braunes Stielende entfernen.

steht in Frankreich bis heute der »champignon« stellvertretend für Pilze allgemein. Noch jung ist dagegen die Zucht von Austernpilzen; sie gehören heute aber zum Standardangebot jeder Gemüsetheke. Während Zuchtpilze das ganze Jahr über in guter Qualität zur Verfügung stehen, sieht es bei den Wildpilzen anders aus. Sie wachsen nur zu bestimmten Zeiten und auch nur bei entsprechender Witterung – je nach Sorte vom zeitigen Frühjahr bis in den Winter hinein –, daher haben sie auf dem Markt ihren Preis. Passionierte Pilzsammler kennen Saison und Standort von Steinpilz, Perlpilz und Co. genau. In der Mykologie weniger Bewanderte sollten ihre Pilze jedoch lieber auf dem Markt erstehen – sicher ist sicher. Für das Sammeln gilt generell: Nichts mitnehmen, was man nicht kennt! Und bestehen bei einem Pilz auch nur die leisesten Zweifel, sollte man lieber eine Pilzberatungsstelle aufsuchen.

PFIFFERLING *(Cantharellus cibarius).* Sehr guter Speisepilz, für viele Gerichte geeignet. Man sollte ihn frisch verwenden, zum Konservieren ist der Pfifferling weniger geeignet.

**Wer wollte da widerstehen? Ob gezüchtet oder wild gewachsen – begehrt sind sie immer, bringen sie doch viel Aroma und Geschmack mit.**

# Pilze

STEINPILZ oder Herrenpilz *(Boletus edulis).* Fleischig und fest, gilt der Steinpilz als König unter den Pilzen. Und tatsächlich ist er einer der besten Speisepilze überhaupt. Mit seinem ausgezeichneten Geschmack, dem herrlichen Aroma und seiner angenehm festen Konsistenz ist er überaus vielseitig verwendbar und schmeckt in dünnen Scheibchen sogar roh als Salat.

WEISSE PIEMONT-TRÜFFEL (*Tuber magnatum* Pico). Weißlich marmoriertes Fleisch, unregelmäßig in der Form, ausgezeichnetes Aroma. Gedeiht gut auf kalkhaltigen Böden.

Im Gegensatz zu Zuchtpilzen, die relativ erschwinglich sind, haben Wildpilze meist einen stolzen Preis. Steinpilze, Pfifferlinge und Morcheln sind schon teuer, ganz astronomisch wird es aber bei den »echten« Trüffeln, die sich – trotz aller Versuche – bisher noch nicht mit befriedigendem Erfolg züchten lassen. Liebhaber ihres exquisiten Geschmacks sind bereit, ein kleines Vermögen für sie auszugeben. Das muss aber nicht sein, entfalten doch schon ein paar Scheibchen ein unwiderstehliches

SOMMERTRÜFFEL (*Tuber aestivum* Vittad.). Schwarze, warzenartige Außenhaut, Inneres von weißlich-grauen Adern durchzogen. Nicht ganz so aromatisch, aber erschwinglich.

Nutzte man früher noch die feine Nase von Schweinen für die Suche nach den raren Pilzen, so gehen heute meist speziell abgerichtete Hunde auf Trüffelsuche. Verkauft wird die Beute dann auf Märkten oder auf speziellen Trüffelbörsen.

PERIGORD-TRÜFFEL, SCHWARZE TRÜFFEL (*Tuber melanosporum* Vittad.). Rundliche, schwarzbraune, von kleinen Warzen bedeckte Knollen. Inneres bräunlich-schwarz, von weißlichen Adern durchzogen. Sehr aromatisch, wächst unter verschiedenen Laubbäumen auf Kalkböden.

## Trüffeln – ein kostbarer Fund! Nur Hunde und Schweine können die unterirdischen Objekte der Begierde aufspüren.

SPITZMORCHEL *(Morchella conica)*. Sehr guter, aromatischer Speisepilz. Erst graubeige, dann olivbraun bis schwärzlich. Lässt sich gut trocknen.

KAISERLING *(Amanita caesarea)*. Einer der besten Speisepilze, Wärme liebend.

ROTKAPPE *(Leccinum versipelle)*. Hut orangebräunlich. Zählt zu den Rauhfußröhrlingen. Festfleischiger Speisepilz.

MAIPILZ *(Calocybe gambosa)*. Häufig, festfleischig, die Farbe ist veränderlich. Starker Mehlgeruch, guter Speisepilz.

Der PORTABELLA *(Agaricus bisporus)* ist eine Neuzüchtung unter den Champignons. Sehr große Hüte, zum Füllen.

CHINESISCHES HOLZOHR *(Auricularia auricula-judae)*. Mit dem europäischen Judasohr verwandt, wenig Eigenaroma.

SEMMELSTOPPELPILZ *(Hydnum repandum)*. Hüte blassgelb bis hellorange. Nur junge Exemplare verwenden.

GRÜNLING *(Tricholoma flavovirens)*. In der Farbe variabel, gelbe Lamellen, weißes Fleisch. Vorzüglicher Speisepilz.

ROTBRAUNER RIESEN-TRÄUSCHLING *(Stropharia rugosoannulata)*, beliebter Kulturpilz, auch Braunkappe genannt.

MU-ERR *(Auricularia polytricha)*. Chinesischer Speisepilz, mit dem Judasohr verwandt, aber zarter. Meist getrocknet.

NELKENSCHWINDLING *(Marasmius oreades)*. Hüte jung gewölbt, mild im Geschmack, eignet sich zum Trocknen.

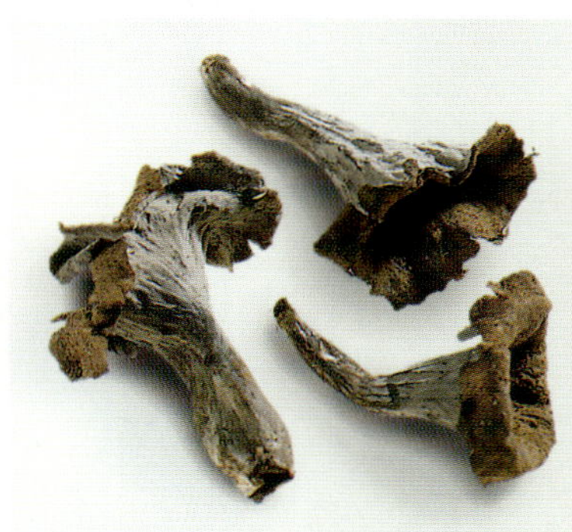

TOTENTROMPETE *(Craterellus cornucopioides)*. Mild, grau bis schwärzlichbraun. Getrocknet recht aromatisch.

PIED BLEU *(Lepista nuda)*. Kulturform des Violetten Rötelritterlings. Angenehm im Geschmack, guter Speisepilz.

Aroma. Wer sicher gehen will, beim Einkauf auch die gewünschte Qualität zu erhalten, sollte sich Wildpilze, allen voran größere Trüffeln oder Steinpilze, aufschneiden lassen. Nur so lässt sich Madenbefall sicher ausschließen.

Es empfiehlt sich, Pilze generell gründlich zu garen, da viele im rohen oder halbrohen Zustand unverträglich sind und Beschwerden hervorrufen können. Manche, wie etwa der Pfifferling, sind schwer verdaulich und man sollte sie nur in kleineren Mengen genießen. Einige Pilzarten verlieren bei der Konservierung derart an Aroma und Geschmack, dass sie »keinen Pfifferling« mehr wert sind. Andere hingegen wie die Totentrompete sind frisch eher eine Enttäuschung; sie gewinnen durch das Trocknen. Ausgezeichnet trocknen lassen sich etwa Steinpilz, Maronenröhrling und Shiitake: Kurz in Wasser eingeweicht, eignen sie sich dann bestens zum Verfeinern von Suppen, Saucen oder anderen Gerichten. Weitere Konservierungsmethoden sind Einsalzen oder das Einlegen von Pilzen in Öl.

PIOPPINI *(Kuehneromyces mutabilis)*. Junge, italienische Kulturform des Stockschwämmchens, guter Speisepilz.

SANDRÖHRLING *(Suillus variegatus)*. Hut gelb-ocker, Stiel etwas heller als der Hut; mild. Mittelmäßiger Speisepilz.

HALLIMASCH *(Armillaria mellea)*. Dicht mit dunklen Schüppchen besetzt. Jung essbar, muss aber abgekocht werden.

SHIITAKE *(Lentinus edodes)*. In Japan und China frisch und getrocknet beliebter Kulturpilz. Harte Stiele entfernen.

HABICHTSPILZ *(Sarcodon imbricatum)*. Jung feinflockige Oberfläche, später dunkle Schuppen. Nur jung verwenden.

TROMPETENPFIFFERLING *(Cantharellus tubaeformis)*. Hut bräunlich-grau, mit glattem, gelbbräunlichem Stiel.

HEREFORD-RINDER aus England: Die weltweit am weitesten verbreitete Fleischrasse ist leicht zu erkennen am weißen Kopf und Hals und der roten Körperfarbe. Ohne starke Verfettung.

# Rind

## Fleisch hat in den Küchen der Welt einen Stammplatz. Beim Einkauf sollte man jedoch auf gute Qualität achten, denn auf sie kommt es an.

QUERRIPPE, SPANNRIPPE. Sie bildet den Brustkorb. Gutes Kochfleisch, das beim Kochen aufquillt. Die Rippen lassen sich dann leicht herausziehen.

Die Mehrzahl der heute wirtschaftlich bedeutenden Rinderrassen geht auf ein und dieselbe Stammform zurück: den Ur oder Auerochsen *(Bos primigenus)*. Je nach Nutzungsziel entstanden inzwischen Spezialrassen, die entweder auf hohe Milchleistung, auf hohen Fleischertrag oder auch auf beides hin gezüchtet wurden. Hervorragendes Fleisch mit kräftigem Geschmack liefern – bei entsprechender Aufzucht – etwa Aberdeen, Black Angus, Galloway, Hereford, Charolais oder die

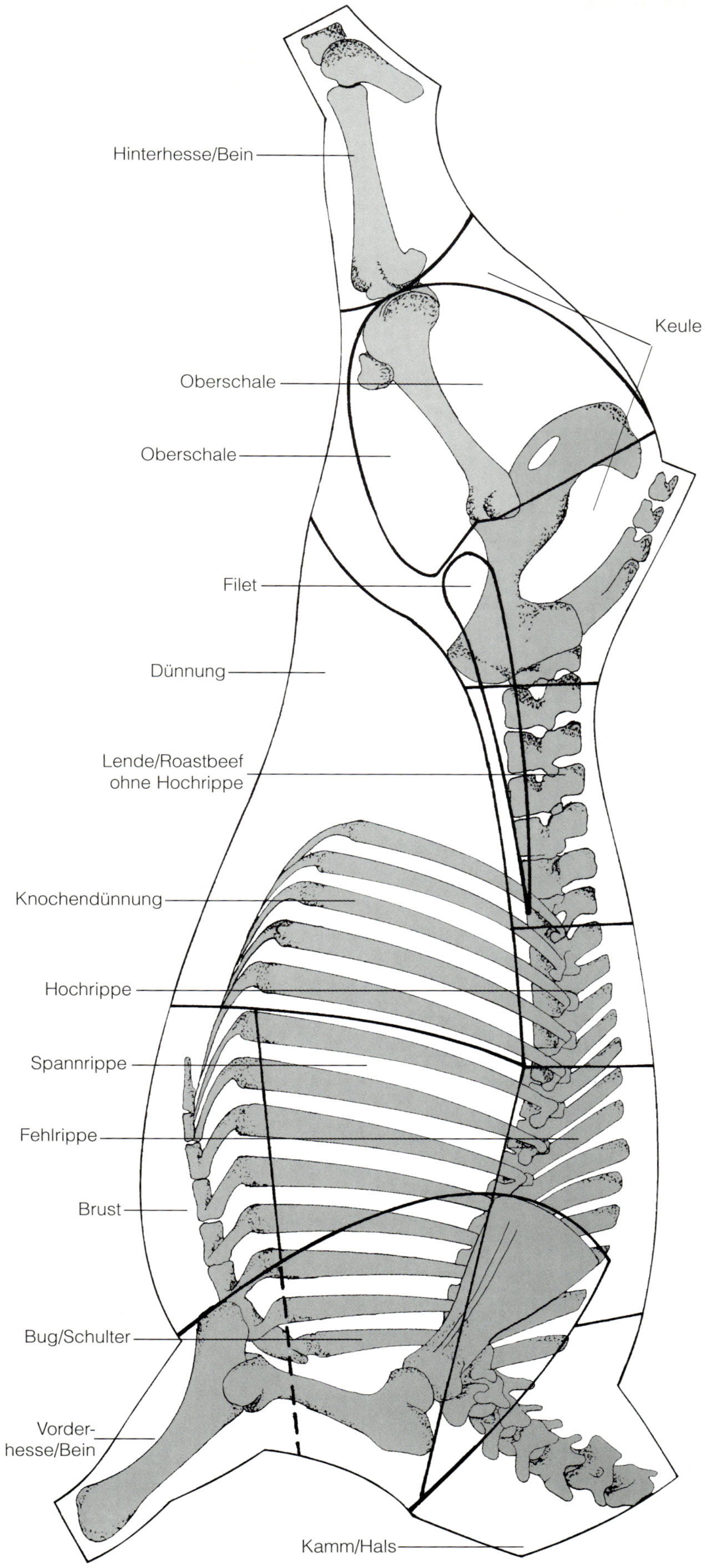


RINDERHÄLFTE VON DER KNOCHENSEITE (Innenseite). Gut erkennen kann man den Schnitt zwischen der 8. und 9. Rippe zur Trennung von Vorder- und Hinterviertel. Auf der Innenseite lässt sich das Alter der Tiere auch im geschlachteten Zustand an der Verknöcherung der Knorpel im Brust- und Rückenbereich sowie an den Rippen erkennen.

DIE GESAMTE RINDERBRUST »wie gewachsen« nach der Grobzerlegung. Brustbein und Rippenansätze sind gut zu erkennen. Kräftiges Kochfleisch – frisch oder gepökelt.

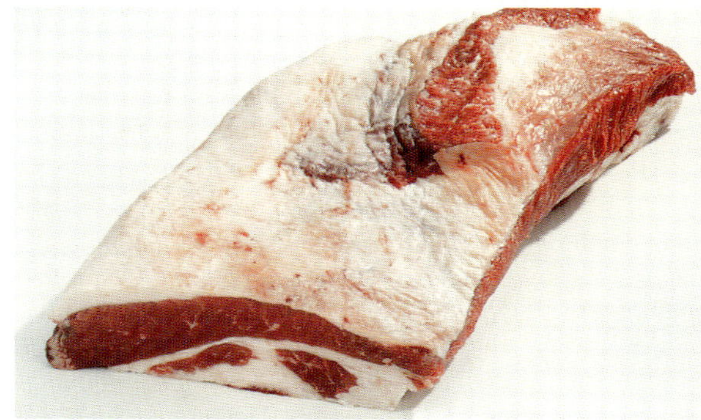

AUSGELÖSTE RINDERBRUST im Ganzen. In der Form ist sie vorne hoch und schmal, nach hinten hin flach und breit. Zum gleichmäßigen Garen wird sie deshalb quer geteilt.

BRUSTSPITZE. Weniger Knochen, fleischiger als Brustkern und Nachbrust. Bei im Ganzen (quer-) gerollter Brust wird die dicke Spitze abgeschnitten. Preiswertes Kochfleisch.

NACHBRUST. Der hintere breite Teil der Brust. Gutes Suppen- und Kochfleisch, auch als gerollte Brust zum Schmoren. Beliebt als Siedfleisch oder Krenfleisch mit Meerrettich.

großrahmigen Chianina-Rinder aus Italien. Was die Qualität anbelangt, so spielen das Alter der Tiere, die Fettverteilung sowie der Reifegrad des Fleischs eine wichtige Rolle. Indikator dafür ist nicht zuletzt die Farbe des Fetts: Es sollte hell bis weiß sein; jenes von älteren Tieren ist von gelblicher Farbe. Sehr mageres Fleisch ist ebenfalls nicht empfehlenswert, da Fett ein wichtiger Aromaträger ist. Wünschenswert ist vielmehr kerniges, zart marmoriertes Muskelfleisch mit nur geringer sichtbarer Fettauflage.

QUERRIPPE OHNE KNOCHEN. Ausgelöst und gewürfelt eignet sich das Fleisch besonders gut für Eintöpfe, ebenso zur Herstellung kräftiger Brühen und Suppen.

LEITERSTÜCK. Aus der Querrippe, in regelmäßigen Abständen von Rippen durchzogen. Das preiswerte Stück ist sehr gutes Kochfleisch und auch für Gulasch bestens geeignet.

HOHE RIPPE OHNE KNOCHEN. Gut marmoriertes Fleischstück mit deutlich erkennbarer Fettauflage. Hervorragend sowohl zum Sieden als auch zum Schmoren geeignet.

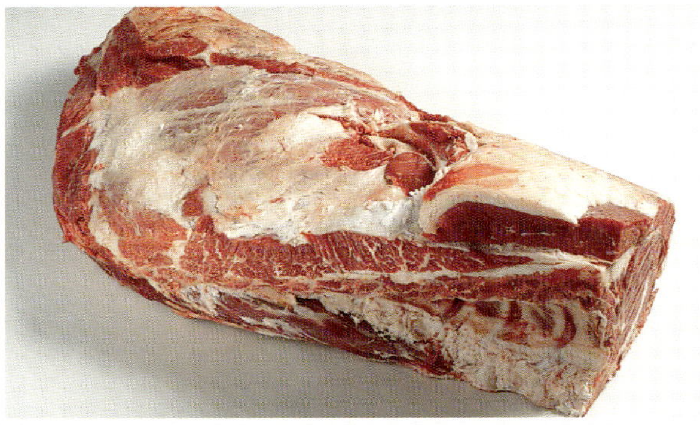

RINDERHALS MIT FEHLRIPPE. Sehr gut ist der zunehmende Verfettungsgrad zur Fehlrippe hin (aufliegendes Fett) zu erkennen. Bestens zum Kochen und Schmoren geeignet.

HINTERER TEIL DES HALSES, FEHLRIPPE. Dieses Fleischstück wird aufgrund des höheren Bindegewebs- und Fettanteils vor allem als Sied- und Kochfleisch verwendet.

## Kochen oder braten? Auf die richtige Zubereitung kommt's an. Bei Hals und Hochrippe ebenso wie bei Rostbraten oder Filet.

AUSGELÖSTER RINDERHALS ergibt, in Würfel geschnitten, ein hervorragendes Gulaschfleisch, ist aber auch im Ganzen zum Sieden beziehungsweise Kochen geeignet.

HOHE RIPPE MIT KNOCHEN, in rippenstarke Scheiben geschnitten. Allerbestes Fleisch zum Kochen. Von jungen Tieren ist dieses Stück (Rinderkotelett) auch zum Braten geeignet.

Gerade bei Rindfleisch – engl. beef, frz. bœuf, ital. manzo, span. toro, vaca oder carne, ist die Wahl der Garmethode von entscheidender Bedeutung, soll das Ergebnis stimmen. Die gut entwickelten Muskelpartien wie Beine, Brust, Flanke oder Nacken liefern ein aromareiches Fleisch, sind aber von relativ viel Bindegewebe durchzogen. Derartige Stücke müssen bei eher niedriger Temperatur entsprechend lange garen, um weich und zart zu werden. Die Zubereitung der Wahl ist hier entweder Sieden oder Schmoren; jedenfalls sollte während des Garens relativ viel Feuchtigkeit zugesetzt werden – das kann entweder Wasser, Fond, Brühe oder Dampf sein –, damit das Fleisch während der langen Zeit nicht zu trocken gerät. Andere Teile vom Rind hingegen, die weniger beansprucht werden, wie die Hüfte, der Rücken oder das feine Filetstück, liefern das zartere Fleisch, haben aber auch etwas weniger Eigengeschmack. Sie benötigen mindestens zu Beginn eine hohe Gartemperatur, damit sich die Poren möglichst rasch schließen. Daher eignen sich diese Stücke vom Rind besonders gut zum Kurzbraten, Braten oder Grillen; eben für alle Garverfahren mit starker, trockener Hitzeeinwirkung, weil diese ein Austreten des wertvollen Fleischsaftes verhindern. Wie lange man ein Rumpsteak oder Filetstück dann brät, ist wiederum Geschmacksache, der eine mag es eher »rare« – blutig, der andere »well-done«.

SCHULTERDECKEL, SCHAUFELDECKEL. Von Bindegewebshäutchen überzogen, deckt er das Schaufelstück ab. Für Gulasch, aber auch zum Braten und Kochen.

ROASTBEEF, LENDE oder ROSTBRATEN, im Ganzen ohne Knochen. Besteht aus dem hohen und dem flachen Roastbeef. Mit Kräuterkruste gebraten, ist es eine Delikatesse.

MITTELBUGSTÜCK, SCHAUFELSTÜCK, Latte, Schulterspitz. Von kräftiger Sehne durchzogen. Gutes Suppen- und Siedfleisch; auch zum Schmoren (Sauerbraten) geeignet.

FLACHES ROASTBEEF. Dieses Stück hat einen geringeren Fettgehalt als das hohe Roastbeef. In Scheiben geschnitten, ist es bestens zum Kurzbraten geeignet (Rumpsteak).

SCHULTERFILET, FALSCHES FILET (wegen seiner Form). Ebenfalls von kräftiger Sehne durchzogen. Zartfaseriges Fleisch, zum Braten, für Sauerbraten oder für Tatar.

FILET. Ohne Zweifel das wertvollste Teilstück vom Rind. Sehr mager und sehr zart. Vor allem zum Kurzbraten, aber auch zum Braten im Ganzen hervorragend geeignet.

DICKES BUGSTÜCK. Zartfaseriger als andere Bugstücke. Als Bratenfleisch ebenso geeignet wie die Unterschale der Keule. Für Schmor- und Sauerbraten, Gulasch, Rouladen.

BUG-GULASCHFLEISCH, gut pariert, aus dem Bugstück geschnitten. Ein sehr würziges, kräftiges und mageres Fleisch, das zum Schmoren wie geschaffen ist.

BAUCHLAPPEN, FLANKE oder DÜNNUNG. Der fett- und bindegewebsreiche Teil des Hinterviertels wird nur zum Kochen verwendet. In der Schweiz wird er Lempen genannt.

DICKES BUGSTÜCK MIT DECKEL. Deutlich erkennbar sind die Fettabdeckung und die Bindegewebsauflage. In diesem Zuschnitt ist es als Suppen- und Gulaschfleisch geeignet.

BEINSCHEIBEN. Die Vorderhesse wird meist abgetrennt und in Scheiben gesägt. Die Markknochen, von Muskeln und Sehnen umhüllt, bringen beim Kochen viel Geschmack.

ROASTBEEF MIT KNOCHEN und innen liegendem Filet. Deutlich ist der Anteil der hohen Rippe im Vordergrund zu erkennen, die somit zum Hinterviertel gehört.

# Die vielen hervorragenden Stücke der Keule und andere delikate Teile vom Rind.

OBERSCHALE MIT DECKEL. Ein besonders mageres und zartes Fleischstück aus der Innenseite der Keule, hervorragend zum Braten oder Schmoren geeignet.

Rinderkeulen spielen für die Vermarktung eine wichtige Rolle; kein Wunder, stammen doch 50 % des Gesamtfleischanteils aus diesem Stück des Hinterviertels. Zerlegt man es weiter, erhält man die folgenden Zuschnitte, die teils zum Schmoren, teils zum Kurzbraten oder auch als Gulaschfleisch beliebt sind: Ober- und

DECKEL DER OBERSCHALE. Dieses Fleischstück wird meist zum Braten oder Schmoren, aber auch für Geschnetzeltes oder für Schabefleisch und Gulasch verwendet.

HÜFTDECKEL, ROSEN- oder TAFELSPITZ. Das Schwanzeckstück mit der flach zulaufenden Spitze ist ein hochwertiges Fleisch zum Kochen und Schmoren oder für Geschnetzeltes.

OBERSCHALE OHNE DECKEL. Das klassische Rouladenfleisch, auch zum Braten oder Schmoren gut geeignet. Dies ist in der Schweiz das Eckstück einschließlich Mittelstück.

HÜFTE MIT DECKEL. Beide Teilstücke mit ihrem besonders zarten Fleisch werden noch zur Keule gezählt. Sie eignen sich ausgezeichnet zum Braten und Schmoren.

ROLLE, SCHWANZROLLE (Schweiz: Runder Mocken). Von der Unterschale abgetrenntes mageres Fleischstück. Für Schmorbraten und kleine Rouladenscheiben.

UNTERSCHALE (Schweiz: Unterspälte, Unterstück). Sie ist etwas zäher und gröber in der Fleischfaser als die Oberschale. Zum Schmoren, Braten, für Gulasch oder Rouladen.

HÜFTE OHNE DECKEL, BLUME, ROSE. Das zarteste, beste Teilstück der Keule, das sogar zum Kurzbraten (wie Rumpsteak) geeignet ist. Kann wie Roastbeef verwendet werden.

WADE, DICKE WADE. Dieser Teil der Hinterhesse ist zäher und bindegewebsreicher als die anderen Fleischteile der Keule. Eignet sich zum Kochen, für Gulasch und Ragouts.

KUGEL oder NUSS MIT DECKEL. Ein kompaktes Teilstück mit zartem Fleisch, das sich hervorragend im Ganzen als großer Braten zubereiten, aber auch sehr gut zerlegen lässt.

BÜRGERMEISTERSTÜCK, PASTORENSTÜCK. Über der Kugel liegendes, sehr zartes Fleischstück. Zum Kurzbraten, bestes Schmorfleisch, ideal für Geschnetzeltes und Ragouts.

BEINFLEISCH ist sehnenreich und eignet sich besonders gut als Suppenfleisch, grob zerkleinert als Klärfleisch, auch für Gulasch und Ragouts. Es bedarf einer langen Garzeit.

LUFT- und SPEISE-RÖHRE, HERZ und LUNGE werden auch als Geschlinge bezeichnet. Der Lunge kommt in der Küche wenig Bedeutung zu.

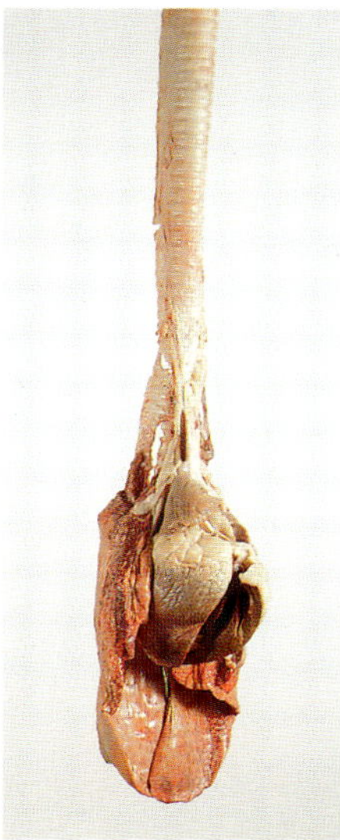

RÖHRENKNOCHEN, Beinknochen. Beim Rind sind sie groß genug, um das darin enthaltene Mark zu verwenden. Bei jungen Tieren ist das Mark rot, bei ältern weißlich.

Unterschale, Rolle, Nuss, Hüfte und Bein. Achten sollte man beim Einkauf grundsätzlich auf eine hellrote, appetitliche Farbe des Fleisches sowie auf eine gleichmäßige Marmorierung. Für die Qualität von Innereien – natürlich nur von BSE-freien Tieren – gilt, je frischer, desto besser. Ein Zeichen von Frische ist etwa die glänzend schimmernde, leicht feuchte Oberfläche. Aber auch das Alter des Tieres, von dem sie stammen, spielt eine Rolle – je jünger, desto zarter schmecken Leber oder Herz. Innereien haben einen höheren Gehalt an Vitaminen und Mineralstoffen, jedoch auch einen höheren Cholesterin- und Puringehalt als Muskelfleisch. Da sie leicht verderblich sind, sollte man sie nach Möglichkeit noch am Tag des Einkaufs verarbeiten oder tiefkühlen.

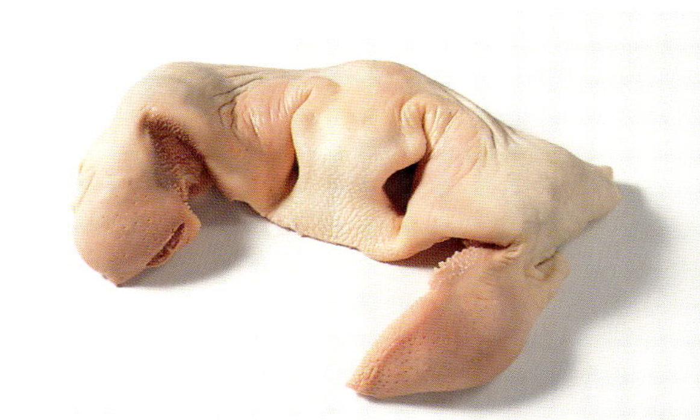

OCHSENMAUL, FLOTZMAUL, MASKE. Wird meist gepökelt und gekocht für Ochsenmaulsalat verwendet. Aufgrund des hohen Bindegewebsanteils muss es lange kochen.

DIE BACKEN. Bindegewebsreiche Teile des Kopfes. Lange Garzeit, bis sie weich werden. Verwendung vor allem für Fleischwaren, aber auch für Suppen, Sülzen und Pasteten.

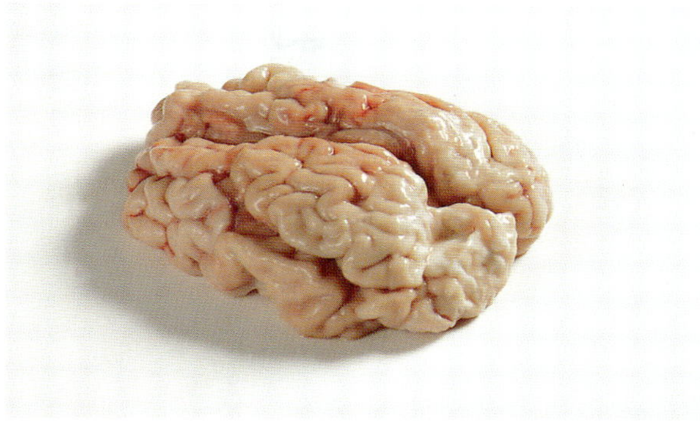

HIRN. Energiearm, leicht verdaulich, aber hoher Cholesteringehalt. Weich gekocht, in Scheiben geschnitten und paniert, wird es auch frittiert oder gratiniert.

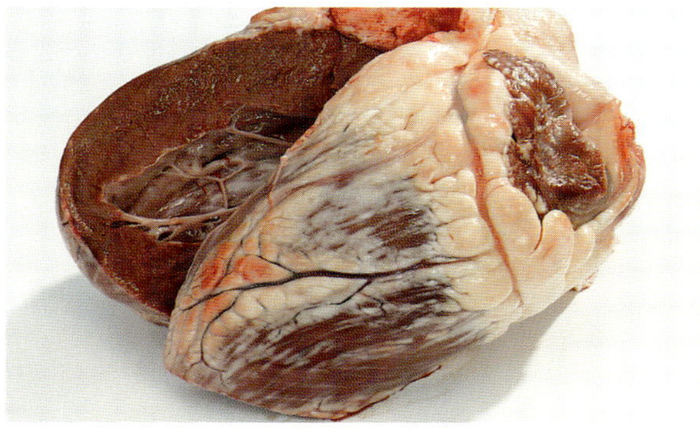

HERZ. Vom Jungrind festes, feinfaseriges Muskelfleisch. Schmeckt kräftig, fleischähnlich. Zum Braten, Schmoren und Kochen. Je nach Alter und Gewicht in 2 bis 4 Stunden gar.

MILZ. Absoluter Außenseiter auf Speisekarten. Weiches, dunkelrotes Gewebe. Wird durchgedreht für Füllungen verwendet. In kleine Stücke geschnitten auch zum Grillen.

LEBER. Fester, dunkler und im Geschmack strenger als die anderer Schlachttiere. Vorher in Milch eingelegt, schmeckt sie milder. Erst nach dem Garen salzen, sonst wird sie zäh.

NIERE. Fest im Biss, saftig und arteigen im Geschmack. Kann gebraten, gegrillt oder geschmort werden, zuvor müssen alle weißen Häutchen und Harnwege entfernt werden.

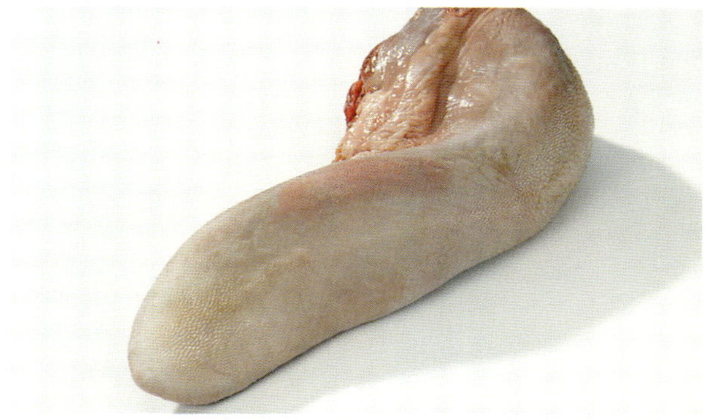

ZUNGE. Junge Rinderzunge hat höchsten Marktwert. Zartes Muskelfleisch, kräftiger Geschmack, saftig. Bis zu 2,3 kg schwer. Frisch geräuchert oder gepökelt im Handel.

SCHWANZ. Bekannter als Ochsenschwanz, wobei in der handelsüblichen Bezeichnung zwischen männlichen und weiblichen Tieren kein Unterschied gemacht wird.

MARKKNOCHEN. Zum Entnehmen Knochen längs spalten und das Mark herauskratzen oder die Knochenscheiben 10 Minuten kochen und das weiche Mark herausdrücken.

RINDERMÄGEN (KUTTELN): BLÄTTERMAGEN, LABMAGEN und PANSEN (v.l.n.r.). Gut gesäubert, schneeweiß gekocht, für regionale Spezialitäten (»Tripes«). Oft vorgegart erhältlich.

RINDERTALG, NIERENFETT. Umgibt die Nieren. Sehr hart, da bis zu 50 Prozent aus gesättigten Fettsäuren bestehend. Ausgelassen oder klein gehackt für Backteige und Pies.

EINE KOTELETTREIHE aus dem Rücken des Kalbs ist selbst für kritische Gourmets eine Delikatesse. Im Ganzen gebraten, eignet sich das Stück für festliche Anlässe.

# Ka

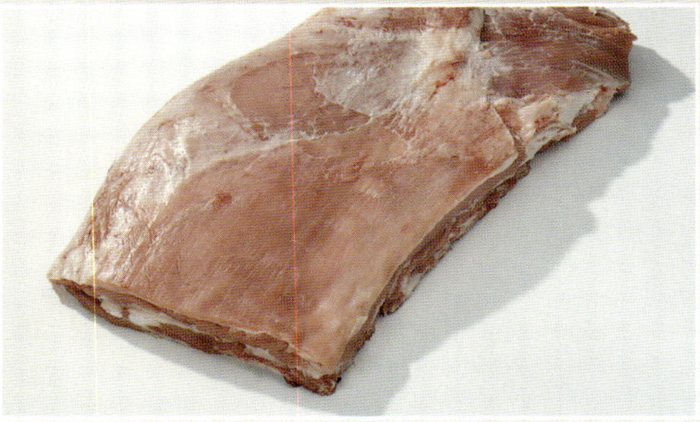

KALBSBRUST MIT KNOCHEN. Eine rustikale Spezialität – ideal zum Kochen und Braten; wird meist zum Füllen verwendet. Mit den Knochen gegart, hat sie noch mehr Geschmack.

KALBSNACKEN, ausgelöst und gut pariert. Ein Stück für saftige Braten, Ragouts oder auch für Gulaschzubereitung aus Kalbfleisch. Schön marmoriert, dadurch besonders saftig.

KALBSBRUSTSPITZE, ausgelöst. Bestens zum Kochen und Braten geeignet. Sie enthält relativ viel Fett und Bindegewebe und muss entsprechend länger gegart werden.

KALBSLENDE oder AUSGELÖSTER KALBSRÜCKEN. Der Muskelstrang oberhalb des Rückgrats, annähernd so zart wie das Filet. Zum Kurzbraten oder im Ganzen als Braten.

KALBSLENDENSTEAKS, aus dem Lendenteil des Roastbeefs beziehungsweise des Kalbsrückens geschnitten. Die zarte Fettauflage hält das Fleisch beim Braten saftig.

KALBSDÜNNUNG, auch als FLANKE bezeichnet, kann als Kochfleisch und für Ragouts verwendet werden. Wird auch gerollt und gefüllt, meist jedoch zu Wurstwaren verarbeitet.

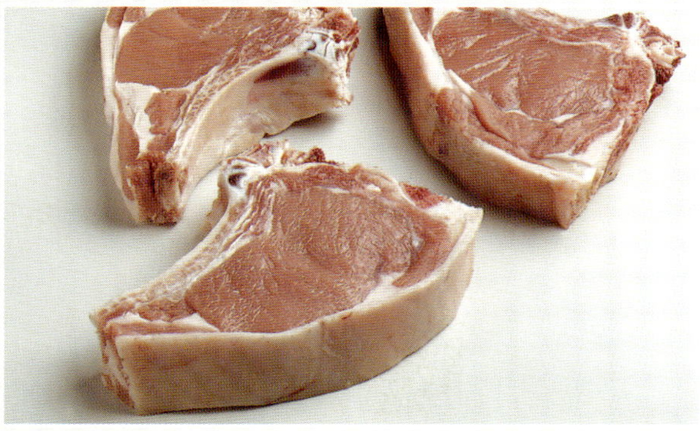

KALBSKOTELETTS sind gut zum Kurzbraten geeignet. Durch den anhängenden Knochen, der beim Braten zusätzlich Aroma abgibt, werden sie besonders kräftig im Geschmack.

KALBSKOTELETTSTÜCK. Das Rippenkotelettstück, auch als Karree oder Karbonade bezeichnet. Zum Braten im Ganzen geeignet, aber auch in Scheiben geschnitten als Koteletts.

Viele sprechen Kalbfleisch, engl. veal, frz. veau, ital. vitello, span. ternera, einen hohen Genusswert zu, handelt es sich dabei doch um sehr feines, zartes Fleisch. Aufgrund seines hohen Nährwerts – Kalbfleisch enthält viel Eiweiß, jedoch wenig Fett – ist es auch aus ernährungsphysiologischer Sicht empfehlenswert. Zart ist das Kalbfleisch, weil das Bindegewebe noch weich ist und die Muskeln noch nicht voll entwickelt sind. Grundsätzlich unterscheidet man zwischen sehr hellem, dem »weißen« Kalbfleisch und solchem von rosa oder roter Farbe. Die Farbe hängt vor allem von der Art der Fütterung sowie der Haltung ab. Sehr hell bleibt Kalbfleisch bei extrem eisenarmem Futter und das Bries. Die Kalbsschulter oder Bug ist mehr von Bindegewebe und Sehnen durchzogen als die Keule, aufgrund ihres Geschmacks aber dennoch geschätzt; wohl auch, weil sie etwas preiswerter ist. Beliebte Stücke stammen außerdem von Rücken oder Brust. Letztere eignet sich – mit oder ohne Knochen – ganz hervorragend zum Füllen und wird so zum delikaten Festtagsbraten. Wem das Vorbereiten – in die Kalbsbrust muss man zunächst eine Tasche schneiden – zu mühsam ist, der bittet einfach seinen Fleischer darum. Sehr fein sind außerdem Kalbslendensteaks oder Kalbskoteletts, die sich prima zum Braten eignen, eventuell auch einmal am Stück.

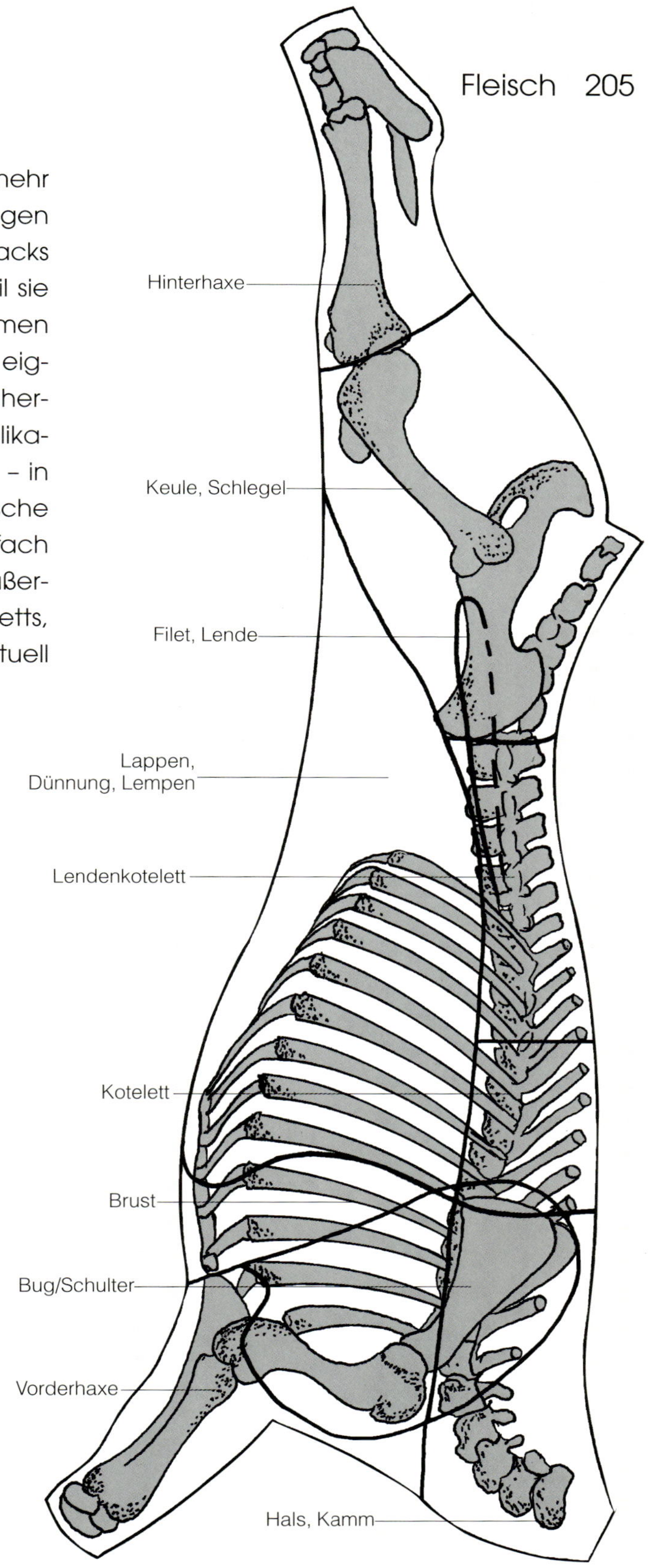


## Das Fleisch vom Kalb: feinfaserig und zart, jedoch etwas weniger ausgeprägt im Geschmack als Rindfleisch.

bewegungsarmer Haltung in relativer Dunkelheit. In einigen Ländern wird weißes Kalbfleisch noch produziert und ist dort auch sehr gefragt, in anderen Ländern hingegen ist die Zufütterung von Raufutter per Gesetz vorgeschrieben – wodurch das Fleisch dann dunkler wird und eine rosa Färbung annimmt. Sehr eisenreiches Futter schließlich bewirkt eine rote Farbe. Geschlachtet werden Kälber meist mit einem Gewicht zwischen 120 und 220 kg und im Alter von 3 bis 4 Monaten. Generell sind die Zuschnitte beim Kalb ähnlich wie beim Rind, doch gibt es ein paar Besonderheiten, etwa

Der Klassiker schlechthin: Ein dünnes, mageres Kalbsschnitzel muss es sein für das »echte« Wiener Schnitzel, goldgelb und knusprig paniert. Hinter »Schnitzel Wiener Art« verbirgt sich dagegen meist Schweinefleisch.

# Die delikaten Stücke vom Kalb – Filet, Nuss und Innereien – sind, entsprechend zubereitet, ein echtes kulinarisches Highlight.

Wie beim Rind ist auch beim Kalb die Keule neben Filet und Lendenkotelett der wertvollste Teil des Schlachtkörpers. Da sie aufgrund ihrer anatomischen Anordnung einen relativ geringen Anteil an Bindegewebe hat, ist das Fleisch zarter als die Stücke des Vorderviertels. Der durchschnittliche Fettgehalt liegt bei 2 Prozent oder leicht darunter, je nach Alter und Ausmästungsgrad. Die wichtigsten Zuschnitte der Keule sind Oberschale, Unterschale – im Handel meist als Frikandeau bezeichnet – Hüfte oder Blume und Nuss beziehungsweise Kugel. Als das beste Teilstück gilt die magere und kurzfaserige Oberschale. Aus ihr lassen sich hervorragende Schnitzel schneiden, sie ist aber auch das ideale Stück für einen großen Festtagsbraten. Die in der Struktur etwas gröbere Unterschale eignet sich dagegen gut zum Schmoren. Erstklassig ist außerdem die Kalbsnuss, die sich zum Braten oder Schmoren im Ganzen ja geradezu anbietet. Bei entsprechender Zubereitung ergibt auch die fleischige Hinterhaxe einen vorzüglichen Braten, sie sollte allerdings relativ lange bei geringer Tem-

KALBSFILET. Gut pariert, eine besonders zarte, mild schmeckende Spezialität. Hervorragend zum Kurzbraten geeignet, aber auch als saftiger, feiner Braten am Stück.

OBERSCHALE. Normalerweise auf der Oberseite mit einer geringen Fettauflage, hier sehr gut pariert. Hellrosa und zart, zum Braten und für Kalbsrouladen geeignet.

SCHNITZEL aus der Oberschale. Zum Kurzbraten geeignet, etwa für Wiener Schnitzel, sehr mager. Sie werden häufig durch eine Panade vor dem Austrocknen geschützt.

HÜFTE oder BLUME. Dieses Keulenstück kann im Ganzen zum Braten oder Schmoren verwendet werden, am besten gespickt, auch für Geschnetzeltes oder zum Kurzbraten.

NUSS oder KUGEL. Schön hellrosa. Hier noch mit Fetteinschlüssen. Das Stück aus der Keule ergibt einen zarten, saftigen Braten, man kann auch Schnitzel daraus schneiden.

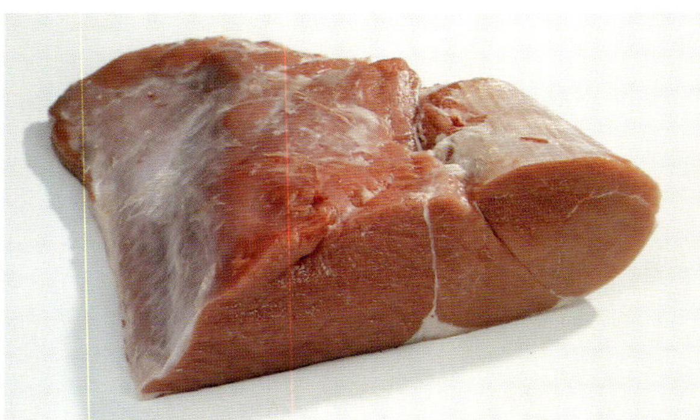

UNTERSCHALE. Oft auch als Schwanzstück bezeichnet. Die Rolle rechts ist deutlich zu erkennen. Sie eignet sich zum Kurzbraten, der Rest zum Schmoren oder für Gehacktes.

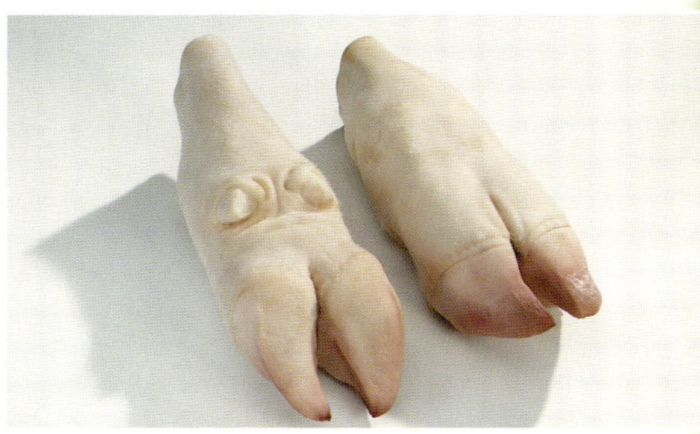

KALBSFÜSSE. Aus ihnen kocht man geschmackvolle Fonds. Durch ihren hohen Bindegewebsanteil wirken sie stark gelierend, deshalb für Glaces, Sülzen und Gelees geeignet.

HAXEN MIT BEINKNOCHEN. Gut zum Schmoren oder Braten. Links die Vorder-, rechts die Hinterhaxe; sie ist schwerer und fleischiger und deshalb ideal zum Braten am Stück.

BEINSCHEIBEN sind zum Kochen geeignet, werden aber vielfach auch geschmort, wie beim Ossobuco der Fall. Gut zu sehen ist hier das in den Knochen enthaltene Mark.

EINER KREUZUNG aus Braunvieh und Blonde d'Aquitaine entstammen diese – noch sehr jungen – Kälbchen, die im Laufstall aufwachsen. Ihr Futter: Vollmilch und Stroh.

KALBSNIERENBRATEN, gerollt. Traditionelle Spezialität aus dem Rücken mit anhängender Dünnung, die Niere wird dabei mit eingerollt. Feiner Braten, aus dem Ofen oder gegrillt.

KALBSNIERE. Sie ist eingebettet im Nierenfett, aus dem sie erst herausgelöst werden muss. Dann zieht man die Außenhaut ab und schneidet vorsichtig die Harnwege heraus.

peratur und hohem Feuchtigkeitsanteil garen, damit Bindegewebe und Fleisch auch wirklich zart werden. Kulinarisch etwas Besonderes ist das Kalbsbries, die Wachstumsdrüse des Kalbes. Bries gehört seit Jahrzehnten zum Standardrepertoire auf den Speisekarten der Top-Gastronomie. Doch auch die anderen Innereien vom Kalb, etwa Nieren oder Leber, werden weithin als Leckerbissen gehandelt, nicht zuletzt deshalb, weil sie wesentlich zarter als jene vom Rind sind.

KALBSZUNGE – gekocht eine Delikatesse – häutet man erst nach dem Kochen. Sie ist kleiner und milder als die Rinderzunge. Wird gepökelt, geräuchert oder gekocht verzehrt.

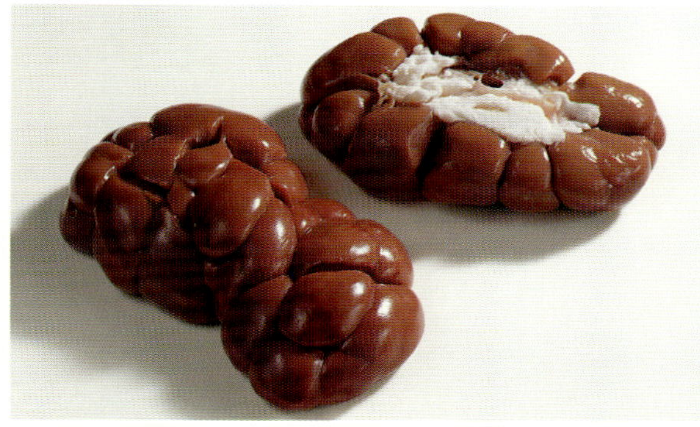

KALBSNIERCHEN sind außerordentlich zart. Jene vom Milchkalb müssen nicht gewässert werden. Sie können entweder klein geschnitten oder im Ganzen gegart werden.

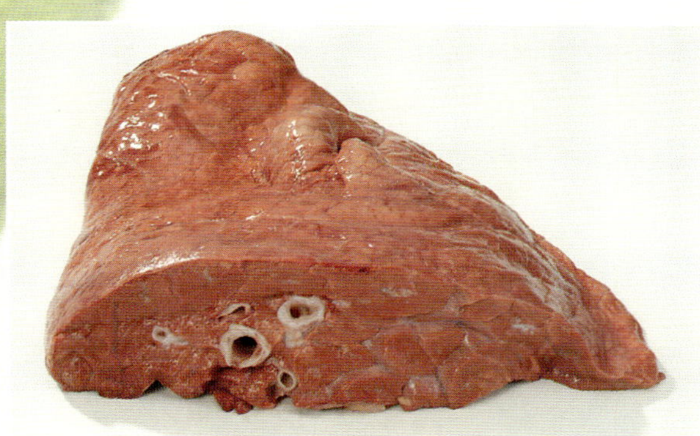

HELLROTE KALBSLUNGE. Mit geringem Nährwert und Eiweißgehalt. Meist für regionale Spezialitäten wie Beuschel verwendet. Ansonsten häufig zu Kochwurst verarbeitet.

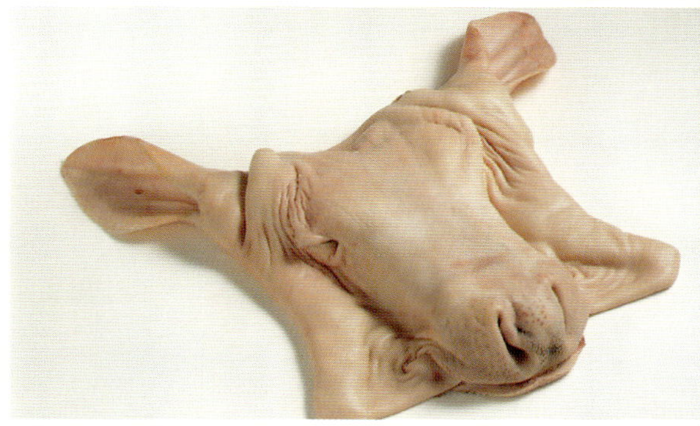

KALBSKOPF, entbeint – auch MASKE genannt. Wird meist für Weißwürste verwendet, jedoch auch gerollt und im Sud gegart. Gilt Liebhabern als große Delikatesse.

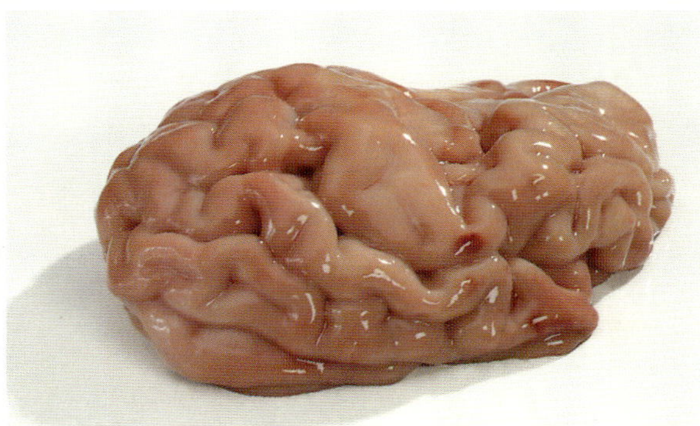

KALBSHIRN. Leicht pochiert oder gebraten sehr delikat, jedoch reich an Phospholipiden und Cholesterin. Findet häufig auch Verwendung als Einlage in Suppen oder in Farcen.

KALBSLEBER ist heller, von feinerem Geschmack als Rinderleber und teurer als diese. Hoher Gehalt an Vitamin A und Vitaminen der B-Gruppe, Eiweiß und Nährstoffen (Glycogen).

Salbei passt geschmacklich ganz ausgezeichnet zu Kalbfleisch, ebenso wie zu Kalbsleber. Das stellen vor allem die zahlreichen italienischen Spezialitäten – man denke nur an »saltimbocca« oder Kalbskoteletts, serviert mit Salbeibutter – immer wieder aufs Neue unter Beweis.

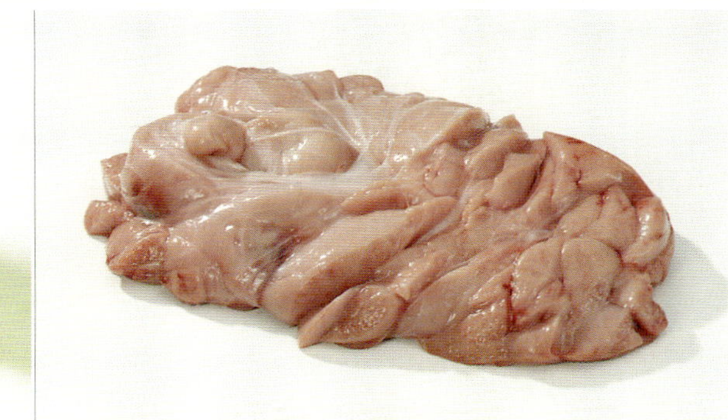

KALBSBRIES – die Thymusdrüse des Kalbes – ist auch in der Gastronomie eine begehrte Delikatesse. Man serviert es gebraten oder in Ragouts. Muss vorher gewässert werden.

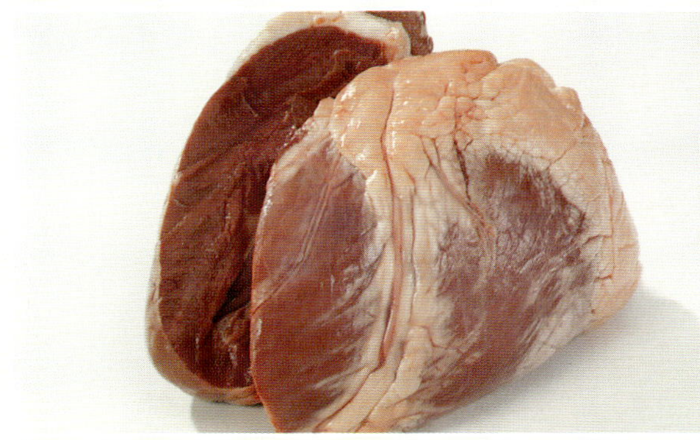

KALBSHERZ. Wird meist zusammen mit der Lunge gekocht und in Scheiben geschnitten, ist jedoch auch zum Braten oder Grillen geeignet. Es ist zarter als das Rinderherz.

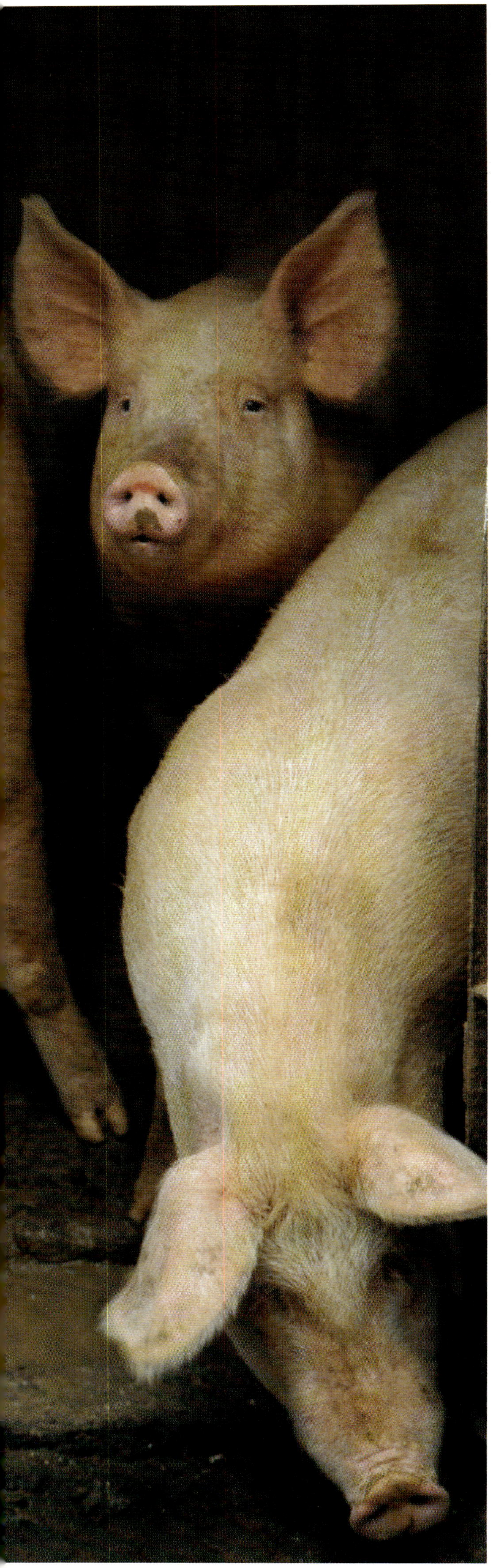

Ob klein und schwarz, groß und rosig oder gescheckt: Die heutigen Hausschweine – frz. porc, ital. maiale, span. cerdo; das Englische unterscheidet hier zwischen dem Tier, pig, und dem Fleisch, porc – stammen ausnahmslos vom Wildschwein *(Sus scrofa)* ab. Dessen Domestizierung geht in Asien bis auf etwa 10.000 v. Chr., in Europa auf etwa 6.000 v. Chr. zurück. Dass durch züchterische Bemühungen die verschiedenen Rassen entstanden sind, ist im Vergleich dazu ein junges Phänomen: Erst ab Mitte des 18. Jahrhunderts begann man in England mit einer systematischen Zucht.

Zu den bedeutenden Schweinefleischproduzenten in Europa gehören Dänemark und die Niederlande; mit Abstand am meisten Schweinefleisch wird allerdings in Deutschland produziert – und auch verzehrt; gelegentlicher Rückgang des Verbrauchs (Ursachen dafür waren etwa die Schweinepest oder Meldungen über Rückstände von Hormongaben im Fleisch) konnten der Beliebtheit von Schweinefleisch langfristig keinen Abbruch tun. Und wenn man darauf achtet, gute Qualität zu kaufen, spricht auch kaum etwas gegen den Verzehr von Schweinefleisch – der ernährungsphysiologische Wert seiner Proteine ist sogar sehr hoch, darüber hinaus liefert es wichtige Vitamine der B-Gruppe. Lediglich Menschen, die auf ihre Blutfett- und Purinwerte achten müssen, sollten Schweinefleisch – wie übrigens andere Fleischsorten auch – in geringeren Mengen konsumieren.

Im Unterschied zum Rindfleisch muss Schweinefleisch nicht abhängen; es wird frisch verwendet. Beim Kauf empfiehlt es sich, auf die Farbe von Fleisch und Speck zu achten: Das Fleisch sollte zartrosa bis rosarot und feinfaserig sein, am besten leicht marmoriert, der Speck muss weiß und fest sein, die Schnittflächen dürfen nicht trocken aussehen. Besonders mager und hell wirkende Stücke meidet man besser, es besteht die Gefahr, dass es sich um PSE (pale, soft, exudativ)-Fleisch handelt, eine minderwertige Qualität, die beim Erhitzen sehr viel Flüssigkeit abgibt, dadurch »zusammenschnurrt« und beim Braten zäh wird.

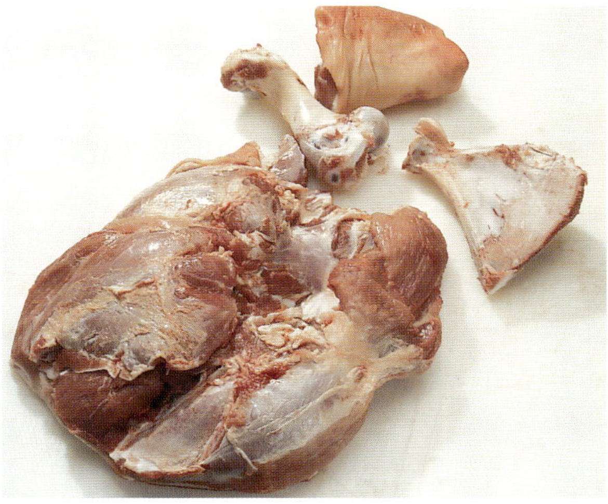

AUSGELÖSTE SCHWEINESCHULTER mit Schulterblatt, Oberbeinknochen und Vordereisbein. Die einzelnen Bestandteile der Schulter sind hier gut zu erkennen.

## In vielen Regionen Europas, Asiens und Amerikas ist es das wichtigste Schlachttier.

# Schwe

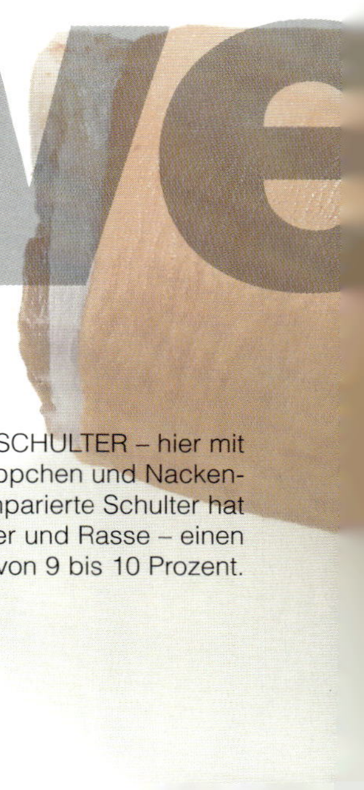

SCHWEINESCHULTER – hier mit Vordereisbein, Rippchen und Nackenkotelett. Die unparierte Schulter hat – je nach Alter und Rasse – einen Fettgehalt von 9 bis 10 Prozent.

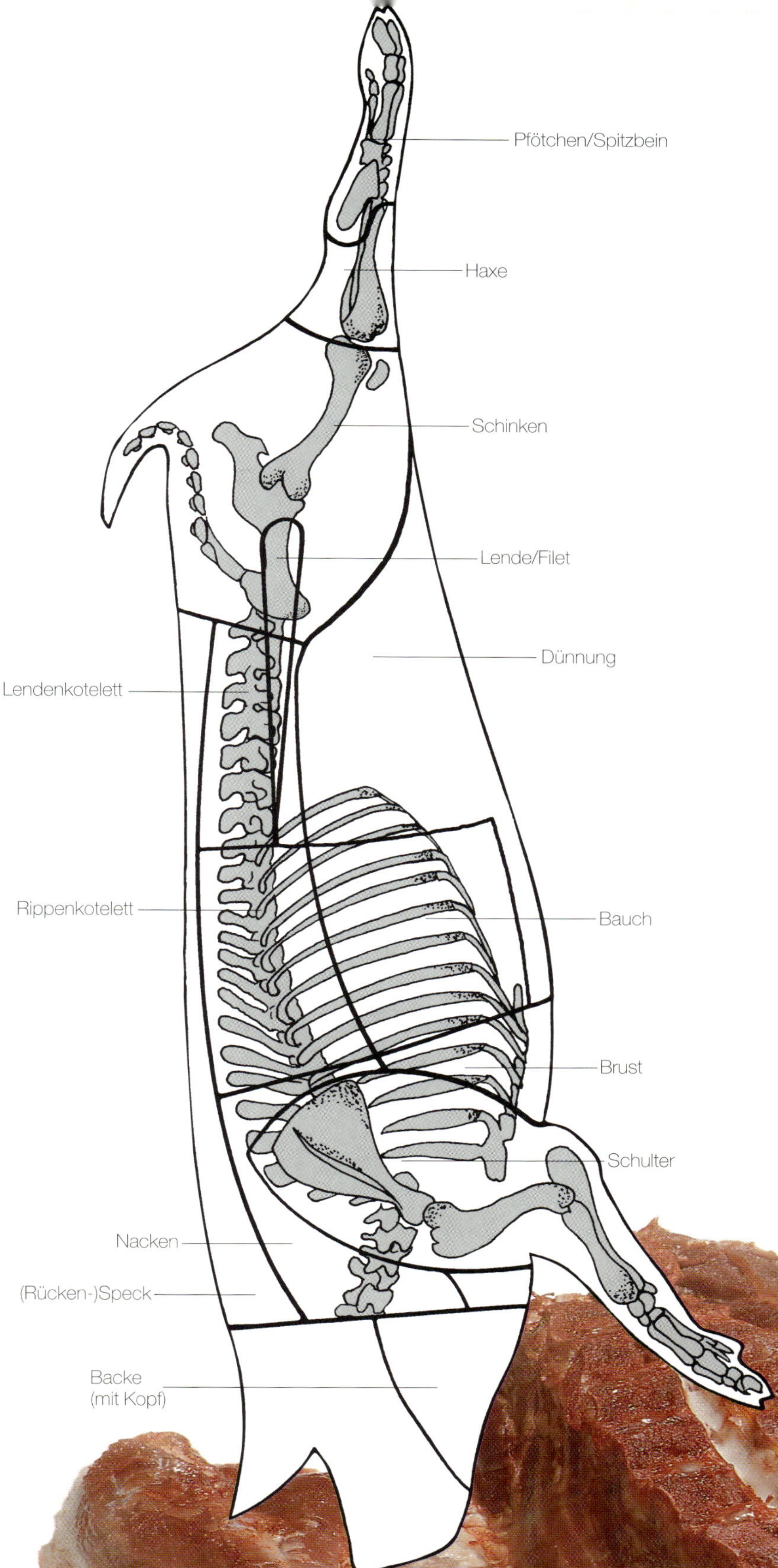

HALS, NACKEN, KAMM (OHNE KNOCHEN). Ergibt durch die Marmorierung einen saftigen Braten. Auch gut: gepökelt oder in Scheiben geschnitten, mariniert und gegrillt.

NACKENKOTELETT MIT KNOCHEN (HALSWIRBEL). Ideal zum Braten und Grillen geeignet. Besonders würziger Geschmack durch den Knochenanteil.

NACKENKOTELETT OHNE KNOCHEN, gut pariert. Hier aus dem durchwachsenen Nackenfleisch geschnitten. Durch seine Marmorierung sehr zart, gut zum Kurzbraten und Grillen.

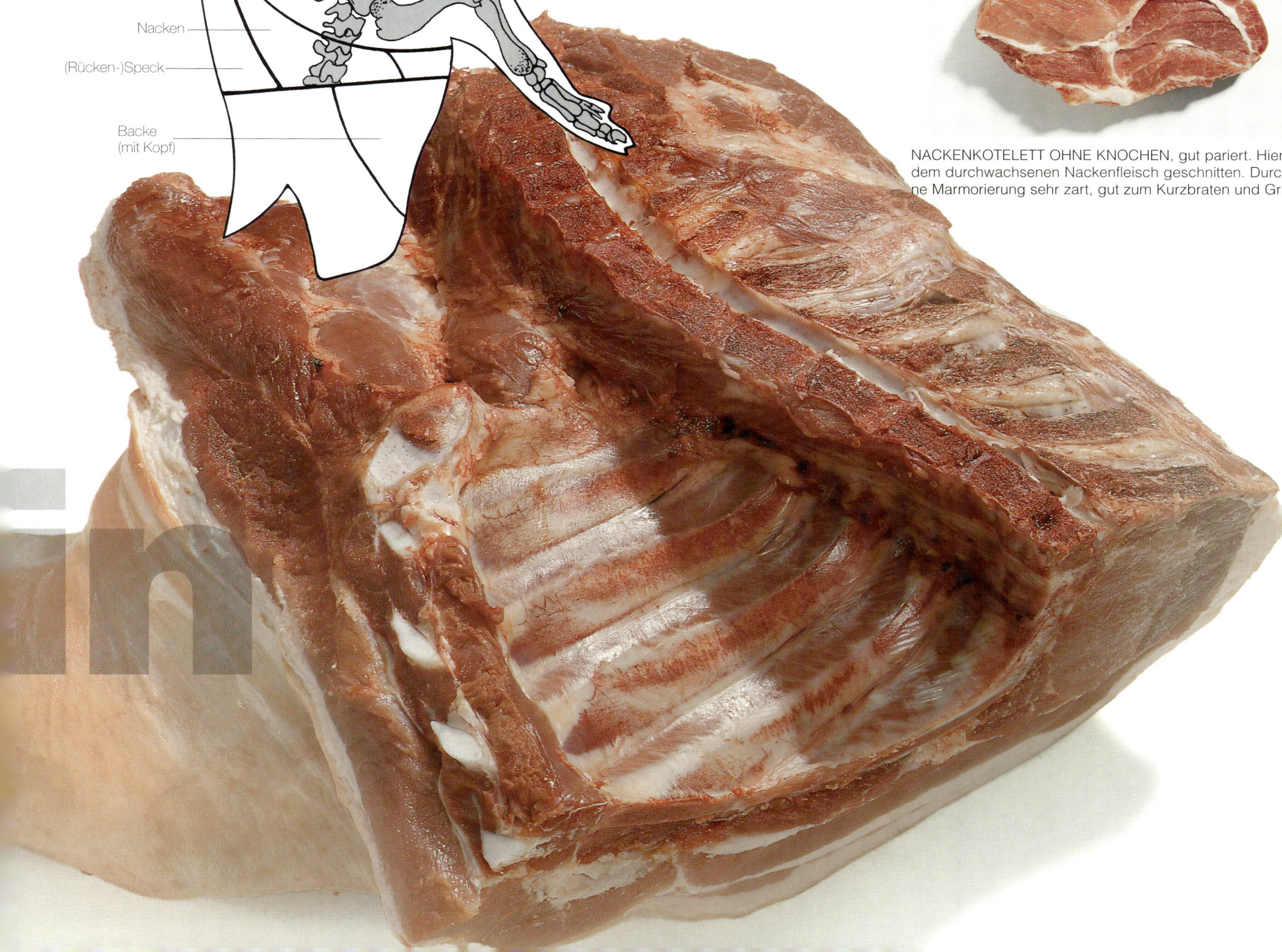

# Brust oder Keule? Beim Schwein keine Frage – die feineren Stücke stammen ganz klar vom Hinterviertel.

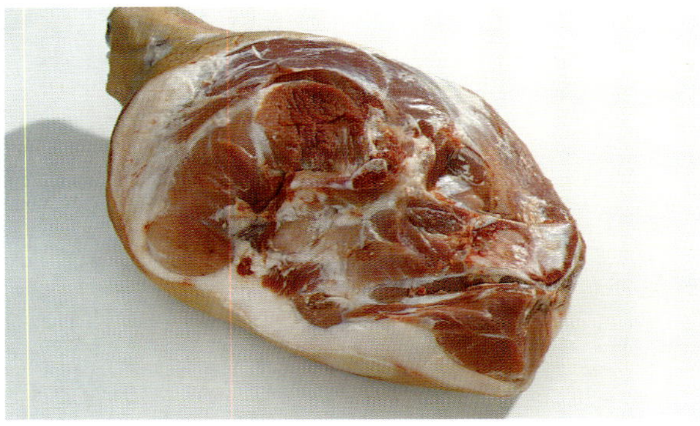

KEULE, SCHINKEN, SCHLEGEL (ohne Knochen) ohne Spitzbein und Schwanzknochen. Hochwertiges Stück, bestehend aus Ober- und Unterschale, Nuss und Schinkenspeck.

SCHINKENSPECKSTÜCK oder HÜFTE. Bestes, zartes, mageres Bratenfleisch. Mit Speck und Schwarte wird es oft auch zur Herstellung von Schinkenspeck verwendet.

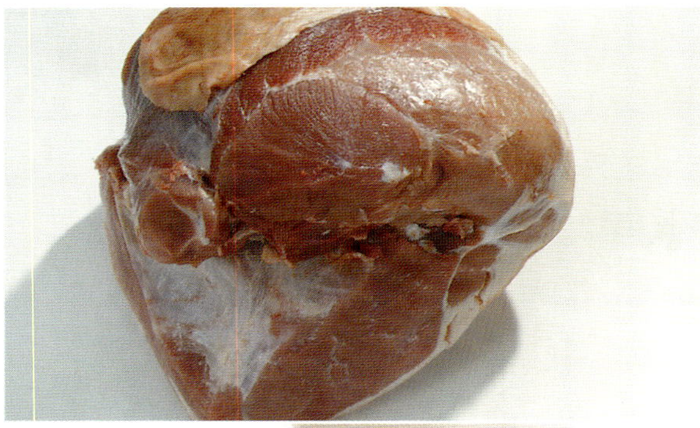

OBER- und UNTERSCHALE mit Speck und Schwarte, aber ohne Röhrenknochen. Ausgangsstück für viele Veredelungsprodukte, vor allem für gekochte und rohe Schinken.

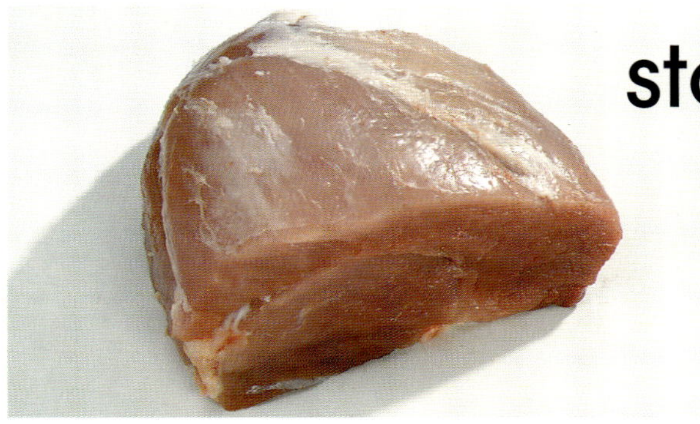

NUSS oder MAUS. Ausgezeichnetes Bratenstück, eignet sich auch zum Grillen oder für Fleischfondues. Häufig gepökelt und geräuchert als »Nussschinken« verkauft.

OBERSCHALE oder HUFT, verkaufsfertig pariert. Für erstklassigen Schweinebraten und für Schweineschnitzel geeignet. Besonders mager, stets quer zur Faser aufschneiden.

SCHNITZEL AUS DER OBERSCHALE. Da dieses Teilstück maximal 3 % Fett enthält, sollte man Schweineschnitzel nur kurz braten, damit sie nicht zu trocken werden.

UNTERSCHALE MIT SPECK UND SCHWARTE, zart marmoriert. Mit Nelken und Lorbeerblättern gespickt ein würziger Braten. Eingeschnitten wird die Schwarte schön knusprig.

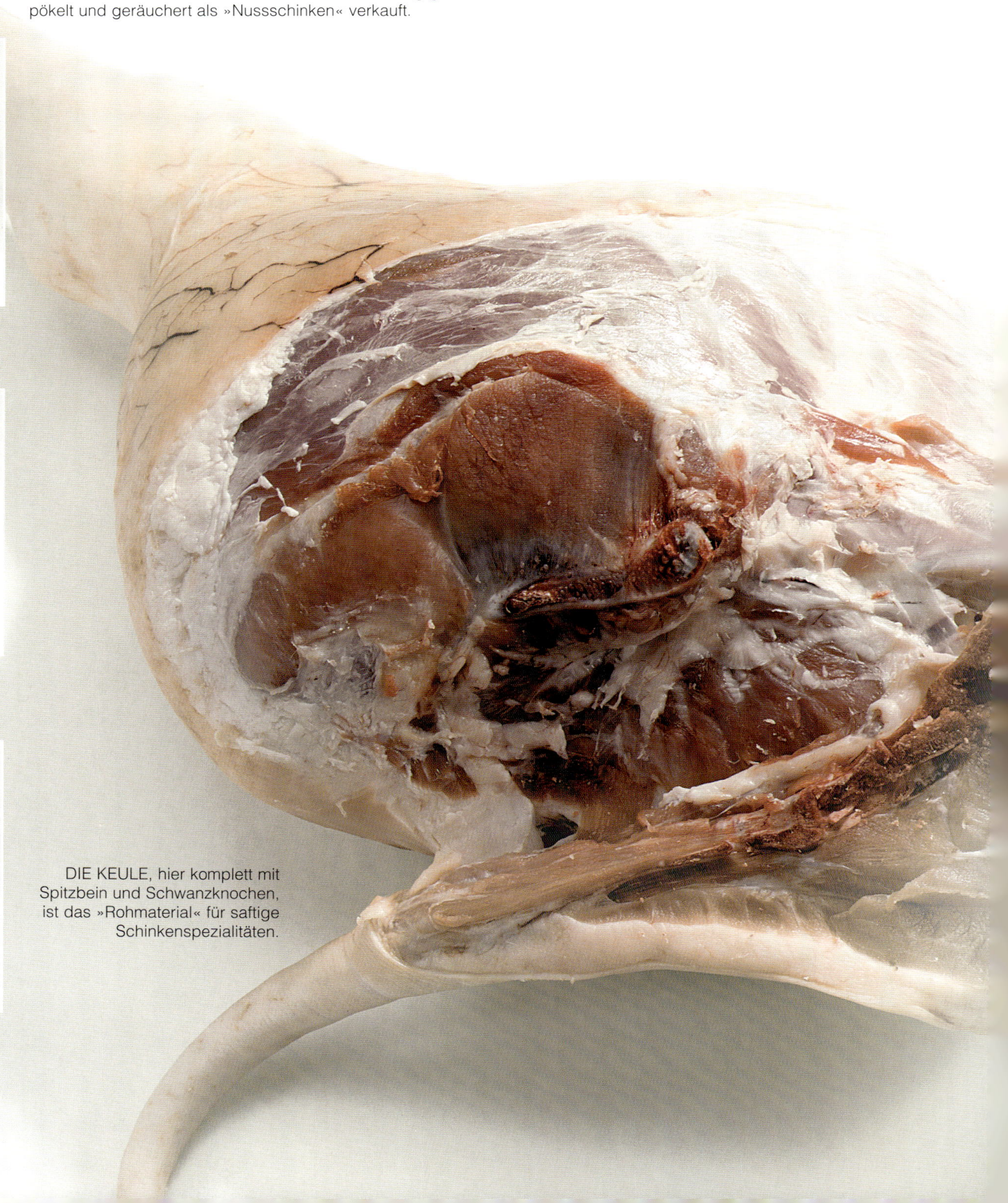

DIE KEULE, hier komplett mit Spitzbein und Schwanzknochen, ist das »Rohmaterial« für saftige Schinkenspezialitäten.

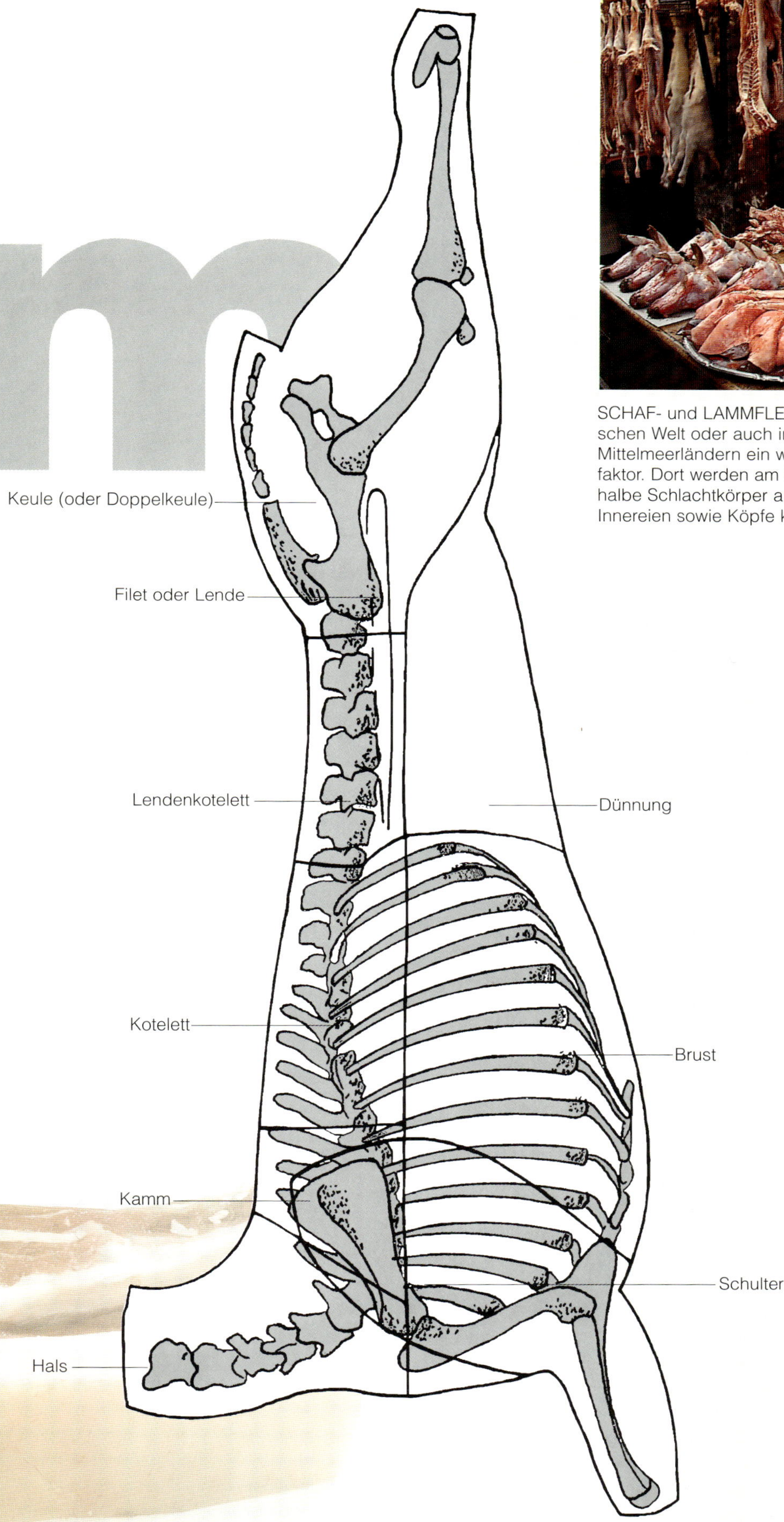

SCHAF- und LAMMFLEISCH ist in der islamischen Welt oder auch in den europäischen Mittelmeerländern ein wichtiger Wirtschaftsfaktor. Dort werden am Markt oft ganze oder halbe Schlachtkörper angeboten, und auch Innereien sowie Köpfe kommen ins Angebot.

HALS und KAMM sind sehr gut marmoriert und bleiben deshalb beim Braten und Schmoren (Ragouts, Gulasch und Eintöpfe) besonders saftig und wohlschmeckend.

KAMMKOTELETTS eignen sich bestens zum Kurzbraten und Grillen. Speziell die Stücke vom ersten bis zum vierten Brustwirbel bleiben aufgrund ihrer Marmorierung schön saftig.

»BEST END NECK«. Englischer Zuschnitt, Bezeichnung für das Kotelettstück ohne die letzte Rippe. Am besten am Stück braten. Fett als Aromaträger erst danach entfernen!

LAMMKOTELETTS, einzeln geschnitten. Sie sind zum Kurzbraten und Grillen bestens geeignet. Oft mit abgetrenntem Rückgrat angeboten. Ausgelöst auch »Chops« genannt.

»LOIN« heißt im Englischen das Lendenkotelettstück (ohne die letzte Rippe) mit innen liegendem Fett. Im Ganzen zum Braten, in Scheiben ideal zum Kurzbraten und Grillen.

Zoologisch gehört das Hausschaf – engl. sheep (Tier), mutton (Fleisch); frz. mouton, ital. pecora, span. oveja – zur Gattung *Ovis*, als seine Stammform gilt das Wildschaf, der Mufflon *(Ovis ammon musimon)*. Aus ihm sind – je nachdem, ob Wolle, Milch oder Fleisch oder auch eine Kombination davon wirtschaftlich im Vordergrund standen – verschiedenste Rassen gezüchtet worden; allein in Großbritannien lassen sich heute etwa 50 Schafrassen finden. In der Fleischqualität können sich diese Tiere deutlich unterscheiden. Aber neben der Rasse selbst bestimmt auch der Lebensraum mit seinem Klima und den typischen Futterpflanzen den Geschmack des Fleisches. So schmeckt beispielsweise das Fleisch von solchen Tieren, die in Küstennähe weiden, wie etwa die deutschen Deich- oder die französischen Pauillac-Schafe, leicht salzig; sie heißen daher auch Pré-Salé-Schafe. Entscheidenden Einfluss auf die Fleischqualität hat zudem das Alter der Tiere; ausgewachsene Schafe oder Hammel weisen ein dunkles, grobfaseriges, häufig stark durchwachsenes Fleisch auf, dessen Geschmack nicht jedermanns Sache ist. Für die feine Küche begehrter ist das zarte, feinfaserige und aromatische Fleisch vom Lamm, engl. lamb, frz. agneau, ital. agnello, span. cordero. Wer sicher gehen will, beim Einkauf gute Qualität zu bekommen, achtet auf die Farbe: Je jünger die Tiere, desto heller sind Fleisch (hell-bis ziegelrot) und Fett (weiß).

DAS RECHTECKSTÜCK (Brust) vom Lamm ist eines der preiswerteren Teilstücke. Es kann mit oder ohne Knochen gebraten oder gegrillt werden. Ausgelöst auch für Rollbraten.

DIE BRUSTSPITZE vom Lamm eignet sich hervorragend zum Grillen oder auch zum Füllen. Sie wird meist nach der vierten oder fünften Brustrippe von der übrigen Brust abgetrennt.

Die DÜNNUNG, auch Bauch, Lappen genannt, lässt sich gut zu einer Roulade binden. Diese kann dann im Ganzen gebraten, aber auch in Scheiben geschnitten gegrillt werden.

Die LAMMSCHULTER (Bug) macht höchstens 17 bis 18 % des Schlachtkörpers aus. Kleinere Schultern werden daher selten weiter unterteilt; bei Bedarf trennt man die Haxe ab.

GRÖSSERE LAMMSCHULTERN können im Gelenk zwischen Röhrenknochen und Schulterblatt getrennt werden. Wie die Keule ideal zum Kochen, Schmoren und Braten geeignet.

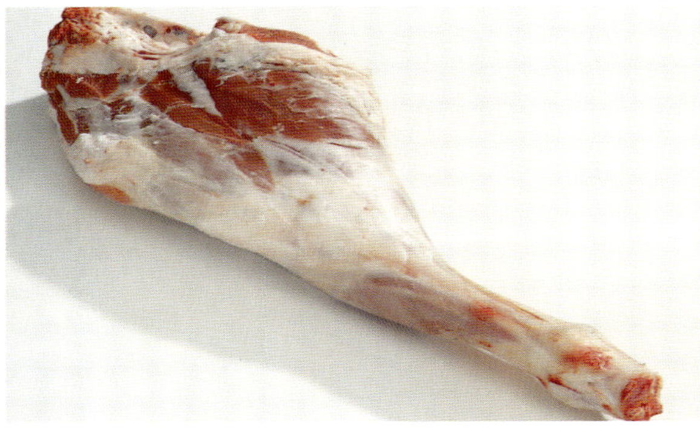

DIE LAMMKEULE ist vielseitig verwendbar. Im Ganzen oder ausgelöst, in Teilstücken oder in Scheiben geschnitten, kann man sie braten, schmoren, kochen oder grillen.

GROSSE LAMMKEULEN können geteilt (wie hier im Bild quer durch den Röhrenknochen) oder weiter zerlegt werden. Auch hier gilt: Das Fett wird erst nach dem Braten entfernt.

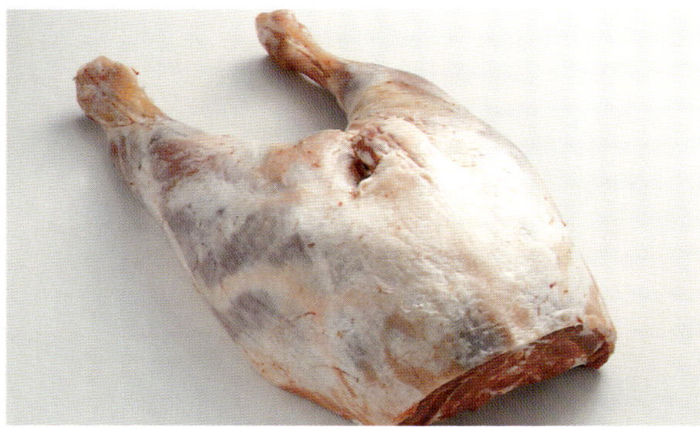

Bereitet man die DOPPELKEULE MIT HÜFTE vom Lamm als großen Braten im Ganzen zu, verlangt sie beim Tranchieren Können und anatomische Kenntnisse.

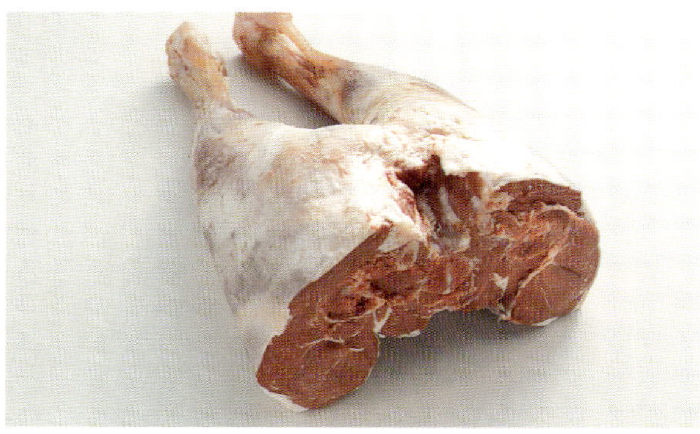

Die DOPPELKEULE OHNE HÜFTE hat einen besonders guten Anschnitt. Dieser Zuschnitt ist ideal, um die Hüfte in Scheiben zu schneiden und zum Kurzbraten zu verwenden.

Die LAMMHAXE ist meist sehr mager. Im Ganzen mit dem Knochen geschmort oder gebraten und mit Kräutern gewürzt, schmeckt sie ganz hervorragend.

Sind Fleischteile vom Lamm, etwa Keulen und Schultern, meist nicht weiter schwierig zu beschaffen, werden Lamminnereien bei uns nicht so oft angeboten. In Frankreich und den Mittelmeerländern sind sie dagegen gängig und begehrt, allen voran Nieren, Bries und Zunge. Dort kommt auch das Fleisch von Ziege, engl. goat, frz. chèvre, ital. capra, span. cabra, und Zicklein, engl. kid, frz. chevreau, ital. caprettino, span. cabrito, häufiger auf den Tisch. Zickleinfleisch stammt von Tieren, die zwischen 6 Wochen und 4 Monate alt sind; im Geschmack ähnelt es dem von Milchlämmern, und es lässt sich auch wie dieses zubereiten. Das Fleisch von Geißen, ausgewachsenen weiblichen Tieren, ist im Vergleich dunkler und fester, aber ebenfalls schmackhaft, während das von Ziegenböcken kaum verzehrt wird. Da Ziegen- und Zickleinfleisch sehr mager ist, sollte man es beim Braten vor dem Austrocknen schützen, etwa durch Einlegen in eine Marinade mit Öl.

LAMMKEULE AUSLÖSEN:

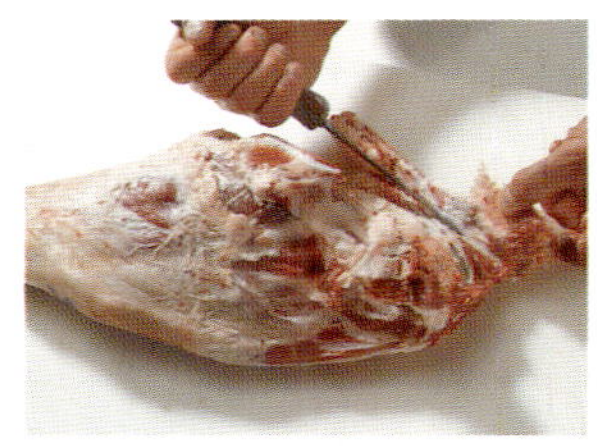

Eine Keule lässt sich leichter tranchieren, wenn der Hüftknochen entfernt wurde. Dazu den Schwanzknochen vom Hüftknochen trennen.

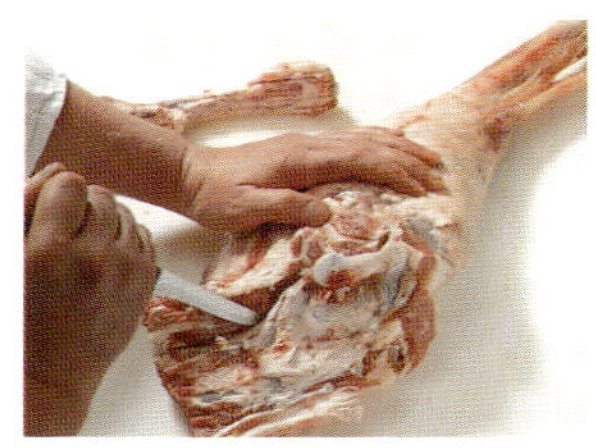

Das Herauslösen des Hüftknochens erfordert etwas Geschick. Man fährt dazu mit einem Messer am Rand des Hüftknochens entlang.

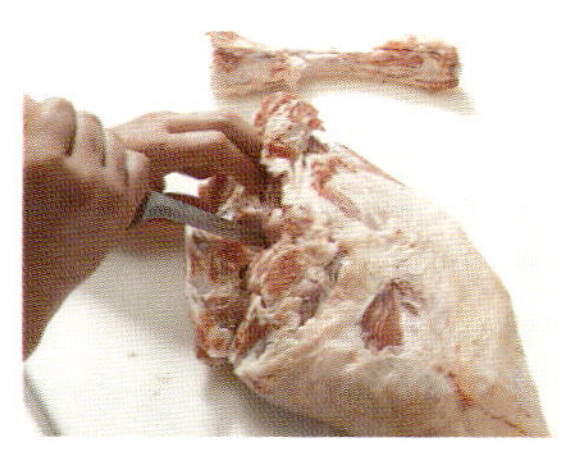

Dann den Hüftknochen leicht so lange drehen, bis er aus dem Gelenk springt. Die Bänder mit einem Messer durchtrennen.

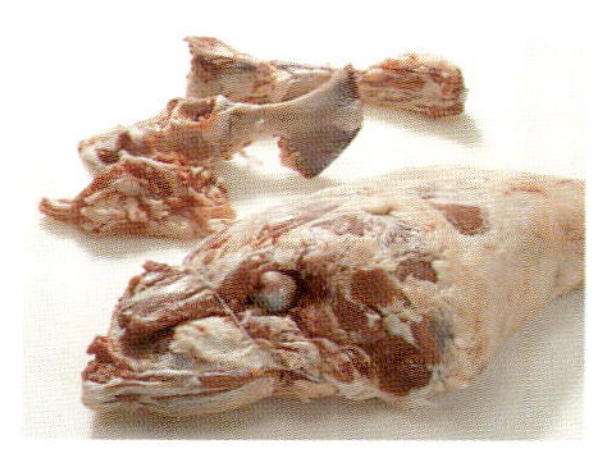

Filetkopf und Hüfte zusammenbinden. Die Keule ist jetzt bratfertig, kann aber auch zusätzlich vom Oberschenkelknochen befreit werden.

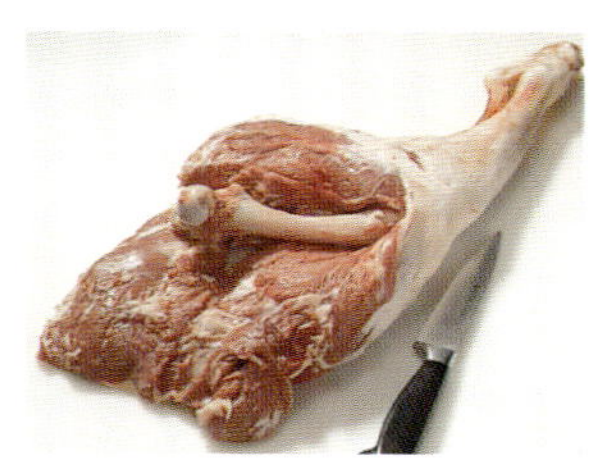

Dazu Naht zwischen Oberschale und Nuss trennen. Ober- und Unterschenkelknochen freilegen. Im Kniegelenk voneinander trennen.

Die Keule in Form binden. Das freigelegte Beinfleisch kann in die Hohlräume zwischen Oberschale und Nuss gelegt werden.

# Bestens bekannt: Keule & Schulter vom Lamm. Bei Innereien und Zicklein dagegen gibt's noch manches zu entdecken.

INNEREIEN VOM LAMM:

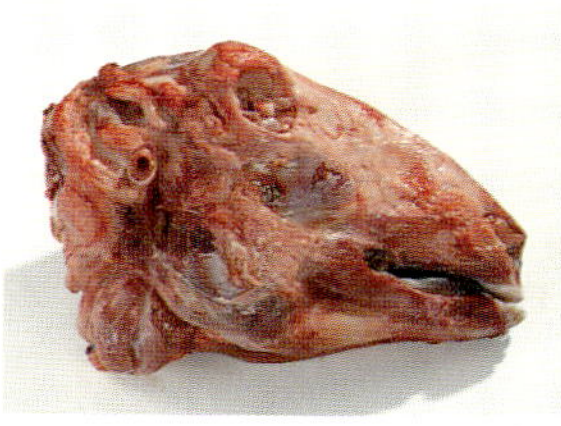

Der KOPF hat lohnende Fleischanteile nur im Backenbereich. In der Türkei gilt er dennoch als Delikatesse.

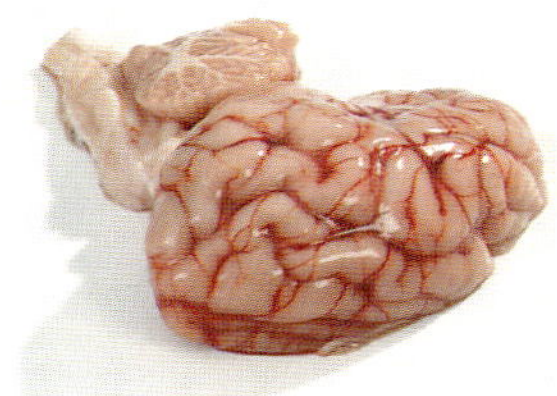

Das HIRN ist nur sehr begrenzt haltbar, deshalb auf Frische achten. Es wird vor allem zum Braten verwendet.

Die ZUNGE ist von ganz hervorragender Qualität. Sie wird häufig gekocht angeboten, oft auch zusätzlich gepökelt.

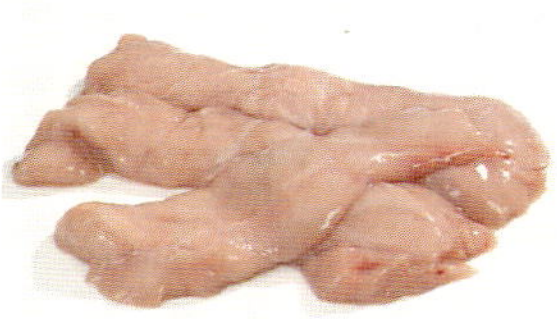

Das BRIES, die Thymusdrüse sehr junger Tiere, ist wie Kalbsbries eine Delikatesse. Meist wird es gebraten.

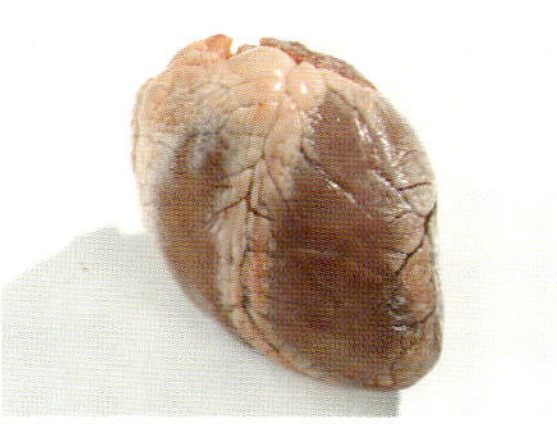

Das HERZ ist zum Kurzbraten und Kochen geeignet. Vor der Zubereitung sorgfältig von Blutresten befreien.

Die LEBER, ideal zum Kurzbraten, für Geschnetzeltes oder zum Braten am Spieß. Erst nach dem Braten salzen.

Die NIEREN müssen vor der Zubereitung von den Röhren sowie der weißen Haut befreit und gut gewässert werden.

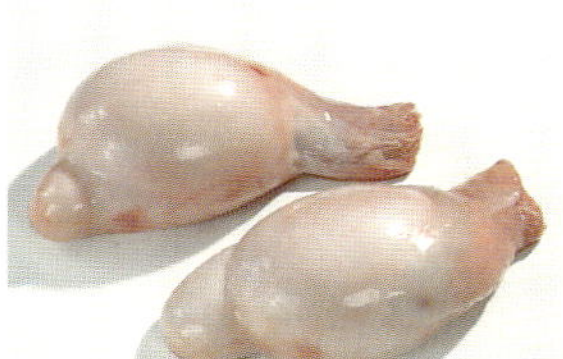

Die HODEN sind in islamischen Ländern begehrt. Zum Braten und Grillen, gewürzt mit Kräutern und Knoblauch.

DAS FLEISCH VON ZICKLEIN UND ZIEGE *(Capra aegagrus)* findet in letzter Zeit wieder mehr und mehr Liebhaber. Die Teile lassen sich genauso wie die entsprechenden Stücke vom Lamm verwenden. Gerade Zicklein werden wegen ihrer geringen Größe aber auch gern im Ganzen am Spieß gebraten. Um den feinen Eigengeschmack nicht zu beeinträchtigen, wird dabei eher sparsam gewürzt.

MAGEN, LEBER und HERZ. Die Innereien von Hühnern eignen sich für Füllungen und Fonds. Die feste gelbliche Innenhaut des Magens, ganz oben, wird nicht verwendet.

Die intensiv roten HAHNENKÄMME werden unter fließendem Wasser gewässert, in heißes Wasser gelegt und abgeschreckt. Dann lässt sich die dünne Haut abrubbeln.

FLÜGEL MIT HAUT. Je nach Schnittführung beim Zerlegen variiert der Anteil des Brustfleisches. Flügel kann man marinieren, grillen oder braten und mit Dipsaucen servieren.

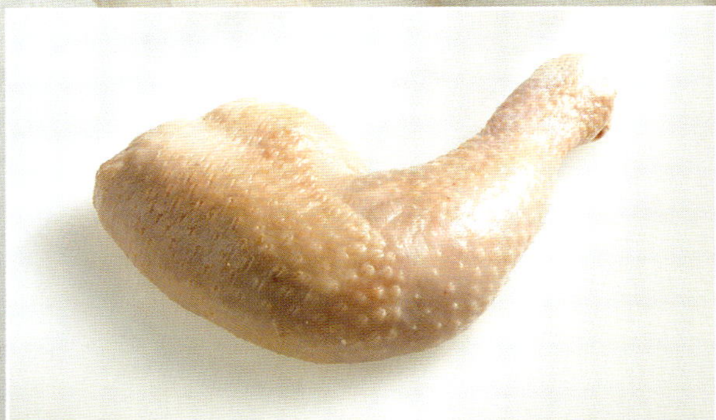

GANZER SCHENKEL MIT HAUT. Das Fleisch ist saftig und kräftiger im Geschmack als das Brustfleisch. Ideal zum Braten, Schmoren oder Grillen.

OBERSCHENKEL MIT HAUT. Große Schenkel teilt man im Kniegelenk in Portionsstücke. Die Teile sind bestens geeignet zum Braten und Dämpfen.

UNTERSCHENKEL MIT HAUT. Der Teil zwischen Knie- und Fußgelenk, engl. »Drumstick«. Vor allem zum Braten oder Grillen geschätzt, sehr beliebt als »Fingerfood«.

GANZE HÜHNERBRUST MIT HAUT. Sie wird mit Brustbein und Rippen angeboten. Um Brustfilets zu gewinnen, längs entlang dem Brustbein teilen.

BRUSTFILETS OHNE HAUT. Reines, mageres Muskelfleisch, ideal für Portionsgerichte. Zum Kurzbraten als Ganzes oder geschnetzelt; dafür quer zur Faser schneiden.

# ühner

Ohne viel Aufwand großzuziehen, wohlschmeckendes Fleisch und Eierlieferant noch nebenbei: Kein Wunder, dass das ursprünglich aus Asien stammende Huhn – engl. chicken, frz. poule, poulet, ital. und span. pollo – rund um die Welt beliebt ist. Die weitaus meisten Hühner, die heute – zumindest in den Industrieländern – verzehrt werden, hält man inzwischen jedoch nicht mehr der Eier wegen, sondern für die Mast. Darauf spezialisierte Betriebe bringen bei uns überwiegend Poularden oder (Brat-)Hähnchen in den Handel; bei Letzteren unterscheidet man in der Bezeichnung nicht zwischen männlichen und weiblichen Tieren. Lediglich die älteren Suppenhühner kommen aus Legebetrieben.

Aufgrund ihrer ausgezeichneten Fleischqualität international bekannt und geschätzt sind Hühnerrassen aus Frankreich, allen voran diejenigen aus der Bresse, aber auch Le Mans-, Creve-Cœur- und Faverolles-Hühner. Aus Belgien stammen die ebenfalls hervorragenden Mechelner, aus den USA Rocks und Cornish.

Auf den Markt kommen Hühner entweder frisch oder tiefgefroren. Im Umgang mit beiden ist Umsicht gefordert, schon allein, weil das Fleisch immer wieder im Zusammenhang mit Salmonellen in den Schlagzeilen auftaucht. Frische Hühner sollte man daher zügig verarbeiten und vor der Zubereitung sorgfältig innen und außen waschen, gefrorene zuvor fachgerecht auftauen. Das heißt: am besten in ein verschließbares Gefäß mit Gitter- oder Siebeinsatz in den Kühlschrank legen, die austretende Flüssigkeit wegschütten und nicht mit anderen Lebensmitteln in Kontakt bringen.

**Ihr helles, eiweißreiches Fleisch ist zu Recht hoch geschätzt – aber auf gute Qualität sollte man in jedem Fall achten.**

HÜHNER *(Gallus domesticus)* in verschiedenen Altersstufen: Stubenküken (3 bis 5 Wochen, 350 bis 400 g), Hähnchen – noch nicht geschlechtsreifes Jungmasthuhn, auch Broiler genannt – (5 bis 6 Wochen, 750 bis 1100 g), Poularde (10 bis 12 Wochen, 1,5 bis 2,5 kg), Suppenhuhn (12 bis 15 Monate, 1,5 bis 2,4 kg) und Kapaun, der kastrierte Hahn (1,75 bis 2,5 kg).

Alle Hausentenrassen, wie diese Bayerische Ente, gehören zur Gattung Schwimmenten *(Anatini)*.

NANTES- oder NANTAISER ENTE. Eine relativ kleine, fleischige Hausente, die nur bis zu 2 kg auf die Waage bringt. Sie ist weniger fett als andere Hausenten.

BAYERISCHE ENTE. Fleischig und zart, wird diese Hausente bis zu 3 kg schwer. Sehr gut als Braten im Ganzen – so wird sie traditionell in Bayern zubereitet.

Das Fleisch der FLUGENTE ist saftig, enthält im Vergleich zu anderen Enten weniger Fett und ist von kräftigem Geschmack. Der Fleischanteil ist höher als bei Hausenten.

Zoologisch gehören sie alle zu den Entenvögeln, die Gans – engl. goose, frz. oie, ital. und span. oca – ebenso wie die verschiedenen Enten, engl. duck, frz. canard, ital. anatra, span. pato. Bei den domestizierten Enten stammen die Hausenten von der Stockente, die Flugenten dagegen von der Moschusente ab, die ihrerseits zu den Glanzenten *(Cairinini)* zählt. Körper und Schwanz der Flugenten sind länger als bei den Hausenten, und sie können nicht schnattern, sondern nur zischen. Das kernige Fleisch der Flugenten hat inzwischen das fettere der Hausenten an Beliebtheit übertroffen; vor allem die französischen »Canards de Barbarie« sind gefragt. Für die Zubereitung macht es allerdings kaum einen Unterschied, ob man eine Haus- oder eine Flugente wählt. Da Enten und Gänse Schwimmvögel sind, ist es nicht weiter verwunderlich, dass sie unter

Bei HAUSENTEN (*Anas* sp.) unterscheidet man zwischen Landenten – wie oben zu sehen – mit waagerechter und Pinguinenten mit aufrechter Körperhaltung.

TEILSTÜCKE DER ENTE. Unten links die beiden Schenkel, rechts daneben die Brüste. Oben die Karkasse mit den Flügeln und dem Rücken.

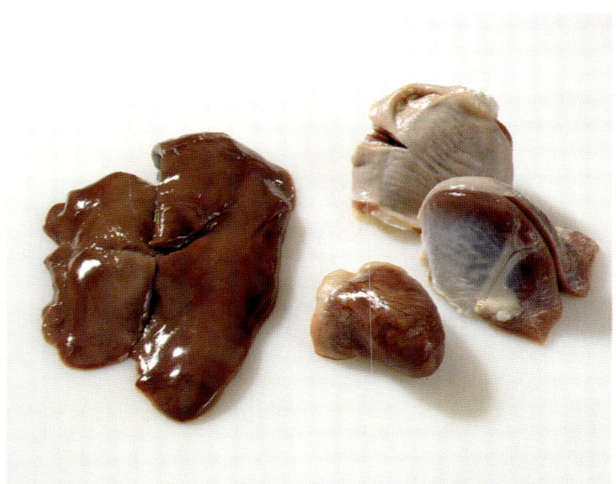

LEBER, HERZ UND MAGEN der Ente. Magen und Herz gehören zusammen mit dem Hals und den Flügeln zum »Entenklein« und eignen sich bestens für Eintöpfe.

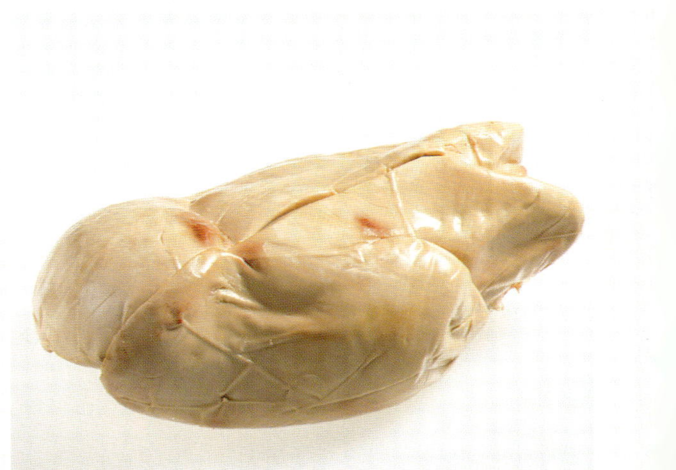

STOPFLEBER VON DER ENTE ist meist etwas gelblicher als die der Gans. Allerdings hängt die Farbe vom Fettgehalt und vom Futter ab. Kräftiger im Geschmack als Gänsestopfleber.

△△ HAUSGÄNSE *(Anser anser)*, im Bild oben, werden nicht nur des Fleisches, sondern auch der Federn und der Lebern wegen gezüchtet. Sie stammen ausnahmslos von der Graugans ab.
△ GÄNSE wiegen nach einer Intensivmast von etwa 15 Wochen 4,5 bis 5,5 kg. Bei Weidehaltung dauert es etwa doppelt so lange, bis die Tiere dieses Gewicht erreicht haben.

# nten

**und Gänse: Sie geben hervorragende Braten ab. Heiß begehrt, aber ebenso umstritten sind die Stopflebern von beiden Vögeln.**

FOIE GRAS ist im Winter am besten. In Frankreichs Südwesten wird die Stopfleber daher von November bis März frisch angeboten. Ihr Kauf erfordert Beratung und kritische Prüfung.

der Haut relativ viel Fett aufweisen. Die bevorzugten Zubereitungsarten sind daher Grillen oder Braten – am besten auf dem Rost, damit das Fett ablaufen kann.
Als das Nonplusultra des Genusses erscheint vielen die »foie gras« – Fettleber von Gans oder Ente. Sie entsteht durch das Stopfen, eine spezielle Mastmethode. Tierschützer lehnen diese zeitweise »Zwangsernährung« allerdings vehement ab. Stopflebern kommen heute vor allem aus Frankreich, beste Qualitäten werden im Périgord und in der Gascogne erzeugt, aber auch aus Ungarn, Polen oder Israel auf den Markt – allerdings selten frisch, sondern meist vorgegart oder als Pastete.

ZEIGEN, WAS MAN HAT: Auf dem Markt von Périgueux kommen die Gänse mit einem »Fenster«, das eine erste Qualitätskontrolle der Stopfleber ermöglicht, in die Auslage.

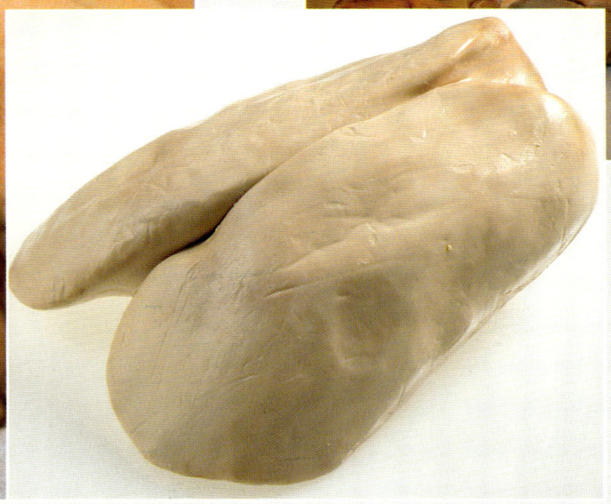

FRISCHE GÄNSESTOPFLEBER ist hellbeige bis rosa in der Farbe. Auf Fingerdruck entstandene Vertiefungen müssen sichtbar bleiben. Grüne Flecken großzügig herausschneiden.

Gefüllter Truthahn, knusprig braun gebraten, wird in den USA traditionell am »Thanksgiving Day« verzehrt, meist in Kombination mit Cranberries und frischen Maiskolben.

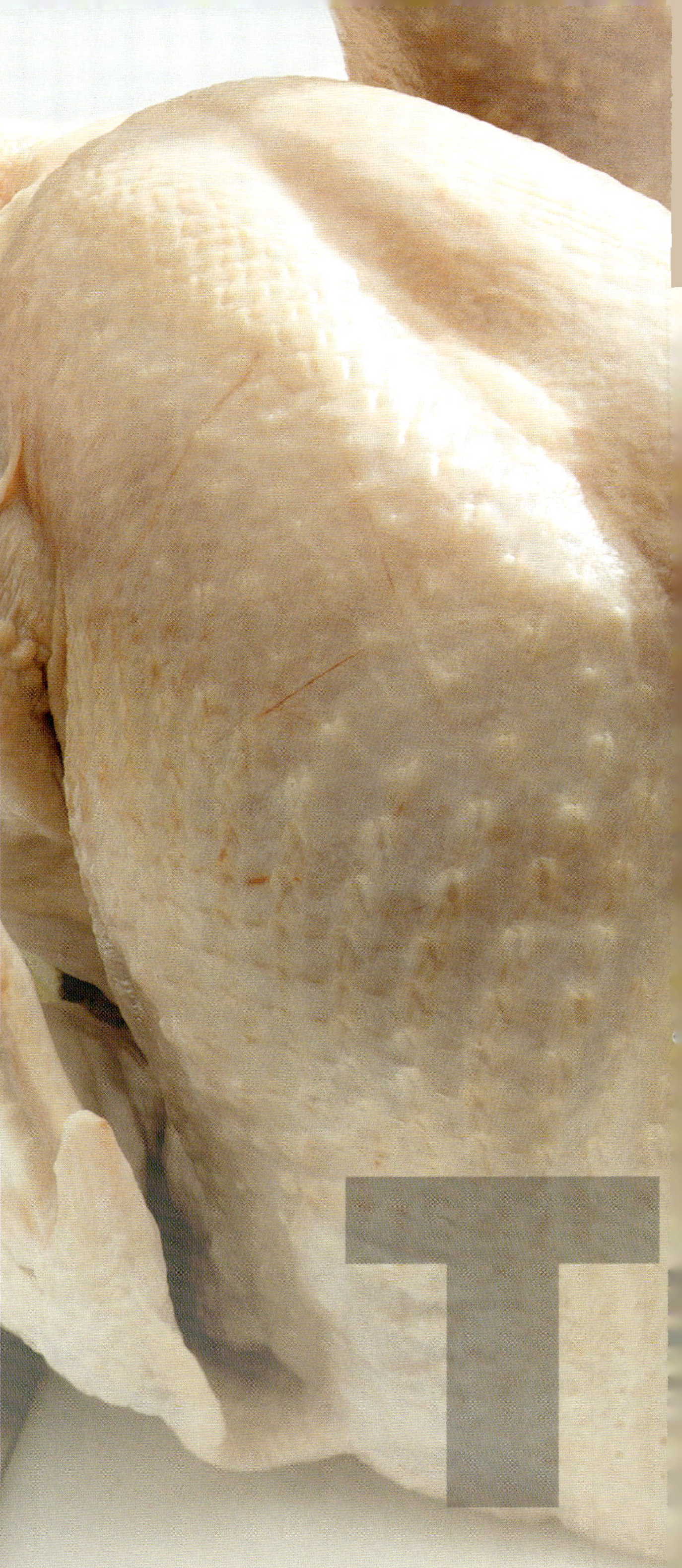

Ein GANZER FLÜGEL kann bis zu 350 g wiegen. Beim Teilen die Sehnen in den Gelenken trennen, herausziehen.

OBER-, MITTEL- und UNTERFLÜGEL. Putenflügel werden oft, wie hier zu sehen, bereits zerlegt angeboten.

Als GRILLFLÜGEL bezeichnet man den Mittelflügel, aus dem bereits die Knochen entfernt worden sind.

GANZER SCHENKEL. Sein kräftiges, dunkles Fleisch ist besonders saftig, der Geschmack erinnert leicht an Wild.

Der OBERSCHENKEL eignet sich bestens für Rollbraten und zum Füllen. Dazu vorher den Knochen auslösen.

Der UNTERSCHENKEL wird im Ganzen gebraten. Zuvor muss man jedoch die sehr kräftigen Sehnen herausziehen.

GULASCHWÜRFEL kann man aus der Brust – hinten im Bild – oder aus dem Oberschenkel – vorn – schneiden.

GESCHNETZELTES PUTENFLEISCH aus der Brust ist sehr zart und lässt sich in Minutenschnelle garen.

Ein PUTENROLLBRATEN kann aus Brustfleisch oder dem entbeinten Oberschenkel gebunden werden.

PUTENLEBERN sind mit einem Gewicht von bis zu 150 g im Handel. Kräftiges Aroma, gut zum Braten geeignet.

Der MAGEN wird vor allem in Eintöpfen mitgekocht. Zuvor unbedingt die ledrige Innenhaut entfernen.

Das HERZ muss vor dem Kochen oder Braten von Blutgefäßen befreit und gründlich gewaschen werden.

AUFFÄLLIGE FARBUNTERSCHIEDE kennzeichnen die beiden wichtigsten Fleischarten des Truthahns: Das zarte Brustfleisch ist deutlich heller als das kernigere Schenkelfleisch.

TRUTHÜHNER (*Meleagris gallopavo*) sind die größten und schwersten Hühnervögel überhaupt: Ein ausgewachsener Hahn kann mehr als 18 kg auf die Waage bringen.

◁ In Mexiko, ihrer ursprünglichen Heimat, kommen Truthühner vielfach aus Freilandhaltung auf den Markt. Sie besitzen dann zwar keine so gewichtigen, fleischigen Brustpartien, wie sie die Hybridrassen in Intensivhaltung entwickeln, dafür aber muskulöses, kerniges Fleisch.

# ruthahn

## und Pute: Die majestätischen Laufvögel wurden um 500 v. Chr. in Nordamerika domestiziert. Heute züchtet man sie auch in der gesamten Alten Welt.

△ NASS GERUPFTE PUTE mit einem Gewicht von 6,3 kg. Während man diese durchaus noch im Ganzen braten kann, werden größere Tiere zumeist in Einzelteile zerlegt zubereitet.

Und hier ist der Truthahn, engl. turkey, frz. dinde (weibl.), dindon (männl.), ital. tacchino, span. pavo, kaum noch vom Speiseplan wegzudenken. Vor allem deshalb, weil das Fleisch mit seinem geringen Fett- (Brust 2 %, Oberschenkel 8 %) und gleichzeitig hohen Eiweißgehalt (Brust 24 %, Oberschenkel 21 %) eine ernährungsphysiologisch günstige Zusammensetzung aufweist und daher gerade für eine kalorienbewusste Ernährung sehr gut geeignet ist.

Puten und Puter kommen frisch oder tiefgekühlt, ganz, in Teilstücken oder in küchenfertigen kleinen Portionen – wie etwa Schnitzel – auf den Markt. Letztere werden aus der Brust geschnitten, einem Teilstück, das mehr als ein Drittel des Gesamtgewichts ausmachen kann; manche Putenrassen sind sogar speziell so gezüchtet, dass sie möglichst viel von dem begehrten, manchmal aber auch etwas trockenen Brustfleisch liefern. Das saftigere Fleisch der Keulen unterscheidet sich deutlich davon und ist – bei einem Laufvogel nicht weiter verwunderlich – von festen Sehnen durchzogen, die vor dem Garen entfernt werden müssen.

Möchte man, angelsächsischem Beispiel folgend, einen Truthahn als festlichen Braten einmal im Ganzen servieren, wählt man dafür am besten eine Baby- oder »leichte Pute«, die »nur« etwa 3 kg schwer ist. Solch junge Tiere erkennt man an den glatten Beinen – sie sind bei älteren schuppig – und daran, dass das Brustbein noch biegsam ist.

Der STRAUSS (*Struthio camelus)* ist vor allem in Südafrika ein beliebter Fleischlieferant. Typisch sind die langen, ungefiederten Hälse und die kräftigen, geschuppten Beine. Der Hahn besitzt schwarze oder dunkelblaue Federn an Rücken und Seiten, weiße am Bauch, die Henne dagegen ist einfarbig graubraun mit wenigen schwarzen Federenden. Das rote, fett- und cholesterinarme Fleisch erinnert im Geschmack eher an Rind als an Geflügel.

# Str

Der UNTERSCHENKEL vom Strauß liefert mehrere mittelgroße Portionen um 500 g, die Schnittführung erfolgt nach dem Muskelverlauf. Ideal zum Braten und Schmoren.

Der OBERSCHENKEL des Straußes weist die stärksten Muskelstränge auf – sie werden in Portionen von etwa 1000 g zerlegt. Teilstücke davon sind gut zum Kurzbraten geeignet.

Die BRUST des Straußes liefert im Vergleich zu den Schenkeln nur wenig Fleisch – da die Tiere flugunfähige Laufvögel sind, ist die Brustmuskulatur schwächer ausgebildet.

Die KEULE DES STRAUSSES – das ist übrigens beim Emu genauso – macht den größten Fleischanteil aus. Der große Oberschenkelknochen ist verblüffend leicht, da er, wie alle Vogelknochen, hohl ist, also kein Knochenmark enthält. Für die Zubereitung wird das Fleisch sorgfältig von Sehnen und Häuten befreit.

# Tauben, Perlhühner & Wachteln: Geflügel, das nicht alltäglich ist.

## Wachtel und Perlhuhn schätzt man nicht allein des Fleisches, sondern auch der Eier wegen.

auß

Ob Strauß, Taube, Perlhuhn oder Wachtel – ihr zartes, wohlschmeckendes Fleisch kommt zwar ab und zu noch von wild lebenden Tieren auf den Tisch, stammt jedoch überwiegend von Vögeln, die in speziellen Brut- und Mastfarmen gezüchtet worden sind.

Junge Masttauben, Perlhühner und Wachteln zählen zum Delikatessgeflügel und sind in Geflügel-, Wild- oder Feinkostgeschäften erhältlich, Wachteln zuweilen auch in gut sortierten Supermärkten. Führend unter den Erzeugerländern ist Frankreich; von dort kommt auch Ware mit besonderen Gütesiegeln, wie etwa Perlhühner aus Freilandhaltung, die in den letzten Mastwochen mit Mais gefüttert werden. Doch auch Italien und die USA sind inzwischen wichtige Produzenten des von Feinschmeckern begehrten Geflügels.

Im Unterschied zur Zucht der eher genügsamen Tauben und Hühnervögel ist diejenige der afrikanischen Strauße, engl. ostrich, frz. autruche, ital. struzzo, span. avestruz, oder der australischen Emus *(Dromaius novaehollandiae)*, engl. und ital. emu, frz. emue d'Australie, span. emú, schon wegen des Platzbedarfs schwieriger. Strauße werden heute vor allem in Südafrika, Australien, den USA und Israel gezüchtet, Emufleisch dagegen kommt hauptsächlich aus Australien. Strauß und Emu liefern sehr mageres, schmackhaftes und vor allem cholesterinarmes Fleisch. Es hat sich bisher in der Alten Welt jedoch noch nicht recht durchsetzen können; möchte man es einmal ausprobieren – was sich unbedingt lohnt –, sollte man deshalb rechtzeitig mit der Suche beginnen.

TAUBE, engl. und frz. pigeon, ital. colomba, span. paloma. Alle Haustaubenrassen stammen von der Felsentaube *(Columba livia)* ab. Das Fleisch junger Masttauben ist aromatisch, zart und bekömmlich; sie werden gern gebraten oder als Frikassee zubereitet. Ältere Tiere verwendet man dagegen meist für Suppen und Farcen.

Die WACHTEL – engl. quail, frz. caille, ital. quaglia, span. codorniz – ist das kleinste Feldhuhn. Die Europäische Wachtel *(Coturnix coturnix)* weist eine Körperlänge von bis zu 18 cm auf. Mit einem Gewicht von 115 g sind Wachteln ideale Portionsvögel. In den Handel kommen sie überwiegend frisch und küchenfertig vorbereitet.

PERLHÜHNER *(Numida meleagris)* verdanken ihren Namen den weißen Tupfen, »Perlen«, auf dem dunklen Gefieder. Das Fleisch des Perlhuhns – engl. guinea fowl, frz. pintade, ital. faraona, span. pintada – enthält mit 1,1 % (Brust) beziehungsweise 2,7 % (Keulen) ausgesprochen wenig Fett und gleicht im Geschmack dem Fasanenfleisch.

Das MOOR(SCHNEE)HUHN *(Lagopus lagopus)* kommt auf der gesamten nördlichen Halbkugel vor. Eine Unterart, das Schottische Moorschneehuhn, »Grouse« genannt, ist auf den Britischen Inseln das beliebteste Wildgeflügel.

WILDENTEN – unter diesem Namen sind verschiedene Entenarten im Angebot – sind nicht so fleischig wie Hausenten, jedoch fettärmer und aromatischer.

Die ganz großen Tiere sind sie wahrhaftig nicht, die wild lebenden Hühnervögel und Wildenten auf der einen, die Hasentiere auf der anderen Seite. Doch ihr Fleisch ist, vor allem, wenn man das Glück hat, junge Tiere zu bekommen, zart und überaus wohlschmeckend.
Zwar gelten Fasan, engl. pheasant, frz. faisan, ital. fagiano, span. faisán und Rebhuhn, engl. partridge, frz. perdrix, ital. pernice, span. perdiz, & Co. als Wild, doch so manches Federwild, das die Jäger auf der Pirsch erlegen, hat keineswegs sein ganzes Leben in freier Wildbahn verbracht. Viele Fasanen etwa werden – das ist vor allem in Osteuropa gang und gäbe – in Fasanerien aufgezogen und für die Jagdsaison »ausgewildert«, also in einem Revier ausgesetzt. Anders dagegen ist es bei Hasen,

**Sie ergeben relativ kleine, aber umso feinere Braten und Schmorgerichte: Wildgeflügel aller Art, Kaninchen und Hasen.**

Das REBHUHN *(Perdix perdix)* gilt gebraten als Delikatesse – doch ist es ein seltener Genuss geworden, da die Bestände in Mitteleuropa stark zurückgegangen sind.

Das ROTHUHN *(Alectoris rufa)* kommt aus dem Mittelmeerraum, ist aber auch in einigen Regionen Mitteleuropas und auf den Britischen Inseln »eingebürgert« worden.

Schon seit der Antike ist der JAGDFASAN *(Phasianus colchicus)*, der zu den Hühnervögeln zählt und helles, muskulöses Fleisch aufweist, ein überaus begehrtes Wildgeflügel. Gegenüber der eher unscheinbaren, graubraunen Henne ist das Männchen überaus farbenprächtig.

HAUSKANINCHEN besitzen zartes, helles Fleisch, das eher mit dem von Geflügel als mit dem Fleisch anderer Schlacht- oder Wildtiere vergleichbar ist.

engl. hare, frz. lièvre, ital. lepre, span. liebre, und Wildkaninchen: Sie wurden von Europa aus zu Jagdzwecken auch auf anderen Kontinenten angesiedelt und haben sich dort mancherorts prächtig eingewöhnt und vermehrt; die meisten Hasen beispielsweise, die – überwiegend tiefgefroren – ihren Weg in europäische Küchen finden, kommen mittlerweile aus Südamerika, hauptsächlich aus Argentinien.
Kaninchen schließlich, engl. rabbit, frz. lapin, ital. coniglio, span. conejo, sind nicht nur als Wild beliebt, sondern auch in ihrer domestizierten Form geschätzte Fleischtiere, nicht zuletzt deshalb, weil sie sich ohne großen Aufwand halten und züchten lassen. Über den Wild- und Geflügelhandel lassen sich Kaninchen im Ganzen, aber auch in Teilstücken beziehen.

se

HASE oder WILDKANINCHEN? Sie unterscheiden sich deutlich in Gewicht und Fellfarbe. Der Hase (*Lepus europaeus*, links) wird bis zu 5 kg schwer, das Fell ist rötlich-braun mit weißer Unterwolle. Das Wildkaninchen (*Oryctolagus caniculus*, rechts) dagegen erreicht ein Gewicht von höchstens 2 kg, sein Fell ist fahl- bis blaugrau mit grauem Unterhaar.

KEULEN und BLÄTTER (Vorderläufe) des Hasen, küchenfertig vorbereitet. So lassen sie sich gut tiefkühlen, sollten aber innerhalb von 6 Monaten aufgebraucht werden.

KANINCHEN ODER HASE IN PORTIONSSTÜCKE TEILEN:

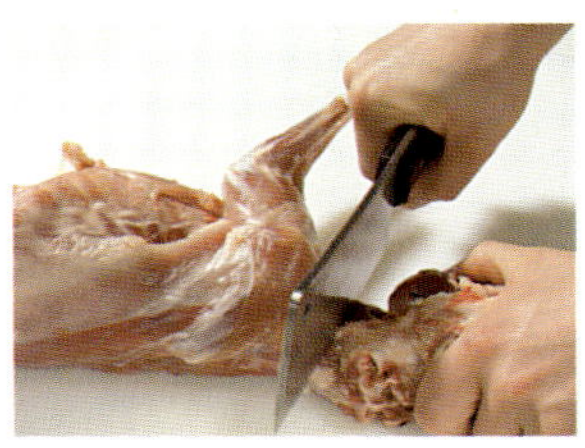

Den Kopf festhalten und am Halsansatz vom Rumpf trennen; das geht am besten mit einem Küchenbeil.

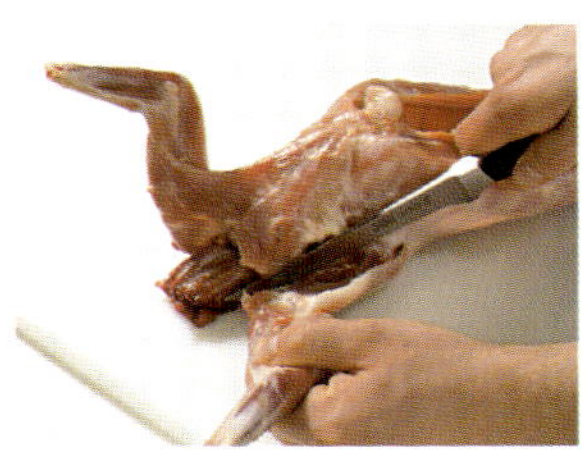

Die Vorderläufe an der Innenseite entlang der Brust losschneiden, dann im Gelenk abtrennen.

Den Brustkorb der Länge nach aufschneiden, Bauchlappen und Rippen parallel zum Rückgrat kürzen.

Die beiden Keulen im Bereich der Lendenwirbel vom Rücken, dann die Keulen voneinander trennen.

HASENRÜCKEN. Derjenige im Hintergrund ist von der Sehnenhaut befreit, der im Vordergrund nicht. Sie verbleibt nur dann, wenn der Rücken auf der Oberseite angebraten wird.

Das WILDKANINCHEN besitzt helles, rosafarbenes Fleisch von zarter Struktur und feinem Geschmack. Kaninchen – ein Tier ergibt 2 Portionen – werden gern im Ganzen zubereitet.

Die Keulen vom Hirschwild im Vergleich: Links oben eine REHKEULE mit einem Gewicht von 2 kg. Charakteristisch ist das dunkelrote, kurzfaserige Fleisch, das sich durch einen feinen Geschmack auszeichnet.

# Das Wildbret von Reh, Rot- und Damhirsch oder Elch ist kernig, würzig und dazu noch fettarm.

Diese Keule vom DAMWILD hat ein Gewicht von 4,6 kg. Das Wildbret vom Damwild ist rotbraun und kurzfaserig und hat einen angenehm mild-würzigen Geschmack.

Alle auf dieser Seite vorgestellten Wildarten zählen zur großen Familie der Hirschartigen (Cervidae), deren Fleisch in den Küchen der Welt recht beliebt ist. Vor allem solches von jungen Tieren, also von Kälbern oder einjährigen »Schmalspießern« oder »Schmaltieren«, wird aufgrund seiner Zartheit sehr geschätzt. Was die Schnittführung anbelangt, sind sich alle ähnlich; Unterschiede zwischen Elch und Reh – als dem größten und dem kleinsten Vertreter der Familie – gibt's aber in Größe und Farbe sowie in der Struktur des Fleisches.

ROTWILD hat ein rotbraunes Fleisch von kräftigem Geschmack. Im Vergleich zu Reh- und Damwild ist es kerniger und langfaseriger. Diese Hirschkeule wiegt 7,3 kg.

ELCHWILD hat mittelrotes, sehr würziges Fleisch. Diese Keule stammt von einem Elchkalb und wiegt immerhin schon 11,3 kg; Keulen von ausgewachsenen Tieren erreichen das Doppelte bis Dreifache an Gewicht.

DIE INNEREIEN VOM DAMWILD – hier stellvertretend für alle Hirschartigen; Unterschiede gibt es lediglich in der Größe. Von oben nach unten: Hirn, Zunge, Lunge, Herz, Leber, Milz und Nieren.

ld

So ist etwa jenes vom Elch *(Alces alces)*, engl. moose deer, frz. élans, ital. und span. alce, um einiges heller als das vom Reh *(Capreolus capreolus)*, engl. roe deer, frz. chevreuil, ital. capriolo, span. corzo, der in Europa am häufigsten vorkommenden Hirschart. In freier Wildbahn weniger oft anzutreffen ist dagegen das Damwild *(Dama dama)*, engl. fallow deer, frz. ou daim, ital. daino, span. gamo. Diese kleinere Hirschart wird vielmehr in Parks und landwirtschaftlichen Gattern gehalten, um das wohlschmeckende, angenehm zarte und saftige Fleisch stets zur Verfügung zu haben. Aus kulinarischer Sicht sind einige Hirscharten von nur regionaler Bedeutung, so etwa das in Ostasien heimische Sikawild *(Cervus nippon)*, da ihr Fleisch nicht exportiert wird. Ebenso gilt dies für das in Nord- und Südamerika sowie in Finnland beheimatete Weißwedelwild *(Odocoileus virginianus)*, dessen Fleisch eine mittellange Faser aufweist und als sehr saftig gilt. Zu den Hirschartigen zählen außerdem das Maultierwild *(Odocoileus hemionus)* sowie das Renwild *(Rangifer tarantus)*. Rentiere sind übrigens die einzigen unter den Hirschen, bei denen auch die weiblichen Tiere ein Geweih tragen. Weltweit am häufigsten ist das Rotwild *(Cervus elaphus)*, engl. red deer oder stag, frz. cerf rouge, ital. cervo nobile, span. ciervo, sofern man die Unterarten Wapiti (Altai, Ostsibierien, Mongolei, USA, Kanada) und Maral (Kaukasus, Persien) mit hinzuzählt. Das fettarme, kernige, dunkle Fleisch des Rothirsches begeistert viele Wildfreunde, weshalb Rothirsche heute auch gelegentlich in Gattern gehalten werden.

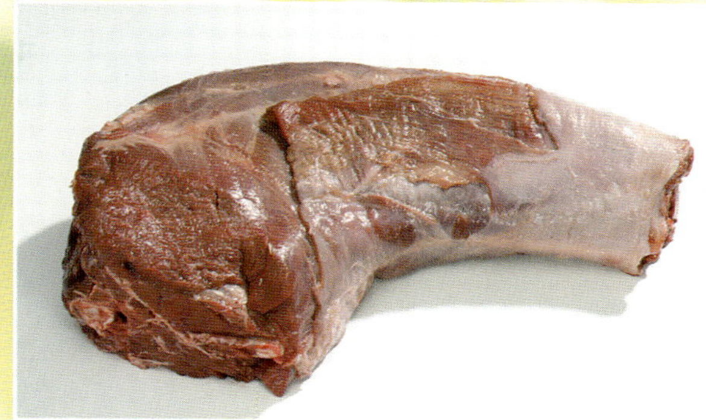

HIRSCHHALS von einem mittelschweren Tier. Er wird im Ganzen geschmort, nach dem Auslösen der Nackenwirbel zu Ragout geschnitten oder als Rollbraten zubereitet.

OBERSCHALE – Teil der Hirschkeule – im Anschnitt. Gut als Bratenstück; von jungen Tieren kann die Oberschale auch in Steaks geschnitten und zum Kurzbraten verwendet werden.

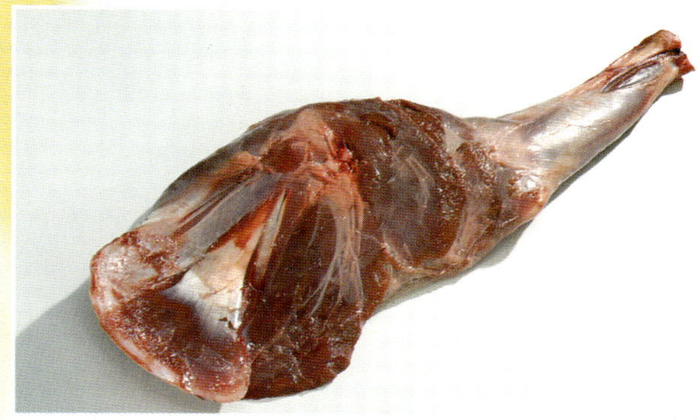

HIRSCHSCHULTER – Unterseite – mit anhängendem Unterarmknochen und freigelegtem Schulterknochen (Blattschaufel). Zum Braten am Stück löst man zuvor alle Knochen aus.

UNTERSCHALE – Teil der Hirschkeule – im Anschnitt. Wird gern im Ganzen gebraten, man kann sie aber auch, übrigens grundsätzlich quer zur Faser, zu Schnitzeln schneiden.

RIPPENBOGEN – Unterseite – mit anhängendem Bauchlappen (oben) und halbem Brustbein (links unten). Das von den Rippen gelöste Fleisch ist gut für Ragouts oder Rollbraten.

NUSS – Teil der Hirschkeule – ein ausgezeichnetes Stück zum Braten, das aber auch zu Steaks geschnitten oder zu einem hervorragenden Schinken verarbeitet werden kann.

HIRSCHRÜCKEN, hier noch mit der auf der Oberseite anhaftenden Fettschicht. Will man sie ablösen, schneidet man am Rückgrat entlang und löst sie dann zu den Seiten hin ab.

Vom UNTERSCHENKEL abgelöstes Wildbret lässt sich gut in Würfel schneiden – für Gulasch oder Ragouts. Geeignet ist hierfür auch das Fleisch von Schulter und Rippenbogen.

PARIERTER HIRSCHRÜCKEN. Er kann entweder im Ganzen gebraten oder in zarte Filets zerteilt werden. Das »große« Filet liegt auf, das »kleine« unter den Rippenknochen.

# Die feinsten Stücke vom Reh für die bewährten Klassiker der Wildküche sowie die wichtigsten Teile von Steinbock und Gams.

»Rehrücken Baden-Baden« – ein Gericht, das Berühmtheit erlangt hat. Hierfür wird der Rücken – das Beste vom Reh – im Ganzen gebraten, wobei er jedoch nicht zu sehr austrocknen darf; er soll noch rosa sein. Dazu serviert man dann gedünstete, halbierte Birnen, gefüllt mit herbem Preiselbeerkompott, und nach Belieben noch Kartoffelkroketten.

Teile der REHKEULE – von oben nach unten: Unterschenkelbein (Haxe), Oberschale mit anhängender falscher Lende, Unterschale, Beckenmuskel (unten links) und Nuss (rechts).

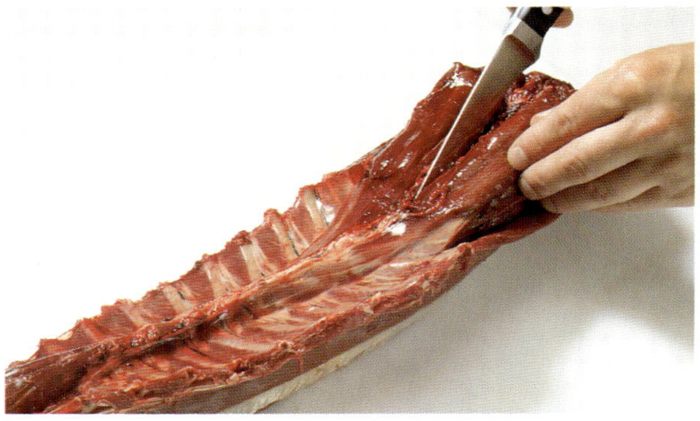

PARIEREN EINES REHRÜCKENS: Mit der Unterseite nach oben auf die Arbeitsfläche legen und mit einem Ausbeinmesser die kleinen Filets rechts und links des Rückgrats lösen.

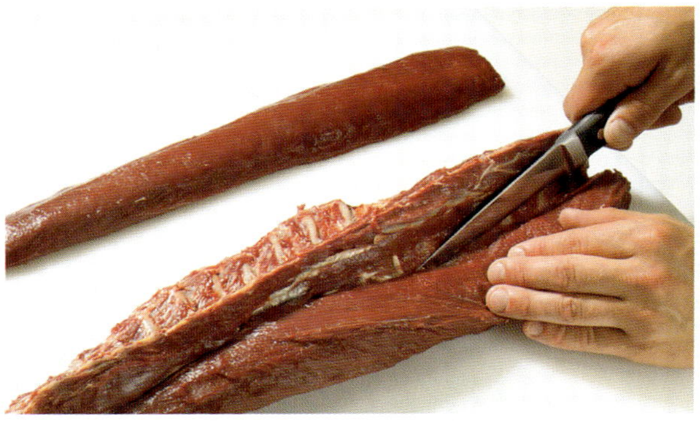

AUSLÖSEN DER RÜCKENFILETS VOM REH: Den parierten Rehrücken entlang dem Rückgrat einschneiden und die Rückenfilets von den Rippenknochen lösen.

RIPPENBOGEN VOM REH, mit anhängendem Bauchlappen. Von den Rippen gelöst, für Rollbraten oder Ragout. Aus den Knochen kocht man am besten einen würzigen Fond.

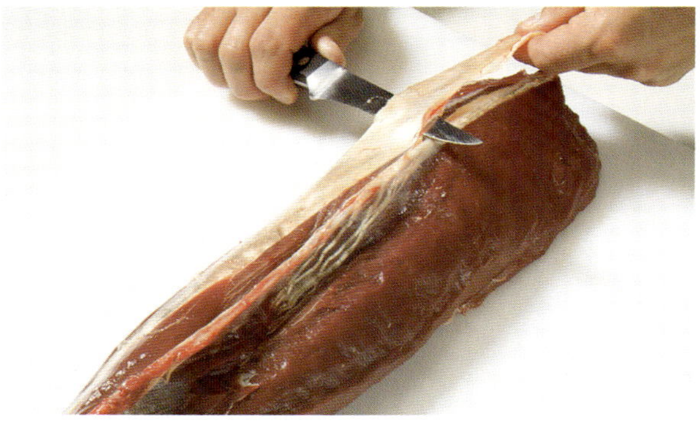

Den Rücken umdrehen, die lockeren Häute ablösen, dann auf beiden Seiten die Sehnen mit leichtem Zug anheben und hauchdünn abtrennen, dabei das Fleisch nicht verletzen.

Die Messerschneide immer entlang den Knochen führen und das Fleisch mit langen Schnitten vom Hals zum Sattel von der Karkasse lösen, dabei das gelöste Fleisch wegziehen.

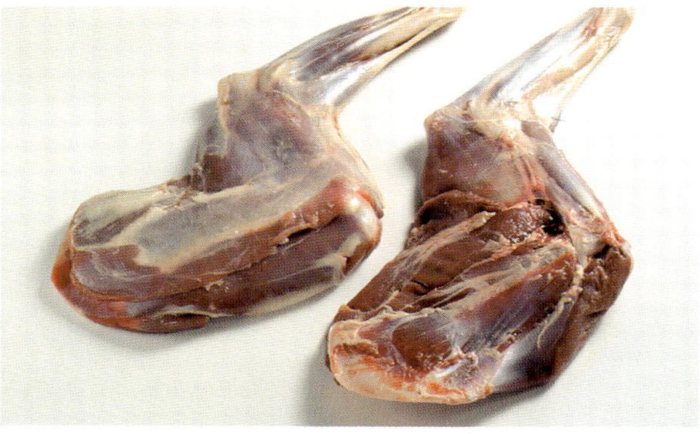

BLÄTTER VOM REH, in Ober- und Unteransicht. Die Schulter wird im Ganzen gebraten (ohne Unterarmbein) oder findet entbeint für Ragouts, Pasteten oder Terrinen Verwendung.

Seitlich überstehende Bauchlappen knapp an den Rippenknochen abtrennen. Wird der Rücken im Ganzen gebraten, die Karkasse mit einem langen Metallspieß fixieren.

So sehen die ausgelösten Filets aus: Vorne die beiden langen Rückenfilets, darüber die kleinen Filets. Die zarten Rehfilets können nun nach Belieben weiterverarbeitet werden.

Das Wildbret von Horn tragenden Wildtieren (Bovidae) wird regional – wo diese in freier Wildbahn vorkommen – als Delikatesse geschätzt. Ihr Fleisch ist kernig, saftig und würzig. Da die Vorkommen von Gams-, Stein- oder Muffelwild aber begrenzt sind und diese auch nur saisonal gejagt werden dürfen, kommt ihr Wildbret nur selten in den Handel. Das Fleisch vom Steinwild *(Capra ibex)*, engl. ibex, frz. bouquetin, ital. stambecco, span. cabra montés, kann, wenn es von einem jungen Tier stammt, ohne Vorbehandlung im Ganzen geschmort oder gebraten werden. Ist das Tier schon etwas älter, empfiehlt sich eine Zubereitung als Ragout. Zudem sollte man das Fleisch dann beizen, um es mürber zu machen. Dies gilt ebenso für Gamswild *(Rupicapra rupicapra)*, engl. und frz. chamois, ital. camoscio, span. gamuza. Grundsätzlich gilt es bei der Zubereitung von Wildbret zu beachten, dass das Bratenstück zum einen nicht austrocknen darf, zum andern aber genügend lange erhitzt werden muss, um eventuell vorhande Erreger auszuschalten. Eine Faustregel besagt, dass Wild für mindestens 10 Minuten eine Kerntemperatur von 80 °C haben sollte – dies lässt sich leicht mit einem handelsüblichen Fleischthermometer überprüfen. Eine Methode, das Fleisch vor dem Austrocknen zu schützen, ist das Einwickeln in Speck, bardieren, wie der Fachmann sagt, oder das Spicken mit Streifen von grünem Speck. Beide Methoden sind jedoch nicht unumstritten, da sie den Geschmack erheblich beeinflussen können.

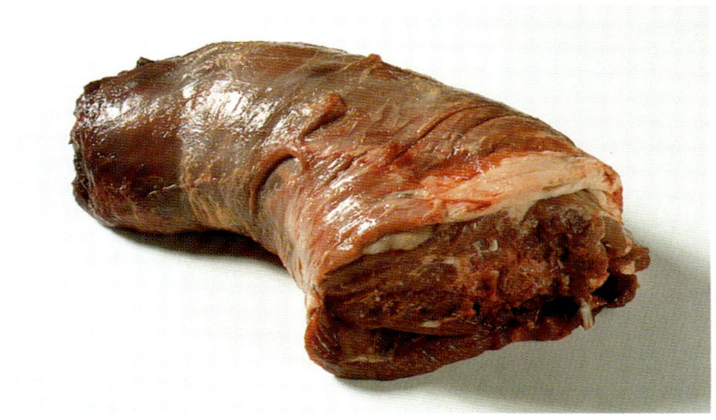

Die Teile von der Gams: GAMSTRÄGER werden oft für kräftige Fonds oder Wildsuppen verwendet, wobei das ausgelöste Fleisch dann als Einlage dient – dieser hier wiegt 1,2 kg.

WÜRZIG SPICKEN:

Die nach Belieben gewürzten Streifen von grünem Speck nebeneinander auslegen und kurz hart gefrieren.

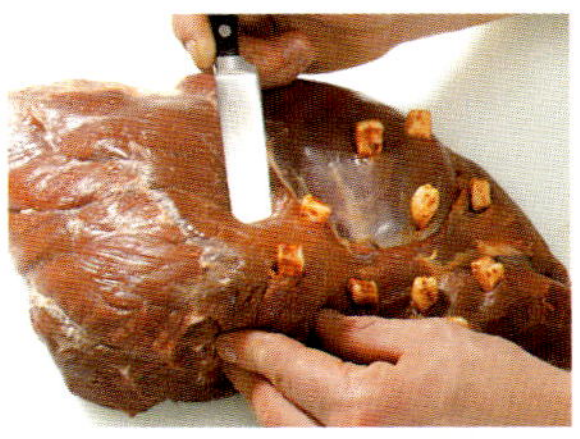

Mit dem Spickmesser jeweils ein tiefes Spickloch in das Bratenstück – hier eine Rehkeule – schneiden.

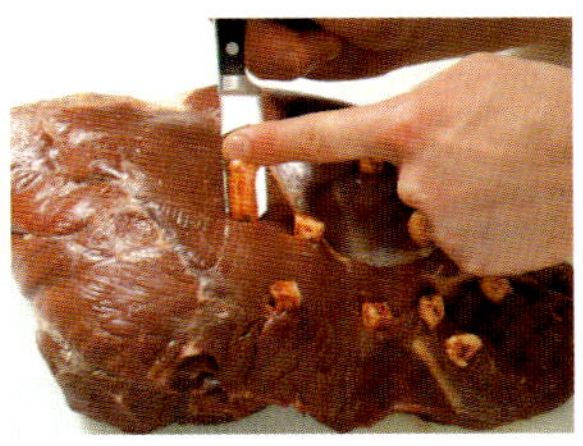

Den Speckstreifen entlang der Messerklinge in das Spickloch schieben, nötigenfalls etwas nachhelfen.

Ist die Keule fertig gespickt, sollte sie 1 Stunde ruhen, damit die Gewürze in das Wildbret einziehen können.

Die wichtigsten Teile vom Steinbock: Der TRÄGER (Hals) fällt bei Steinböcken besonders stark und massig aus. Kulinarisch interessant ist vor allem das Fleisch junger Tiere.

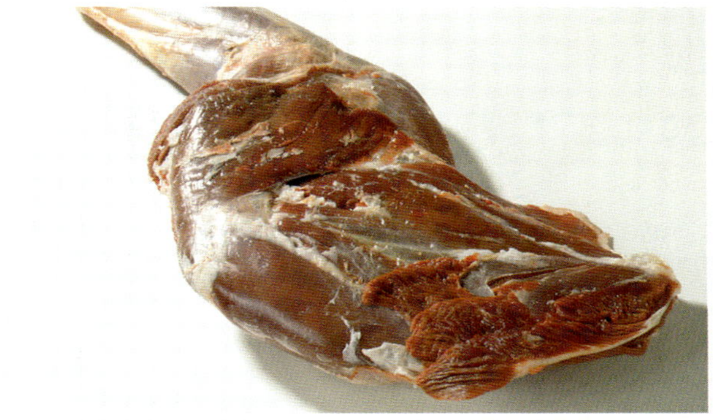

GAMSSCHULTER (Blatt) von 1,8 kg. Sie ergibt, sofern die Knochen im Fleisch verbleiben, einen saftigen Schmorbraten. Ausgelöst wird das Wildbret zu Ragout verarbeitet.

Auch die SCHULTER VOM STEINBOCK ist recht stark ausgeprägt. Stammt sie von einem etwas älteren Tier, verwendet man sie am besten für ein würziges Ragout.

GAMSRÜCKEN (Ziemer). Dieser Teil der Gams ist fleischig, zartfaserig und saftig. Er kann im Ganzen oder in Teilstücken (am besten mit den Knochen) gebraten werden.

Die STEINBOCKKEULE ist im Vergleich zu Hals und Schulter eher klein geraten. Auch die Keule empfiehlt sich für Ragouts, bei älteren Tieren wird das Fleisch vorher gebeizt.

GAMSKEULE. Zum Braten im Ganzen oder zum Schmoren geeignet, allerdings ohne Haxe (aus Letzterer kann ein Fond gekocht werden); entbeint ergibt sie gute Kurzbratstücke.

Das saftige Fleisch der Schwarzkittel wird in den Küchen heute zunehmend beliebter.

# Wildsc

WILDSCHWEINFILETS, von der Unterseite des Rückens abgelöst. Zartes Wildbret, hervorragend zum Braten im Ganzen oder in Medaillons geschnitten. Gewürfelt für Fondues.

RÜCKEN IM GANZEN mit aufliegendem Fettgewebe. Er wird entweder im Ganzen gebraten oder auch geschmort. Nach T-Bone-Art geschnitten eignet er sich auch zum Kurzbraten.

KOTELETTSTRANG. Hierbei handelt es sich um den entlang der Wirbelsäule geteilten Wildschweinrücken. Zum Kurzbraten (Fett entfernen) oder Braten im Ganzen geeignet.

Wird die ausgebeinte Keule weiter zerlegt, erhält man folgende Teilstücke (von oben nach unten): Das Fleisch der OBERSCHALE ist ideal zum Schmoren oder für Schnitzel.

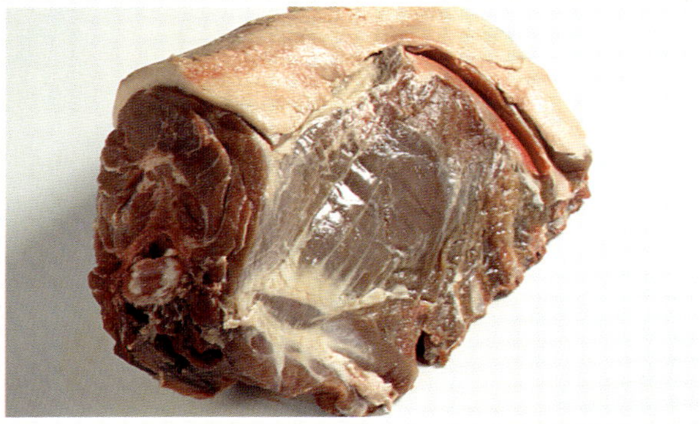

NACKEN oder Träger. Von Kennern aufgrund des kurzfaserigen, saftigen Fleisches als Braten geschätzt. Wird er frisch verarbeitet, kann eine dünne Fettschicht am Fleisch bleiben.

RIPPENBOGEN, von innen gesehen, ohne Bauchlappen. Für die Küche wird das Fleisch entlang dem Rippenbogen von den Knochen gelöst. Für Ragouts oder Rollbraten geeignet.

Das Fleisch der UNTERSCHALE eignet sich gut zum Braten, Schmoren oder Kurzbraten. Aus diesem Stück können jedoch ebenfalls Schnitzel geschnitten werden.

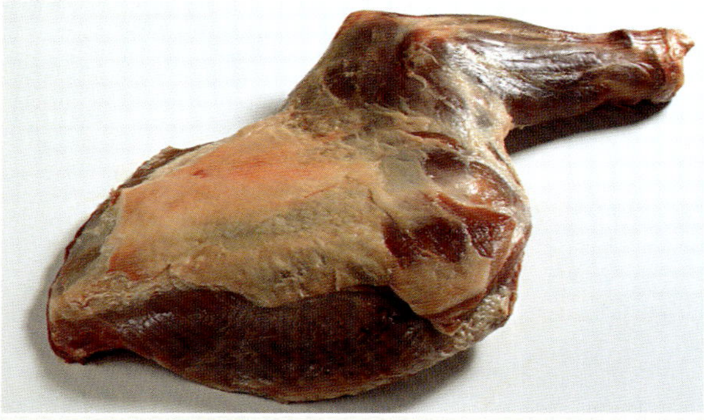

SCHULTER, OBERSEITE, mit anhängendem Unterarmbein (Haxe) und aufliegendem Fettgewebe. Stammt sie von einem jungen Tier, muss das Fett nicht entfernt werden.

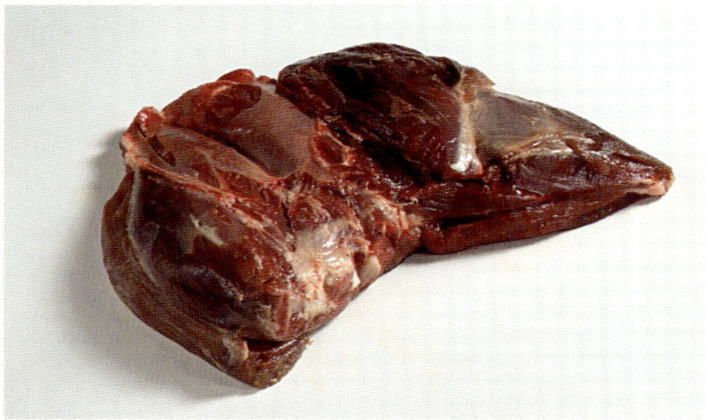

AUSGEBEINTE SCHULTER. Sie eignet sich zum Braten im Ganzen, ist aber auch gut für Ragouts und Gulasch. Aus den ausgelösten Knochen kocht man am besten einen Fond.

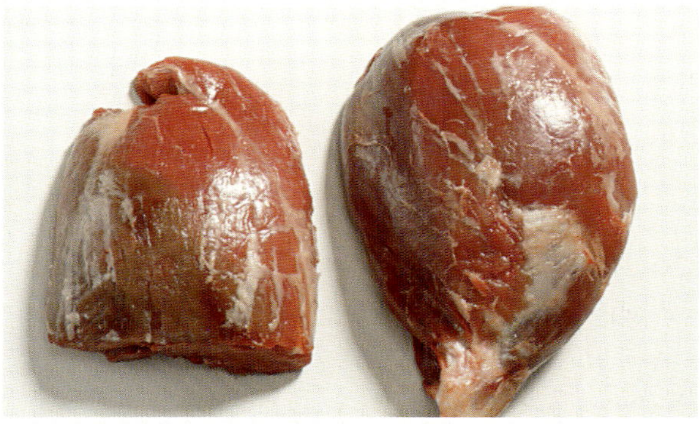

Links der Beckenmuskel, auch KLEINE NUSS genannt; rechts die so genannte NUSS. Aus diesem Teilstück der ausgebeinten Keule schneidet man hervorragende Steaks.

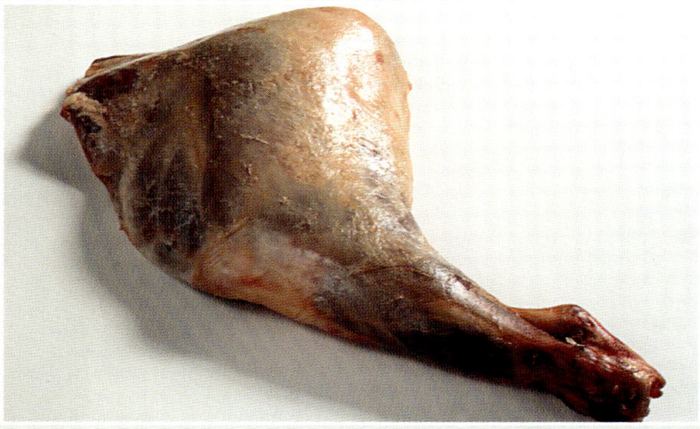

KEULE, OBERSEITE, mit anhängendem Unterschenkelknochen (Haxe). Wird sie im Ganzen gebraten, verbleiben die Knochen im Fleisch, nur der Beckenknochen wird ausgelöst.

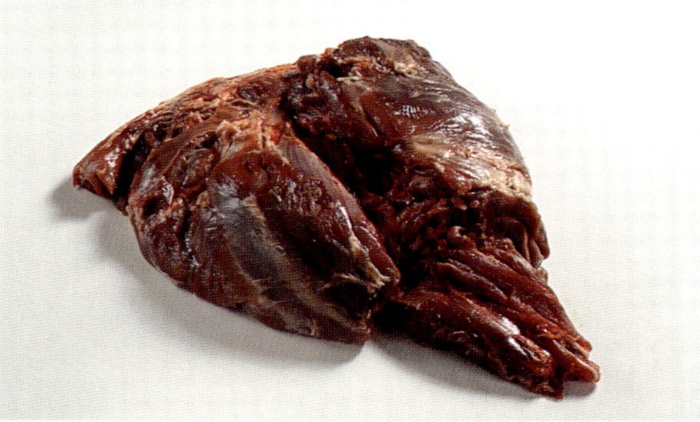

AUSGEBEINTE KEULE. Gut zu erkennen sind Unterschale (rechts), Nuss (links) und Haxe (rechts vorne). Die Marmorierung des Fleisches verspricht saftige Bratenstücke.

HAXE. Zum Schmoren oder für deftige Eintöpfe gut geeignet. Aus den Haxen vom Wildschwein lässt sich aber – mit Gemüse und Gewürzen – auch ein kräftiger Wildfond herstellen.

# hwein

Das Wildschwein *(Sus scrofa)*, engl. wild boar, frz. sanglier, ital. cinghiale, span. jabalí, wird in der Fachsprache als Schwarzwild bezeichnet. Reinrassig kommen Wildschweine nur in Europa, Nordafrika und Vorderasien vor – während Populationen in anderen Gebieten, etwa in Australien oder auf den Philippinen, von ausgewilderten Hausschweinen abstammen. Das Wildschwein gilt als Urahn des Hausschweins, unterscheidet sich in Aussehen und Fleischqualität aber dennoch erheblich von diesem. Zwar ist sein Fettanteil höher als der von anderem Wild, im Vergleich zum Hausschwein ist Wildschweinfleisch aber magerer und von festerer Struktur. Wird es frisch zubereitet, empfiehlt sich, das aufliegende Fett, sofern vorhanden, am Fleischstück zu belassen, denn dadurch bleibt dieses beim Braten oder Schmoren schön saftig. Will man Wildschwein einfrieren, muss jedoch alles sichtbare Fett entfernt werden, damit es während der Tiefkühlphase, die bis zu 6 Monaten dauern kann, nicht ranzig wird. Bei Kennern begehrt, weil sehr zart, ist das Fleisch von jungen Tieren. Frischlinge und Überläufer – so nennt man die bis zu einjährigen Wildschweine – haben im Verhältnis zum Gewicht in der Regel einen hohen Wildbretanteil. Mit zunehmendem Alter wird das Fleisch dann zäher; darum ist die Wahl der Garmethode nicht zuletzt eine Frage des Alters. Fleisch von über 5-jährigen Tieren sollte nicht mehr kurzgebraten, sondern geschmort werden. Zu beachten gilt es außerdem, dass Wildschweinfleisch nicht unangenehm riechen darf – ist dies der Fall, stammt es von in der Paarungszeit (November/ Dezember) erlegten Tieren –, und dass die vorgeschriebene Trichinenbeschau vorgenommen wurde.

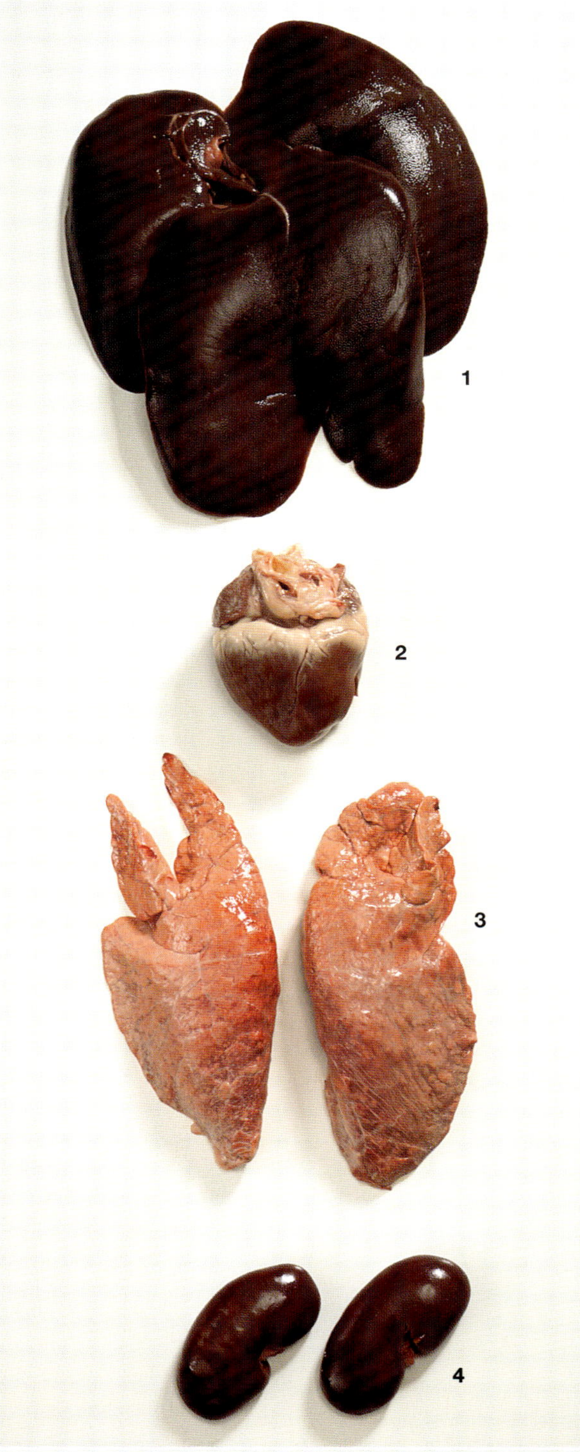


INNEREIEN VOM WILDSCHWEIN: 1 – Die Leber teilt sich in mehrere Lappen und lässt sich gut braten. 2 – Das Herz wird meist im Ganzen geschmort oder zu Ragouts verarbeitet. 3 – Die Lunge kann für ein Beuschel verwendet werden. 4 – Die Nieren eignen sich zum Braten oder Schmoren.

## Sorten über Sorten – dabei ist das Ausgangsprodukt oft dasselbe: nämlich die Keule vom Schwein.

# Schink

In vielen Ländern der Erde werden Schinken produziert, ob in Europa, Amerika oder gar in Asien. Ob geräuchert, gekocht oder getrocknet, Schinken ist jedenfalls überall dort ein wichtiges Lebensmittel, wo das Schwein als Fleischlieferant eine dominante Rolle spielt. Ging es bei der Schinkenherstellung ursprünglich darum, eine Schweinekeule möglichst lange haltbar zu machen, so ist die Motivation in Zeiten der modernen Kühltechnik eine andere: Heutzutage geht es wohl eher um Genuss! Bei der Produktion von Rohschinken werden noch dieselben Techniken angewandt, wie sie schon die alten Römer kannten: Einsalzen und anschließendes Räuchern oder Trocknen. Obwohl Ausgangsprodukt und Herstellung beim Schinken im Prinzip sehr ähnlich waren, sind im Laufe der Jahrhunderte viele köstliche Spezialitäten von ganz unterschiedlichem Geschmack und Aroma entstanden. Verantwortlich dafür ist vieles: Einmal das Futter der Tiere bei der Mast, das verwendete Salz, eventuell zugesetzte Gewürze, Temperatur und Dauer des Räuchervorgangs. Eine weitere Geschmacksnuance bringt beim Räuchern zudem das verwendete Holz; beim Trocknen wiederum ist das Klima während des Reifeprozesses – insbesondere Temperatur und Luftfeuchtigkeit – von entscheidender Bedeutung. Auch muss ein Schinken nicht immer aus der Schweinekeule sein, auch andere Schweineteile oder Fleisch von ganz anderen Tieren können als Ausgangsprodukt dienen.

WESTFÄLISCHER HÜFTSCHINKEN ohne Knochen, wird über Buchenholz und Wacholder kalt geräuchert. Charakteristisch sind die dunkelrote Fleischfarbe sowie die helle Schwarte.

HOLSTEINER KATENSCHINKEN wird trocken gepökelt und sehr langsam kalt geräuchert. Anschließend muss der mildnussige, herzhaft-zarte Schinken noch einige Monate reifen.

ROLLSCHINKEN besteht aus ausgelösten Teilen der Keule. Diese werden entweder vor oder nach dem Pökeln in Form gerollt und gebunden. Nach der Lakepökelung wird der Schinken warm geräuchert und kann nach einer Reifezeit von nur 5 Wochen verzehrt werden.

# ken

◁ Das EINSALZEN oder PÖKELN ist eine Wissenschaft für sich. Denn sowohl das Salz/Pökelsalz als auch die beigefügten Gewürze haben entscheidenden Einfluss auf den späteren Geschmack des Schinkens.

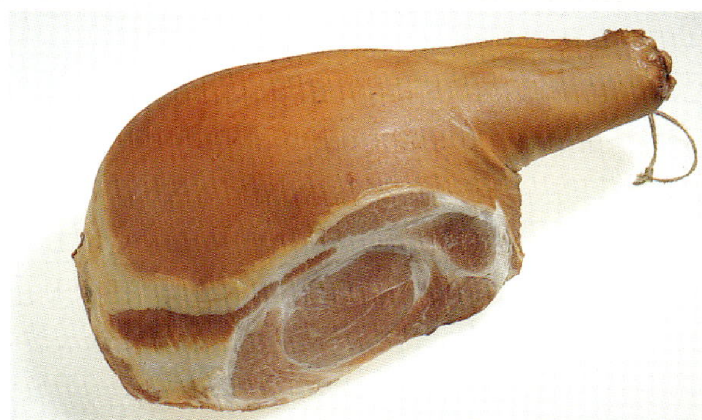

SCHWEINESCHULTER, gepökelt und geräuchert. Diese Spezialität stammt aus dem Schwarzwald und wird unter der Bezeichnung »Schwarzwälder Schäufele« gehandelt.

△ SCHWARZWÄLDER SCHINKEN – aufgrund des ausgeprägten Raucharomas recht beliebt. Ausgangsprodukt ist der entbeinte Hinterschinken, der – entsprechend zugeschnitten – gepökelt und dann bei 25 °C kalt geräuchert wird. Und zwar über Tannenholzspänen, Tannenzapfen und -reisig – wodurch er sein besonderes Aroma sowie die dunkle Außenfarbe erhält. Abschließend muss diese Schinkenspezialität dann noch 3 Wochen bei 15 °C trocknen.

SÜDTIROLER SPECK – hergestellt aus der Schweinekeule, hier ohne Oberschale. Nach dem Pökeln und der Kalträucherung muss er noch 22 Wochen reifen. Typisches Aroma.

Es muss nicht immer Schwein sein: im Vordergrund ein geräucherter und sehr magerer ZIEGENSCHINKEN, dahinter eine geräucherte ZICKLEINKEULE, beides aus Frankreich.

WESTFÄLISCHER KNOCHENSCHINKEN – eine berühmte deutsche Schinkenspezialität. Trocken gepökelt und kalt geräuchert, von fester Konsistenz und würzigem Geschmack.

Ebenfalls aus Westfalen: GRAFSCHAFTER LANDSCHINKEN. Ein trocken gesalzener Schinken aus der Unterschale, über Buchenholz geräuchert und 2 bis 3 Monate gereift.

KORIANDERSCHINKEN, eine Rohschinkenspezialität aus dem Elsass ohne Knochen. Gepökelt und geräuchert. Der Koriander verleiht ihm ein besonderes, eigenes Aroma.

PROSCIUTTO COTTO, in Italien unter der Bezeichnung Barbecue-Schinken im Handel. Dieser saftige Schinken wird vor dem Kochen entbeint, gepökelt und mild geräuchert.

Wenngleich die Palette der Kochschinken nicht ganz so umfangreich ist wie jene der Rohschinken, so stehen sie diesen, was ihre Bedeutung für die Küche anbelangt, in nichts nach. Kochschinken wird übrigens nicht »nur« gekocht: Zunächst muss er gepökelt werden. Das Fleisch – es kann die ganze Keule mit oder ohne Knochen sein, Teile der Keule oder auch die Schulter, die dann als Vorderschinken gehandelt wird – sollte hierfür nicht älter als 3 bis 4 Tage sein. Entweder man legt den Schinken zum Pökeln in Lake (100 g Pökelsalz auf 1 l Wasser), das dauert länger, oder man wählt die schnellere Methode der Spritzpökelung, bei der die 10%ige Pökelsalzlösung mit einer Spezialspritze in das Schinkenstück gespritzt wird. Anschließend legt man dieses dann häufig noch für 1 bis 2 Tage in Lake. Handelt es sich um Fleischstücke ohne Knochen, müssen sie nun in Form gebracht werden. Damit die einzelnen Teile zusammenhaften, werden sie häufig im Tumbler – eine Art »Betonmischer« für Schinken – bewegt. Dadurch tritt Eiweiß aus

△ BEINSCHINKEN, gepökelt und mit dem Knochen gegart. Dieser wird erst anschließend ausgelöst. Dadurch bleibt dieser Schinken so wunderbar zart und saftig.

Ge

VIRGINIA HAM. Schinken aus den USA von mit Erdnüssen gemästeten Schweinen. Trocken gepökelt, über Hickoryholz geräuchert. Reift bis zu 1 Jahr, dann gekocht. Sehr zart.

PRAGER SCHINKEN, eine berühmte Kochschinkenspezialität aus der Keule. 2 bis 3 Wochen in Lake gepökelt, getrocknet, über Buchenholz heiß geräuchert, entbeint und gekocht.

HICKORY-SCHINKEN aus den USA, auch Kentucky-Schinken genannt. Trocken gepökelt, entbeint, gebunden, über Hickory- und Apfelholz geräuchert, gekocht. Mit feinem Aroma.

BREADED DRY GAMMON. Schweinekeule mit dem Knochen gepökelt und getrocknet. Wird vor dem Kochen entbeint und anschließend in goldgelb gerösteten Brotkrumen gewälzt.

HONEY BAKED DRY GAMMON. Schweinekeule mit Knochen gepökelt und getrocknet. Vor dem Kochen entbeint, mit einer Honigglasur versehen und nochmals im Ofen gebacken.

BRAUNSCHWEIGER SCHINKEN, auch als Brunswick ham bezeichnet. Die Schweinekeule wird zunächst entbeint, nass gepökelt, in Form gepresst und gekocht. Mild im Aroma.

KERNRAUCHSCHINKEN, eine holsteinische Schinkenspezialität. Vor dem Kochen gepökelt, in Form gebunden und wie der Katenschinken über Buchenholz geräuchert. Würzig.

WÜRZSCHINKEN mit Schwarte. Die entbeinte Keule wird nass in Gewürzlake gepökelt, nicht abgewaschen, sondern nur getrocknet, gekocht und 1- bis 2-mal kalt überräuchert.

JAMBON PERSILLÉ, saftige Schinkenscheiben zwischen Petersiliengelee. Für diese klassische Schinkenzubereitung aus dem Burgund kocht man ein Stück aus der Keule, vorzugsweise die Nuss, in einem würzigen Sud, der dann seinerseits die Grundlage ist für das mit Sherry und Rosé aromatisierte Gelee.

## Der Schinken für die Küche – mal mit, mal ohne Knochen, mal geräuchert, mal nicht – aber immer schön rosa und saftig.

# ekocht

und dieses ist für die Bindung der einzelnen Teile verantwortlich. Dann presst man den Schinken in Formen, Folien oder Netzen. Zur Geschmacksverbesserung wird er nicht selten vor dem Garen noch kurz heiss geräuchert, bevor man ihn bei geringer Temperatur gart. Kochpökelwaren sind wegen des durch die Herstellungsweise bedingten höheren Wassergehalts weniger lange haltbar als Rohschinken.

BEINSCHINKEN, GEKOCHT, ▷ aus Frankreich. Diesen köstlichen Schinken präsentiert man gern am Stück und immer mit dem Knochen. Bevor er in Bouillon langsam gar zieht, wird er getrocknet und kurz geräuchert. Überzeugt durch seine schöne rosa Farbe, ist wunderbar zart und schmeckt ganz ausgezeichnet.

ROLLSCHINKEN, GEKOCHT. Schinken aus der Schweinekeule (Pape), getumbelt, in der Form gekocht und häufig leicht überräuchert.

# luftgetrock

## Schinken dieser Art gelten – wohl zu Recht – als die besten der Welt.

▽ PROSCIUTTO CRUDO DELLA VALTELLINA ist ein luftgetrockneter Schinken aus der Keule, traditionell nur mit Salz und Pfeffer gepökelt. Ihn gibt es in verschiedenen Angebotsformen, dieser hier ist entbeint und in Form gepresst.

▽▽ Unten im Vordergrund in der Schinkenhalterung: ein PROSCIUTTO DI SAN DANIELE mit Knochen, mindestens 12 Monate gereift. Dahinter zwei SAN-DANIELE-SCHINKEN ohne Knochen, gepresst. Im Bildhintergrund hängend: PARMASCHINKEN mit Knochen, zu erkennen am Brandsiegel mit der 5-zackigen Herzogskrone. Er dürfte wohl der bekannteste unter den luftgetrockneten Schinken Italiens sein. Das »Consorzio del Prosciutto di Parma« wacht über die Einhaltung der Qualität. Nur Keulen von im Land gemästeten und geschlachteten Schweinen mit einem ausgewogenen Fleisch-Fett-Verhältnis werden dafür verwendet.

In der Herstellung sind sie alle ähnlich, diese delikaten Schinken. Vor allem jene aus Italien und Spanien sind berühmt, es gibt aber auch gute in Portugal oder Frankreich, ja sogar in China. Zunächst werden die Keulen gesalzen, mit oder ohne Knochen. Das Salz selbst, wie auch die Dauer des Einsalzens, haben einen erheblichen Einfluss auf den Geschmack. Kommen dann die entsprechenden klimatischen Bedingungen hinzu – Temperatur und Luftfeuchtigkeit müssen stimmen –, entwickelt sich während der bis zu 18-monatigen Reifephase eine Delikatesse.

# net

◁ JAMÓN SERRANO. So dürfen sich nur luftgetrocknete Rohschinken nennen, die in Spanien aus den Keulen bestimmter weißer Schweinerassen hergestellt werden. Die Tiere müssen im Land gemästet und geschlachtet sein. Auch darf beim Einsalzen lediglich Meersalz verwendet werden, und die Keulen müssen ein Mindestgewicht von 6,5 kg aufweisen.

»Der Himmel voller Schinken« – diese Wunschvorstellung wird hier wahr, in einem Fachgeschäft in Valencia. Jetzt heißt's nur noch – zugreifen.

△ SERRANO-SCHINKEN, dünn aufgeschnitten. Gleich bleibend feines Aroma und guten Geschmack garantiert das »Consorcio del Jamón Serrano Español« – es wacht darüber, dass die hohen Qualitätsvorgaben eingehalten werden. Wichtige Kriterien sind etwa, dass Temperatur und Luftfeuchtigkeit während des 9-monatigen Reifeprozesses stimmen.

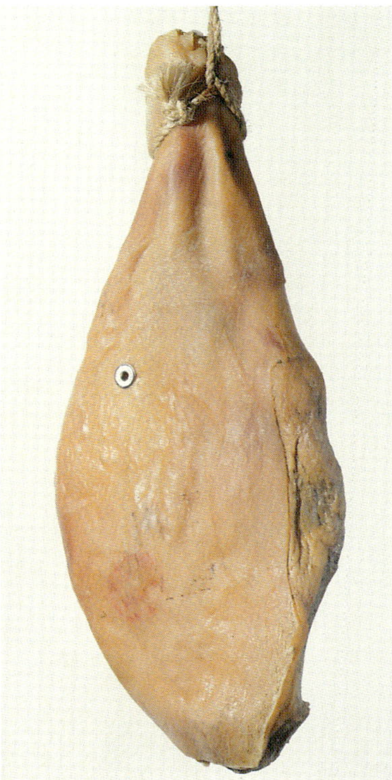

Links: JAMÓN IBÉRICO. Er stammt von schwarzen, teilweise mit Eicheln gemästeten Schweinen. Gilt als einer der besten der Welt. Rechts: JAMÓN REDONDO aus Valencia, Spanien.

PRESUNTO, ein würziger Schinken aus Portugals Bergregionen, genauer gesagt, aus der Serra de Monique.

SAN DANIELE, einer der feinsten unter den Luftgetrockneten. Jeder Schinken wird geprüft, bevor er das Siegel erhält.

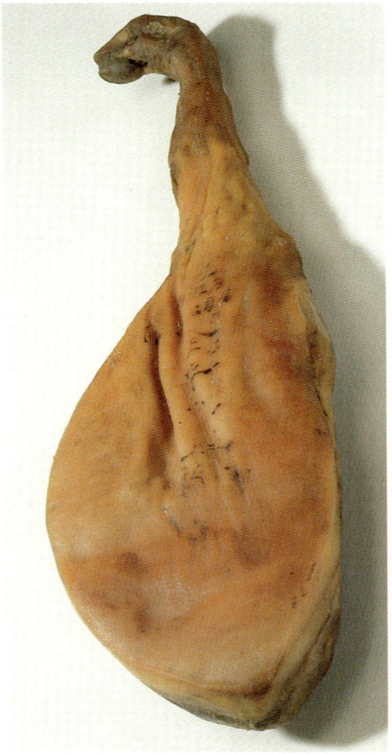

HUNAN-SCHINKEN, luftgetrocknet, aus China, kräftig in Geschmack und Aroma. Wichtiges Würzmittel für Fonds.

# Auch Bauch und Backe sind nicht zu verachten, ganz zu schweigen vom »Re dei salumi«, dem Culatello.

LARD FUMÉ AU CORIANDRE, durchwachsener geräucherter Bauchspeck mit Koriander – eine Spezialität aus Frankreich.

PANCETTA STESA wird der nicht gerollte Bauch genannt. Hier geräuchert.

COPPA, eine Spezialität aus Schweinehals oder -nacken, gepökelt und luftgetrocknet, gibt es in zahlreichen regionalen Angebotsformen. Ganz links eine sehr magere COPPA aus dem Nackenstück. In der Mitte eine COPPATA. Dazu wird der gut durchwachsene Schweinekamm zusätzlich in Pancetta ohne Schwarte gerollt. Prinzipiell gehören sie alle zur Gruppe der »Insaccati«, der »Eingesackten«. Wobei als Hülle entweder ein Naturdarm oder ein luftdurchlässiger Kunstdarm dient. Davor werden die Fleischstücke für die Coppa in der Regel 2 bis 3 Wochen trocken gepökelt, bevor man sie ein-

ROH GERÄUCHERTER SCHWEINEBAUCH, ohne Knochen. Gepökelt und in den kalten Rauch gehängt. Als würzende Zutat geschätzt, aber auch dünn geschnitten zur Vesper.

ALTLÄNDER KATENSPECK, ohne Knochen, mit relativ hohem Fleischanteil. Mild gepökelt und kalt geräuchert ist er eine geschätzte, würzige Zutat für eine Vielzahl deftiger Gerichte.

SCHWEINEBAUCH, gepökelt und gekocht. Ohne Knochen und relativ mager, eignet er sich als Zutat für Sauerkraut, Eintöpfe und Ähnliches. Wird auch als Aufschnitt verzehrt.

Der Begriff »Salumi« – in Italien der Name für verschiedene Würste und Schinken, meist vom Schwein – kommt von »salare«, einsalzen. Und gepökelt oder auch einfach nur mit Meersalz eingerieben werden sie alle, ob Culatello, Coppa oder Pancetta. Die vor allem als Antipasti beliebten Produkte mit dem typischen, würzigen Aroma findet man in Italien in speziellen Geschäften, den »Salumerie«; sie haben meist eine beträchtliche Auswahl anzubieten, allen voran den mild-aromatischen Culatello. Manche halten ihn für den besten Schinken der Welt, nun, das ist Geschmackssache, einer der teuersten ist er in jedem Fall. Durchaus verständlich, betrachtet man seine aufwändige Herstellung. Ausgangsprodukt ist die entbeinte Schweinekeule, von der jedoch nur das Kernstück verwendet wird. Dieses wird mit Meersalz eingerieben, in eine Haut aus Naturdarm gesteckt und in Form gebunden. Aber das ist noch nicht alles: Ausschlaggebend für den besonders milden, dabei doch würzigen Geschmack ist die Phase der Reifung. Und hierfür braucht Culatello die relativ kühle, feuchte Luft des Po. Klimatische Bedingungen, wie sie nur in der »Bassa Parmense«, entlang des südlichen Ufers herrschen – und auch dort nur in einem kleinen Gebiet. In dieser Luft nun muss ein Culatello mehrere Monate reifen, im längsten Fall sogar bis zu 1 oder 2 Jahren, damit er seinen einzigartigen Geschmack erreicht.
Weniger hochpreisig, dabei aber ebenfalls sehr geschätzt, sind die anderen hier abgebildeten getrockneten oder geräucherten Teile vom Schwein, so die verschiedenen Arten Coppa oder auch Pancetta. In Italien kommt der Bauch vorwiegend luftgetrocknet und gerollt in den Handel; es gibt ihn jedoch auch »stesa«, gerade, und geräuchert. In Gegenden, die für ihren Schinken berühmt sind, wird meist auch ein hervorragender Bauchspeck produziert: so etwa im Alto Adige, aber auch außerhalb Italiens, im Schwarzwald oder in Niedersachsen, dort etwa der Katenbauch.

packt und in Form bindet. Zwischen 6 und 12 Wochen Trocknen an der Luft schließen sich an. Reift ein Stück 3 Monate oder länger, wird es zur COPPA STAGIONATA, im Bild oben. Man reicht das von weißen Adern durchzogene, tiefrote Fleisch mit dem feinen Aroma dünn aufgeschnitten als Antipasto. Das süditalienische Gegenstück zur Coppa ist der »Capacollo«, ein mit Pfeffer oder Cayennepfeffer gewürzter Schweinekamm, der im Gegensatz zur Coppa jedoch meist geräuchert wird.

CULATELLO – der König unter den italienischen luftgetrockneten Schinken – ist entsprechend teuer, weil für diesen Schinken nur das Kernstück der Keule verwendet wird.

CULATELLO im Anschnitt – die Hülle wird vorher übrigens immer entfernt. Ein Konsortium wacht über die Produktion und garantiert eine gleich bleibend hohe Qualität.

SPECK MIT LENDE aus Südtirol. Das Stück wird wacholderwürzig gepökelt und kalt geräuchert. Es gibt diese Art Speck aus dem Alto Adige jedoch auch luftgetrocknet.

SCHWEINEBACKE. Meist nass gepökelt und kalt geräuchert, ist das relativ fette, durchwachsene Stück eine ideale Einlage für Eintöpfe. In Italien auch luftgetrocknet im Angebot.

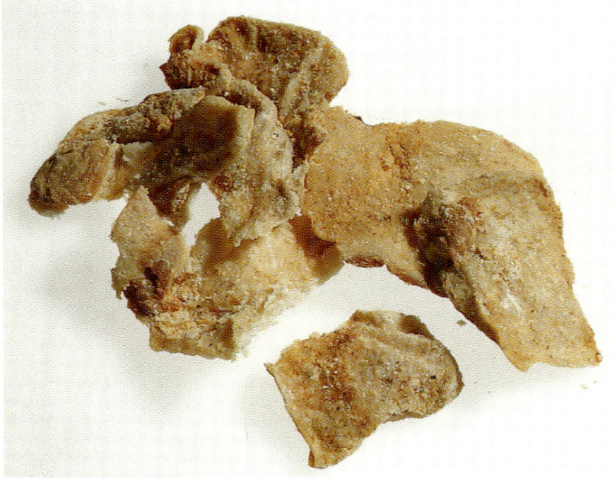

CICCIOLI CROCCANTI – eine Spezialität aus der Emilia-Romagna – sind eine Art Grieben, ausgelassen aus Schweinefett. Hier nicht in Form einer Torte gepresst, sondern lose.

Affettato – Aufschnitt von Wurst oder Schinken –, Oliven und eingelegtes Gemüse: Solch würzige Genüsse dürfen auf kaum einer italienischen Antipasti-Platte fehlen.

Alle auf dieser Seite gezeigten Würste sind Rohwürste, das heißt, sie werden aus nicht gegartem, je nach Rezept gewürztem und mehr oder weniger stark zerkleinertem Muskelfleisch sowie Speck hergestellt. Rohwurst, die man ganz ähnlich wie heute bereits in der Antike kannte, kommt teilweise frisch ins Angebot und wird dann gekocht, gebraten oder gegrillt verzehrt. Häufiger jedoch hängt man die Würste an einem kühlen, luftigen Ort auf und macht sie durch Trocknen, eventuell noch durch anschließendes Räuchern haltbar.

Während der Trocknungsphase, die wenige Wochen, aber auch mehrere Monate dauern kann, verlieren die Rohwürste an Gewicht und entwickeln zugleich ihr charakteristisches Aroma. Dabei gilt als Faustregel: Je länger eine Rohwurst getrocknet wird und je härter sie ist, desto länger ist sie haltbar. Im Deutschen bezeichnet man lange gereifte Rohwurst daher auch als Hart- oder Dauerwurst. Manche dieser Würste weisen auf der Hülle einen weißen Überzug auf – das ist beispielsweise bei vielen Salamisorten der Fall. Dieser Überzug kann sich spontan während der Trocknungsphase durch Mikroorganismen bilden, bei manchen Herstellungsverfahren aber, um vergleichbare Qualitäten sicherzustellen, auch durch Tauchbäder mit Starterkulturen erzielt werden: Darin sind die gewünschten Hefepilze und Bakterien bereits enthalten. Diese Mikroflora trägt ebenfalls zum jeweils typischen Geschmack der Wurst bei.

# Sa

SALAME MIGNON DE MAIALE: kleine italienische Salamisorte aus reinem Schweinefleisch, luftgetrocknet.

VENTRICINA CALABRESE, mit Fenchelsamen und kräftig mit Peperoncini gewürzt; daher recht scharf.

SALAME ALL'AGLIO FERRARESE, eine mit Knoblauch gewürzte Salamispezialität aus der Emilia-Romagna.

DEUTSCHE SALAMI, eine Rohwurst aus Schweinefleisch, Speck, Gewürzen, manchmal auch mit Rotwein.

FEINE CERVELATWURST, mit einem gleichmäßig feinen Brät aus Rind- und Schweinefleisch sowie Speck.

GROBE CERVELATWURST, mit etwas weniger feinem Brät. Cervelatwurst wird roh oder gebrüht angeboten.

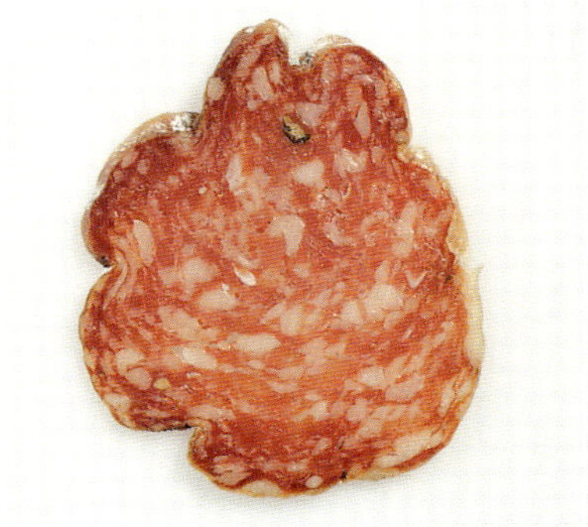

SAUCISSON SEC ist der Oberbegriff für getrocknete Rohwurst in Frankreich. Schnittfest, sehr aromatisch.

SAUCISSON DE LYON, eine grobe französische Salami aus Schweinefleisch. Mit ganzen Pfefferkörnern.

SALAMI UNGARISCHE ART aus Frankreich. Mittelfeines Brät, mit schwarzen Pfefferkörnern gewürzt.

SALAME TOSCANO, eine der bekanntesten italienischen Salamisorten. Mit relativ grobem Brät aus reinem Schweinefleisch und Speck. Mit Knoblauch und Fenchel gewürzt.

SALSICCIA PASSITA. Der Begriff Salsiccia bezeichnet in Italien überwiegend würzige lange, dünne, frische Rohwürste. Manche Sorten werden aber auch getrocknet angeboten.

SALAMI kann aus den unterschiedlichsten Fleischarten – Schwein, Rind, ja sogar Pferd oder Esel – hergestellt werden; hier eine luftgetrocknete Ziegensalami aus dem Elsass.

△ ITALIEN ist das Salamiland par excellence, und in den »Salumerie«, den Metzgereien, gibt es in nahezu jeder Region manchmal gleich mehrere Spezialitäten zu entdecken. Hier eine Auswahl: 1 – Vesurio, 2 – Montanaro, 3 – Abruzzese, 4 – Stramilano, 5 – Campotosto, 6 – Salamella, 7 – Bocconcino modense.

## Hier geht's um die Rohwurst: mal luftgetrocknet, mal schonend geräuchert.

# alami

UNGARISCHE SALAMI. Relativ feines Brät, meist luftgetrocknet, mit gleichmäßiger weißer Flora auf der Außenseite.

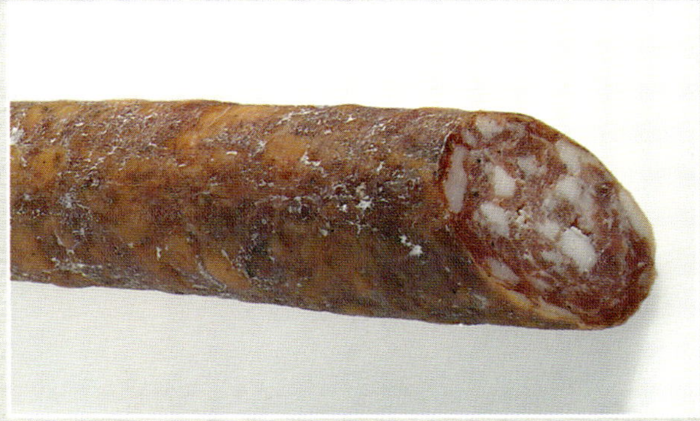

SAUCISSE DE MORTEAU, eine grobe, kalt geräucherte, mit Holzpflöcken abgebundene Rohwurst, die in ganz Frankreich hergestellt wird. Man serviert sie warm in Eintöpfen.

Noch mehr Salamivielfalt aus Italien – mal mit feinerem, mal mit gröberem Brät, mal mehr, mal weniger pikant gewürzt, immer aber vorzüglich im Aroma: Links die große birnenförmige SALAME VENETA, daneben nach rechts die feine MAGYAR SALAME FILZE und die gröberen SALAME STOFELOTTO MESOLA, SALAME FELINA und SALAME MONTANARO GIGANTE. Im Vordergrund rechts eine flache laibförmige, sehr grobe SALAME SPIANATA.

Die würzigen bis pikanten Rohwürste sind nicht nur, in dünne Scheiben geschnitten, als Vorspeise oder als Brotbelag beliebt. Rohwürste werden nämlich auch in kleinerem »Format« hergestellt: Dazu füllt man das gewürzte Brät entweder in entsprechend dünne Därme beziehungsweise Hüllen, oder die Würste werden in kurzen Abständen abgebunden. Viele der »Kleinen« – von den polnischen Kabanos und den westfälischen Mettendchen bis hin zu den luftgetrockneten chinesischen Schweinswürstchen – können auch gut warm serviert werden, einfach in Wasser erhitzt, im Ganzen oder in Scheiben in deftigen Suppen, Eintöpfen oder Gemüsegerichten mitgekocht. In diesem Fall sorgen sie gleichzeitig für ein kräftiges Aroma. Sorten, die länger reifen, wie etwa Landjäger oder die italienische, nur etwa 200 g schwere Cacciatore – Jägersalami –, sind darüber hinaus ein traditioneller Proviant und für den Verzehr unterwegs hervorragend geeignet, da sie keiner Kühlung bedürfen.

CABANOSSI werden zum Teil als Rohwurst herstellt, zum Teil aber auch gebrüht. Kräftig gewürzt, mit mittelfeinem Brät, häufig auch geräuchert. Gut beispielsweise in Eintöpfen.

POLNISCHE, mittelgroße, geräucherte Rohwürste meist aus reinem Schweinebrät sowie Speck, gewürzt mit Pfeffer und Knoblauch. Sie werden warm oder kalt gegessen.

MINI-SALAMIS, Rohwürste aus fein zerkleinertem Rind- und Schweinefleisch. Ihre Größe prädestiniert sie als Snack. Mini-Salamis sind in verschiedenen Formen auf dem Markt.

Graubündner SALSIZ, eine kleine, gepresste und meist luftgetrocknete Rohwurst. Das Fleisch für das Brät wird vor dem Zerkleinern mariniert, daher ist die Wurst sehr würzig.

GROBE METTWURST im Ring, eine luftgetrocknete Rohwurst. Je nach Trockendauer streichfähig bis nahezu schnittfest, nicht sehr lange haltbar.

LANDJÄGER, eine Rohwurst-Spezialität aus Süddeutschland und der Schweiz, mit Kümmel gewürzt und flach gepresst. Lange getrocknet, deshalb relativ hart und gut haltbar.

# Die Deftigen: würzige Rohwürstchen sowie Blutwurstspezialitäten aus aller Herren Länder.

ack

Weltweit nahezu genauso verbreitet und beliebt wie Salami & Co. sind Blutwürste. Und sie gibt es ebenfalls in schier unglaublicher Vielfalt, mal mit gekochtem Fleisch, Schwarten oder Innereien – überwiegend vom Schwein – als Einlage, mal mit Getreide wie Hafer- oder Weizengrütze, mit Brot oder Reis gelockert, mit Milch oder Sahne zubereitet und mit Paprika, Zwiebeln oder Kräutern gewürzt. Der wichtigste »Grundstoff« jedoch ist Schweineblut, und fast immer gehört Speck ins Brät, mehr oder weniger fein gewürfelt.

Als Hüllen können Natur- oder Kunstdärme dienen, oder auch, etwa bei regionalen deutschen Blutwurstspezialitäten wie dem schwarzen Presssack oder roten Schwartenmagen, Schweinemägen. Manche »Hausmacher« Blutwurstsorte wird in Gläsern oder Dosen konserviert. In jedem Fall jedoch muss das Brät gegart werden, was im siedenden Wasser zwischen 20 Minuten und 1 Stunde dauern kann. In Därme gefüllte Blutwurst lässt sich darüber hinaus nach dem Garen trocknen oder räuchern. Blutwurst, eine eher deftige Spezialität, wird ebenfalls nicht nur kalt verzehrt, sondern auch warm: in vielen Gegenden Deutschlands oder Frankreichs gebraten oder gekocht, etwa als Bestandteil einer Schlachtplatte – zu der dann oft auch Sauerkraut gehört –, in Spanien im asturischen Bohnentopf »Fabada«, in Blätterteig gebacken im Elsass oder im Nudelteig als eine Art Ravioli in Süddeutschland und in Tirol. In Spanien sind sogar süße Blutwurstsorten zu finden, etwa die geräucherte galizische Morcilla mit Zucker, Rosinen, Nüssen und Pinienkernen.

BLACK PUDDING, eine sehr dunkle Blutwurst aus Nordengland. Sie wird mit Hafermehl und -grütze hergestellt.

BOUDIN NOIR. Die französische Blutwurst gibt es in ungezählten regionalen Varianten, als abgebundene Würste, ...

... aber auch als »Meterwurst«, mit unterschiedlichen Gewürzen und Zutaten, mehr oder weniger stark geräuchert.

MORCILLAS DE ARROZ, kleine Blutwürste aus Spanien. Getrocknet, mit gekochtem Reis gelockert.

MORCILLA JABUGO ist eine Spezialität aus Andalusien. Scharf gewürzt mit Paprika, schwach geräuchert.

BOTIFARRA oder BUTIFARRA NEGRA heißt eine schwach geräucherte, mild gewürzte Blutwurst aus Spanien.

MORCILLA ASTURIANA, eine geräucherte spanische Blutwurst mit großen Speckstücken, mit Paprika gewürzt.

FLÖNZ, eine schwach geräucherte Blutwurst aus Köln. Sie weist helles Brät auf, relativ kleine Speckstücke.

BUDENG, kleine, zu Ringen gebundene Blutwürste aus dem Saarland. Hell, wenige Speckstücke, weich.

MORCILLA MURCIANA wird sehr pikant gewürzt und weist grobes Brät auf. Man verzehrt sie meist warm.

MORCILLA DE REQUEMA, eine stark getrocknete Blutwurst-Spezialität aus dem spanischen Valencia, ...

... die es in verschiedenen Größen gibt, mal mit mehr, mal mit weniger großen Speckstücken.

# Ausgesprochen delikat: Chorizo, Lomo, Fuet & Co.

ROHWURST-SPEZIALITÄTEN aus Spanien – dünn aufgeschnitten werden sie gern als Tapas verzehrt. 1 – Mini-Salamis; 2 – Jabugo; 3 – Pamplona mit Paprika; 4 – Pamplona; 5 – Lomo embuchado extra de cerdo ibérico; 6 – Morcon de cerdo; 7 – Espetec, eine Fuet-Variante; 8 – Palacios; 9 – grobe spanische Salami; 10 – Fuet extra sin pimienta.

MALLORQUINISCHE KOCHSALAMI, eine sehr pikante, aber auch recht fette Spezialität von der Baleareninsel. Mit Stückchen von gekochtem Schinken und Paprika.

CHISTORRA MURCIANA, eine »Meterwurst« aus dem Südosten des Landes. Grobes Schweinefleisch-Brät, mit Chili sehr scharf gewürzt, große Speckstücke.

Spanische Wurst, das heißt in der überwiegenden Zahl der Fälle Rohwurst aus Schweinefleisch. Ob Salchichón, Fuet (für diese beiden salamiähnlichen Rohwurstsorten ist vor allem die Stadt Vic in der Provinz Barcelona berühmt), Chorizo oder Longaniza, der Unterschied liegt weniger in der Art der Herstellung als vielmehr in der genauen Rezeptur. Eine besonders hochwertige spanische Rohwurst ist der Lomo, der aus dem weitgehend von Fett befreiten Lendenstück des Schweins hergestellt wird. Besonders würzig sind Lomos, für die das Fleisch vor der Verarbeitung noch mariniert wurde, wie es zum Beispiel beim Lomo de Teruel der Fall ist. Wie die übrigen Rohwürste, so wird auch Lomo meist luftgetrocknet angeboten, doch gibt es daneben – seltener – geräucherte Varianten.

Besonders hohe Qualität kann man erwarten, wenn die Wurst aus dem Fleisch des »Cerdo ibérico« oder des mallorquinischen »Porc negre« hergestellt wird: Es ist, da die schwarzen Schweine frei laufend aufgezogen und oft noch mit Eicheln gemästet werden, ausgesprochen aromatisch und fein marmoriert. Beim Einkauf empfiehlt es sich generell, auf die namens- oder herkunftsgeschützten Wurstsorten zu achten: Sie tragen die Bezeichnungen D.C. – Denominación de calidad – oder auch D.E. – Denominación específica.

1

Schwarze IBÉRICO-SCHWEINE werden extensiv gemästet. Kein Wunder, dass ihr Fleisch besonders schmackhaft und deshalb höchst begehrt ist – auch für die Herstellung feiner Rohwurst.

# panien

CHORIZO DE SORIA wird aus einer Mischung von Rind- und Schweinefleisch hergestellt. Kräftig mit Paprika gewürzt. Die Reifezeit beträgt, je nach Stärke der Wurst, 16 bis 50 Tage.

CHORIZO DE CANTIMPALO ist eine Spezialität aus Kastilien, die als eine der besonders hochwertigen Chorizosorten gilt. Rötliches, grobes Brät, mild. Auch zum Braten und Kochen.

LONGANIZA DE ARAGON trägt das Qualitätssiegel D. C., Denominación de calidad. Die abgebildete Sorte kommt aus Teruel, wo auch Serrano-Schinken produziert wird.

CHORIZO BLANCO IBÉRICO, eine luftgetrocknete Rohwurst, hergestellt in Jabugo (Provinz Huelva) aus magerem Fleisch und Speck von schwarzen Ibérico-Schweinen.

MINI-CHORIZO, aus Valencia. Das Brät aus Schweinefleisch und Speck ist relativ fett und kräftig mit Paprika gewürzt. Die Würste eignen sich hervorragend beispielsweise für Eintöpfe.

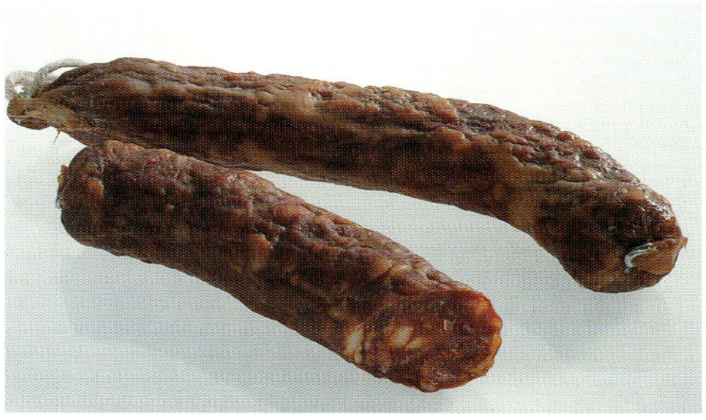

CHORIZO ROJO IBÉRICO DE JABUGO, eine weitere salamiähnliche Rohwurst aus reinem Ibérico-Schweinefleisch. Chilis und Paprika sorgen für Schärfe und Farbe.

CHORIZO ROJO ALBACETENO aus der Provinz Murcia, eine dünne, rohe Schweinswurst mit Paprika. Relativ lange luftgetrocknet, daher hart und gut haltbar.

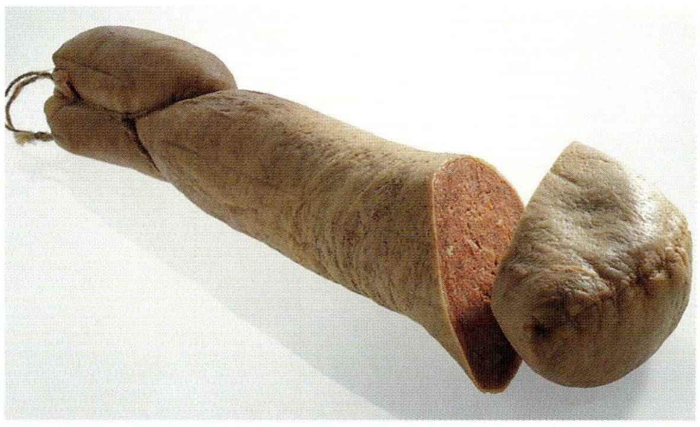

SOBRAS(S)ADA DE MALLORCA, eine mit Paprika gewürzte, anderthalb Monate gereifte Streichwurst. Name und Herkunft sind als »Denominación específica« (D. E.) geschützt.

LONGANIZA DE PASCUA, eine Spezialität aus Valencia, früher nur zu Ostern zubereitet, wird heute ganzjährig produziert. Mageres Fleisch, mit Anis und Pfeffer gewürzt.

BRESAOLA heißt diese delikate Bindenfleisch-Spezialität. Hergestellt wird sie im Bergell und im Veltlin. Beide Täler weisen ähnlich günstige klimatische Verhältnisse zum Lufttrocknen auf wie etwa das Engadin. Im Gegensatz zum schweizerischen »Bündnerfleisch« wird aber die Bresaola nicht gepresst, sondern nur gebunden und behält daher ihren runden Anschnitt – ist allerdings auch weniger lang haltbar.

Nicht nur vom Schwein, auch vom Rind gibt es Wurst- und Schinkenprodukte, die ihres feinen Aromas und würzigen Geschmacks wegen sehr beliebt sind. Aus der Türkei etwa die allseits als »Knoblauchwurst« bekannte Hartwurst, oder auch gewürztes Dörrfleisch; beide sollen aus Kayseri stammen. Und in vielen Ländern haben die Fleischer gekochten Rinderschinken im Angebot. Berühmt geworden ist jedoch vor allem das luftgetrocknete Rindfleisch – Bindenfleisch –, wie es in der Schweiz hergestellt wird. Ausgangsprodukt hierfür ist grundsätzlich gepökeltes Rindfleisch, wobei das Aroma unterschiedlich sein kann.

WÜRSTCHEN aus Rindfleisch zählen zur Kategorie Brühwurst. Portionsweise wird die fein gekutterte und gewürzte Wurstmasse in Saitlinge gefüllt. Für den Warmverzehr.

SUCUK, türkische Hartwurst aus fein gekuttertem Rind- und/oder Hammelfleisch mit viel Knoblauch, Kreuzkümmel und Pfeffer. Schmeckt zu Fladenbrot, gebraten oder in Eintöpfen.

PASTIRMA. Gedörrtes Rindfleisch, häufig Filet, eingerieben mit einer Würzpaste aus Knoblauch, Kreuzkümmel und Paprika (çemen). Dünn aufgeschnitten als Vorspeise serviert.

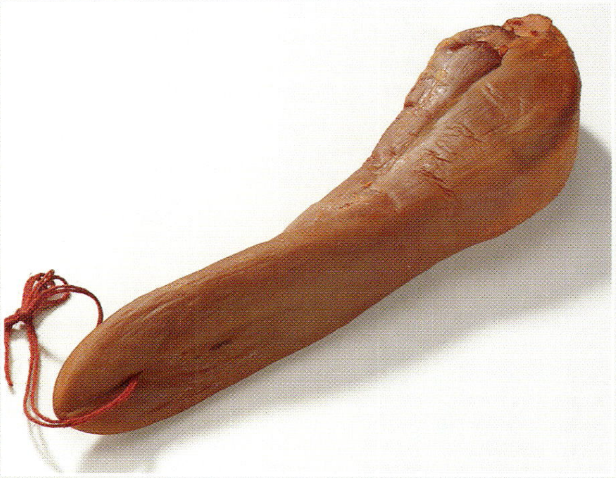

RINDERZUNGE wird zunächst nass gepökelt, dann geräuchert oder gekocht. Wird dünn geschnitten oft als Aufschnittware verkauft, seltener für die Wurstherstellung verwendet.

RINDERSAFTSCHINKEN, oft aus dem zarten Schwanzstück junger Mastrinder hergestellt. Wird in gewürzte Lake eingelegt oder gespritzt, dann in Form gebunden und gekocht.

BINDENFLEISCH HERSTELLEN:

Das Fleisch wird erst trocken, dann in Lake gepökelt. Nach 20 Tagen steckt man es in einen sehr dünnen, luftdurchlässigen Baumwollstrumpf.

Nach 2 Wochen werden die zum Trocknen aufgehängten Fleischstücke zum 1. Mal gepresst. Insgesamt müssen sie 14 bis 15 Wochen trocknen.

Das Bindenfleisch wird dann, im Abstand von 4 Wochen, weitere 3-mal gepresst. Dieser Vorgang ist wichtig für den Feuchtigkeitsaustausch.

Nach dem 3. Pressvorgang werden die Stücke ausgepackt, gesäubert und 1 Monat getrocknet, bevor sie ein letztes Mal gepresst werden.

Macht keine Zugeständnisse in puncto Qualität: Fleischermeister Pietro Peduzzi aus Tinizong, Graubünden, beim Kontrollieren seines Bündnerfleisches.

# vom Rind

## Hauchdünn geschnitten muss es sein, das Bindenfleisch – besser bekannt als »Bündnerfleisch« – und andere Delikatessen.

BÜNDNERFLEISCH – die drei klassischen Stücke aus dem Stotzen, wie die Rinderkeule in der Schweiz genannt wird. Von links nach rechts: Runder Mocken (Schwanzrolle), das magere Eckstück (ein Teil aus der Oberschale) und die Unterspälte (Unterschale).

Das liegt am Klima; denn optimale Verhältnisse für die Lufttrocknung weisen nur wenige Gebiete auf, vor allem Bergregionen sind geeignet. Durch den langsamen Trocknungsprozess verliert das Bindenfleisch, wie alle Rohpökelwaren, viel Wasser – und damit auch an Gewicht. Es kann daher nicht verwundern, dass luftgetrocknete Produkte relativ teuer sind. Dafür halten sie aber auch lange – und besitzen überdies einen wundervoll würzigen Geschmack. Für die Herstellung von Bindenfleisch taugen vor allem magere Fleischstücke – etwa Teile der Keule, oben sind die wichtigsten abgebildet –, denn haben sie einen zu hohen Fettanteil, lassen sie sich nicht trocknen. Zunächst wird das Fleisch trocken mit Salz, Salpeter, Zucker und Gewürzen eingerieben, dann in Salzlake gelegt. Anschließend bindet man es in Form – daher der Name –, bevor es in mehreren Durchgängen gepresst und getrocknet wird. Das Pressen dient übrigens nicht der Formgebung allein, dadurch wird auch die Feuchtigkeit aus der Mitte in die Randbereiche gepresst und so gleichmäßig verteilt.

MOSTBRÖCKLI. Kleine Stücke ohne Sehnen, die beim Zuschneiden von Bindenfleisch anfallen. Sie werden gepökelt, leicht geräuchert und luftgetrocknet, aber nicht gepresst.

HOBELFLEISCH. Fettarmes Muskelfleisch vom Rind. Es wird leicht gepökelt, dann an der Luft getrocknet. Eine Sorte Bindenfleisch, die sich ebenfalls ungekühlt recht lange hält.

PFERDESCHINKEN – hergestellt wie Bindenfleisch vom Rind – unterscheidet sich optisch wenig von diesem. Er ist im Geschmack allerdings etwas süßlicher.

# Sie schmecken einfach köstlich würzig, Wurst und Schinken von Hirsch, Reh, Elch und Rentier.

# Vom

STEINBOCK – hier erlegt von Spitzenkoch Hartly Mathis aus St. Moritz – ist ein rares Wildbret. Die besten Stücke wie Rücken, Schulter oder Keule landen in der Küche, der Rest wird zur delikaten Graubündner Steinbocksalsiz verarbeitet.

△ WILDSCHWEINSCHINKEN – Prosciutto di cinghiale, eine berühmte Spezialität aus der Toskana. Rückenhälfte und Keule verbleiben hier in der Schwarte, die fleischige Innenseite wird mit Knoblauch und Pökelsalz eingerieben. Dann lässt man den Schinken 6 Monate an der Luft reifen, bevor er für ein weiteres halbes Jahr in Holzasche kommt, wo er sein köstliches Aroma entwickelt.

◁ WILDSCHWEINSCHINKEN, geräuchert. Die Keule wird zunächst entbeint, in Form geschnitten, das aufliegende Fett entfernt und das Fleisch in Form gebunden, bevor man es dann in den Rauch hängt. Zarter, wohlschmeckender Schinken mit feinem Raucharoma.
◁◁ WILDSCHWEINSCHINKEN, gepökelt und getrocknet, mit aufliegendem Fettrand und Schwarte. Nicht nur die Italiener lieben diese Delikatesse.

# Wild

Vom Wildschweinschinken bis zur Hirschsalami – die Palette der haltbaren Wurstwaren aus Wildbret ist groß, kann man doch im Prinzip jede Art von Haarwild für die Herstellung von Schinken oder Wurst verwenden. Bevorzugt wird aber dennoch meist das Fleisch vom Schalenwild – darunter versteht man Haarwild, dessen Läufe in geteilten Hornschalen enden (Paarhufer). Hierzu zählen etwa Hirsche und Rehe, aber auch Rentier, Elch oder Wildschwein.

Seit Jahrtausenden sind die Techniken der Konservierung von Wildfleisch bekannt – sie unterscheiden sich kaum von jenen beim Schwein. Und auch bei der Auswahl der Stücke gibt es kaum Unterschiede: Für Schinken empfehlen sich in erster Linie die Keule oder auch Teile der Keule sowie der Rücken, das übrige Fleisch wird zu Salami, zu Kochwürsten oder anderen Dauerwurstwaren weiterverarbeitet. Bei Salami & Co. muss übrigens immer ein Teil Schweinefleisch und Speck zugesetzt werden. Zum einen, um das fehlende Fett zu ergänzen – Wildfleisch ist einfach zu mager –, zum andern, um die erforderliche Bindung zu erhalten. Anders dagegen beim Schinken, der ja nicht zuletzt aufgrund des geringen Fettanteils so geschätzt ist. Als Delikatesse gerühmt werden zudem Bären- und Löwenschinken, beides aber eher Außenseiter im handelsüblichen internationalen Angebot.

Aus hygienischen Gründen, dem Wildbret könnten möglicherweise Krankheiten verursachende Keime anhaften, ist der Verzehr von rohem Wildbret nicht empfehlenswert – Wild darf daher nicht als Carpaccio serviert werden –, ebenso wenig sollte die Rohmasse bei der Wurstherstellung verkostet werden. Gepökelte Wurstwaren und Schinken aus Wildfleisch sind hingegen unbedenklich, da durch das lange Zeit einwirkende Pökelsalz das Fleisch keimfrei wird. Zudem erhält es im Verlauf des Reifeprozesses seine dunkelrote Farbe. Gepökelt und getrocknet beziehungsweise geräuchert oder beides, halten sich diese Produkte bei kühler, luftiger Lagerung mehrere Monate.

△▷ WÜRZIGE DAUERWURST aus Wild- und Schweinefleisch gibt es in vielen Sorten. Ganz links oben eine Art KABANOSSI, dünn, mit feiner Körnung. Sie ist hart getrocknet und recht kräftig im Geschmack. Darunter eine frischere, leicht geräucherte Variante. In der Mitte im Vordergrund: WILD-POLNISCHE, in der Körnung gröber und geräuchert. Diese würzige Wurst schmeckt auch heiß, etwa in einem deftigen Eintopf. In der Mitte dahinter eine Hirschsalami. Und rechts im Bild noch eine weitere Sorte Dauerwurst, hart und feinkörnig.

HIRSCH-KOCHWURST vom Typ »Jagdwurst«. Grobe Körnung. Aus Wildfleisch und Schweinespeck, mit Pfefferkörnern.

HIRSCH-KOCHWURST mit feiner Körnung. Aus Wildfleisch und Schweinespeck. Würzig im Geschmack.

HIRSCHSALAMI, getrocknet. Feine Körnung. Hergestellt aus magerem Hirschfleisch und Schweinespeck.

HIRSCH-ROHWURST aus Hirschfleisch und Schweinespeck. Diese Wurst wird in dicke Scheiben geschnitten serviert.

SALAMI DI CINGHIALE, kleine aromatische Wildschweinsalami aus der Toskana. Teilweise mit Fenchel gewürzt.

RENTIERSCHINKEN, getrocknet und gepresst. Unterscheidet sich im Aroma deutlich vom Hirschschinken.

REHSCHINKEN, kräftig geräuchert und gewürzt. Zart, er darf ruhig in etwas dickere Scheiben geschnitten werden.

HIRSCHSCHINKEN wie gewachsen. Kräftig geräuchert, würzig im Geschmack. Nicht zu dünn schneiden.

ROHSCHINKEN VOM ELCH, im Aroma sehr kräftig, aber etwas grobfaseriger als Hirschschinken. Dünn schneiden.

WILDSCHWEINSCHINKEN, gepresst. Dünn aufgeschnitten kommt sein feines Aroma hervorragend zur Geltung.

GEPRESSTER HIRSCHSCHINKEN. Auch dieser Rohschinken wird am besten hauchdünn geschnitten serviert.

BOUDIN BLANC. Sehr feines Brät aus hellem Kalb-, Schweine- oder Geflügelfleisch, auch mit Sahne oder Eiern.

KNACKS heißen diese leicht geräucherten, gebrühten dünnen Fleischwürstchen aus dem Elsass.

BOCKWÜRSTE sind relativ große Brühwürste aus Rind-, Schweine- und Kalbfleisch. Rosafarbenes, feines Brät.

WIENER WÜRSTCHEN hat ein aus dem Fränkischen eingewanderter Metzger im 19. Jahrhundert in Wien in Anlehnung an die Frankfurter kreiert.

WEISSWURST, eine bayerische Spezialität. Brät aus Kalb-, Schweinefleisch und Speck, mit Zitrone aromatisiert.

SCHMORWURST aus Niedersachsen. Hergestellt aus Schweinemett, gewürzt mit Kümmel und Koriander.

HAGGIS, der typisch schottische gefüllte Schafsmagen. Gekocht, mit Brät aus Schafsinnereien, Nierenfett und Hafer.

Das weltweit bekannteste Würstchen? Kein Zweifel, dieser Titel kommt dem Frankfurter zu. Lang, dünn, würzig und leicht geräuchert, einfach in heißem Wasser warm gemacht, ist es eine ideale Zwischenmahlzeit. Doch wer hätte es gedacht: Als Frankfurter dürfen rechtmäßig – zumindest in Deutschland – nur jene Würstchen bezeichnet werden, die auch tatsächlich in Frankfurt oder dem näheren Umland hergestellt werden. Alle anderen nach Frankfurter Rezept fabrizierten Würstchen müssen hier zu Lande »nach Frankfurter Art« heißen. Doch damit nicht genug; die Palette der dünnen Brühwürste ist groß und umfasst auch die bekannten Wiener, Bock- und Knackwürste, »Franks« aus den USA – die Basis für Hot dogs –, oder die französischen »Saucisses de Francfort«. Im Unterschied zu den deutschen Frankfurtern enthalten diese jedoch meist einen

GRUMBEEREWURST vom Hunsrück, mit einem Brät aus Schlachtfleisch, Kartoffeln und Zwiebeln.

SAUCISSE DE MORTEAU aus dem Elsass, geräuchert und gekocht. Passt gut zu Hülsenfrüchten oder Kohl.

SAUCISSE DE MONTBÉLIARD wird mit Kreuzkümmel, Rotwein und Schalotten gewürzt. Im Naturdarm, geräuchert.

KOCHMETTWURST, eine leicht getrocknete Rohwurst, aus Niedersachsen. Zum Mitkochen in Eintöpfen.

PINKEL, eine Grützwurst, die traditionell in Bremen und Niedersachsen zu Grünkohl (Braunkohl) verzehrt wird.

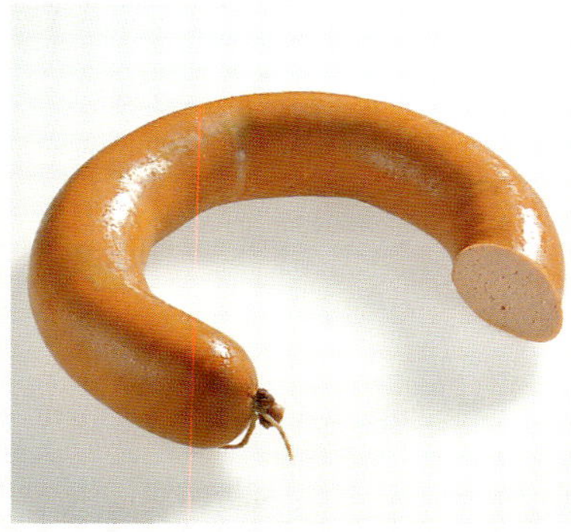

SAUCISSE DE VIANDE aus dem Elsass entspricht der deutschen Fleischwurst. Sehr feines Brät, leicht geräuchert.

Den Namen »FRANKFURTER« dürfen nur die im Raum Frankfurt hergestellten Schweinsbrühwürstchen tragen.

MECKLENBURGER GRÜTZWURST, mit einem Brät aus Schweinelunge, -blut, Grieben, Gersten- oder Hafergrütze.

BUTIFARRA BLANCA, eine katalanische Kochwurst-Spezialität aus mittelgrobem Schweinsbrät, mild gewürzt.

SAUCISSE DE LYON FUMÉE, eine stark geräucherte Fleischwurst mit grobem Brät aus Rind- und Schweinefleisch.

DEBRECZINER, Brühwürstchen mit relativ grobem Brät aus Schweine- und Rindfleisch. Im Saitling, oft geräuchert.

## In Wasser erhitzt, gebraten, mitgekocht oder vom Grill: ideal als Imbiss oder für herzhafte Mahlzeiten.

# Heiss

REGENSBURGER, eine Würstchensorte, sind kurz, recht dick, mit mageren Schweinefleischstücken im feinen Brät.

Anteil Rindfleisch im Brät oder werden sogar ganz aus Rindfleisch hergestellt. Für Brühwürste dieser Art – ob Wiener oder Frankfurter – wird das Brät generell sehr fein zerkleinert, fein gekuttert, wie der Fachmann sagt. Zwei weit über die Grenzen des Landes hinaus bekannte Spezialitäten in Sachen heiße Wurst hat übrigens auch Bayern zu bieten: mit den Schmankerln Leberkäs' und Weißwurst, die traditionell als »Brotzeit« verzehrt werden: die Wurst einfach in Wasser erhitzt, der Leberkäs' – in einer Kastenform gebacken, in dicke Scheiben geschnitten – frisch aus dem Ofen. Mindestens genauso beliebt wie die dünnen Brühwürstchen im Saitling sind die frischen Rohwürste, die man in vielen Ländern aus den verschiedensten Fleischsorten, etwa vom Schwein, Rind oder vom Schaf, aus Wildfleisch oder auch aus einer beliebigen Mischung herstellt. Solche Würste müssen vor dem Verzehr gebraten, gegrillt oder gekocht werden. Zu dieser Gruppe gehört auch die würzige, aus Nordafrika stammende Merguez, die heute in ganz Frankreich hergestellt wird und – landauf, landab – ein beliebter Snack ist. Die Rezeptur hat sich inzwischen jedoch etwas verändert: Wurde für Merguez ursprünglich nur Schaffleisch verwendet, so nimmt man heute meist eine Mischung von Rind- und Lammfleisch und würzt das Brät zudem mit rotem Paprika.

Die meisten der unzähligen deutschen Bratwürste werden hingegen aus einer Mischung von Rind- und Schweinefleisch zubereitet; bekanntes Beispiel ist die Thüringer Rostbratwurst. Eine reine Schweinsbratwurst dagegen ist die englische Cumberland sausage.

ZAMPONE, mit Schweinefleisch und Schwarte gefüllter gekochter Schweinsfuß, ist eine norditalienische Spezialität.

BAYERISCHER LEBERKÄSE, FLEISCHKÄSE, hier die grobe Variante mit reiskorngroßen Fleischstückchen im Brät.

NÜRNBERGER ROSTBRATWURST, bis 10 cm lange, dünne Bratwürstchen im Saitling. Kräftig mit Majoran gewürzt.

GROBE SCHWEINSBRATWURST ist eine frische Rohwurstsorte. Manchmal wird sie vor dem Braten noch gebrüht.

SALSICCIA FRESCA, italienische Rohwurst aus grobem Schweinehack, zuweilen auch gemischt mit Rindfleisch.

Italienische LUGANEGA FRESCA, in Segmente unterteilt. Das Brät wird auch für Pastasaucen und Risotti verwendet.

ITALIENISCHE MORTADELLA – die Rekordverdächtige: Bis zu 50 kg kann »die Dicke aus Bologna« auf die Waage bringen. Als beste Sorte gilt Mortadella aus reinem Schweinefleisch. Doch wie auch immer, aufgeschnitten werden sollte sie hauchdünn, damit das Aroma voll zur Geltung kommt.

## Die Auswahl ist riesig – von der Mortadella bis zur Jagdwurst, von Andouille bis Kasseler.

# Aufges

COPPA DI TESTA, eine Spezialität aus der Emilia, ist eine Art Presskopf aus dem gekochten Fleisch des Schweinskopfes und der Zunge, kräftig gewürzt, in Naturdarm gefüllt und gepresst.

Zu einem deutschen Abendessen gehört sie fast unabdingbar dazu, die Wurst, die in dünne Scheiben geschnitten und aufs Brot gelegt wird. Und so ist es kaum verwunderlich, dass unglaublich viele Aufschnittsorten existieren, die regional sehr unterschiedlich sein können. Übrigens zählen auch Schinken und kalter Braten dazu. Anders etwa in Frankreich, Italien oder Spanien: Dort fällt Wurstaufschnitt eher in die Kategorie »Vorspeise« und wird höchstens als Verpflegung für unterwegs einmal zwischen Brotscheiben oder Brötchenhälften gelegt.

LACHSSCHINKEN wird nicht aus der Keule, sondern aus dem Kernstück des Kotelettstrangs vom Schwein hergestellt. Gepökelt, dünn mit Speck umwickelt, häufig geräuchert.

KASSELER, hier entbeint, gepökelt und in Form gebunden, ebenfalls aus dem Kotelettstück vom Schwein. Es wird roh oder gekocht als Aufschnitt angeboten.

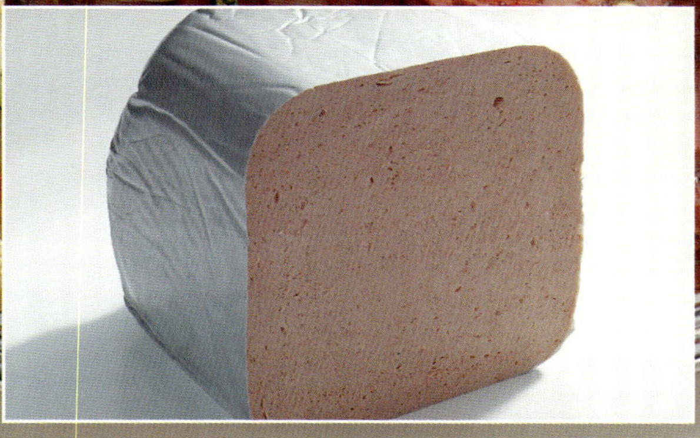

LEBERPASTETE muss einen Leberanteil von 30 % aufweisen. Als schnittfeste Brühwurst gibt es sie in verschiedenen Variationen, in Folie verpackt oder dünn mit Speck umwickelt.

GELBWURST besitzt ein sehr feines, nicht umgerötetes und daher sehr helles Brät aus Kalb-, Schweine- und manchmal auch Rindfleisch. Typisch ist die intensiv gelb gefärbte Hülle.

# chnitten

KALBSLYONER, eine Fleischwurst aus Kalbsbrät. Als Aufschnittwurst meist in große gefärbte Kunstdärme gefüllt.

BIERSCHINKEN besteht aus einem feinen Brät, in das, gleichmäßig verteilt, große Schinkenstücke eingebettet sind.

ANDOUILLE DE GUÉMENÉ aus der Bretagne, eine Kochwurst aus den Innereien vom Schwein. Kalt geräuchert.

KRAKAUER, eine grobe Brühwurst aus Rind-, Schweinefleisch und Speck. Auch nachgeräuchert als Dauerwurst.

BOUDIN DE LANGUE aus dem Elsass. Eine dicke Blutwurst mit großen Stücken von Rinds- oder Schweinezunge.

ANDOUILLETTE, die kleinere Ausgabe der Andouille. Wird gegrillt oder gekocht mit Senf verzehrt, aber auch kalt.

SAUCISSON À L'AIL, eine mittelgrobe Brühwurst aus dem Elsass, kräftig mit Knoblauch gewürzt.

JAGDWURST ähnelt dem Bierschinken, jedoch mit kleineren Fleischstücken, hier vom Schweinsfuß. Mit Pistazien.

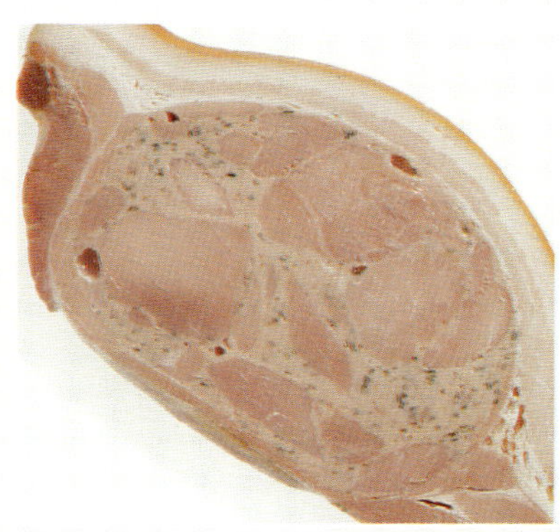

GEFÜLLTER SCHWEINEBAUCH, Brühwurst mit einem kräuterwürzigen feinen Brät und gekochtem Schinken.

Eine reichhaltige AUFSCHNITTPLATTE ist hier zu Lande immer noch fast ein Muss für kalte Buffets. Im Bild ein Arrangement aus verschiedenen Brühwurstsorten wie Jagdwurst, Bierwurst und Lyoner, im Vordergrund gemischter Aufschnitt verschiedener Sülzen, mit Einlagen aus gekochtem Schlacht- oder Geflügelfleisch, Gemüse und Gewürzen in klarem Aspik. Sülzen sind säuerlich-erfrischend im Geschmack, relativ mager.

HÄHNCHEN und Puten liefern zartes, mageres Fleisch, das zunehmend für die Herstellung von Wurst verwendet wird.

BRÜHWURST AUS GEFLÜGELFLEISCH wird in Deutschland inzwischen in nahezu der gleichen Sortenvielfalt angeboten wie traditionelle Brühwurst aus Rind- und Schweinefleisch.

TRUTHAHN-FLEISCHWURST im Ring, aus sehr fein zerkleinertem, mild gewürztem Putenfleisch-Brät. Kann kalt oder warm verzehrt werden; gut beispielsweise für Wurstsalate.

GERÄUCHERTE PEKINGENTENBRUST. Relativ mager, da die Fettauflage recht dünn ist. Das Fleisch ist fest, sodass die Entenbrust dünn aufgeschnitten werden kann.

GERÄUCHERTE GÄNSEBRRUST. Hier sind zwei Gänsebrüste mit der Fleischseite aufeinander gelegt geräuchert worden. Zum Servieren nicht zu dünn aufschneiden.

PUTENLEBERKÄSE aus sehr feinem Geflügelfleischbrät, gewürzt und gebacken. Kann in dicke Scheiben geschnitten und gebraten werden, aber auch gut kalt als Aufschnitt.

GEFLÜGELWURST mit grünem Pfeffer, eine Aufschnitt-Brühwurst aus Hähnchenfleisch mit großen Stücken von der Hähnchenbrust als Einlage. Kräftig gewürzt.

FILETSTÜCK DER PUTENBRUST, gekocht und leicht geräuchert, mit der Haut. Dieses Stück kommt auch unter der Bezeichnung »Putenschinken« in den Handel.

PUTENBRUST, im Ganzen mild gepökelt, gekocht und geräuchert. Hier wurde die Haut entfernt, wodurch das Stück sehr mager ist.

# Str

Von der Salami über »Schinken« (der in diesem Fall aus dem Brustfleisch hergestellt wird), Leber-, Sülz- oder Brühwurst bis hin zu Wienern und Bratwurst: Fast das komplette Wurstsortiment gibt es inzwischen auch aus dem Fleisch von Hähnchen oder Truthahn. Herzhaft gewürzt, stehen sie geschmacklich den entsprechenden Erzeugnissen aus Schlachtfleisch in nichts nach und weisen dabei deutlich weniger Fett auf als diese. Manche Sorten enthalten jedoch nicht nur Geflügel-, sondern auch – in geringeren Anteilen – Schweine- oder Rindfleisch, das dann jedoch, zumindest bei korrekter Deklaration, in der Zutatenliste aufgeführt sein muss. Andere Geflügelwurst wiederum wird mit Schweinespeck hergestellt, damit das Brät, wie beispielsweise bei Geflügelleberwurst, streichfähig ist. Besondere Delikatessen unter den Geflügelfleischerzeugnissen sind die heiß geräucherten Keulen von Hähnchen, Gans oder Pute, und ein Leckerbissen sind die geräucherten Brüste von Gans oder Ente.

## Von fein und mager bis herzhaft, kräftig oder rauchig im Aroma: Geflügelwurst und

# eichwurst

Bei den streichfähigen Wurstsorten aus Schlachtfleisch gilt es, zwei Gruppen zu unterscheiden: einerseits die Leberwurst, die zu den Koch(streich)würsten zählt, zum anderen die streichfähigen Mettwürste, die zu den Rohwürsten gehören. Beiden ist gemeinsam, dass die Rezeptur ein gewisses Quantum an Speck verlangt, damit sich die Wurst problemlos aufs Brot streichen lässt. Streichwürste gleich welcher Sorte sind daher nicht gerade kalorienarm. Leberwurst wie Streichmettwurst gibt es in einer schier unglaublichen Vielfalt regionaler Varianten – von fein bis grob, mal mehr, mal weniger stark gewürzt und geräuchert. Der Leberanteil in einer Leberwurst kann übrigens zwischen 10 und 30 % schwanken; überwiegend wird für die Herstellung Schweine-, manchmal auch Kalbsleber verwendet. Zu den Kochwürsten zählt man diese Sorten deshalb, weil Fleisch und Innereien, die außer Speck und Leber verarbeitet werden, vorgekocht oder zumindest gebrüht sind.

FEINE KALBSLEBERWURST, GETRÜFFELT. Sehr fein zerkleinertes Brät aus Kalbs- und Schweineleber, Kalb- und fettem Schweinefleisch oder -bauch. Mit schwarzen Trüffeln.

GROBE KALBSLEBERWURST. Speck und Fleischanteile, vorgekocht oder -gebrüht, werden hier nicht ganz fein zerkleinert. Mit Pfeffer, Kardamom, Zwiebeln und Piment gewürzt.

FEINE METT- oder TEEWURST, eine je nach Rezept unterschiedlich lange gereifte Rohwurst mit sehr feinem Brät aus Schweine-, eventuell auch Rindfleisch, und (Bauch-)Speck.

GROBE METT- oder TEEWURST, weniger fein zerkleinertes Brät aus Schweine-, eventuell auch Rindfleisch. Kalt geräuchert, recht würzig. Nicht für eine lange Lagerung geeignet.

Das Prinzip der Käseherstellung ist dem Menschen seit mindestens 5000 Jahren vertraut. Entdeckt wurde es wohl zufällig, Milch war bekannt und Milchsäurebakterien gab und gibt es in der Luft. Und eigentlich funktioniert das Käsen – das im Grunde ja nichts anderes ist als das schrittweise Abtrennen fester Milchinhaltsstoffe von Wasser beziehungsweise Molke – zumindest in der einfachsten Form auch heute noch wie damals: Die frische oder gereifte Milch wird durch Säuern dickgelegt. Jedoch nicht immer sind Milchsäurebakterien allein für die Gerinnung des Milcheiweißes zuständig. Manchmal wird dieser Prozess

# Käs

**Ob aus Kuh-, Schaf- oder Ziegenmilch, ob frisch, mittelalt oder über ein Jahr gereift – es lohnt, all die Unterschiede zu entdecken.**

SCHWEIZER EMMENTALER wird traditionell aus Rohmilch hergestellt. Mit 45 % F.i.T. und geschmeidigem Teig. Durch verhaltenere Gärung kleinere Löcher als andere Emmentaler.

HARTKÄSE NACH EMMENTALER ART nennt man die Gruppe der Viereck-Hartkäse, die aus pasteurisierter Milch hergestellt wird. Milder Geschmack und geschmeidiger Teig.

ALLGÄUER BERGKÄSE – hier stellvertretend für die vielen Rohmilch-Bergkäse aus der Alpenregion – hat 45 % F.i.T. Hergestellt nach Emmentaler-Art, reift aber kühler und länger.

durch die Zugabe von Lab – so wird ein Enzym aus dem Magen von Kalb, Lamm oder Zicklein genannt – befördert. Teilweise verwendet man dafür auch Labaustauschstoffe auf pflanzlicher Basis, wie sie aus dem Feigenbaum, dem Labkraut oder der Distel (Artischocke) gewonnen werden. Eine dritte Möglichkeit schließlich ist, die Milch nur mit Lab dickzulegen. Dementsprechend lassen sich drei Arten der Herstellung unterscheiden: Sauermilchkäse, Sauermilch-Labkäse und Labkäse.
Rührt man die Milch während des Dicklegens nicht um, erhält man eine glatte Masse, Gallerte oder Dickete genannt. Für die Käseherstellung benötigt man jedoch in der Regel »Käsebruch«, das heißt, die dickgelegte Milch wird in größere oder kleinere Körner, Flocken aus Eiweiß und Fett, zerteilt. Für die Käseherstellung ist vor allem die Bruchgröße von entscheidender Bedeutung: Sie entscheidet nachher über die Konsistenz. Generell gilt – Ausnahmen bestätigen die Regel –: je kleiner der Bruch, desto fester und härter der Käse. Bei Weichkäse hat man also einen gröberen, walnussgroßen Bruch, für Hartkäse einen kleineren Bruch, in der Größe eines Reis- oder Hirsekorns.

VERSCHIEDENE WÜRZKÄSE aus den klassischen Käseländern: Sie eignen sich dank ihres extraharten Teiges ausgezeichnet zum Reiben, sind ideal zum Abrunden von Speisen, schmecken aber auch pur zum Wein vorzüglich. Manche davon werden von Anfang an als Extrahartkäse produziert wie etwa der Parmesan, andere reifen erst zum Reibkäse wie der Gouda. Am berühmtesten ist der italienische, mit dem DOC-Siegel ursprungsgeschützte PARMIGIANO-REGGIANO (im Bild ganz oben). Davor ein GRANA PADANO, ebenfalls ein DOC-Käse (Mitte links). Daneben der pikante Schweizer SCHABZIGER (Mitte rechts) in der typischen Kegelform, links ein OVERJARIGE GOUDA und rechts ein fein schmelzender Schweizer SBRINZ.

COMTÉ, GRUYÈRE DE COMTÉ, ein französischer Hartkäse aus der Franche-Comté. Schmeckt nach 4- bis 5-monatiger Reifezeit kräftig-aromatisch (50 % F.i.T. und mehr).

Für viele Sorten wird zunächst einmal Käsebruch mittlerer Größe hergestellt, dessen Körner durch entsprechende Bearbeitung dann zunehmend kleiner werden. Das kann durch mechanisches Rühren erfolgen, durch die fortschreitende Säuerung sowie durch zusätzliche Hitzezufuhr. Dies gilt auch für die Herstellung von Emmentaler: Der Milch werden Milchsäure und Lab zugefügt, bevor man das Gemisch auf 30 bis 32 °C erwärmt. Nach einer 1/2-stündigen Ruhephase ist die Milch dickgelegt und die Gallerte wird zerteilt, bis der Bruch nur noch Maiskorngröße hat. Damit der Käse ausreichend Festigkeit erhält, wird der Bruch zusätzlich »gebrannt«, das heißt, 30 Minuten auf 52 °C erhitzt, dann nochmals so lange gerührt. Anschließend füllt man das Bruch-Molke-Gemisch in Tücher, hebt es hoch, verteilt es in Körbe, presst und salzt es. Nach 3 Monaten schmeckt der Emmentaler dann mild, süßlich und nussartig. Kräftig-pikant wird er nach 4 bis 5 Monaten Reife. Hervorragende Reifebedingungen findet er in den Höhlen des Schweizer Mittellandes vor, eine braunschwarze Rinde kennzeichnet diese gute Qualität. Extrahartkäse wie Parmesan oder Sbrinz werden ähnlich wie der Emmentaler hergestellt, haben allerdings keine oder kaum Löcher.

Aus der Westschweiz und dem französischen Jura kommt der GRUYÈRE oder GREYERZER, der mindestens 50 % F.i.T. hat und der meistverzehrte Käse in der Schweiz ist. Er bedarf einer Reifezeit von 4 bis 8 Monaten, dann ist der Gruyère wunderbar würzig. Ein Kennzeichen optimaler Reifung ist zudem, wenn der Teig so bricht, wie unten zu sehen. Seine Lochung ist nur etwa erbsengroß und damit viel kleiner als jene des Emmentalers.

## Bei einer Reifezeit von 8, 9 Monaten und mehr ist die richtige Lagerung das A und O.

# Hartk

SPANISCHE KÄSEVIELFALT! Über 40 Sorten werden im Land hergestellt, viele davon sind jedoch nur regional bekannt. Welche Käse wo produziert werden, hängt nicht zuletzt vom Klima und den landschaftlichen Gegebenheiten ab. So dominieren im Norden, Nordwesten und Nordosten Käse aus Kuhmilch, Andalusien und die Extremadura sind für Ziegenkäse berühmt. Hartkäse aus Schafmilch gibt es im ganzen Land. Der bekannteste unter ihnen ist aber der Manchego, der aus Kastilien-La Mancha kommt. Im Bild links eine kleine Auswahl von oben nach unten: TIETAR, ein Ziegenkäse; MANCHEGO – einmal mehr, einmal weniger gereift; FORMATGE DE LA SELVA, ein Kuhmilch-Schnittkäse; MAHÒN, ein kräftiger Kuhmilchkäse von Menorca; unten LOS IBORES und LA BREÑA, beides Ziegenkäse.

# äse

Zwei der international wohl berühmtesten Hartkäse, neben dem Schweizer Käse oder Bergkäse, werden nicht aus Kuh-, sondern aus Schafmilch hergestellt: Zum einen ist dies der italienische Pecorino, den es in zahlreichen Varianten gibt, wie im Bild oben – aufgenommen in Sizilien an einem Marktstand in Palermo – gut zu erkennen, zum andern geht es um den spanischen Manchego, der im Original nur von den Hochebenen in La Mancha kommen und ausschließlich aus der Milch der Manchega-Schafe hergestellt werden darf. Beide, Pecorino wie Manchego, können bereits jung, dann aber als Tafelkäse verzehrt werden. Lässt man sie länger reifen, werden sie trockener, leicht spröde und entwickeln sich beide zu einem exzellenten, würzigen Reibkäse.

Zur Gruppe der Rohmilch-Hartkäse aus reiner Kuhmilch zählen in Frankreich neben dem Gruyère zudem der Beaufort sowie der Comté. Gemeinsam ist allen Hartkäsen, egal ob aus Schaf-, Ziegen- oder Kuhmilch, dass sie – vom Alpkäse bis zum Cheddar oder Kaschkawal – einen festen Teig von geschmeidig-schneidbarer bis rauh-körniger Struktur haben. Unterschiede gibt es aber doch, in der Lochung beispielsweise: Hartkäse mit auffälliger Lochung sind etwa Emmentaler oder Favorel. Andere, in der Herstellung ähnliche Käse weisen dagegen nur eine sehr geringe Lochbildung, dafür aber eine besonders feste Konsistenz auf, wie etwa der Asiago oder Mimolette.

IDIAZABAL, ein spanischer Hartkäse aus Schafmilch mit kräftigem bis scharfem Aroma. Oft zusätzlich geräuchert.

MANCHEGO ist der bekannteste Hartkäse Spaniens, der nur noch teilweise aus roher Schafmilch hergestellt wird.

BEAUFORT, ein delikater Rohmilchkäse aus Savoyen mit AOC-Siegel, 48 bis 55 % F.i.T. und geschmeidigem Teig.

ASIAGO VECCHIO oder PICCANTE. Nach 8 bis 24 Monaten Reifezeit ist er ein extraharter Reibkäse.

MONTASIO VECCHIO oder PICCANTE reift über 1 Jahr, dann ist auch er ein aromatischer Reibkäse.

KEFALOTIRI, ein griechischer Rohmilchkäse aus Schafmilch oder Schaf- und Ziegenmilch. Mit 48 bis 50 % F.i.T.

VÄSTERBOTTEN ist ein recht harter, aromatischer Käse aus Schweden. Er reift mindestens 8 Monate (50 % F.i.T.).

TIROLER ALPKÄSE ist ein bekannter österreichischer Bergkäse. Würzig-herb, teilweise leicht salzig (45 % F.i.T.).

FAVOREL, ein Hartkäsetyp aus den Niederlanden mit kleinen Löchern. Mit angenehm würzigem Geschmack.

MIMOLETTE VIEILLE, in den Niederlanden produzierter Reibkäse, der zum Reifen nach Frankreich gebracht wird.

PECORINO ROMANO, ein würziger, mindestens 8 Monate gereifter Schafkäse mit DOC-Siegel (mind. 36 % F.i.T.).

PECORINO SARDO, im Korb abgetropfter Schafkäse aus Sardinien (40 % F.i.T.). Reift mindestens 9 Monate.

PECORINO TOSCANO ist ein würziger Schafkäse aus Italien mit 40 % F.i.T. Hier ein mittelreifer Laib »semi curato«.

FIORE SARDO. Gut gereift eignet sich dieser Schafkäse, dessen Geschmack pikant bis scharf ist, gut zum Reiben.

PECORINO PEPATO ist ein Pecorino, dessen Teig – hier mit zerstoßenen – schwarzen Pfefferkörnern versetzt wird.

MOZZARELLA, zu Blöcken gepresst – eine rationelle Vermarktungsform, vor allem in der Gastronomie beliebt.

MOZZARELLA DI BUFALA – die »echte« Mozzarella aus Kampanien, aus reiner Büffelmilch hergestellt.

MOZZARELLA aus Kuhmilch ist in verschiedenen Formen und Größen auf dem Markt (30 bis 45 % F.i.T.).

BURRATA ist eine typisch süditalienische Spezialität: Der Mozzarellateig umschließt hier ein Stück Butter.

BURRATA DI ANDRIA wird traditionell in Affodillblätter – foglie di asfodelo –, ein Liliengewächs, »verpackt«.

Am Anfang sind sie grundsätzlich alle gleich, mögen sie nun Mozzarella, Provolone, Kasseri oder Kaschkawal – so umschreibt man hier zu Lande den rumänischen Caşcaval und den bulgarischen Kaškaval – heißen. Denn für die Herstellung all dieser Käsesorten wächst die dickgelegte Milch zunächst, wie in der Bildfolge unten am Beispiel von italienischem Provolone gezeigt, zu einem so genannten Bruchkuchen zusammen und säuert dabei. Dann wird das Ganze zerkleinert und mit nahezu kochend heißem Wasser überbrüht – die Masse schmilzt und zieht beim Durchrühren die typischen Fäden. Sie lässt sich dann kneten und in beliebige Formen pressen oder zu Strängen ausziehen. Vom italienischen Wort dafür, »filare«, ist der Name für diese Art Käse, die man auch Brüh- oder Knetkäse nennt, abgeleitet. Sie können relativ frisch verzehrt werden – Mozzarella muss vor dem Verzehr nur einige Zeit in Salzlake liegen, damit sich der Teig etwas festigt – andere Sorten wie Provolone und Kaschkawal reifen 2 bis 3 Monate an der Luft. Auch danach sind sie noch mild, und die durch das Kneten entstandenen Schichten lassen sich im Teig gut erkennen. Reift ein solcher Käse jedoch länger, sind die Schichten nicht mehr zu sehen und er wird so hart, dass man ihn als Reibkäse verwenden kann. Während des Knetens kann man einen solchen Käse zusätzlich würzen, etwa mit Salz oder, wie beim Ragusano, mit ganzen Pfefferkörnern.

# Filata-

**Das Überbrühen der »Bruchkuchen« mit kochend heißem Wasser ist das Besondere bei diesen Käsesorten.**

BÜFFELMILCH-MOZZARELLA schmeckt herrlich frisch, ein wenig süß-säuerlich und sehr mild. Sie muss mindestens 50 % F.i.T. aufweisen.

Als »Ausgangsprodukt« für Filata-Käse kommen vor allem Kuh- und Schafmilch in Frage – jeweils pur, aber auch Mischungen von beidem werden verwendet. Eine Spezialität der italienischen Regionen Kampanien und Latium sind Filata-Käse aus Büffelmilch; international bekanntestes Erzeugnis ist die delikate Mozzarella di bufala, die nur in relativ geringen Mengen und zu einem entsprechend hohen Preis auf den Markt kommt. Um die weltweite Nachfrage nach Mozzarella zu befriedigen, wird sie heute in vielen Ländern aus Kuhmilch hergestellt, ein Produkt, das in Italien auch »Fior di latte« heißt. Leicht gereifte, geräucherte Mozzarella ohne Lake ist auch unter dem Namen »Scamorza« erhältlich.

Im Vordergrund RAGUSANO, ein sizilanischer Caciocavallo (um 45 % F.i.T.), dahinter ein RAGUSANO PEPATO. Gut gereift ein geschätzter, weil recht würziger Reibkäse.

KAŠKAVAL aus Bulgarien wird meist aus roher Schaf- oder aus einer Mischung von Schaf- und Kuhmilch hergestellt. Er hat um die 50 % F.i.T., schmeckt pikant und leicht salzig.

CAŞCAVAL aus Rumänien, geräuchert. Die bei der Herstellung entstehende Bruchmasse, Caş, wird auch frisch, also ungebrüht, verzehrt (45 bis 50 % F.i.T.).

# Käse

HERSTELLUNG VON PROVOLONE:

Die zum »Bruchkuchen« zusammengewachsene Bruchmasse wird zunächst grob zerschnitten und aufeinander gelegt, dann wieder zerkleinert.

Die mit heißem Wasser überbrühten Stücke werden durch Kneten zu einer elastischen, formbaren Masse. Diese wird zu Strängen gezogen, in die Form gebracht und gepresst.

Fest geworden und wieder aus der Form genommen, werden die Provoloni in ein Salzlakebad getaucht, bevor man sie verschnürt und aufhängt .

Provoloni, die zum baldigen Verzehr bestimmt sind, taucht man in ein Bad aus Wachs oder Paraffin, das die Oberfläche der Käse versiegelt.

Zum Reifen werden die Provoloni – hier solche in der typischen Kegelstumpfform – an speziellen Gestellen aufgehängt und in einen Reiferaum transportiert.

PROVOLONE, aus Kuhmilch hergestellt und gut gereift. Die durch das Kneten entstandenen Schichten sind kaum noch zu erkennen. Der Käse besitzt mindestens 44 % F.i.T.

STRING CHEESE ist in den USA vor allem bei Kindern als Snack beliebt. Ein mozzarellaähnlicher Käse wird dazu in Strängen – auch geräuchert und gewürzt – in Folie verpackt.

CACETTI, benannt nach einem Dialektausdruck für »kleine Käse«: kleine, runde Käse nach Provolone-Art, die geräuchert oder ungeräuchert angeboten werden.

TRECCIA PUGLIESE AFFUMICATA ist ein fester, geräucherter Mozzarellatyp aus Apulien. Die Oberfläche solcher Käse wird gern phantasievoll verziert.

PROVOLONE PICCANTE zeichnet sich durch einen intensiveren Geschmack aus, der durch die längere Reifezeit und die Zugabe von Zickleinlab bedingt ist.

KASSERI ist ein gebrühter Hartkäse aus Griechenland, meist mit Schafmilch hergestellt. Er wird in Laib- oder Blockform angeboten und enthält etwa 40 % F.i.T.

# Chedd

**Eine große Käsefamilie, deren Mitglieder keineswegs nur auf den Britischen Inseln produziert werden.**

LAGUIOLE, auch LAGUIOLE AUBRAC genannt. Die Milch dafür stammt von Kühen der Rasse Aubrac, und der Käse muss in Sennhütten oder Kellern der Gegend reifen.

DUNLOP ist eine Cheddar-Variante aus Ayrshire in Westschottland. Der Teig ist weicher als der des Cheddar und schmeckt angenehm mild. Mindestens 48 % F.i.T.

CANTAL (45 % F.i.T.) ist einer der ältesten französischen Käse; er stammt aus dem Massif Central. Im Geschmack ist er eng mit Cheddar und Cheshire verwandt.

Deutscher CHESTER, hier in Blockform, ist eine gute Grundlage für die Herstellung von Schmelzkäse. Im Deutschen werden Chester und Cheddar übrigens meist gleich gesetzt.

Wie auch immer ein nach Cheddarart hergestellter Käse schmeckt und wo auch immer er produziert worden ist – auf den Britischen Inseln, in Australien, Neuseeland oder den USA –, alle Sorten, auch die auf dieser Seite mit abgebildeten französischen Cantal- und Laguiole-Käse, werden nach demselben Prinzip hergestellt: Der Käsebruch, der durch das Dicklegen der Milch mit Lab und das anschließende Durchrühren und Zerteilen in kleine Stückchen entsteht, wird einem »cheddaring«, zu Deutsch auch »chestern« genannten Verfahren unterzogen, das heißt, er durchläuft einen zusätzlichen Säuerungsprozess. Die kleinen Stückchen lässt man dann zu Bruchkuchen zusammenwachsen, stapelt sie übereinander, so dass die oberen Stücke die unteren pressen, und schichtet sie dabei von Zeit zu Zeit um. Sobald die Bruchkuchen eine faserige Struktur erreicht haben, die der von gekochter Hühnerbrust ähnelt, werden sie zu Schnitzeln oder Körnern zerkleinert, die man salzt, in Formen füllt und presst. Lediglich die Herstellung des amerikanischen Colby und anderer »granular cheeses« – Rührbruchkäse – weicht in einem Detail davon ab: Hierbei entstehen keine Bruchkuchen, die Bruchkörner säuern lediglich unter Rühren bis zum gewünschten Grad und werden dann gleich gepresst. Dieses Pressen der Schnitzel oder Bruchkörner ist für den typischen Teig dieser Käse verantwortlich: mehr oder weniger kompakt, mit einer geschmeidigen bis bröckeligen Struktur, oft von Spalten durchzogen. Die Farbe des Teiges kann stark variieren – von Weiß bis zu einem kräftigen Orange. Das ist jedoch keine natürliche Farbe, sie geht vielmehr auf den Zusatz eines Pflanzenfarbstoffs – Anatto – zurück. Käse nach Cheddarart haben alle einen ähnlichen Fettgehalt (knapp 50 % F.i.T.) und gelangen in unterschiedlichen Reifegraden als Tafelkäse in den Handel. Wurde früher zuweilen auch mal die eine oder andere Cheddarsorte aus Schafmilch zubereitet, so verwendet man für die Herstellung heute fast ausschließlich Kuhmilch. Manche englischen Cheddars werden übrigens nicht nur als »white cheese«, sondern auch mit Blauschimmel angeboten, so etwa die beiden im großen Bild oben gezeigten. Daneben gibt es aber auch vom Wensleydale sowie vom Cheshire eine »blaue« Variante.

MONTEREY oder MONTEREY JACK ist eine Cheddar-Variante aus Kalifornien. Ungefärbt, wie hier, ist er der typische Pizzakäse der USA, gut gereift dient er als Reibkäse.

LONGHORN ist die Bezeichnung für eine zylindrische Cheddar-Form in den USA. Ein Longhorn hat 33 cm Länge, 15 cm Durchmesser und 6 kg Gewicht.

COLBY ist in den USA und in Neuseeland verbreitet. Er ist ein milder Rührbruchkäse mit weicherem Teig als Cheddar und reift relativ rasch (mindestens 50 % F.i.T).

DOUBLE GLOUCESTER wird in Laiben von 28 kg Gewicht und mit 48 % F.i.T. hergestellt. Der Teig hat eine feine, seidige Struktur und ist milder im Geschmack als Cheddar.

ar

Eine durch und durch britische Käseplatte, im Vordergrund zwei der besten englischen Blauschimmelkäse: rechts, mit relativ hellem Teig, ein STILTON, links daneben ein großes Stück SHROPSHIRE BLUE mit ausgeprägtem Aroma. Dahinter ein Stück LEICESTER, der wegen seines kräftig orange gefärbten Teiges auch Red Leicester genannt wird. Im Hintergrund von links nach rechts: ein Stück CHESHIRE, in der Mitte ein zylinderförmiger großer CHEDDAR – die klassische »Hülle« aus Leinen ist hier gut zu sehen – und schließlich ein Stück LANCASHIRE, der in England vor allem für Toasts sehr beliebt ist.

Traditionell werden Cheddarkäse – in welcher Größe auch immer – zum Reifen sorgfältig in Leinentücher gewickelt.

SAGE DERBY bekommt seine interessante Maserung durch das Einarbeiten von Salbeiblättern in den Käsebruch.

LANCASHIRE hat einen halbfesten, krümeligen Teig, sodass er regelrecht als Brotaufstrich verwendet werden kann.

CHESHIRE (mindestens 48 % F.i.T.) wird vor allem in den Midlands und in Nordengland geschätzt.

Ein auf traditionelle Weise in einer Leintuchhülle hergestellter, in speziellen Räumen bei 10 bis 13 °C 16 Monate gereifter CHEDDAR mit einem Fettgehalt von mindestens 48 % F.i.T.

(WHITE) WENSLEYDALE – leicht säuerlich, mild-aromatisch – wurde zuerst von Mönchen in Yorkshire hergestellt.

JUNGER CAERPHILLY aus Südwales. Der Teig ist hell, sehr weich, das Aroma frisch und leicht säuerlich.

GEREIFTER CAERPHILLY (mind. 48 % F.i.T.), ebenfalls weich, aber schärfer, durchgereift auch leicht bitter.

# Bleu

## Von mild bis pikant: Blauschimmelkäse – kurz »Bleu« genannt, gelten als besondere Delikatesse, allen voran der Roquefort.

FOURME D'AMBERT, auch FOURME DE MONTBRISON genannt, ist ein Kuhmilchkäse mit AOC-Siegel aus dem nördlichen Massif Central. Kräftig im Aroma, 45 bis 50 % F.i.T.

BLEU D'AUVERGNE (AOC), ein Kuhmilchkäse aus dem Massif Central (50 % F.i.T.), wird teils von Bauern, meist aber in Käsereien hergestellt. Kräftig bis pikant im Geschmack.

BLUE WENSLEYDALE wurde einst in der Grafschaft Yorkshire aus Schafmilch gekäst, heute ist er dagegen meist aus Kuhmilch. Nach 2 bis 6 Monaten cremig und vollmundig.

DEUTSCHE EDELPILZKÄSE, hier ein BERGADER, haben für gewöhnlich keine Rinde. Hergestellt werden sie ähnlich wie Roquefort, allerdings aus Kuhmilch mit 45, 50 und 60 % F.i.T.

Der BLEU DE CAUSSES ist nach den gleichnamigen kargen Kalkhochflächen im Languedoc benannt. Der Kuhmilchkäse hat 45 % Fett i.T. und ist sehr kräftig im Geschmack.

Der BLUE CHESHIRE ist die blaue, schimmeldurchzogene Variante des bekannten Cheshire. Er enthält 48 % F.i.T. und schmeckt, entsprechend lange gereift, meist recht kräftig.

Der traditionsreiche BLEU DE GEX mit AOC-Siegel schmeckt je nach Reifegrad – der liegt zwischen 1 und 4 Monaten – mild bis kräftig-pikant. Ein Kuhmilchkäse mit 50 % F.i.T.

DANABLU ist der am weitesten verbreitete Käse mit Innen- oder Edelschimmel. Er ist aus Kuhmilch und weist einen Fettgehalt von 50 % (kräftig-scharf) oder 60 % F.i.T. (milder) auf.

Der zylindrische CASHEL IRISH BLUE ist eine neuere, irische Blue-Variante mit grau-grünlichem Schimmel. Sein Fettgehalt liegt bei 45 % F.i.T. Er schmeckt würzig, teils leicht salzig.

Der berühmte ROQUEFORT ist der König unter den Blauschimmelkäsen. Ihm wurde in Frankreich das AOC-Siegel verliehen: Ausschließlich Laibe, die aus roher Schafmilch hergestellt wurden, mindestens 52 % F.i.T. enthalten und für die Dauer von etwa 2 Monaten in den Kalksteinhöhlen um Roquefort reifen, dürfen sich so nennen.

Ein Klassiker unter den Blauschimmelkäsen ist der Gorgonzola, benannt nach der gleichnamigen Stadt in Norditalien. Ursprünglich wurde er nur in der Lombardei produziert, mittlerweile hat sich seine Herstellung bis in die Provinzen Novara, Vercelli und Pavia ausgeweitet. Hier die milde, 2 bis 3 Monate gereifte Variante: GORGONZOLA DOLCE.

Ausnahmsweise fürchtet man hier – bei der großen Familie der Käse mit Innenschimmel – den Schimmel einmal nicht, sondern er ist, ganz im Gegenteil, sehr willkommen. Ja, der Käse wird sogar eigens mit Schimmelkulturen geimpft, damit sich diese besser im Teig verteilen. Man sticht dafür extra mit langen Nadeln in den Käse, der Fachmann spricht dabei von »Pikieren«. Dadurch kann in den Stichkanälen Sauerstoff zirkulieren, der bei den Schimmelkulturen für ein gleichmäßiges Wachstum sorgt.

Der Blauschimmel verbreitet sich dabei von innen nach außen. Gut sichtbar wächst er in den Bruchlöchern sowie entlang der Stichkanäle. Allerdings handelt es sich hierbei nicht um einen x-beliebigen Schimmelbefall, sondern um spezielle *Penicillium*-Stämme (etwa *Penicillium roqueforti*). Ihnen verdanken so große Käse wie Roquefort, Cabrales oder Gorgonzola ihren besonderen, jeweils unverwechselbaren Geschmack. Gemeinsam ist allen der Schimmel im Innern, nach außen hin können sie aber ganz verschiedene Oberflächen aufweisen, und auch in der Konsistenz – diese liegt meist irgendwo zwischen halbfestem Schnittkäse und Weichkäse – erheblich voneinander abweichen. International bekannt sind sie unter der Bezeichnung Blauschimmelkäse oder kurz Blaukäse. Im Englischen nennt man sie »blue veined cheese« oder auch einfach nur »blue«; analog in Frankreich, wo man von »fromage persillé«, von »fromage bleu« oder nur von »bleu« spricht. Einer der beliebtesten unter ihnen ist der Roquefort, der zugleich eine der ältesten bekannten Käsesorten überhaupt ist. Schon bei Plinius dem Älteren wird er empfohlen, und Kaiser Karl VI erließ bereits 1411 ein Gesetz, das Name und Herstellungsverfahren schützte. Ursprünglich war seine Produktion auf die Gegend um Roquefort-sur-Soulzon, ein Städtchen im Département Aveyron, am südlichen Rand der Cevennen, beschränkt. Heute reicht jedoch die Milch jener Schafe, die auf den kargen Causses weiden, bei weitem nicht mehr aus. Darum werden frische Laibe – »fromages blancs« – sogar von Korsika oder den Atlantischen Pyrenäen angeliefert, die dann in den Höhlen um Roquefort ausreifen. Während der ersten 3 bis 5 Tage werden sie wiederholt gesalzen, dann pikiert, damit die Kellerluft und somit der für das Schimmelwachstum unentbehrliche Sauerstoff gut eindringen kann.

Der würzige GORGONZOLA PICCANTE ist durch die längere Reifezeit wesentlich kräftiger im Geschmack als der Dolce. Nach 3 bis 6 Monaten ist er verzehrfertig. 48 % F.i.T.

CASTELLO BLUE ist ein sahniger dänischer Edelpilzkäse mit einem recht hohen Fettgehalt (70 % F.i.T.) und verhältnismäßig weichem Teig. Gut sind hier die Stichkanäle zu sehen.

Spanischer CABRALES, auch CABRALIEGO genannt, wird um die »Picos de Europa« hergestellt. Meist aus reiner Kuhmilch, teils mit Schaf- und Ziegenmilch vermischt (44 % F.i.T.).

Der BAVARIABLU zählt zu den Blauweißschimmelkäsen, außen präsentiert er sich mit weißem Camembertschimmel, innen ist er mit Blauschimmel durchsetzt (70 % F.i.T.).

MONTASIO MEZZANO, ein mittelalter Montasio (mind. 40 % F.i.T.), wird meist nach 2 bis 4 Monaten verzehrt. Dieser hier ist bereits 6 Monate alt und ähnelt bereits einem Reibkäse.

GOUDA IN UNTERSCHIEDLICHEN REIFEGRADEN VON MILD BIS PIKANT: Der Laib im Vordergrund unten ist noch jung, sehr mild und hat einen geschmeidigen, hellgelben Teig. In Geschmack und Konsistenz bereits kräftiger ist der mittelalte Gouda darüber, ihn könnte man bereits reiben. Würzig-pikant wird Gouda nach einer Reifezeit von über einem Jahr – dann »overjarige Gouda« genannt. Er hat sich jetzt dunkelgelb verfärbt und die bröckelige, krümelige Konsistenz eines würzigen Reibkäses angenommen.

ASIAGO D'ALLEVO ist ein Schnittkäse aus dem Veneto mit einem Fettgehalt von mindestens 34, oft aber über 40 % F.i.T. Man genießt ihn meist im Alter von 3 bis 6 Monaten.

Der Gouda ist der wohl bekannteste Vertreter aus der großen Familie der Schnittkäse, der außerdem noch Fontina, Tilsiter, Havarti, aber auch der Schweizer Appenzeller und manche Käse aus der Cheddar-Reihe angehören. Teils weisen sie – wie der Gouda – eine runde Lochung auf, teils zeichnen sie sich durch eine Bruchlochung aus wie etwa der Tilsiter. Schnittkäse, international auch als »semi-hard cheese« bezeichnet, sind jedoch nicht allein durch ihre geschmeidige, aber dennoch feste Konsistenz charakterisiert, sondern auch durch ihren Gehalt an Trockenmasse beziehungsweise an Wasser. Sie enthalten nämlich weniger Trockenmasse und entsprechend mehr Wasser als Hartkäse, der Grund dafür, weshalb sie schneller reifen. Das erklärt auch, warum durch die Wasserverdunstung während des

## Schnittkäse liegen in der Konsistenz zwischen Hart- und Weichkäse. In anderen Ländern werden sie darum auch Halbhartkäse genannt.

# Gouda

Zur Gruppe der MAASDAMER KÄSE zählt auch der Leerdamer. Bei diesen Käsen sind die Eigenschaften von Gouda und Emmentaler kombiniert, darum bezeichnet man sie, die übrigens in der Regel einen Fettgehalt um die 45 % F.i.T. haben, auch als »Goutaler«.

Reifeprozesses aus einem Schnittkäse ein Hartkäse oder gar ein extraharter Reibkäse werden kann, wie beim »overjarige« der Fall. Die meisten Goudalaibe reifen allerdings weniger lange, nämlich »nur« 1 bis 6 Monate. In großen Betrieben wird heute überwiegend Gouda aus pasteurisierter Milch (Goudse kaas) gekäst; es gibt aber auch noch Goudas aus Rohmilch (Goudse boeren kaas), den die holländischen Bauern noch genauso wie schon seit Jahrhunderten herstellen. In den Niederlanden – aber nicht nur dort, viele Länder produzieren eigene goudaähnliche Käse – gibt es Gouda in verschiedenen Formen und Größen. Die runden Laibe mit einem Fettgehalt von 48 % F.i.T. haben meist ein Gewicht zwischen 2,5 und 15 kg, Bauernkäse können bis zu 30 kg wiegen. Beinahe so bekannt und ebenfalls nach einem Städtchen in Holland benannt, ist der Edamer oder Edammer Kaas. Auch er kommt, entweder mit einer Wachsschicht überzogen oder foliengereift, mit sehr unterschiedlichen Gewichten und Ausformungen in den Handel. Und in unterschiedlichen Reifegraden werden auch zwei Schnittkäse aus Italien angeboten, zum einen der Asiago d'Allevo, der aus dem Veneto stammt, zum andern der Montasio aus den Provinzen Udine und Gorizia. Beide haben eine glatte gelbrötliche Rinde und einen schnittfesten hell-strohfarbenen Teig, der mit zunehmender Lagerung dunkler wird. Der Geschmack ändert sich auch hier von mild-würzig bis hin zu kräftig-pikant.

BROT-EDAMER (Brood-Edammer) mit gelbem Wachsüberzug. In den Niederlanden mit mindestens 40 % F.i.T.

EDAMER in der typischen Kugelform mit Naturrinde, die je nach Alter hellgelb bis mittelbraun sein kann.

ESTONSKIJ ist ein milder Gouda-Typ aus Estland in Rollenform (45 % F.i.T.), der zunehmend auch exportiert wird.

FRIESISCHER NELKENKÄSE (Friese Nagelkaas) erhält durch Gewürznelken und Kumin ein eigenwilliges Aroma.

EDAMER-KUGELN gibt es in verschiedenen Größen, meist mit einer gelben oder roten Paraffin-Schicht überzogen.

PYRÉNÉES VACHE ist ein heller Käse aus Kuhmilch, häufig mit schwarzem Überzug versehen (45 % F.i.T.).

LEIDENER (Leidse kaas), den es mit 20 und 40 % F.i.T. gibt, wird immer mit Kreuzkümmel, »Komijn«, gewürzt.

PRÄSTOST (»Priesterkäse«) mit 50 % F.i.T. Der traditionsreiche schwedische Käse hat einen kräftigen Geschmack.

HAUTES PYRÉNÉES, gut gereifter Käse aus Schafmilch (mehr als 45 % F.i.T.), mit gelboranger bis grauer Rinde.

# Schnittkäse

## Geschmeidig im Teig, mal mit vielen kleinen Löchern, mal mit wenigen mittelgroßen.

APPENZELLER gibt es in zwei Fettstufen: mit mind. 50 % und – eine magere Variante – mit nur 20 % F.i.T. Letzterer kommt als »Appenzeller 1/4 fett räss« auf den Markt, früher »Appenzeller Rässkäse« genannt.

HAVARTI – im Hintergrund – ist eine Tilsitersorte, die in Dänemark hergestellt wird (mit 30, 45 oder 60 % F.i.T.). Im Vordergrund ein in Geschmack und Aussehen ganz ähnlicher deutscher TILSITER (45 % F.i.T.).

Zwei der hier vorgestellten Käsesorten sind längst über ihre Heimat hinaus beliebt und werden in vielen Käse erzeugenden Ländern in mancherlei Variationen hergestellt: Tilsiter und Steppenkäse. Letzterer war vor allem in den k.-u.-k.-Gebieten weit verbreitet, wird heute aber auch in Skandinavien und Russland produziert. Und auch Tilsiter, benannt nach der ehemals gleichnamigen Stadt in Ostpreußen, stellt man längst europaweit her. Käse nach Tilsiter Art, die es mit unterschiedlichem Fettgehalt gibt (30, 40, 45, 50 oder 60 % F.i.T.), zeichnen sich durch eine lebhafte Lochung aus, die den gesamten Teig durchzieht, jedoch nur relativ kleine Poren bildet. Der Teig schmeckt leicht säuerlich und mild, wenn die Käselaibe in Folie reifen; würzig, wenn sie mit Rotflora gereift sind. Der Appenzeller wiederum ist eine Schweizer Rohmilchkäse-Spezialität von Weltruhm. Zu seinem typischen Aroma trägt das Einreiben mit »Sulz« bei, einer Mischung aus Wein, Hefen, Salz und Gewürzen, deren Rezepte früher streng gehütet und jeweils nur innerhalb der Familie weitergegeben wurden.

RACLETTE – ein Name für Käse und Gericht. Beim Originalraclette aus dem Schweizer Wallis wird, wie im kleinen Bild oben zu sehen, die Schnittfläche eines halbierten Raclette-Käses (mindestens 45 % F.i.T. in Frankreich, 50 % F.i.T. im Wallis) der Hitze ausgesetzt, bis der Käse schmilzt. Dann schabt man den weichen Käse auf Teller und serviert ihn traditionell zu Pellkartoffeln.

MARIBO (30 oder 45 % F.i.T.) stammt von der dänischen Insel Lolland. Er besitzt einen säuerlichen Geschmack, kräftig mit Rotflora, eher mild dagegen ohne, wie im Bild zu sehen.

TILSITER wird heute in verschiedenen Ländern hergestellt. Kennzeichen sind die vielen kleinen Bruchlöcher im Teig, der weich bis kompakt in der Konsistenz sein kann.

MONDSEER, auch Schachtelkäse genannt (45 % F.i.T.), aus dem österreichischen Salzkammergut. Mit leichter Rotschmiere auf der Oberfläche und kräftigem Geschmack.

WILSTERMARSCH (45 oder 50 % F.i.T.) stammt aus Holstein und ähnelt dem urspünglichen Tilsiter. Kennzeichnend ist die feinporige, gleichmäßige Bruchlochung des Teiges.

SCHWEIZER TILSITER ähnelt eher dem Appenzeller als dem Tilsiter (mind. 45 % F.i.T.). Das rote Etikett kennzeichnet Käse aus Rohmilch, das grüne solchen aus pasteurisierter Milch.

PYRÉNÉES PUR BREBIS, ein halbfester Käse aus den Pyrenäen, der aus reiner Schafmilch hergestellt wird (über 45 % F.i.T.). Mit dicker, gelboranger bis grauer Rinde.

GELTINGER, ein deutscher Steppenkäse aus Schleswig-Holstein (45 % F.i.T.), der in Blöcken zu 6 kg Gewicht hergestellt wird. Je nach Reifegrad aromatisch bis leicht pikant.

HERRGÅRDSOST, zu deutsch »Gutshofkäse«, ist mild-aromatisch im Geschmack (45 % F.i.T.). Er wird in Schweden als Brotbelag und für die warme Küche sehr geschätzt.

DEUTSCHER STEPPENKÄSE (30, 40, 45 oder 50 % F.i.T.) schmeckt mild bis voll; mit geschmeidigem Teig. Die rotgelbe Käseflora auf der Rinde wird oft abgewaschen.

SAMSØ, auch Samsoe (30 und 45 % F.i.T.) geschrieben, ist nach der dänischen Insel benannt, von der er stammt. Mild bis leicht süßlich im Geschmack, in Laib- und Blockform.

MORBIER (45 % F.i.T.), ein fester französischer Schnittkäse aus der Franche-Comté, weist traditionell in der Mitte eine früher mit Ruß, heute mit Holzkohle gefärbte Teigschicht auf.

FONTAL nennt man Käse (mind. 45 % F.i.T.), die wie Fontina hergestellt werden, jedoch aus pasteurisierter Milch. Es gibt sie in Italien, aber auch in Dänemark und Frankreich.

DANBO, früher »Steppeost« genannt, ist ein dänischer Steppenkäse (30 oder 45 % F.i.T.), der Rund- oder Bruchlochung aufweisen kann. Auch mit Kümmel gewürzt erhältlich.

MIMOLETTE mit intensiv gelborange gefärbtem Teig (mind. 40 % F.i.T.), geschmeidig bis fest und mürb. Hergestellt in Holland, reift ein großer Teil der Produktion in Frankreich.

FONTINA. Ein im Aostatal hergestellter Rohmilchkäse (mind. 45 % F.i.T.). Würzig und leicht süßlich im Geschmack, mit hellem, leicht schmelzendem Teig, eignet sich zum Kochen.

LATWIJSKIJ SIR – ein Käse aus Lettland (Latvijas siers) mit geschmeidigem Teig und einem Fettgehalt von mindestens 45 % F.i.T. Charakteristisch ist die kräftige Rinde mit Rotflora.

CUSHLEE ist ein Trappistenkäse aus Irland mit leichter, trokkener Käserotflora, einer lebhaften Bruchlochung und einem Fettgehalt von 46 % F.i.T. Mild-würziger Geschmack.

BRICK, ursprünglich ein amerikanischer Käse, dessen Name »Ziegelstein« auf die Form hinweist. Traditionell mit rötlichbrauner Flora, heute jedoch meist ohne (45 bis 50 % F.i.T.).

Der französische SAINT-PAULIN weist einen Fettgehalt von mindestens 40 % F.i.T. auf. Er zählt zur Familie der Trappistenkäse, von denen es in Frankreich mehr als 10 Arten gibt.

Der quaderförmige TALEGGIO ist ein bekannter Käse aus Norditalien. Traditionell aus Rohmilch, stellt man ihn heute zunehmend aus pasteurisierter Milch her. 48 bis 50 % F.i.T.

BEL PAESE, Fettgehalt 50 % F.i.T., zählt ebenfalls zu den berühmten italienischen Käsesorten. Mit weichem, strohfarbenem Teig und eigenem, leicht säuerlich-zartem Geschmack.

KERNHEM, benannt nach dem gleichnamigen holländischen Landgut, hat einen hellen, geschmeidig-cremigen Teig und ist recht kräftig im Geschmack, manchmal fast schon pikant.

CORSICA ist ein nach korsischer Schäfertradition hergestellter Schafmilchkäse mit einem Fettgehalt von 50 % F.i.T. Zunächst mild im Geschmack, mit zunehmender Reife kräftig.

BAMBOLO wird in Italien aus einer Mischung von Kuh- und Schafmilch hergestellt. Meist kommt der im Geschmack mildsäuerliche Käse nur wenig gereift auf den Markt.

REBLOCHON dürfen sich nur Käse aus dem festgelegten Gebiet in Savoie und Haute-Savoie nennen. Ein Rohmilchkäse mit kräftigem Geschmack und 45 bis 50 % F.i.T.

Der SAINT-NECTAIRE stammt aus dem Massif Central. Er zeigt eine reiche, ziemlich trockene Oberflächenflora. Entsprechend kräftig im Geschmack. Mindestens 45 % F.i.T.

ARAGÓN, auch Tronchón genannt, ist eine milde Käsespezialität aus Spanien, hergestellt entweder aus Schafmilch pur oder aus einer Mischung von Schaf- und Ziegenmilch.

TOMME DE SAVOIE, ursprünglich nur in Savoyen hergestellt, heute jedoch weit darüber hinaus. Typisch ist die graubräunliche Rinde, die jedoch vor dem Verzehr entfernt wird.

BANON (40 bis 60 % F.i.T.) kann aus verschiedenen Milcharten sein, oder aus Ziegen- oder Kuhmilch pur. Typisch ist seine Verpackung, er wird in Kastanienblätter eingeschlagen.

VACHERIN FRIBOURGEOIS oder Freiburger Vacherin mit einem Fettgehalt von mindestens 45 % F.i.T. gibt es weich, für Fondues, und zum direkten Verzehr von festerer Konsistenz.

Der dänische ESROM (45 und 60 % F.i.T.) hat viele unregelmäßige Löcher. Er kommt natur, aber auch gewürzt in den Handel, etwa mit Kümmel, Pfeffer, Paprika oder Kräutern.

KEFALOTIRI, ein Käse aus Schaf- oder Ziegenmilch mit festem, weißlichem, sehr pikantem Teig und 48 bis 50 % F.i.T., ist in Griechenland weit verbreitet. Gereift findet er häufig als Reibkäse Verwendung.

Die Käse der Gruppe der halbfesten Schnittkäse sind außerordentlich vielfältig in Gestalt und Geschmack. Gemeinsam ist ihnen allen aber die Konsistenz: Sie sind, bedingt durch ihren spezifischen Gehalt an Trockenmasse, weicher als Schnittkäse, zugleich aber auch fester als Weichkäse. Ihr Teig ist geschmeidig, lässt sich jedoch noch gut schneiden. Große Unterschiede gibt es dann wieder in der Oberfläche beziehungsweise Rinde: Sie kann blank, aber auch von trockener oder feuchter Käserotflora überzogen sein. Teils setzen sich Hefen oder Schimmel auf ihr an, teils ist die Oberfläche mit einer Plastikhaut überzogen oder verbirgt sich unter einer Schicht Wachs oder Paraffin. Die große Familie der halbfesten Schnittkäse, auch als Halbweichkäse bezeichnet, umfasst ganz unterschiedliche Sorten wie etwa den dänischen Butterkäse, den französischen Reblochon oder auch die berühmten italienischen Käsespezialitäten Bel Paese und Taleggio. Um einen geschmeidig-festen Teig zu erhalten, wird der Käsebruch bei einigen Sorten leicht gewaschen und nachgewärmt, dann gepresst. Die Reifung erfolgt bei relativ niedrigen Temperaturen.

Ein gutes Beispiel dafür, dass die Übergänge zwischen den einzelnen Käsetypen fließend sein können, ist der Vacherin. Je nach Reifegrad wird er nämlich verschiedenen Familien zugerechnet: Jung zählt der feine, von vielen sehr geschätzte Käse zu den Halbfesten, mit fortschreitender Reife dann aber schon zu den sehr weichen Weichkäsen – isst man ihn doch mancherorts gar mit dem Löffel. Ursprünglich stammt der Vacherin aus dem Schweizer Jura, wobei der Name Programm war: Vacherin durfte ausschließlich aus Kuhmilch (la vache – die Kuh) hergestellt werden. Später gelangte das Geheimnis seiner Herstellung dann auch in den französischen Jura, wo er bis heute in diversen Variationen gekäst wird.

## Rötlich, gelb oder dunkel: Die Rinde der halbfesten Schnittkäse – international als »semi-soft cheese« bezeichnet – kann von ganz unterschiedlicher Farbe sein.

Der mild-aromatisch bis kräftig schmeckende VACHERIN MONT D'OR (mindestens 45, meist jedoch 50 % F.i.T.) stammt aus dem Schweizer Jura. Typisch sind seine wellige Oberfläche sowie die rotbräunliche Flora. Da er in einem Ring aus Tannenrinde reift, weist er häufig einen geschmacklichen Anklang an diese auf. In den Handel kommt er in solchen Spanschachteln, jedoch nur zwischen September und März.

TRAPPISTE DE BELVAL wird auf traditionelle Art in der Picardie hergestellt. Mit gelblich-rötlicher Oberflächenflora.

PORT-DU-SALUT oder Port-Salut heißen nur die in Entrammes in Lizenz des Klosters erzeugten Trappistenkäse.

ECHOURGNAC ist ein 300 g schwerer Trappistenkäse aus dem Périgord. Mit angenehm kräftigem Geschmack.

DEUTSCHER TRAPPISTENKÄSE ist in Laib- oder in Brotform erhältlich. Er ist mild bis kräftig im Geschmack.

ÉVORA aus Portugal, mit 45 % Fett i.T. Ohne Rinde hergestellt, wird er oft in Öl aufbewahrt. Als Hartkäse scharf, salzig.

LOO VÉRITABLE, ein leicht gewölbter Käse aus Belgien, mit einem schwarzen Film überzogen. Mild bis kräftig.

RIDDEROST aus Norwegen mit weichgeschmeidigem Teig. Er schmeckt sahnig-aromatisch, mit 60 % F.i.T.

BRIGAND, ein belgischer Käse aus Flandern, schmeckt mild, mit zunehmender Reife kräftig und leicht bitter.

TAMIÉ, TRAPPISTE DE TAMIÉ aus Savoyen. Er hat ein volles Aroma und einen kräftigen Geschmack.

PAVÉ D'AUGE, PAVÉ DE MOYAUX aus dem Pays d'Auge in der Normandie. Ein pikanter Käse mit langer Tradition.

PONT L'ÉVÊQUE, einer der bedeutenden Käse der Normandie. Speckiger, würziger Teig, mindestens 40 % F.i.T.

NANTAIS, auch CURÉ genannt. Mit der Käserotflora und dem speckigen Teig ähnelt er Herve kaas und Romadur.

PANNERONE aus der Lombardei, ein Käse, der sehr starker Gärung ausgesetzt ist – daher die lebhafte Lochung.

HALLOUMI, ein in Lake eingelegter Brühkäse aus Zypern. Manchmal auch mit Minze gewürzt.

Griechischer FETA aus Schafmilch, mit 50 % F.i.T. Weißer Teig, halbfest bis weich in der Konsistenz.

Eine große Gruppe für sich innerhalb der halbfesten Schnittkäse sind die Trappistenkäse. »Erfunden« im Kloster Notre Dame de Port-du-Salut bei Etrammes in der Bretagne, gibt es allein in Frankreich heute mehr als 10 ähnliche Trappistenkäse. Port-du-Salut heißen diejenigen, welche in Lizenz des Klosters hergestellt werden; diejenigen gleicher Art ohne Lizenz dagegen Saint-Paulin. Aber auch außerhalb Frankreichs, vor allem in den Ländern der ehemaligen k.u.k.-Monarchie und in Osteuropa, war dem Trappistenkäse ein durchschlagender Erfolg beschieden; eines der Produktionszentren bildete sich im bosnischen Banja Luka heraus. Kein Wunder also, dass in Teigbeschaffenheit und Geschmack große Unterschiede zwischen den einzelnen Sorten bestehen.

Zu den weicheren Käsen unter den Halbfesten ist der Pont-l'Évêque aus der Normandie zu zählen, einer der Käse Frankreichs, dessen Geschichte sich am längsten zurückverfolgen lässt: 1230 ist der Name zum ersten Mal erwähnt. Käse, die nach Art des Pont-l'Évêque

hergestellt werden, wie etwa der »Backsteinkäse« Pavé d'Auge, haben eine quadratische Form, gelbliche bis rötlich-braune Flora und einen recht weichen Teig. Gereift schmecken sie würzig-pikant. Schließlich gehören auch die Lake-Käse zu den halbfesten Schnittkäsen. Durch das Einlegen in eine 5 bis 15%ige Kochsalzlösung wird eine weitere Reifung und ein Austrocknen der Käse verhindert, ebenso das Wachstum von Bakterien und Schimmel auf der Oberfläche. Auf diese Weise lassen sich Käse mehrere Monate aufbewahren. Der bekannteste und international beliebteste Lake-Käse ist sicherlich der Feta, der aus reiner Schafmilch, aus einer Mischung von Schaf-, Kuh- und Ziegenmilch, inzwischen aber auch aus reiner Kuhmilch hergestellt werden kann.

TÊTE DE MOINE FACHMÄNNISCH SERVIEREN: Mit einem Messer einen Deckel abschneiden. Dann den Käse auf eine »Girolle« stecken, mit deren Schneide man den Käse hauchfein kreisförmig abhobelt. Zum Aufbewahren legt man den Deckel wieder auf, damit der Käse nicht austrocknet.

Im Reifekeller von Pierre Androuët, dem Pariser Affineur und Käsespezialisten, lagern hier Gaperon und Vacherin unter idealen Bedingungen.

TÊTE DE MOINE – Mönchskopf –, ein schmackhafter, milder bis würziger Käse aus der Schweiz; mind. 52 % F.i.T.

TOMME DE BEAUJOLAIS aus der gleichnamigen Region zwischen Lyon und Macôn. Mit dezentem Aroma.

CRIMLIN ist eine Trappistenkäse-Variante aus Irland. Mit 45 % Fett i.T. und deutlicher Bruchlochung.

## eta

## und eine Auswahl an weiteren halbfesten Schnittkäsen.

Der PLATEAU D'HERVE aus Belgien hat ein ausgeprägtes Aroma, kräftig, aber nicht scharf. Mit 45 % F.i.T.

AIRIÑOS, ein spanischer Kuhmilchkäse mit Weißschimmel aus Asturien. Cremiger Teig, mild-würzig. Mit 60 % F.i.T.

MARZOLINO wird in der Toskana hergestellt, aus Schaf- oder Schaf- und Kuhmilch. Mild bis leicht pikant.

MUROL aus der Auvergne; mild bis kräftig im Aroma. Seine Besonderheit ist das Loch in der Mitte.

TROUS DU MUROL ist das Mittelteil des Murol, das mit rotem Wachs überzogen wird. Mild im Geschmack.

ROBIOLA VALSASSINA gibt es mild und pikant. Hier ein milder »tipo dolce« mit nur gering ausgeprägter Rotflora.

FETA ist ein traditioneller Hirtenkäse, wie er in vielen Mittelmeerländern hergestellt wird. Mit mediterranen Gewürzen, ein paar Oliven und einem Stück Brot ist er eine Delikatesse für sich.

PASSENDALE aus Belgien, hier mit einer leichten, weißlichen Flora. Mild, mit zunehmender Reife kräftig.

GAPERON aus der Auvergne. Der Zusatz von Pfeffer und Knoblauch verleiht ihm Aroma und Geschmack.

TOMME DE BREBIS, ein milder französischer Schafmilchkäse. In der typischen runden Tomme-Form Savoyens.

MAROILLES (mind. 40 % F.i.T.) ist der Grundtyp für zahlreiche lokale und überregionale Varianten in Frankreich.

ROLLOT CŒUR und der runde Rollot stammen aus der Picardie. Dünne, ockerfarbene Haut, mind. 45 % F.i.T.

VIEUX LILLE, eine Variante des Maroilles, wird meist überreif verzehrt. Daher und dank der Rotflora sehr würzig.

L'AMI DU CHAMBERTIN hat einen sehr weichen Teig, weshalb er in einer Spanschachtel angeboten wird.

SOUMAINTRAIN ist im reifen Zustand sehr weich, er zerfließt dann geradezu. Mindestens 45 % Fett i.T.

PIERRE-QUI-VIRE aus dem Burgund, eng verwandt mit anderen Weichkäsen der Region. Gelblich-rötliche Flora.

EPOISSES ist durch die Rotflora kräftig im Geschmack, hat einen weichen, zerfließenden Teig.

BOSCAIOLA. Im reifen Zustand ist der Teig dieses Weichkäses aus Italien schmelzend und würzig.

OLIVET CENDRÉ, mit Asche bedeckter Schimmelkäse. Mitunter ist die Asche von grünem Schimmel durchwachsen.

AISY CENDRÉ, während der 2-monatigen Reifezeit mit Marc de Bourgogne abgerieben, dann in Asche gewendet.

RIGOTTE wiegt nur 50 bis 70 g. Oft werden die mit Rotflora gereiften Käschen auch mit Wein abgerieben.

TARTUFELLA reift durch seine Oberflächenflora von außen nach innen. Nur leicht pikant im Geschmack.

ROUGETTE ist ein feiner, mit zunehmender Reife ein würzig-pikanter Käse mit weichschnittigem Teig.

CHAUMES, weich-geschmeidig, mit feiner, leichter Käserotflora. Mild-dezent im Geschmack, 50 % Fett i.T.

SAINT-ALBRAY wird in der charakteristischen Kranzform hergestellt. Rötlich-orange Oberfläche mit Milchschimmel.

Bei jungem LANGRES ist die Oberseite gewölbt, bei reifem Käse dagegen muldenförmig eingefallen.

SAINT-RÉMY wird in Quadratform hergestellt und besitzt eine rotbraune Flora. Kräftig im Geschmack.

HERVE KAAS, FROMAGE D'HERVE aus Belgien. 45 bis 50 % F.i.T., braungelbe bis orangefarbene, feuchte Flora.

WEISSLACKER, in Bayern auch Bierkäse genannt. 40 bis 50 % F.i.T., mit weißer, lackartiger Käseflora. Kräftig.

ANDECHSER, der Klosterkäse aus dem bayerischen Wallfahrtsort Andechs, mit leichter Rotflora. Würziger Geschmack.

Vom »Schmieren« – hier bei Romadur –, dem Einreiben mit schwacher Salzlake, haben die Rotschmierkäse ihren Namen.

Und für alle Sorten gilt: Je höher der Fettgehalt, desto weicher der Teig und desto intensiver der Geschmack.

Im Burgund versteht man sich auf die Zubereitung einer besonderen Gruppe von Weichkäsen mit Rotflora: Sorten wie Epoisses, Pierre-qui-vire, Soumaintrain oder Aisy werden vor allem mit Milchsäure, unter Verwendung von nur relativ wenig Lab, dickgelegt. Das wirkt sich auf die Konsistenz der reifen Käse aus: Sie sind dann extrem weich und verlaufen leicht. Während der Reifephase werden sie außer mit Salzlake auch mit Wein oder Marc de Bourgogne (einem Tresterschnaps aus Burgunder) und zuweilen sogar mit Kaffee abgerieben.

LIVAROT wurde früher, um ein Verlaufen des reifen Käses zu verhindern, mit Binsen umwickelt und wird auch heute noch mit einer Banderole aus Spezialpapier versehen. 40 % F.i.T.

MUNSTER, nach dem Munstertal im Elsass benannt. Kräftig orangefarbene, feuchte Haut, geschmeidiger Teig, ausgeprägtes, kräftiges Aroma. Mindestens 40 % Fett i.T.

## Weichkäse: Die Kräftigen und ein wenig »Anrüchigen«, denen eine spezielle Käseflora das typische Aroma verleiht.

In der Gruppe der Weichkäse sind höchst unterschiedliche Käsesorten zusammengefasst, die aufgrund ihrer Konsistenz zwischen dem halbfesten Schnittkäse und dem Frischkäse einzuordnen sind. Die Oberfläche kann blank und trocken, aber auch von einer mehr oder weniger feuchten Käseflora überzogen sein. Noch wenig gereift, sind manche dieser Käse ziemlich fest, doch ändert sich das mit fortschreitender Reife: Dann ist die Konsistenz weich-geschmeidig bis fließend; manche Sorten werden deshalb mit Banderolen umwickelt oder in Schachteln angeboten. Eine Untergruppe der Weichkäse sind diejenigen mit Käserotflora, auch Rotschmierkäse genannt: Käse, die von einer rötlichen, gelblichen oder bräunlichen »Haut« umgeben sind. Berühmte Sorten dieser Weichkäsetypen sind in Frankreich Munster oder Maroilles, in Deutschland Limburger oder Romadur. Allen ist gemeinsam, dass sie während der Reifephase mehrfach mit schwacher Salzlake »geschmiert« werden, um die Entwicklung von Linens-Bakterien auf der Käseoberfläche zu fördern. Je nachdem, wie oft die Laibe geschmiert werden und wie hoch die Luftfeuchtigkeit im Keller ist, in dem sie reifen, ist die Oberfläche später trocken oder feucht. Die Rotflora bestimmt den herzhaften Geschmack dieser Rotschmierkäse, die bei längerer Reife sehr pikant, manchmal geradezu scharf schmecken können und ein volles Aroma besitzen. Manche dieser Käse werden auch mit Gewürzen oder Kräutern im Teig angeboten – Munster mit Kümmel, Maroilles mit Estragon und Pfeffer oder mit Schnittlauch.

LIMBURGER oder Backsteinkäse hat, ebenso wie Romadur und Weinkäse, eine gelblich-braune bis rötliche, feuchte Käseflora und reift etwa 2 bis 4 Wochen. Kräftiges Aroma.

DAUPHIN stammt aus der Thiérache im Norden Frankreichs. Üblich ist die Stangenform, doch gibt es ihn auch herz- oder fischförmig, in Mondsichel- oder Wappenform.

ROMADUR wird, wie Limburger auch, in Stangenform und mit 20 bis 60 % Fett i.T. hergestellt. Seine Reifezeit beträgt allerdings nur 1 1/2 bis 2 Wochen.

BAGUETTE LAONNAISE ist eine der vielen Varianten des Maroilles. Der Käse reift bis zu 3 Monaten und kann entsprechend kräftig schmecken.

Der runde WEINKÄSE besitzt einen relativ geschmeidigen Teig, im reifen Zustand hellgelb und weichschnittig. Mit einem Fettgehalt von 40 bis 60 % Fett i.T.

LES BEAUX PRÉS ist mit dem belgischen Herve kaas verwandt. Die dünne Haut ist mit feuchter Rotflora bedeckt, die wesentlich zu Reifung und Aroma beiträgt.

Die unterschiedlichen Reifegrade von CAMEMBERT aus pasteurisierter Milch: Der oberste Laib ist ganz frisch, erst 1 Tag alt und noch durch und durch weiß; der unterste dagegen ist – nach 5 Wochen – vollständig durchgereift, zeigt einen gut entwickelten Weißschimmel und hat einen gelblichen Teig.

COULOMMIERS ist nach dem ersten Erscheinen des Weißschimmels verzehrreif. Dieses Exemplar hier ist gut durchgereift, mit leichter rötlich-brauner Flora. Etwa 50 % Fett i.T.

# Der Inbegriff für Weichkäse schlechthin: Die »Weißen« – nicht nur aus Frankreich.

Camem

Der weiche, gleichmäßige, dichte weiße Schimmelrasen prägt überwiegend das Bild, das wir heute von Camembert & Co. haben. Dabei ist dieses Aussehen, verglichen mit der meist jahrhundertealten Tradition der Weichkäse, generell eine relativ neue Errungenschaft. Wieso, lässt sich anhand der Geschichte des Camemberts aufzeigen: Ursprünglich war dieser nämlich ein Rotschmierkäse, ähnlich dem Livarot, der auf der vorhergehenden Seite vorgestellt wurde. Je nach den Bedingungen der Lagerräume siedelte sich auf der Oberfläche dann zusätzlich oft ein Schimmelrasen an, meist grau-bläulich in der Farbe. Ein solcher Käse war im Geschmack sicherlich intensiver als ein heutiger Camembert, die mehr oder weniger zufällige Besiedelung mit Schimmelpilzen konnte jedoch zu starken Qualitätsschwankungen führen. Hier kommt nun Marie Harel ins Spiel, eine Käseproduzentin aus Vimoutiers in der Normandie. Ein Denkmal in ihrem Herkunftsort feiert sie zwar als die Erfinderin des Camemberts, doch bestand ihre Bedeutung wohl vielmehr darin, dass es ihr und ihrer Familie erstmals gelang, das ungleichmäßige Schimmelwachstum – dieses allerdings immer noch blau-grau – in den Griff zu bekommen, sodass sie etwa ab 1790 die Märkte der Umgebung mit Weichkäsen von gleichbleibender Qualität beliefern konnte.

Erst 1910 schließlich wurde durch die Laboratoires Roger eine neue Schimmelkultur *(Penicillum candidum)* eingeführt, die den bis dahin üblichen »Blauschimmelrasen« durch einen gleichmäßigen weißen Schimmelüberzug er-

CARRÉ DE L'EST wird überwiegend in Lothringen und in der Champagne hergestellt. Er schmeckt mild, milchsäuerlich und mit zunehmender Reife würzig. 40 bis 45 % F.i.T.

FORMAGELLA stammt aus dem italienischen Voralpengebiet um Bergamo und Brescia. Der Käse besitzt zwischen 20 und 40 % F.i.T., wird frisch und gereift verzehrt.

TOMINO FRESCO – links –, frisch und leicht säuerlich. Mit feinem Weißschimmel gereift – TOMINO STAGIONATO, rechts – entwickelt er ein camembertähnliches Aroma.

setzte: Damit erst war der Camembert in seiner heute gängigen Form entstanden.
Ein Schritt hin zur überregionalen Verbreitung des Camembert war die Einführung der Spanholzschachtel als Verpackung im Jahr 1890: Jetzt konnten die doch recht empfindlichen Käse, die bisher traditionell unverpackt auf Strohmatten geliefert wurden, erstmals unbeschadet den Transport auch über größere Strecken hinweg überstehen.
Auch wenn inzwischen Weißschimmelkäse nach Camembertart nahezu rund um die Welt hergestellt werden, ist der »einzig Wahre« doch der französische Rohmilch-Camembert

# bert

geblieben, der ursprungsgeschützte »Véritable camembert de Normandie«. Camembert kommt in Frankreich – ob aus der Normandie oder nicht, ob aus Roh- oder pasteurisierter Milch – stets in 3-cm-hohen, runden Laiben von 10,5 bis 11 cm Durchmesser (oder 8 bis 8,5 cm beim »Petit camembert«) mit mindestens 40 % F.i.T. in den Handel. Die Reifezeit beträgt wenigstens 21 Tage; der Teig ist dann weich, verläuft aber noch nicht.
Doch nicht nur der Camembert gehört zur großen Familie der Weißschimmelkäse – auch der Brie zählt dazu. Und nicht nur in der Normandie oder der Ile-de-France weiß man solche Käse hervorragend herzustellen. Über die Grenzen Frankreichs hinaus gilt es, die wundervollen Weichkäse aus dem Tessin und aus Norditalien zu entdecken, zu denen Formagella und Tomini gehören. Sie werden nicht nur aus Kuhmilch, sondern auch aus Mischungen von Kuh- und Schaf- beziehungsweise Kuh- und Ziegenmilch zubereitet. Tomini und Formagella werden auch ungereift, als Frischkäse, angeboten. Und gerade die Tomini freschi sind, eingelegt in eine pikante Marinade aus Öl und Kräutern, Knoblauch oder Peperoncini, ausgesprochen beliebt.

Ein ROHMILCH-CAMEMBERT aus der Normandie, mit gleichmäßigem Weißschimmel und einer leichten Käserotflora. Vollreif, wie hier, wird er von Kennern wegen seines kräftig-würzigen Geschmacks bevorzugt.

# Von sahnig-mild bis vollreif und pikant: Brie und Weichkäse aus Kuhmilch, die dazugehören.

BRIE DE MEAUX ist im Format der Gigant unter den Bries. Hier eine gut gereifte, traditionell auf einer Strohmatte angebotene »tarte de brie«. Der durch das AOC-Siegel ursprungsgeschützte Brie de Meaux kann aus Roh- oder aus pasteurisierter Milch hergestellt sein; Rohmilchkäse sind durch die Verpackung ausgewiesen.

Ein BRIE DE MELUN mit schon deutlich entwickelter Käserotflora. Vollreif ist er jedoch noch nicht, wie der weiße, noch feste »Kern« im Teig zeigt. Enthält mindestens 40 % F.i.T.

DIE HERSTELLUNG VON BRIE DE MEAUX:

Die dickgelegte Milch – die Gallerte – wird in den Kesseln mit einem Metallstab in größere Stücke zerteilt.

Die Gallerte wird mit einer Schöpfkelle – »pelle de Brie« entnommen und in perforierte Formen gefüllt.

Die Formen stapelt man zum Ablaufen der Molke. Dann kommen die Käse in Schließringe, in die »eclisses«.

Die geformte Gallertmasse wird mit Salz bestreut, dann sprüht man die Weißschimmel-Kulturen auf.

Bevor die Käse in Holzregalen reifen, entfernt man die Schließringe und reibt die Käseränder mit Salz ein.

Brie, auch als »Juwel der Île-de-France« gerühmt, verdankt seine Bezeichnung der gleichnamigen Landschaft östlich von Paris. Zwei Sorten sind heute in Frankreich durch das AOC-Siegel ursprungsgeschützt: einmal der Brie de Meaux, dessen Herstellung die nebenstehende Bildfolge schildert, zum anderen der Brie de Melun. Bei Letzterem wird im Unterschied zu den anderen Briesorten die Gallerte in 3 x 3 cm große Stücke zerkleinert, weshalb der Teig später etwas krümeliger in der Struktur ist. Brie de Melun und Brie de Meaux sind Kuhmilchkäse mit mindestens 45 % F.i.T.; sie müssen wenigstens 4 Wochen bei 10 °C reifen. Dabei wird der weiße Schimmelbelag allmählich von rötlich-bräunlicher Flora überwachsen, die für einen kräftigen Geschmack sorgt. Liebhaber schätzen auch mehr als 2 Monate gereiften Brie de Melun, der ein ammoniakähnliches Aroma aufweist.

Brie ist heute in Frankreich gesetzlich definiert als Weichkäse mit Oberflächenschimmel mit mindestens 40 % F.i.T. Die Laibe besitzen die Form einer flachen Torte und können einen Durchmesser zwischen 22 und 36 cm aufweisen, kleinere mit einem Durchmesser von 14 bis 22 cm heißen »Petit brie«. Die wie Tortenstücke aus dem Laib geschnittenen Segmente nennt man »Pointes de brie«, Brie-Spitzen. Brie, der übrigens längst nicht mehr nur in der französischen Ursprungsgegend hergestellt wird, besitzt einen weich-geschmeidigen Teig und das Pilzaroma des Camembert-Schimmels.

Eine weitere Gruppe von Weichkäsen wird nach dem Prinzip des Neufchâtel hergestellt, der ursprünglich aus dem Pays de Bray in der Normandie stammt. Solche Käse – dazu gehören der Neufchâtel selbst, darüber hinaus Sorten wie Bondard, Gratte-paille, Boursault, Brillat-Savarin, Chaource oder Butte de Doue – besitzen mindestens 45 % F.i.T. und werden in verschiedenen Reifestadien und Formen angeboten. Die Oberfläche ist auch hier von dichtem Weißschimmel bedeckt, die bei frischen Käsen gerade erscheint, während sie mit fortschreitender Reife jedoch wieder verschwindet. Nicht verwechselt werden dürfen solche Käse mit dem Neufchatel aus den USA: Bei diesem handelt es sich um einen relativ fettarmen, meist noch mit Stabilisatoren versetzten Frischkäse.

BRILLAT-SAVARIN aus der Normandie, 75 % F.i.T., mit leichter Flora. Säuerlich, frischkäseartig im Geschmack.

BUTTE DE DOUE hat einen geschmeidigen, weichen Teig und eine leichte weiße Flora. 70 % F.i.T.

PAGLIETTA aus dem Piemont. Der Name kommt von »paglia«, Stroh, auf dem die Käse früher reiften. 50 % F.i.T.

LUCULLUS, ein von Pierre Androuët eingeführter Name für einen zart-cremigen Käse mit 75 % F.i.T.

Ein CHAOURCE, an dessen Rand sich bei der Reifung eine bräunliche Flora entwickelt hat, mildsäuerlich. 50 % F.i.T.

GRATTE-PAILLE aus der Île-de-France, mit Weißschimmel und deutlicher Rotflora. Würzig im Geschmack.

TOMME DE VAUDOIS aus der Schweiz, in zwei verschiedenen Fettstufen: oben mit 25, unten mit 45 % Fett i.T.

PIERRE ROBERT, mit weißem Camembert-Schimmel und, gereift, mit gelbbräunlicher Flora am Rand. 75 % F.i.T.

BOURSAULT, weich und geschmeidig, frischkäseartig. Leichter weißer oder rötlich-brauner Belag. 70 % Fett i.T.

ROMANS gibt es »pur« oder mit Gewürzen im Teig. Frisch leicht milchsäuerlich, gereift kräftig und würzig.

CŒUR DE NEUFCHÂTEL – hier der berühmte Käse aus der Normandie in Herzform. Mild bis herzhaft, 45 % F.i.T.

OREILLIER DE CIBOULETTE: durch Käserotflora und Schnittlauch im Teig kräftig im Geschmack.

PAVÉ D'AFFINOIS besitzt einen frischkäseartigen, kompakten Teig. Sehr mild und sahnig, 45 % F.i.T.

FEUILLE DE DREUX wird zum Reifen zwischen Kastanien- oder Platanenblätter gelegt. Hier ein recht reifer Käse.

BONDARD ist ein Neufchâtel in Rollenform, bei dem die leichte Käserotflora zum delikaten Geschmack beiträgt.

BOUQUET DES MOINES, ein kräftiger belgischer Weißschimmelkäse. Hier am Rand weit gereift und zerfließend.

PRESTIGE DE BOURGOGNE gibt es mit weißlicher oder mit rötlicher Flora. Milchsäuerlich-frisch, 75 % F.i.T.

FRINAULT aus dem Orléanais. Leicht mit Asche bestaubt, sehr kräftig im Geschmack. Mit 50 % Fett i.T.

PITHIVIERS AU FOIN reift traditionell zwischen Heu, was zu seinem markanten Geschmack beiträgt.

FOUGERU mit dekorativer Farnblattauflage. Er ähnelt in Form und Geschmack dem Coulommiers.

ZIEGENFRISCHKÄSE AUS ITALIEN mit 45 % F.i.T., cremig-mild im Aroma, schwach gesalzen und leicht säuerlich.

CHAVROUX ist ein Ziegenfrischkäse aus Frankreich, der sich durch einen sehr milden Geschmack auszeichnet.

LOS VAZQUEZ ist ein relativ fester spanischer Frischkäse aus Ziegen- und Kuhmilch mit kräftigem Geschmack.

LINGOT BLANC (»weißer Block«), ist ein Ziegenkäse aus dem französischen Poitou mit relativ mildem Aroma.

LIMBURGSE GEITEKAAS, ein würziger Ziegenfrischkäse aus Holland mit Kräutern im Teig und 50 bis 60 % F.i.T.

ZICK DE ZWIENER ist ein deutscher Ziegenfrischkäse (50 % F.i.T.) mit mildem, aber ausgeprägtem Geschmack.

# Ziegenkäse mal ganz frisch, mal einige Wochen gereift. Aber bitte nur beim Fachmann.

# Ziegen

Für KÄSEHÄPPCHEN eignet sich der noch gut formbare Ziegenfrischkäse mit seinem milden Geschmack ganz besonders. Umhüllt von Kräutern oder Gewürzen, etwa edelsüßem Paprikapulver, schmeckt er besonders gut, weil sich das Aroma auf den weichen Teig überträgt.

Ziegenkäse stellt man aus roher, manchmal auch aus pasteurisierter Milch her. Eine besonders große Rolle spielt er in Frankreich, dem Land mit den über 400 verschiedenen Käsesorten, wobei gerade hier die zahlreichen, nur regional bekannten Ziegenkäse aus bäuerlichen Betrieben ganz entscheidend zur Vielfalt beitragen. Aber auch in anderen Ländern wird Ziegenkäse produziert, etwa in Spanien, Italien oder Österreich, der Schweiz oder den Niederlanden, ebenso in Deutschland.

Wie eine bäuerliche Ziegenkäseproduktion en détail aussehen kann, veranschaulicht die nebenstehende Bildreportage, die auf dem Hof von Guiseppe Merlot im südschweizerischen Bergell entstanden ist. Das Schöpfen von Hand ist eine aufwändige Angelegenheit, dafür braucht sich Guiseppe Merlot dann um den Absatz seiner Käse keinerlei Sorgen mehr zu machen: Fast immer ist die gesamte Produktion bereits vorbestellt, zumal er einen

ZIEGENKÄSE-PRODUKTION: Die Milch vom Vorabend wird mit der frischen Morgenmilch vermischt und in einem großen Kupferkessel über dem Feuer erhitzt.

Viel Fingerspitzengefühl ist dabei nötig: Bei der Befeuerung ebenso wie beim Dicklegen der Milch oder dem Ausschwenken des Kessels.

Der frische Ziegenkäsebruch wird in saubere Blechdosen geschöpft, in die jeweils Löcher gestanzt wurden, damit die Molke gut ablaufen kann.

Nach etwa 1 Stunde werden die frischen Käse dann vorsichtig in Salz gerollt und zum weiteren Reifen auf ein Blech gesetzt.

Ein Strohhalm verleiht dem zarten zerbrechlichen Teig des milden SAINTE-MAURE DE TOURAINE Festigkeit, dessen Außenfarbe übrigens seine Herkunft verrät: Ist der Käse mehr bläulich, stammt er aus bäuerlicher Produktion, Molkereikäse sind eher weiß. Zudem tragen Molkereikäse rote, traditionell hergestellte Käse grüne Etiketten. Vergleichbare Käse heißen Chèvre long.

ZIEGEN werden morgens und abends gemolken. Gekäst wird jedoch meist nur einmal – in der Regel morgens, wobei die Milch vom Vorabend mit der frischen Morgenmilch vermischt wird. Mancherorts, etwa im schweizerischen Bergell, treibt man die Tiere tagsüber auf Bergweiden. Die Milch von solchen Ziegen ergibt dann einen besonders würzigen Käse.

# käse

besonderen Service bietet: Seine Kunden erhalten ihren Käse im jeweils gewünschten Reifegrad. Ziegenkäse kann ja in jedem Reifestadium verzehrt werden, von mild-frisch bis würzig-trocken. Bei den Ziegenfrischkäsen handelt es sich in der Regel um »pur chèvres«, das heißt, sie bestehen nur aus Ziegenmilch und haben einen Fettgehalt von mindestens 45 % F.i.T. Gelegentlich findet man sie auch in mit Kräutern oder Gewürzen aromatisiertem Öl eingelegt, so hält sich Ziegenfrischkäse einige Wochen. Ziegenkäse muss aber nicht unbedingt aus Ziegenmilch allein bestehen, es kann Kuh- oder Schafmilch beigemischt sein, was dann allerdings aus der Kennzeichnung auf dem Etikett deutlich hervorgehen muss. So besteht ein französischer »mi-chèvre«, ein »Brique du Livradois« etwa, aus Kuh- und Ziegenmilch, mit einem Ziegenmilchanteil von mindestens 25 %.

FRISCHER KÄSEBRUCH, bei dem der typische Geschmack nach Ziegenmilch noch wenig ausgeprägt ist, schmeckt gut zu Obst, aber auch, leicht gesalzen, als Brotaufstrich.

Die Vielfalt an frischem ZIEGENKÄSE ist immens, zumal er häufig in kleinen Betrieben oder direkt vom Bauern hergestellt wird. Der Fettgehalt von Ziegenfrischkäse beträgt für gewöhnlich zwischen 45 und 50 % F.i.T.

Der aromatische POIVRE D'ÂNE – zu Deutsch Eselspfeffer – wird in gerebelten Kräutern (Saturei, Rosmarin) gerollt.

BANON aus der Provence wird traditionell mit Kastanienblättern umhüllt und mit Saturei bedeckt. Mild bis würzig.

ARÔMES AU GÈNE DE MARC wird aus mehreren, gereiften Ziegenkäsen gemischt, reift in Weintrester weiter.

Der aromatische MEUSNOIS stammt aus dem Berry. Er hat einen halbfesten Teig und schmeckt leicht säuerlich.

POURLY ist ein delikater Ziegenkäse aus dem Auxerrois. Frisch und gereift, mit Milchschimmel, sehr geschätzt.

BOUTON DE CULOTTE – Hosenknopf – ein sehr kleiner Ziegenkäse aus dem Burgund. Gereift mit kräftigem Aroma.

MÂCONNAIS, CHEVROTON DE MÂCON stammt aus Burgund. Mit halbfestem Teig und 40 bis 45 % Fett i.T.

BRIQUE DE FOREZ gibt es aus Ziegenmilch pur, aber auch als »mi-chèvre«. Dann ist er entsprechend mild.

Der kleinere BRIQUE DU LIVRADOIS, BRIQUETTE ähnelt dem Brique de Forez, auch als »mi-chèvre« erhältlich.

PERSILLÉ BOURGUIGNON, ein leicht würziger Ziegenkäse, in Holzkohlestaub gewälzt und mit 2 Holzkohleschichten.

BRIN D'AMOUR oder BRINDAMOUR, teilweise auch »Fleur du marquis« genannt, schmeckt würzig nach Kräutern.

CHÈVRE FEUILLE, erst mild, dann kräftig, stammt aus dem Périgord. In Kastanien- oder Platanenblätter gewickelt.

SAINTE-MAURE DE TOURAINE (AOC). Der Strohhalm verleiht dem milden und sehr zarten Teig Form und Festigkeit.

BÛCHETTE D'ANJOU. Die Holzkohleschicht wird von Schimmel überwachsen. Mild, mit ausgeprägtem Aroma.

ZIEGENROLLE aus Holland. Typisch sind weißer Teig und weißer Schimmelrasen. Kräftig im Geschmack.

Wie die meisten Käse haben auch Ziegenkäse ihre Saison: als beste Zeit gelten das späte Frühjahr und der Sommer, doch kann man bis in den Oktober, November hinein guten Ziegenkäse antreffen. Das hängt zum einen von der Milchleistung der Ziegen ab, die im Frühjahr und Sommer am besten ist – im Winter geben Ziegen so gut wie keine Milch. Zum andern aber auch von der entsprechenden Lagerung, bei der Temperatur und vor allem Luftfeuchtigkeit stimmen müssen. Zwar sind manche Sorten das ganze Jahr über erhältlich, doch werden diese dann aus getrockneter oder gefrorener Ziegenmilch gekäst. Bestes Ausgangsprodukt ist die Frühjahrs- oder Sommermilch von Ziegen, die auf Bergwiesen oder Heideland, etwa den provenzalischen »garrigues«, würzige Gräser und Kräuter fressen können. Während die Mehrzahl aller Ziegenkäse nur lokale Bedeutung hat, sind andere weit verbreitet, etwa die unten abgebildete »Tomme de chèvre«, die von Savoyen über die Seealpen bis hin nach Korsika hergestellt wird. Manche französische Ziegenkäse sind aufgrund ihrer Qualität über die Landesgrenzen hinaus berühmt geworden und haben das begehrte Ursprungs- und Qualitätssiegel (AOC – Appellation d'origine contrôlée) erhalten, wie etwa der Rocamadour.

## Beinahe unerschöpflich: die Vielfalt der Farben und Formen.

PAVÉ TOURAINE – pavé heißt Pflasterstein –, und an einen solchen erinnert dieser feste, kräftige Ziegenkäse auch.

VALENÇAY, ein Ziegenkäse mit AOC-Siegel aus dem Berry. Mild, aber mit ausgeprägtem Ziegenmilcharoma.

POULIGNY-SAINT-PIERRE, milder Ziegenkäse aus dem Berry (AOC-Siegel). Auch »Eiffelturm« genannt.

PAVÉ BLÉSOIS mit einem Belag von Weiß-, Milchschimmel und Holzkohle. Weicher Teig, mild im Geschmack.

BOUGON. Dieser pikante Ziegenkäse mit weichem Teig stammt aus dem Poitou in Frankreich.

GRAÇAY, ein Ziegenkäse mit recht fester Haut, stammt aus dem Berry in Frankreich. Weicher, würziger Teig.

CLOCHETTE in der typischen Glockenform. Der Schimmel wächst allmählich an und wird bläulich. Kräftiges Aroma.

SELLES-SUR-CHER, handgeschöpfter Ziegenkäse mit AOC-Siegel. Zarter Teig, angenehm mild im Geschmack.

PICODON DE LA DRÔME, teils auch Picodon de l'Ardèche genannt, mit AOC-Siegel. Mittelfest und würzig.

CŒUR DE SELLES, ein Ziegenkäse in Herzform nach Art des Selles-sur-Cher mit mild-aromatischem Geschmack.

CROTTIN DE CHAVIGNOL, AOC-Siegel. Jung mild-cremig, ausgereift dagegen trocken und mit kräftigem Aroma.

Beim SANCERRE handelt es sich um eine Variante des »Crottin de chavignol«. Ausgeprägter Geschmack.

Den kompakten, mild-aromatischen PÉLARDON DES CÉVENNES aus dem Languedoc gibt's in vielen Variationen.

ROCAMADOUR, einer der bekanntesten kleinen »chèvres« mit AOC-Siegel. Mild-aromatisch mit goldgelber Haut.

CHABICHOU (AOC-Siegel), würziger Ziegenkäse in der traditionellen Bonde-Form, in Holzkohlepulver gewälzt.

LA-MOTHE-SAINT-HÉRAY. Weißschimmelkäse mit geschmeidigem Teig und, etwas gereift, sehr würzigem Aroma.

TOMME DE CHÈVRE, ein weit verbreiteter, milder bis kräftiger Ziegenkäse mit relativ weißem Teig, der von den Bergregionen Savoyens bis nach Korsika in unterschiedlichen Sorten anzutreffen ist, mal mit Weiß-, mal mit Blauschimmel, mal mit Rotflora überzogen.

MONTE CAPRINO. Ein würziger Ziegenkäse mit einem Kuhmilchanteil aus dem Schweizer Tessin (45 % F.i.T.).

ZIEGEN-GOUDA aus Deutschland, mit deutlich gereiftem Teig unter einer festen Rinde und würzigem Aroma.

HARDANGER, norwegischer Schnittkäse aus reiner Ziegenmilch mit 45 % Fett i.T., auch »Rosendal« genannt.

MAGERQUARK enthält nur 1 bis 2 % F.i.T. Der Eiweißgehalt ist im Vergleich dazu sehr hoch, deshalb ist die Masse fest und eher krümelig-trocken als cremig.

PETIT-SUISSE heißen diese kleinen Frischkäserollen, die nicht aus der Schweiz, sondern aus der Normandie stammen. Aroma und Teig sind mild-säuerlich und delikat.

CREAM CHEESE ist ein mild-aromatischer Frischkäse aus Nordamerika mit über 70 % F.i.T. Kompakt und fein-cremig in der Struktur. Auch aufgeschäumt und mit Zutaten angeboten.

MASCARPONE wird aus Sahne hergestellt. Der weißliche bis strohgelbe, milde Frischkäse ist kompakt, geschmeidig und streichfähig. Eine gute Grundlage für süße Desserts.

KÖRNIGER FRISCHKÄSE weist kleine, weiche Körnchen auf. Im Sieb eine Sorte mit 20 % F.i.T., darunter ein amerikanischer Creamed cottage cheese mit Sahnezusatz.

QUARK, in Bayern und Österreich auch Topfen genannt, wurde früher in vielen Haushalten aus Rohmilch selbst hergestellt. Dazu ließ man die Milch – nachdem der Rahm nach Belieben abgeschöpft war – sauer oder »dick« werden, schöpfte sie dann in Mulltücher und hängte diese zum Abtropfen der Molke auf. Auch fertig gekaufter Speisequark kann übrigens noch recht viel Molke enthalten, weshalb man ihn vor der Verwendung am besten in einem Tuch eine Weile ablaufen lässt.

STRACCHINO aus der Lombardei hat einen zarten, formfesten Teig und einen milden, feinsäuerlichen Geschmack. Wird ganz frisch oder bis zu 2 Wochen gereift angeboten.

# Frischk

## Leicht säuerlich und nicht immer ganz weich.

Unter Frischkäse versteht man ganz allgemein ungereifte Käse, die unmittelbar nach der Herstellung verzehrt werden können und ohne eine weitere Behandlung nicht lange lagerfähig sind. Dazu zählen beispielsweise Quark, Ricotta, Fromage blanc oder Cottage cheese, aber auch »Zwischenprodukte« bei der Käseherstellung wie Zieger oder der Bruch von Kaschkawal (Kasch genannt) und Cheddar (Curd), die in den jeweiligen Erzeugerländern ebenfalls frisch verzehrt werden.

Frischkäse können, wie andere Käsesorten auch, aus gesäuerter Milch (Quark, Cottage cheese, Petit-suisse, Robiola) hergestellt werden, oder auch, wie Mascarpone, komplett

# äse

aus Sahne. Ja sogar das Eiweiß der Molke, die bei der Herstellung von Käse anfällt, kann eine Ausgangsbasis für Frischkäse sein. Bekanntestes Beispiel hierfür ist die italienische Ricotta, die man durch Wiedererhitzen der Molke gewinnt. Das Eiweiß und andere Inhaltsstoffe setzen sich dabei an der Oberfläche ab und können abgeschöpft werden. Der so gewonnene cremige Käse wird oft durch Trocknen, Salzen, Räuchern oder eine Kombination dieser Techniken haltbar gemacht.

Ähnlich geht die Bereitung von Zieger – auch Ziger geschrieben – vor sich, nur gewinnt man ihn durch Erhitzen und Säuern von Magermilch. Dabei flockt das Eiweiß aus und kann abgenommen werden. Dieses Herstellungsprinzip ist übrigens nicht nur in der Schweiz, sondern auch auf dem Balkan bekannt.

RICOTTA DI PECORA entsteht aus Molke, die bei der Schafkäseherstellung anfällt. Sie hat im Schnitt einen höheren Fettgehalt als Ricotta aus Kuhmilch und ist fein-geschmeidig.

RICOTTA DI VACCA, aus der Molke von Kuhmilchkäsen gewonnen und im Körbchen geformt. Vor allem in den Provinzen Norditaliens hergestellt.

RICOTTA PIACENTINA aus der Po-Ebene. Eine Kuhkäse-Ricotta, die in dem bei der Herstellung verwendeten Abtropftuch angeboten wird. Cremig, aber leicht krümelig.

RICOTTA TIPO MOLITERNO ist eine gesalzene Ricotta aus Schafkäsemolke. Die Käse trocknen einige Tage an der Luft und werden dabei mehrfach mit Salz abgerieben.

RICOTTA SALATA aus Kuhkäsemolke, mit kompakt-geschmeidigem Teig. Im Hintergrund eine RICOTTA SALATA AFFUMICATA – die Haut ist durch das Räuchern gefärbt.

Schweizer ZIEGER, hier aus Ziegenmilch. Er ist eine Vorstufe zur Herstellung von Schabzieger und wird traditionell aus Kuhmilch auf den Glarnser und Sarganser Alpen hergestellt.

RICOTTA SALATA AL FORNO ist eine gesalzene Ricotta, die im Ofen gebacken wurde. Man findet sie vor allem in Mittel- und Süditalien auf den Speisekarten.

MANOURI aus Griechenland wird nach demselben Prinzip hergestellt wie der Schweizer Zieger, jedoch getrocknet und mit höherem Fettgehalt. Der Teig ist fest und kompakt.

FORMAGGINI nennt man in Italien frische, weich-geschmeidige Tafelkäse. Mitunter lässt man sie einige Wochen reifen, dabei entwickelt sich ihr voller Geschmack.

Robiola ist ein Name für recht unterschiedliche italienische Käse, wie etwa den Frischkäse ROBIOLA OSELLA aus dem Piemont. Er ist sahnig, mild-säuerlich und enthält 70 % F.i.T.

KOCHKÄSE entsteht durch das Schmelzen von Sauermilch- oder Labquark. Der würzige Teig ist entsprechend den Fettstufen (10 bis 60 % Fett i.T.) mehr oder weniger streichfähig.

# Schmelz-, Sauermilch- und Molkenkäse: Von streichzart bis bröckelig, von cremeweiß bis braun.

RÄUCHERKÄSE nennt man Schmelzkäsezubereitungen, die zusätzlich geräuchert werden. Der Teig ist schnittfest und besitzt einen würzigen Geschmack.

Der rustikale HANDKÄSE OHNE EDELSCHIMMEL verträgt sich ausgesprochen gut mit anderen würzenden Zutaten, allen voran Kümmel. In vielen Gegenden liebt man ihn auch »mit Musik« – mit Zwiebeln, pikant angemacht mit einer Vinaigrette.

FJÄLL BRYNT stammt aus Schweden. Das Produkt ist ein feincremiger, gut streichbarer Schmelzkäse mit einer leicht süßlichen Note.

Geschichtete SCHMELZKÄSETORTEN gibt es in großer Vielfalt. Hier eine Variante, bei der man gut die abwechselnden Schmelzkäse- und Walnussfrischkäse-Schichten erkennt.

SCHMELZKÄSE gibt es in den unterschiedlichsten Konsistenzen und Formen – von der in Folie eingepackten Streichkäseecke bis hin zu einzeln in Folie verpackten Scheiben.

Schon früh waren vor allem die Käse-Exportländer bemüht, Käse haltbarer zu machen, um ihn vor Qualitätsminderungen beim Transport zu bewahren. Das führte unter anderem zur Erfindung des Schmelzkäses. Den Beginn der Herstellung kann man auf das Jahr 1911 festlegen, als in der Schweiz durch das Schmelzen von Emmentaler unter Zusatz von Zitronensäuresalzen ein haltbares, nicht mehr weiter reifendes Produkt – zunächst »Emmentaler ohne Rinde« oder »Emmentaler-Schachtelkäse« genannt – entstand. In den USA gelang derselbe Prozess mit Cheddar, den man jedoch mit Phosphorsäuresalzen schmolz, vier

Eine repräsentative Sauermilchkäseplatte: Im Vordergrund, in Folie eingepackt, OLMÜTZER QUARGEL. Auf dem Brot, in Scheiben geschnitten, ein BAUERN-HANDKÄSE. Links dahinter zweimal KORBKÄSE, mit und ohne Edelschimmel, rechts daneben STANGENKÄSE. Darüber noch einmal kleine runde HANDKÄSE. Wie auf dem Bild schön zu erkennen, gibt es viele dieser Käse in zwei Variationen: als Gelbkäse, goldgelb bis rötlich-braun und pikant, oder als Edelschimmelkäse, mit Camembertschimmel, dann etwas milder im Geschmack.

Jahre später. Die Festigkeit des Ausgangskäses bestimmt übrigens auch die des Schmelzkäses – das erklärt, warum es feste und streichfähige Sorten gibt. Heute werden in die geschmolzene Masse vielfach noch weitere Zusätze eingearbeitet, beispielsweise Gewürze, Kräuter oder Schinken, so dass eine immense Sortenvielfalt von Schmelzkäsen entstanden ist.

Sauermilchkäse dagegen werden aus gesäuerter Magermilch oder aus Sauermilchquark hergestellt. Ihr Fettgehalt ist extrem niedrig; er kann unter 1 % F.i.T. liegen. Sie sind traditionelle bäuerliche, regionale Spezialitäten, die vor allem in den deutschen Mittelgebirgsregionen, in Österreich, Tschechien, Norwegen und in der Schweiz hergestellt werden. Je nach ihrem Wassergehalt werden einige davon zu den Weich-, andere zu den halbfesten Schnittkäsen gerechnet. Die österreichischen Graukäse reifen zuweilen so lange, dass sie als Reibkäse verwendet werden können. Auch der bereits beim Frischkäse angesprochene Schabzieger gehört zu dieser Gruppe; zu seiner Herstellung wird gereifter Zieger mehrfach gemahlen, mit Salz und Ziegerklee gemischt und in Formen gepresst. Eine Spezialität aus Norwegen ist der krümelige, braune Gamalost, dessen Oberfläche mit einem speziellen Köpfchenschimmel versetzt wird. Wieder anders in der Herstellung sind die skandinavischen Molkenkäse, in Norwegen auch Braunkäse genannt. Man gewinnt sie durch das Einkochen von Kuh- oder Ziegenkäsemolke. Dabei karamellisiert der Milchzucker, wodurch sich die braune Farbe und ein leicht süßlicher Geschmack ergeben.

STEIRISCHER GRAUKÄSE, Steirerkas, wird aus durch Milchsäurebakterien gesäuerter Magermilch hergestellt.

TIROLER GRAUKÄSE, säuerlich-scharf im Geschmack, entsteht aus auf 60 °C erwärmtem Sauermilchquark.

GJETOST, ein norwegischer Braunkäse, wird durch Eindampfen von Käsemolke unter Zusatz von Sahne gewonnen.

GAMALOST, ein norwegischer Sauermilchkäse mit braunem, körnigem Teig. Charakteristisch-pikant im Geschmack.

# Wei

'PAPARELLA', eine weiße Tafeltraube aus Italien. Große, kompakte, längliche Trauben mit grüngelben Beeren.

'THOMPSON SEEDLESS' zeichnet sich durch längliche, kernlose, festschalige, sehr knackige und süße Beeren aus.

'ALMERIA' – unter diesem Namen wird die für den Weltmarkt wichtige Sorte 'Ohanes' mancherorts angeboten.

MUSKATTRAUBEN verfügen über ein typisches, würziges Aroma. Aus ihnen werden viele Süßweinsorten gekeltert.

'GLORIA', eine deutsche Neuzüchtung aus den Sorten 'Müller-Thurgau' und 'Silvaner'. Süßer als dieser.

'REGINA' oder 'Dattier de Beyrouth' ist eine traditionsreiche Tafeltraubensorte mit angenehmem, leichtem Muskatton.

'NAPOLEON' besitzt längliche, gelbe Beeren. Die Trauben sind relativ groß, kompakt, lang gestreckt in der Form.

'WALTHAM CROSS' gehört zu den – nach der Form der Beeren so genannten – Datteltrauben. Hier aus Südafrika.

'SULTANINA' oder 'Sultana', eine kernlose Sorte. Als Frischobst auf dem Markt, auch getrocknet als Rosinen.

'NEW CROSS' kommt aus Südafrika zwischen Mitte November und Anfang Juli auf den Markt.

'BIEN DONNÉ', eine weiße Tafeltraube, die ebenfalls häufig in Südafrika kultiviert wird. Knackig-süße Beeren.

'OHANES', hier aus Australien, wird gern für den Export angebaut, da sich diese Trauben relativ lange halten.

▽ Der 'WEISSE GUTEDEL', in Frankreich 'Chasselas' und im Wallis auch 'Fendant' genannt, ist eine exzellente Tafeltraube, ergibt aber auch einen hervorragenden Weißwein.

Süß und knackig, so sollen die Beeren der Weinreben-Sorten *(Vitis vinifera)* sein, die als Frischobst auf den Markt kommen. Tafeltrauben machen jedoch nur einen Bruchteil der Gesamternte weltweit aus – ein noch geringerer Prozentsatz wird zu Rosinen getrocknet, der Löwenanteil jedoch zu Wein vergoren. Aber nicht in jedem Weinbaugebiet reifen auch gute Tafeltrauben, engl. table grape, frz. raisin de table, ital. uva da tavola, span. uva de mesa. Diese verlangen nach einem deutlich milderen Klima; schließlich sind die Beeren ja auch größer und süßer als die der reinen Keltertrauben. Trauben reifen übrigens, einmal geerntet, nicht nach. Hat man beim Einkauf saure Beeren erwischt, werden sie also selbst bei optimaler Lagerung zu Hause nicht mehr süß, deshalb nur bei vollreifen Tafeltrauben zugreifen. Erhältlich sind diese nahezu ganzjährig; Nord- und Südhalbkugel der Erde wechseln sich in der Belieferung des Weltmarktes ab. Bedeutende Produzenten sind die Mittelmeerländer, die USA, Südafrika, Chile, Argentinien, Brasilien sowie Australien. Welche der vielen Tafeltraubensorten man auch bevorzugt, gesund sind sie alle: Sie enthalten Mineralien wie Magnesium, Calcium, Kalium und Eisen, dazu Vitamine der B-Gruppe und Vitamin C, wertvolle Ballaststoffe und Kohlenhydrate, vor allem Traubenzucker.

## Nicht nur zum Keltern geeignet: auch als Frischobst in jeder Farbe ein Genuss.

# ntrauben

'FLAME SEEDLESS' besitzt runde, kernlose, hellrote Beeren. Aus Südafrika, Namibia, Ägypten und Lateinamerika.

'ALPHONSE LAVALLÉE', eine blaue Sorte, die weltweit kultiviert wird. Fast ganzjährig auf dem Markt.

'CARDINAL', eine amerikanische Sorte, die auch in Europa häufig angebaut wird. Beeren rötlich mit grünem Fleisch.

'BARLINKA' bringt relativ kleine, kompakte Trauben hervor. Die Einzelbeeren sind groß, mit fester, blauer Schale.

'RIBIER' heißt die 'Alphonse Lavallée' in den USA. Dort eine späte Sorte mit großen, süßen, säurearmen Beeren.

'PALIERI' kommt häufig aus Italien und Spanien auf den Markt. Große, lockere Trauben mit dunklen Beeren.

'DAN-BEN-HANNAH', eine wichtige blaue Traubensorte aus Israel. Auch als 'Black Emperor' auf dem Markt.

'RED GIANT', eine rotschalige Sorte mit großen Beeren und kompakten Trauben. Hier aus Argentinien.

# Melon

△ Intensiv rot gefärbt ist das Fruchtfleisch der meisten WASSERMELONEN. Nicht so das der Ananas-Wassermelone im Vordergrund: Sie überrascht beim Aufschneiden mit einem gelben Inneren.

'CHARLESTON GRAY', eine große, birnenförmige Wassermelone mit harter, dünner Schale und hellem Fleisch.

Wassermelonen der Sorte 'CRIMSON SWEET' erkennt man an der unregelmäßig gestreiften Schale.

▽ Die CHARENTAIS gilt als eine der besten Cantaloupmelonen. Es gibt Sorten mit glatter und genetzter Schale.

Die kleine, glattschalige OGEN-MELONE entstand durch eine Kreuzung von Netz- und Cantaloupmelonen in Israel.

Aus Xinjiang in China kommt diese ovale HAMI-NETZMELONE mit hell orangefarbenem Fleisch.

Bei Melonen unterscheidet man grundsätzlich zwischen Wassermelonen *(Citrullus lanatus)* und Zuckermelonen *(Cucumis melo)*. Beide zählen zur Familie der Kürbisgewächse, sind jedoch nicht sehr eng verwandt; die Zuckermelone steht, was die botanischen »Familienverhältnisse« betrifft, der Gurke näher als der Wassermelone. Und so unterscheiden sich die Früchte auch deutlich: Das Fruchtfleisch der Wassermelone, engl. water melon, frz. pastèque, melon d'eau, ital. anguria, span. sandía, ist knackig bis mürbe und von gelblichen oder schwärzlichen Kernen durchsetzt. Wassermelonen bestehen zu 95 % aus Wasser und enthal-

# Unglaublich saftig, sind sie – gut gekühlt – die idealen Durstlöscher für heiße Tage.

Vollreif und saftig: Dieser sizilianische Bauer, eine Honigmelone in der Rechten und eine Wassermelone in der Linken, präsentiert zwei Prachtexemplare aus eigener Ernte.

ten kaum Nähr- oder Mineralstoffe. Bei den Zuckermelonen dagegen, engl. sweet melon, frz. melon, ital. melone, span. melón de olor, die nur in warmen Gegenden gedeihen, liegen die Kerne in einem Hohlraum in der Mitte, das Fruchtfleisch enthält 87 bis 90 % Wasser und bis zu 10 % Zucker, dazu Vitamin A und C sowie verschiedene Mineralstoffe. Man unterscheidet drei Gruppen: Einmal die glatten Honig- oder Wintermelonen, dann die Netzmelonen, deren Schale eine korkige Struktur aufweist, sowie die Cantaloup- oder Kantalupmelonen – ihre Schale kann glatt oder genetzt sein. Typisch für alle Zuckermelonen ist das süße, aromatische, bei fortgeschrittener Reife parfümiert wirkende Fruchtfleisch. Wichtig ist daher, beim Einkauf auf optimale Reife zu achten: Zu grün geerntet, fehlt es Zuckermelonen an Aroma und Geschmack; bei Überreife schmeckt das Fleisch unangenehm und wird zu weich.

'HONEY ROCK' ist eine aromatische, sehr süße Netzmelone von leicht ovaler Form und mit orangefarbenem Fleisch.

Die WARZENMELONE mit ihrer attraktiv gestreiften, unregelmäßigen Schale gehört zu den Cantaloupmelonen.

Die GELBE HONIGMELONE ist die bekannteste Zuckermelone. Süßes, festes, saftiges Fruchtfleisch, glatte Schale.

Spanische Honigmelonen vom Typ TENDRAL sind länglich-oval und besitzen grünliches bis gelbliches Fleisch.

Aus dem Iran stammt diese über 2 kg schwere, ovale GELBE NETZMELONE mit cremefarbenem Fruchtfleisch.

'EARLY SWEET', eine süße, runde Netzmelone mit lachsfarbenem Fleisch, deren Schale Längsrippen aufweist.

'HONEY DEW', eine runde Honigmelone mit der typischen glatten Schale. Sie wird vor allem in Amerika angebaut.

Die sehr aromatische CHARENTAIS ist zuweilen auch unter dem Namen »Cavaillon-Melone« im Handel.

OPUNTIEN *(Opuntia ficus-indica)* werden bis zu 4 m hoch. Ihre Blätter sind zu Dornen umgewandelt, die scheibenförmigen, verdickten Stängel speichern Wasser. Aus prachtvollen Blüten entwickeln sich die saftigen Früchte, die botanisch zu den Beeren zählen.

KAKTUSFEIGEN SCHÄLEN:

Die Frucht zwischen Daumen und Zeigefinger nehmen und an beiden Enden einen flachen Deckel ein-, aber nicht durchschneiden. Die Schale der Länge nach einritzen.

Die Schale lässt sich dann in einem Stück rundum mit dem Messer abheben. Auf diese Weise vermeidet man unliebsamen Kontakt mit den feinen Stacheln auf der Schale.

KAKTUSFEIGEN, die essbaren, gänseeigroßen Früchte der Opuntien. Nach der Ernte müssen sie meist nachreifen.

SÜSS, ein wenig säuerlich, erfrischend und saftig ist das körnige, manchmal geleeartige Fleisch der Kaktusfeigen.

'BURBANK'S SPINELESS', ein Beispiel für stachellose Kaktusfeigen – sie kann man bedenkenlos in die Hand nehmen.

PITAHAYAS sind die Früchte verschiedener Arten von Schlangenkakteen aus Süd- und Mittelamerika.

GELBE PITAHAYA *(Selenicereus megalanthus)*, saftig, aromatisch, süß. Die Dornen werden vor Verkauf entfernt.

ROTE PITAHAYA *(Hylocereus costaricensis)*. Tiefrot, weniger aromatisch und süß als die Gelbe. Ohne Dornen.

# K

So unterschiedlich die Früchte auf dieser Seite auch sein mögen, eines ist fast allen gemeinsam: Feige, engl. fig, frz. figue, ital. fico, span. higo, Kaktusfrüchte, Kiwi und Kaki (diese beiden Namen sind international gebräuchlich, doch schreibt sich Letzterer auf Spanisch caquí) schmecken dann am besten, wenn sie sich weich anfühlen. Wobei das »Anfühlen« bei den Kaktusfrüchten, vor allem bei der Kaktusfeige, engl. Indian fig, frz. figue d'Inde, ital. fico

FEIGEN *(Ficus carica)* gibt es in verschiedenen Formen und Farben. Vollreif sind alle Sorten sehr druckempfindlich.

GELBGRÜNE FEIGEN spielen im internationalen Handel die wichtigste Rolle. Sie werden überwiegend getrocknet.

Reife GRÜNE FEIGEN. Das Fruchtfleisch ist bei vielen Sorten von zahlreichen kleinen Kernen durchsetzt.

Als SHARONFRUCHT wird diese Kakisorte aus Israel gehandelt, die weniger Gerbstoffe sowie eine dünnere Schale besitzt als »normale« Kakis und zudem kernlos ist.

Die KAKI oder Chinesische Dattelpflaume *(Diospyros kaki)* stammt aus Ostasien. Vollreif, fast überreif, schmeckt sie am besten, dann schimmert das Fruchtfleisch durch die Schale.

'FUDE', eine spitz-ovale, gelbe Kakisorte aus Japan. Noch nicht ganz ausgereift, besitzen viele Kakifrüchte einen hohen Gerbstoffgehalt und wirken daher adstringierend.

d'India, span. higo chumbo, tuna, vorsichtig geschehen sollte – auf den Schalen vieler Sorten sitzen haarfeine Dornen, die sich mit Widerhaken in der Haut festsetzen können. Zwar werden Kaktusfeigen in den Erzeugerländern durch Abbürsten von den gröbsten Dornen befreit, dennoch trägt man besser beim Schälen Handschuhe oder geht vorsichtig zu Werke, wie in der Bildfolge gezeigt. Die langen, spitzen Stacheln der Pitahayas (auch dieser Name ist international) müssen gar mit Zangen abgeknipst werden – diese Aufgabe übernehmen zum Glück schon die Erntehelfer.

Während der Blüte verwandeln sich Kiwiplantagen in ein zartgelbes Blütenmeer. Kiwipflanzen sind Rankgewächse, die an Gittern und Streben bis zu 8 m hoch emporklettern.

## Die herrlichsten Früchte können sich hinter unangenehmen Stacheln oder unscheinbarem Äußeren verbergen.

MINI-KIWI oder Japanische Stachelbeere *(Actinidia arguta)*. Stammt aus den nördlichen Regionen Ostasiens, ist winterhart. Bis zu 5 cm lange, glatte Früchte, reich an Vitamin C.

Kiwis der Sorte 'HAYWARD' sind weltweit die Nummer eins. Die rund-ovalen, bis zu 100 g schweren Früchte überzeugen durch ausgezeichneten Geschmack und lange Haltbarkeit.

KIWIS *(Actinidia deliciosa)* sind das ganze Jahr über erhältlich. Eine »Reifeprüfung« bei Kiwis ist ganz einfach: Die Früchte müssen auf Fingerdruck leicht nachgeben.

ROTE JOHANNISBEEREN *(Ribes rubrum)* der Sorte 'ROSETTA', ertragreich, säuerlich mit kräftigem Aroma.

ROTE JOHANNISBEEREN der Sorte 'ROTET'. Lange Trauben mit schmackhaften, sauer-aromatischen Beeren.

WEISSE JOHANNISBEEREN der Sorte 'WEISSE VERSAILLER' – milde, wohlschmeckende Sorte aus Frankreich.

SCHWARZE JOHANNISBEEREN *(Ribes nigrum)* der Sorte 'WUSIL'. Große, süße, aromatische Beeren mit wenig Säure.

SCHWARZE JOHANNISBEEREN der Sorte 'SILVERGIETER'. Süßsaure, mittelfrühe und wohlschmeckende Sorte.

Die säuerliche JOSTABEERE (*Ribes x nidigrolaria*) ist gekreuzt aus Schwarzer Johannisbeere und Stachelbeere.

Die BOYSENBEERE *(Rubus loganobaccus)* ist eine kalifornische Kreuzung aus einer wilden Himbeere mit einer Brombeere. Die Boysenbeere wird auch in Neuseeland und Südafrika kultiviert.

Aromatische Beeren lassen sich überaus vielfältig verwenden und versprechen, sofern sie reif geerntet wurden, großen Genuss: Egal, ob man mit ihnen fruchtige Snacks oder Desserts kreiert, köstliche Kuchen backt oder sie einfach nur so von Staude, Strauch oder Busch zupft. Und gesund sind Beeren außerdem: Allen voran die Schwarze Johannisbeere, engl. black currant, frz. cassis, groseille noir, ital. ribes nero, span. grosella negra, welche mit 100 bis 300 mg/100 g einen enorm hohen Vitamin-C-Gehalt aufweist. Die Rote Johannisbeere, engl. red currant, frz. groseille, ital. ribes rosso, span. grosella roja, hat etwas weniger Vitamin C, je nach Sorte zwischen 25 und 50 mg/100 g. Rote wie Schwarze Johannisbeeren zählen zur

# Beere

**Ob wild oder kultiviert, zur Entfaltung ihres vollen Aromas brauchen sie viel Sonne, dann aber verführen sie jeden zum Naschen.**

ROTE STACHELBEERE *(Ribes uva-crispa)* der Sorte 'ROLONDA'. Süßmildes Aroma mit feiner Fruchtsäure.

WEISSE STACHELBEERE der mittelfrühen Sorte 'INVICTA'. Weißgrüne Beeren mit süßsäuerlichem Geschmack.

Gattung *Ribes*, die ihrerseits zur Familie der Steinbrechgewächse (Saxifragaceae) gerechnet wird. Botanisch eng verwandt ist die Stachelbeere – engl. gooseberry, frz. groseille à maquereau, ital. uva spina, span. grosella espinosa –, die ebenfalls unter die Gattung *Ribes* fällt. Noch recht jung ist die feinsäuerliche Jostabeere, eine Kreuzung aus Schwarzer Johannisbeere und Stachelbeere. Sie eignet sich wie auch die Johannisbeeren zum Frischverzehr, beinahe noch besser kommt ihr erfrischendes Aroma allerdings in Säften, Gelees oder Konfitüren zur Geltung. Eine Frucht für alle Fälle ist hingegen die Erdbeere – engl. strawberry, frz. fraise, ital. fragola, span. fresa. Sie schmeckt frisch, auf Kuchen oder Torten oder auch als Konfitüre ganz ausgezeichnet. Schon die Römer kannten, kultivierten und schätzten sie – und servierten Erdbeeren mit Sahne oder als Bowle. Die heute in über 1000 Arten bekannte, großfrüchtige Kulturerdbeere, deren Früchte Scheinfrüchte sind, gehört zur Gattung *Fragaria* aus der Familie der Rosengewächse (Rosaceae) und ist wohl Anfang des 18. Jahrhunderts in Holland aus einer Kreuzung der aus Südamerika stammenden Chileerdbeere mit der nordamerikanischen Scharlacherdbeere entstanden.

en

ERDBEEREN (*Fragaria x ananassa*) der Sorte 'ELSANTA'. Große, feste, saftige Früchte. Süß, mit feiner Säure.

WALDERDBEEREN (*Fragaria vesca*) sind eine der Wildformen der Erdbeere und in der gesamten nördlichen Hemisphäre verbreitet. Ausgereift schmecken sie ausgezeichnet, haben ausreichend Süße und ein sehr feines Aroma.

ERDBEEREN der relativ frühen Sorte 'HONEOYE'. Die glänzenden Früchte schmecken aromatisch-säuerlich.

ERDBEEREN der Sorte 'KARINA'. Mittelgroße, rund-kugelige und wohlschmeckende Früchte.

ERDBEEREN der Sorte 'FAVETTE'. Kleine bis mittelgroße, runde Früchte mit gutem Geschmack.

ERDBEEREN der Sorte 'SENGA SENGANA'. Altbekannte, süßsäuerliche Sorte mit mittelgroßen Früchten.

ERDBEEREN der mittelfrühen Sorte 'TENIRA'. Säuerlich-süße, mittelgroße bis große Früchte mit gutem Aroma.

ERDBEEREN der Sorte 'GARIGUET'. Auffallend durch ihre leuchtend roten, länglich-schmalen Früchte.

BROMBEEREN (*Rubus fruticosus agg.)* der Sorte 'THORNLESS', stachellos. Süßsäuerliche, stumpfkegelige Früchte.

'THEODOR REIMERS', eine altbewährte, ertragreiche Brombeersorte mit mittelgroßen, runden, süßen Beeren.

BROMBEEREN der ertragreichen Sorte 'BLACK SATIN'. Sehr große, lang-ovale, im Geschmack säuerliche Früchte.

LOGANBEERE (*R. loganobaccus*), kalifornische Kreuzung aus Brombeere und Himbeere, säuerlich-aromatisch.

TAYBEERE, eine Kreuzung aus Aurorabrombeere und Himbeere, mit purpurroten, länglichen Früchten.

JAPANISCHE WEINBEERE (*Rubus phoenicolasius*), wird in Ostasien angebaut, angenehm weinsäuerlich.

Die preiselbeerähnliche, rote MOOSBEERE *(Vaccinium oxycoccos)*, auch Torf- oder Sumpfmoosbeere genannt, schmeckt säuerlich. Sie wird frisch verzehrt, aber auch zu Kompott, Gelee oder Saft verarbeitet.

SANDDORN *(Hippophae rhamnoides)* ist in Europa und Asien heimisch. Die orange- bis korallenroten, sehr sauren Beeren haben einen hohen Gehalt an Vitamin A und C.

In Sachen Beerenobst war in letzter Zeit der Fuchsbandwurm schon häufiger ein Thema. Allzu viele Sorgen braucht man sich allerdings nicht zu machen: Sämtliche Beeren aus Kulturpflanzungen, ebenso wie jene, die hoch oben an Bäumen oder Sträuchern wachsen, sind von vornherein unbedenklich. Vorsicht heißt es nur bei in Bodennähe wachsenden Wildbeeren, etwa der Heidelbeere, engl. blueberry, frz. myrtille, ital. mirtillo, span. arandano, oder der ebenfalls zur Familie der Erikagewächse (Ericaceae) zählenden und zu Fleisch- oder Wildgerichten beliebten Preiselbeere – engl. red whortleberry, cranberry, frz. airelle rouge, ital. mirtillo rosso, span. arandano encarnado. Verzichten muss man auf das intensive Wildbeerenaroma jedoch nicht, es genügt, die Beeren vor dem Verzehr auf 70 °C oder darüber zu erhitzen, wie es bei einer Verarbeitung zu Grütze oder Konfitüre ohnehin der Fall ist – damit sind die Erreger unschädlich gemacht.

Konfitüre lässt sich auch gut aus Himbeeren, engl. raspberry, frz. framboise, ital. lampone,

PREISELBEERE *(Vaccinium vitis-idaea)*. Die im Herbst reifenden, roten, glänzenden Beeren schmecken roh saftig und säuerlich-herb. Als Konfitüre oder Gelee besonders zu Wild.

WEISSDORN *(Crataegus laevigata)*, auch als Mehlbeere bekannt. Im Geschmack süßlich-sauer, können die Beeren zu Gelees oder Konfitüre verarbeitet werden.

SCHWARZER HOLUNDER *(Sambucus nigra)* hat wenig Säure, aber einen hohen Gehalt an Vitaminen und Mineralstoffen. Lässt sich zu Saft, Konfitüre oder Gelee verarbeiten.

HAGEBUTTEN (*Rosa* sp.) sind Scheinfrüchte der Wildrosen, von denen es etwa 150 Arten gibt. Aus den vollreifen, festen Früchten wird Tee, Konfitüre, Saft und Sirup hergestellt.

Die WEISSE MAULBEERE *(Morus alba)* ist von Zentral- bis Ostasien verbreitet. Die Früchte sind süß, aber etwas fade. Hauptnutzung sind die Blätter für die Seidenraupenzucht.

SCHLEHE *(Prunus spinosa)* ist die Stammform der europäischen Pflaumen. Erst nach Herbstfrost sind die herbsüßen Früchte genießbar. Als Saft, Sirup, Wein, Gelee oder Mus.

Die HECKENROSE *(Rosa canina)* kann ein Alter von mehreren hundert Jahren erreichen. Im Herbst reifen die roten Scheinfrüchte heran, die Samen verbergen sich im Inneren.

Die wild wachsende WALDHEIDELBEERE *(Vaccinium myrtillus)*, links, ist kleiner als die KULTURHEIDELBEERE *(Vaccinium corymbosum)* rechts. Beide sind vielseitig verwendbar.

Beeren der EDELEBERESCHE (*Sorbus aucuparia* var. *moravica*) enthalten viel Vitamin C und weniger Bitterstoffe als die der gewöhnlichen Eberesche. Eingekocht gut zu Wild.

MISPEL *(Mespilus germanica)*. Die grünen Scheinfrüchte reifen im Herbst zu braunen Mispeln heran. Genießbar sind sie erst nach Frost, dann aber angenehm säuerlich.

Die SCHWARZE MAULBEERE *(Morus nigra)* ist aromatischer als die Weiße, allerdings auch weniger süß als diese. Für Sirup, Gelee und Konfitüre.

HIMBEEREN *(Rubus idaeus)* der Sorte 'AUTUMN BLISS'. Günstiges Zucker-Säure-Verhältnis, guter Geschmack.

# Himbeeren, Heidelbeeren & Holunder sowie jede Menge Essbares an Busch und Strauch am Wegesrand.

GELBE HIMBEEREN der Sorte 'EVEREST'. Gelbe Himbeerzüchtungen spielen im Erwerbsanbau keine große Rolle.

span. frambuesa, herstellen, ebenso wie aus Brombeeren, engl blackberry, frz. mure, ital. mora di rovo, span. mora – beide der Gattung *Rubus* angehörend – oder aus den Kreuzungen von beiden. Sie alle zählen zur Familie der Rosengewächse und schmecken auch frisch in jeder Form. Eher für die Saftgewinnung und zum Einkochen geeignet sind dagegen die Vitamin-C-Träger Sanddorn und Holunder.

CRANBERRY *(Vaccinium macrocarpon)*, Kulturpreiselbeere, aus dem Nordosten der USA und Kanada. Genutzt wie Preiselbeere.

HIMBEEREN der Sorte 'BRABANT'. Hellrote, mittelgroße bis kleine, runde Früchte sind für diese Sorte typisch.

HIMBEEREN der Sorte 'KORBFÜLLER'. Die Sorte trägt mittelgroße bis große und schmackhafte Früchte.

HIMBEEREN der Sorte 'RUMILOBA'. Spät reifend, intensiv duftend und süß, aber ausgeglichen im Geschmack.

Die HIMBEEREN der altbewährten Sorte 'SCHÖNEMANN' sind süß-aromatisch. Die großen Früchte reifen spät.

HIMBEEREN der Sorte 'ZEFA 3' sind groß und aromatisch. Mit ausgewogenem Verhältnis von Süße und Säure.

HIMBEEREN der Sorte 'GLEN PROSEN'. Spät reifend, fest, mit säuerlichen Früchten. Angenehm im Geschmack.

# Äpfe

**Knackig, saftig und erfrischend, zählen sie nicht nur in Mitteleuropa zu den wichtigsten Obstarten. Auch in Übersee schätzt man ihre Sortenvielfalt.**

'MCINTOSH, ROGERS', in Kanada bereits 1796 entdeckter Zufallssämling. Milde, süß-aromatische Herbstsorte mit weißlichem, saftigem Fruchtfleisch. Angenehmer Geschmack.

'GLOCKENAPFEL', grünlich-gelb, sonnenseits mit rötlichem Anflug. Vermutlich aus der Schweiz stammender Zufallssämling. Sehr guter, fruchtiger Tafelapfel mit feiner Säure.

Der Apfel *(Malus domestica)* aus der Familie der Rosengewächse (Rosaceae) zählt zu den weltweit beliebtesten und verbreitetsten Obstarten. Die Urheimat dieser dem Kernobst zugerechneten Frucht, botanisch spricht man von einer Schein- oder Sammelbalgfrucht, ist Südwestchina. Dort finden sich um die 20 Wildarten. Jene aus Mittelasien, speziell der Kaukasusapfel *(Malus orientalis)* und der Altaiapfel *(Malus sieversii)* haben dabei wohl einen besonders großen Anteil an der Entstehung unseres heutigen Kulturapfels. Von dieser Region zwischen Kaukasus und Altaigebirge aus hat sich der Apfel – engl. apple, frz. pomme, ital. mela, span. manzano – über alle Kontinente verbreitet. Im Lauf der Zeit entstand so, durch Zufallsselektion, eine Vielzahl an Sorten; ab dem 19. Jahrhundert wurde dann gezielt gezüchtet. Schätzungen zufolge gibt es heute weltweit über 20.000 verschiedene Sorten, von denen allerdings nur wenige wirtschaftliche Bedeutung haben. Aufgrund des Anbaus auf der Nord- und Südhalbkugel sind Äpfel ganzjährig in guter Qualität verfügbar.

Im Frühjahr, wenn die Apfelbäume blühen, überzieht ein üppiger weißer Blütenteppich Wiesen und Hänge. Für eine entsprechende Ernte braucht's jetzt nur noch warmes Wetter.

'INGRID MARIE', in Dänemark entdeckter Zufallssämling, ein sehr guter, saftig-süßer Tafelapfel. Wird rasch mürbe.

'WEISSER KLARAPFEL', gelb bis weißlich-grün. Beliebter säuerlicher Frühapfel. Druckempfindlich, nur kurz haltbar.

'JAMES GRIEVE'. Saftig-süße und aromatische Frühsorte mit feiner Säure, aus Schottland stammend.

'OZARK GOLDEN', Kreuzung aus USA, wird in Italien (Südtirol) und Frankreich angebaut. Saftig, weniger aromatisch.

'ROTER BOSKOOP', rote Farbmutante vom 'Gelben Boskoop', Lagersorte. Ebenfalls ein würzig-säuerlicher Apfel.

'GOLDEN DELICIOUS', wichtiger Apfel in der EU. Lagersorte. Knackig, später schwach mürbe, süß-aromatisch.

'GELBER BOSKOOP', Lagerapfel. Mit kräftigem, fruchtig-säuerlichem Geschmack. Hervorragend zum Backen.

'MORGENDUFT', in USA um 1820 entdeckt. Vor allem in Norditalien verbreitet. Süß, wenig ausgeprägtes Aroma.

'JONAGORED', rote Farbmutante von 'Jonagold'. Guter, aromatischer Tafelapfel. Lockeres, später mürbes Fleisch.

'DISCOVERY', Frühsorte, englische Kreuzung. Knackiger, aromatischer und saftiger Apfel mit festem Fruchtfleisch.

'GOLDPARMÄNE'. Gelbe, sehr alte Wintersorte mit hohem Wärmebedarf. Feiner, süßsäuerlicher Geschmack.

'ONTARIO'. Alte, ursprünglich amerikanische, heute in West- und Mitteleuropa verbreitete Sorte. Saftig, erfrischend.

'GRAVENSTEINER', rot geflammte alte Sorte aus Nordschleswig oder Dänemark. Einzigartig in Duft und Aroma.

'ALKMENE', in Europa verbreitete 'Cox-Orange'-Kreuzung. Sehr gute, leuchtend rote, aromatische Frühherbstsorte.

'KANADA RENETTE', ursprünglich aus Frankreich stammend. Festes Fruchtfleisch, weniger saftig, mit milder Säure.

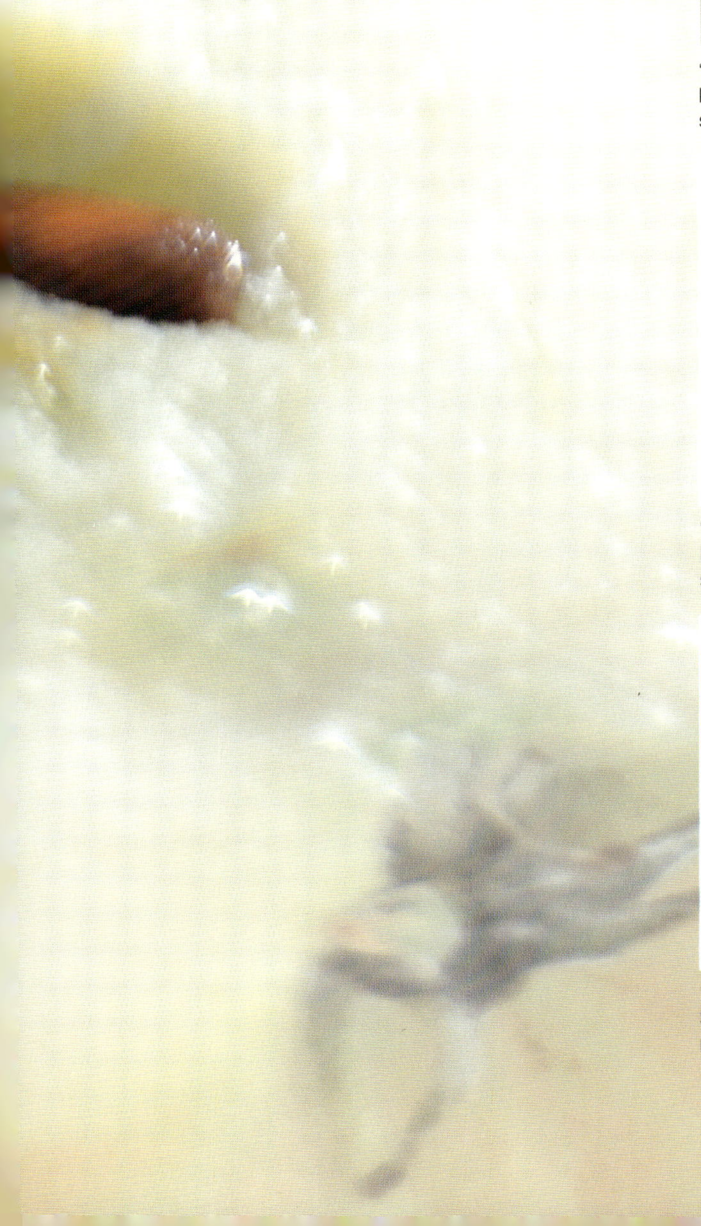

'ELSTAR', Kreuzung aus 'Golden Delicious' und 'Ingrid Marie'. Guter Tafelapfel, feinsäuerlich-süß und aromatisch.

'JONATHAN'. Zufallssämling aus Woodstock, USA. Herbst- und Lagersorte. Saftig-süß, mit feiner Säure.

'GRANNY SMITH', Zufallssämling aus Australien. Festes Fruchtfleisch, saftig-säuerlich. Viel in Neuseeland angebaut.

'PREMIER RED', aus Neuseeland, Mutante von 'Red Delicious'. Gestreift, süß, guter Tafelapfel, etwas parfümiert.

'SUMMERRED', Frühsorte aus Kanada, auch in der Schweiz und in Südtirol angebaut. Fest, knackig, saftig.

'COX ORANGE'. Ausgezeichneter würziger Herbstapfel. Festes Fruchtfleisch mit feiner Säure, saftig und aromatisch.

'BRAEBURN' aus Neuseeland, Zufallssämling. Sehr guter Tafelapfel, knackig-süß. In Europa von Mai bis September.

'CORTLAND', eine Kreuzung aus 'Ben Davis' x 'McIntosh, Rogers' aus den USA. Leicht gestreift, süß-aromatisch.

'COROMANDEL RED' aus Neuseeland, ähnlich dem neuseeländischen 'Red Dougherty'. Süß, weißes Fruchtfleisch.

'CARDINAL', Zufallssämling aus USA, viel in Frankreich angebaute Frühsorte. Sehr säuerlich, wenig saftig, wenig süß.

'GLOSTER', Kreuzung aus 'Glockenapfel' x 'Richared Delicious', Lagersorte, lockeres Fruchtfleisch, dezente Säure.

'WEISSER WINTERCALVILL', eine alte französische Sorte. Erdbeerartiges Aroma, süß, feine Säure, viel Vitamin C.

'IDARED' ('Jonathan' x 'Wagenerapfel'), aus den USA. Auch Europa angebaute Lagersorte, saftig, frische Säure.

'RUBINETTE', Kreuzung aus 'Golden Delicious' x 'Cox Orange'. Guter Tafelapfel. Saftig, fruchtig, mittlere Säure.

'PINK LADY', australische Kreuzung aus 'Lady Williams' und 'Golden Delicious'. Sehr guter, saftig-süßer Tafelapfel.

'JONAGOLD', Kreuzung aus den USA aus 'Golden Delicious' x 'Jonathan'. Guter Tafelapfel, saftig-süß, feine Säure.

'ROYAL GALA', neuseeländische Zufallsmutante von 'Gala'. Süß, saftig, aromatisch. Nach Säureabbau rasch fade.

'STARKING', Mutante von 'Red Delicious', in den USA, Chile, Südafrika u.a. angebaut. Saftig-süß, wenig Aroma.

'REGAL GALA', Mutante von 'Gala' aus Neuseeland. Sonnengelb, Deckfarbe rötlich. Knackig, süß, wenig Säure.

'GRAUE KANADA RENETTE', Mutante der 'Kanada Renette', flächig berostet. Süßfruchtig, würzig, mit milder Säure.

APFELERNTE in Südtirol. Will man beste Qualitäten, sollten die pflückreifen Früchte nach wie vor von Hand geerntet werden, damit sie später keine Druckstellen aufweisen. Bis zur Genussreife dauert es dann meist noch einige Zeit.

SHANDONG-APFELBIRNE aus China, auch Weiße Birne genannt. Sie ist mit der Nashi verwandt und auch geschmacklich mit dieser vergleichbar. Auffallend langer Stiel.

## Gefragt sind Äpfel nicht zuletzt aufgrund ihrer wertvollen Inhaltsstoffe – wie heißt es doch so schön? »One apple a day keeps the doctor away!«

Reife, aromatische, saftig-knackige Äpfel versprechen viel Genuss. Doch sie schmecken nicht nur gut, nein, Äpfel könnten glatt als Medizin durchgehen. Tatsächlich fällt aus ernährungsphysiologischer Sicht die Beurteilung sehr positiv aus, können Äpfel doch über 30 verschiedene Mineralstoffe und Spurenelemente vorweisen und stecken – insbesondere die Schale – voller Vitamine (Provitamin A, Vitamine der B-Gruppe, E, Niacin, Folsäure), Pektin, Fruchtsäuren und Fruchtzucker. Betont wird immer wieder der hohe Vitamin-C-Gehalt, je nach Sorte bis zu 75 mg, sowie der hohe Anteil an Kalium, das für die Regulierung des Wasserhaushalts im Körper verantwortlich ist. Wichtig für guten Geschmack ist zum einen der richtige Zeitpunkt: Pflückreife und Genussreife sind nämlich selten identisch. Löst sich der Stiel leicht von der Ansatzstelle, hat der Apfel seine Pflückreife erreicht. Genussreif ist er dagegen erst dann, wenn sich die Stärke im Fruchtfleisch nahezu abgebaut hat und das Verhältnis von Zucker, Säure und Aroma optimal ist. Die Braunfärbung der Kerne ist dagegen kein sicheres Anzeichen. Zum andern bestimmt aber auch die richtige Lagerung die Fruchtqualität. Bei 90 bis 95 % Luftfeuchtigkeit und bei Temperaturen zwischen 0 und 5 °C halten sich Äpfel mehrere Monate lang perfekt. Unter Normalbedingungen reifende Äpfel scheiden Ethylen aus, ein Gas, das anderes Obst und Gemüse schneller welken lässt. Daher sollten Äpfel zu Hause gesondert aufbewahrt werden. Im Gegensatz zum Apfel wird die ebenfalls zur Familie der Rosaceae zählende Quitte *(Cydonia oblonga)* selten roh, sondern überwiegend gegart verzehrt, wodurch jedoch ihr wundervolles Aroma nicht leidet. Sehr gut zum Rohessen eignet sich wieder die Nashi – japanisch für »Birne« – mit ihrem knackigen Fruchtfleisch.

Japanische Birne der Sorte 'HOSUI'. Saftig-süß mit festem, knackigem, leicht durchscheinendem Fruchtfleisch. Mittelfrühe, große Sorte, ockerfarbene Schale, sehr gute Frucht.

NASHI *(Pyrus pyrifolia)*, hier eine helle, gelbgrüne Sorte. Mildes Aroma und knackiges Fruchtfleisch, das eher an Apfel als an Birne erinnert. Sehr druckempfindlich.

SCHEINQUITTE, auch Japanische Zierquitte genannt, wird in Europa vorwiegend als Zierpflanze, in ihrer Heimat China und Japan zur Fruchtgewinnung genutzt. Hoher Säuregehalt.

BIRNENQUITTEN. Im Geschmack lieblicher, weicher, weniger Steinzellen.

APFELQUITTEN haben ein hartes, knorpelig-holziges, mit Steinzellen durchsetztes und eher trockenes Fruchtfleisch; dafür sind sie aber herb-würzig und sehr aromatisch.

'ABATE FETEL'. Flaschenförmige, berostete, bräunlich-grüne, gelbgrüne oder gelbe, sehr gute Tafelbirne. Saftig, mildes Aroma. Hauptlieferländer sind Italien, Argentinien und Chile.

# Birn

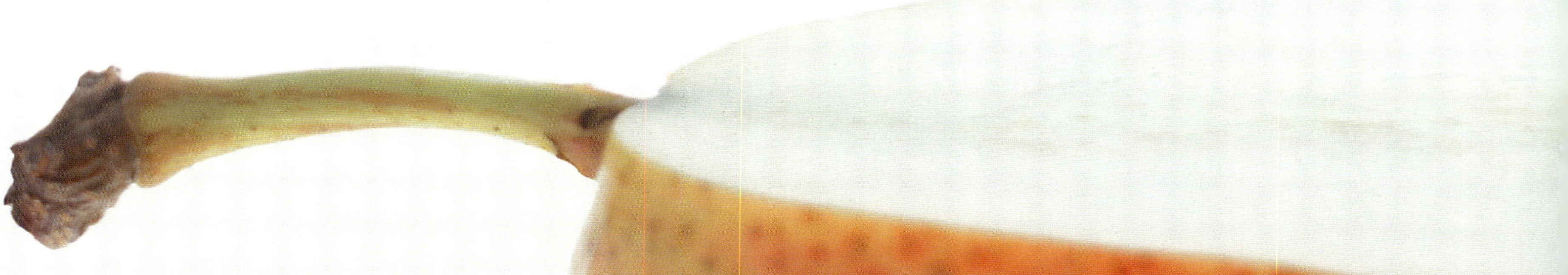

'DR. JULES GUYOT', hellgrüne bis gelbe süße Tafelbirne mit braunen Punkten. Aus Spanien, Italien, Frankreich.

'BUNTE JULI', lichtgrün bis gelb, sonnenseits rötlich geflammt. Eine frühe, süße, nur mäßig saftige Sommerbirne.

'ALEXANDER LUCAS', gelbgrüne gute Wintertafelbirne. Süß, mäßig saftig, körniges Fruchtfleisch, geringes Aroma.

'CLAIRGEAU', aus Frankreich stammende Frühwinterbirne. Groß, grießiges Fruchtfleisch, saftig und süßsäuerlich.

'GUTE LUISE', 'Bonne de Longueval'. Grün bis gelbgrün, gerötet. Saftig mit harmonischer Süße, feiner Geschmack.

'ROSEMARIE' – kleine, mittelbauchige Tafelbirne aus Südafrika. Gelbgrün, sonnenseits gerötet. Süß und saftig.

'KÖSTLICHE VON CHARNEU(X)'. Gute Spätherbst-Tafelbirne, meist gelb, etwas gerötet. Saftig, süß, feinsäuerlich.

'GELLERTS BUTTERBIRNE'. Grünlich berostet mit gutem Aroma und harter Schale. Weinsäuerlich-süß, sehr saftig.

'BOSC'S FLASCHENBIRNE', grüngelb bis gelb, stark berostet. Sehr gute, saftig-aromatische Spätherbst-Tafelbirne.

Wie schon Apfel und Quitte, zählt auch die Birne – ebenfalls eine sehr alte, seit Jahrtausenden bekannte Frucht – zur Familie der Rosengewächse (Rosaceae). Den Ursprung der Kulturbirne *(Pyrus communis)*, engl. pear, frz. poire, ital. und span. pera, vermutet man im Kaukasus oder in Anatolien, wo sie sich wohl aus zwei Wildarten (*Pyrus pyraster* und *Pyrus nivalis*) entwickelt hat. Angebaut wird sie sowohl auf der Nord- als auch auf der Südhalbkugel, und Schätzungen zufolge existieren weltweit über 2500 Sorten. Wichtige Anbauländer sind China – mit immerhin 40 % Anteil an der Weltproduktion –, Italien, die USA, Spanien, Argentinien, Japan, die Türkei, die Ukraine, Chile und Südafrika. Dabei wird prinzipiell zwischen Most- und Tafelbirnen unterschieden, wobei Ersteren handelsmäßig keine allzu große Bedeutung zukommt. Des Weiteren teilt man die Sorten, je nach Erntezeitpunkt, in Sommer-, Herbst- und Winterbirnen ein. Tafelbirnen mit gutem Geschmack und schmelzendem Fruchtfleisch werden auch als Butterbirnen

nen

## Saftig, süß und sehr beliebt: ob als fruchtiges Dessert, als feine Beilage zu Wild oder edler Obstbrand.

'CLAPPS LIEBLING'. Diese mittelgroße, gelblich grüne bis gelbe, meist rot geflammte oder gestreifte Birne stammt ursprünglich aus den USA. Sie zeichnet sich durch ein feinkörniges süßes Fruchtfleisch aus, ist mild-säuerlich, fein-würzig und sehr saftig, wird aber nach der Genussreife rasch teigig.

bezeichnet. Viele der heute bekannten Sorten sind übrigens schon im 18. und 19. Jahrhundert – dem Goldenen Zeitalter der Birnen – aus Zufallssämlingen in Frankreich oder Belgien entstanden. Und – Birnen schmecken nicht nur gut, sie sind auch ernährungsphysiologisch wertvoll, enthalten sie doch viel Eiweiß, Kohlenhydrate und Ballaststoffe bei gleichzeitig geringem Gehalt an Fett und Fruchtsäuren – der Grund übrigens, warum Birnen vorwiegend süß schmecken. Erwähnenswert sind zudem das enthaltene Kalium, welches man seiner entwässernden Wirkung wegen schätzt, ebenso wie der relativ hohe Anteil an Vitamin $B_2$. Dagegen fällt der Vitamin-C-Gehalt von Birnen vergleichsweise bescheiden aus. Da sie sehr druckempfindlich sind, werden die Früchte hartreif geerntet und bei 90 bis 95 % Luftfeuchtigkeit und einer Temperatur von -1 bis 0 °C gelagert. Ihre Genussreife sollten sie dann erst beim Verbraucher erreichen.

'FORELLE', grün bis gelb, sonnenseits rot mit den typischen Punkten. Eine Wärme liebende, saftig-süße, sehr gute Tafelbirne, auch aus Übersee.

'WILLIAMS CHRIST', gelbgrüne, bei zunehmender Reife gelbe, sehr gute, saftige Tafelbirne mit edlem Aroma.

'ROTE WILLIAMS CHRIST', englisch 'Red Bartlett', eine rote Mutante der 'Williams Christ' aus den USA.

'CONFERENCE', grüne, stark berostete, sehr gute Tafelbirne. Süß, sehr saftig, schwaches, aber angenehmes Aroma.

'ANJOUBIRNE', gelblich grün, sonnenseits teilweise gerötet. Saftig-süß mit angenehm würzigem Geschmack.

'LIMONERA', eine gelbgrüne, gute Tafelbirne aus Spanien. Sonst auch unter dem Namen 'Jules Guyot' bekannt.

'ANJOU' aus den USA. Gelblich-grün, würzig, süß und saftig. Wird außerdem in Argentinen und Chile angebaut.

'STARKRIMSON', vollständig rot gefärbte Mutante von 'Clapp', in den USA seit 1939 bekannt. Feinsäuerlich-süß.

'SANTA MARIA', grünlich-gelbe, sehr gute Spätsommerbirne aus Italien oder der Türkei. Süßsäuerlich, feines Aroma.

'STARMAY', extrem früh reifende, rotgelbe Nektarinensorte mit hellgelbem, leicht rot marmoriertem Fruchtfleisch.

Zum SCHÄLEN taucht man Pfirsiche kurz in kochendes Wasser, dann lässt sich die Haut gut abziehen.

'ARMKING', gelbfleischige, frühe Nektarine aus dem Mittelmeerraum. Angenehmes, wenig ausgeprägtes Aroma.

Nektarinen der Sorte 'FLAVORTOP'. Gelbfleischige, mittelgroße, feste Früchte. Vor allem in Italien angebaut.

Nektarine der mittelspäten, aus den USA stammenden, mild-säuerlichen Sorte 'INDEPENDENCE'.

'SNOWQUEEN', mittelspäte, weißfleischige Nektarine aus den USA. Mittelgroß, mild-säuerlich und sehr saftig.

Die gelbfleischige, mittelfrühe Pfirsichsorte 'REDHAVEN' aus den USA. Aromatisch, saftig, süß, guter Geschmack.

Aus den USA stammt die weißfleischige Pfirsichsorte 'REDWING'. Mittelgroße, feste und saftige Früchte, wenig Säure.

'DIXIRED', gelbfleischige, mittelfrühe Pfirsichsorte aus den USA. Fest, saftig, aromatisch, mit angenehmer Säure.

Gelbfleischig und mittelfrüh – Pfirsiche der Sorte 'FLAVORCREST'. Aromatische Frucht aus europäischem Anbau.

'SUNCREST', eine aus den USA stammende großfruchtige, gelbfleischige Pfirsichsorte. Fest, saftig und süß.

Pfirsich der sehr frühen Sorte 'SPRINGCREST'. Gelbfleischige, mittelgroße Früchte. Süß und sehr saftig.

Aus den USA stammt die feste, gelbfleischige Spätsorte 'HALE'. Feste, mittelgroße Früchte, guter Geschmack.

'FAYETTE', eine gelbfleischige, spät reifende Pfirsichsorte. Wird in Italien und Frankreich angebaut.

'RED TOP', eine gelbfleischige, mittelfrühe Pfirsichsorte, die in Italien und Frankreich angebaut wird.

'MAYCREST', eine gelbfleischige, mittelgroße und früh reifende Pfirsichsorte aus dem Mittelmeerraum.

'JUNEGOLD', frühe gelbfleischige Pfirsichsorte aus USA. Saftig und aromatisch. Auch aus Italien, Griechenland.

'WEINBERGPFIRSICH', 'Blutpfirsich'. Eigentlich weißfleischig mit starker roter Marmorierung, aromatisch, relativ teuer.

Wärme lieben sie alle – die Vertreter der Rosengewächse (Rosaceae) auf dieser Seite: der Pfirsich *(Prunus persica)*, engl. peach, frz. pêche, ital. pesca, span. melocotón, ebenso wie die Nektarine (*Prunus persica* var. *nucipersica*), engl. und frz. nectarine, ital. nettarina, span. nectarina. Letztere betrachten die Botaniker als Spezialform, bei der es sich um eine Pfirsich-Mutante oder um eine Kreuzung von Pfirsich und Pflaume handelt. Einigkeit herrscht

heute dagegen über die Herkunft von Pfirsich und Aprikose *(Prunus armeniaca)*, engl. apricot, frz. abricot, ital. albicocca, span. albaricoque. Beide stammen nämlich aus China und nicht, wie ihr botanischer Name vermuten ließe, aus Persien oder Armenien. Die Sortenvielfalt ist bei allen dreien enorm, und ständig kommen neue hinzu. Bei Pfirsich wie Nektarine liegt der Schwerpunkt der Züchtung in den USA, von dort aus gelangen die neuen Sorten nach Europa. Lange Zeit bevorzugte man international gelbfleischige Pfirsiche, inzwischen spüren jedoch auch die weißfleischigen, eigentlich geschmackvolleren Sorten Aufwind; die Nachfrage steigt. Begehrt sind aber auch Aprikosen – Hauptanbaugebiet ist der Mittelmeerraum, wichtigster Produzent die Türkei –, wohl nicht zuletzt des hohen Vitamin- und Mineralstoffgehalts (Karotin, Calcium) wegen.

# teinobst

## Weiche Hülle – harter Kern: Haben sie ordentlich Wärme und Sonne getankt, sind Aprikose, Pfirsich & Co. sehr aromatisch und stecken voller Saft: Genuss pur!

'ORANGE DE PROVENCE', 'Polonais'. Alte französische Sorte. Weich, guter Geschmack, wird aber rasch mehlig.

'TYRINTHOS', wichtige Frühaprikosensorte aus Griechenland. Gelbe, mittelgroße Früchte mit roter Punktierung.

Pfirsiche der Sorte 'IRIS ROSSO', eine frühe Sorte aus Italien. Die mittelgroßen, überwiegend rotschaligen Früchte haben weißes Fruchtfleisch und viel Geschmack.

Aprikosen der mittelfrühen Sorte 'BEBECO', 'Bebekou'. Griechische Hauptsorte mit orangegelbem Fruchtfleisch.

'BULIDA' – eine frühe Aprikosensorte aus Spanien. Die großen Früchte sind gelb mit nur leichter Orangefärbung.

'BERGERON', säuerliche mittelspäte Sorte aus Frankreich. Große, orangefarbene Früchte, wenig saftig, aromatisch.

'BÜTTNERS ROTE KNORPEL', auch als 'Napoleon' bekannt. Groß, helles, festes Fruchtfleisch, süß und würzig.

'VAN', eine aus Kanada stammende festfleischige, dunkelbraunrote Knorpelkirsche. Süß, saftig, mit feinem Aroma.

'REGINA', eine neuere Süßkirschsorte. Knorpelkirsche, große, süße Früchte. Schwach säuerlich und aromatisch.

Süßkirschen der neueren Sorte 'OKTAVIA'. Spät reifend, rotes Fruchtfleisch und heller Saft, würziger Geschmack.

Süßkirsche 'FERROVIA'. Wichtige Sorte, die aus Italien auf den Markt kommt. Große, rote und feste Früchte.

'SUMMIT', eine Süßkirsche, Kreuzung aus den Knorpelkirschen 'Van' und 'Sam'. Mittelfrüh, feinwürzig und saftig.

'SCHNEIDERS SPÄTE KNORPEL'. Große, langstielige, dunkle Früchte. Würzig, süß, schwach säuerlich.

'SCHATTENMORELLEN' zählen zu den weltweit am häufigsten angebauten Sauerkirschen. Dunkelrot, viel Säure.

'SAM', frühe, aus Kanada stammende Knorpelkirsche. Dunkelrot, festfleischig, saftig und süß, aber wenig Aroma.

'KORDIA'. Diese herzförmige, dunkle Knorpelkirsche schmeckt ausgezeichnet. Fest, süß-säuerlich und aromatisch.

Sämtliche Steinobstarten – und dazu zählen alle hier abgebildeten Obstsorten – sind in der Gattung *Prunus* zusammengefasst, die ihrerseits zur großen Familie der Rosengewächse (Rosaceae) gerechnet wird. Die Heimat der weltweit beliebten Kirsche, engl. cherry, frz. cérise, ital. ciliegia, span. cereza, ist in Eurasien zu suchen; an ihrer Entstehung waren wohl Vogelkirsche *(Prunus avium)* und Wildformen der Sauerkirsche *(Prunus cerasus)* beteiligt. Heute ist die Zahl der in den gemäßigten Zonen angebauten Süß- und Sauerkirschsorten nahezu unübersehbar geworden. Der Handel unterscheidet jedoch nur zwischen Süßkirschen *(Prunus avium)*, Sauerkirschen und Bastardkirschen – wie die Kreuzungen von Süß- und Sauerkirschen genannt werden. Anders die Obstbauern: Diese unterteilen die Süßkirschen in die weichen Herz- und in die sehr festen Knorpelkirschen. Größe und Farbe können dabei jeweils variieren, die Palette reicht von gelbrot bis beinahe schwarz. Bei den Sauerkirschen gibt es die weichfleischigen dunklen, »echten« Sorten, zu denen auch die Weichseln zählen. Zum andern gibt's die Gruppe der Amarellen, deren Früchte gelb oder bunt sind. Verzehrt werden Kirschen meist roh, wie übrigens die Pflaumen und ihre Verwandten auch.

'DUNKLE WEICHSELKIRSCHE', eine bräunlich rote Sauerkirschsorte, sehr saftig. Im Geschmack recht sauer.

Sauerkirschen der Sorte 'TSCHERNOKORKA', frühe Weichselkirsche mit angenehmem Zucker-Säure-Verhältnis.

'MORELLENFEUER', Sauerkirsche. Dunkelrot mit stark färbendem Saft. Mittelfest und sehr saftig, sauer-süß.

Das Fruchtfleisch der KORNELKIRSCHE *(Cornus mas)*, engl. cornelian cherry, frz. cornouillier mâle, ital. corniolo, span. cornejo, aus dem Kaukasus schmeckt angenehm süß-sauer.

# Köstliche Sommerboten – von rot bis blau, von süß bis sauer.

Steinobst schmeckt aber auch als Kompott oder auf einem Kuchen hervorragend. Zudem lässt sich allerhand Hochprozentiges daraus herstellen. Berühmt geworden sind etwa das Schwarzwälder Kirschwasser oder auch der Slibowitz. Was die Herkunft der europäischen Pflaume *(Prunus domestica)*, engl. plum, frz. prune, ital. prugna, span. ciruela, anbelangt, so vermutet man, dass sie aus Schlehe *(Prunus spinosa)* und Kirschpflaume *(Prunus cerasifera)* entstanden ist. Zur selben Gattung zählen übrigens auch Zwetsche oder Zwetschge, engl. German prune, damson, frz. quetsche, prune de Damas, ital. prugna, span. ciruela damascena, die Reneklode, engl. greengage, frz. reine-claude, ital. regina claudia, span. ciruela claudia sowie die Mirabelle, engl. mirabelle, frz. prune mirabelle, ital. mirabelle, span. ciruela europea, mirabel. Eine scharfe Trennlinie zu ziehen, ist hier nicht immer möglich, speziell zwischen Pflaumen und Zwetschen sind die Übergänge fließend. Ein Merkmal ist die Form: Pflaumen sind etwas runder, Zwetschen eher länglich. Zudem löst sich bei Letzteren das Fruchtfleisch leichter vom Stein. Pflaumen wiederum verkochen viel schneller als Zwetschen. Zu einer ganz anderen Art – *Prunus salicina* – gehört dagegen die aus dem Fernen Osten stammende Japanische Pflaume oder Susine, engl. Japanese plum, frz. prune japonaise, ital. susina, span. ciruela japonesa. Diese wird heute auch in Europa und in den USA, dort vor allem in Kalifornien, angebaut.

SHIRO-PFLAUME. Diese gelbe, süße Sorte heißt in Italien 'Goccia d'oro' und in Spanien 'Golden Japan'.

'CALITA', eine mittelgroße, rotviolette, runde Pflaumensorte aus Italien. Sie wird vorwiegend frisch verzehrt.

'GROSSE GRÜNE RENEKLODE', eine sehr alte Sorte. Mittelfest, saftig und sehr süß, edelwürzig im Geschmack.

Japanische Pflaumen der Sorte 'SANTA ROSA', rot, mittelgroß, leicht herb. In Italien, Südafrika und Chile angebaut.

Japanische Pflaumen der Sorte 'HARRY PICKSTONE'. Mittelfrüh, aus Südafrika. Bernsteinfarbenes Fruchtfleisch.

MIRACLAUDE. Wie der Name vermuten lässt, handelt es sich hier um eine Kreuzung aus Mirabelle x Reneklode.

Japanische Pflaumen, »Japonesas«, werden in Spanien als Frühsorte angebaut, hier die süßen 'ROYAL BLACK'.

MIRABELLEN. Gelbgrün, kugelig bis kugelig oval mit gelbem saftigem Fruchtfleisch. Würzig und sehr süss.

'BURBANK', japanische Pflaume/Susine, hier aus Spanien. Überzeugt durch goldgelbes, süßes Fruchtfleisch.

Pflaumen der Sorte 'PRUNEAU DE PROVENCE' aus Frankreich. Weiches Fruchtfleisch, süß und saftig.

'ORTENAUER', mittelgroße Spätzwetsche mit festem, saftigem Fruchtfleisch. Süß, jedoch nur mäßig aromatisch.

'BÜHLER ZWETSCHGE', Frühsorte. Saftig, mittelfest, kräftige Säure. Guter Geschmack bei ausreichender Wärme.

'ZWETSCHE DRO'. Mittelgroße bis große süße Zwetsche aus Italien. Heißt nach ihrem Anbaugebiet am Gardasee.

'ERSINGER ZWETSCHGE'. Deutsche Frühzwetsche mit weichem Fleisch und viel Saft. Süß, würzig und erfrischend.

'HAUSZWETSCHE', beliebte alte Spätsorte mit eiförmigen Früchten. Leicht herb, süßsäuerlich und aromatisch.

# Exot

## Obst aus den Tropen und Subtropen: Hier gibt es noch eine ganze Menge zu entdecken.

Was nun genau als exotisch gilt, ist natürlich eine Frage der Perspektive: In ihren jeweiligen Heimatländern sind die Früchte, die hier zu Lande zu den Exoten zählen, alles andere als ungewöhnlich. Da jedoch inzwischen auch bei uns eine recht große Auswahl davon zum gängigen Angebot gehört, hat man sich an ihren Anblick gewöhnt. Und doch handelt es sich dabei um eine relativ junge Erscheinung: Ausgeklügelte Logistik, Luftfracht, moderne Kühltechnik sowie die Lagerung in kontrollierter (kohlendioxidreicher und sauerstoffarmer) Atmosphäre haben's erst möglich gemacht. Denn die Bedingungen müssen perfekt sein, wenn die Früchte unbeschädigt und ohne Aromaverluste ankommen sollen. Dabei gilt:

DURIAN *(Durio zibethinus)*. Die bis zu 10 kg schwere Frucht ähnelt in Form und Größe einem Igel. Sie wächst in Südostasien an bis zu 40 m hohen Bäumen. Die rahmgelben Samenmäntel im Inneren der Frucht können roh verzehrt werden, die Samen selbst geröstet oder frittiert. Die Durian heißt nicht zu Unrecht auch Stinkfrucht, denn für »Westler« ist ihr bei Vollreife stark ausgeprägter Geruch gewöhnungsbedürftig. Er wird umso stärker, je länger das Fruchtfleisch einer Sauerstoffeinwirkung ausgesetzt ist. Daher die Frucht am besten direkt nach dem Öffnen verwenden.

GUAVEN *(Psidium guajava)*. Ihre Heimat liegt wohl in Mexiko oder Brasilien. Heute kultiviert man die immergrünen, bis zu 10 m hohen Bäume vielerorts in den Tropen und Subtropen.

Exoten, die nach der Ernte nicht mehr nachreifen, sollten umgehend zum Verkauf gebracht werden. Bei nachreifendem Obst ist weniger Eile geboten, doch ist dann fachgerechte Lagerung unabdingbar. Übrigens: Viele solcher Exoten kann man problemlos auch zu Hause nachreifen lassen – bei etwa 20 °C, in einen gelochten Folienbeutel verpackt.

Die FEIJOA oder Ananas-Guave *(Acca sellowiana)* besitzt eine ledrige Schale und weiches, herb-frisches Fruchtfleisch, das viel Vitamin C enthält.

en

ROSA GUAVENSORTE. Die Schale der ei- bis birnenförmigen Früchte ist erst grün und wird dann hellgrün oder gelb.

GRÜNLICH WEISSE GUAVENSORTE. Fest, saftiges Fruchtfleisch umschließt die Pulpe mit den zahlreichen Kernen.

Rote und LACHSFARBENE GUAVENSORTEN gelten als die besten. Alle Guaven sind sehr reich an Vitamin C.

Die PEPINO oder Birnenmelone *(Solanum muricatum)* aus Südamerika. Sie wird bis zu 400 g schwer und schmeckt roh besonders gut. Die dünne Schale kann mit verzehrt werden.

KAP-STACHELBEERE *(Physalis peruviana)*. Kirschgroße, samenreiche, aromatische Früchte in gelblicher »Hülle«.

Aus Südostasien stammt die LAWALU *(Chrysophyllum lanceolatum)*. Ihr etwas mehliges Fruchtfleisch ist sehr süß.

Die LOQUAT oder Wollmispel *(Eriobotrya japonica)* hat festes, säuerliches Fleisch. Vollreif wird sie roh gegessen.

Die SALAK *(Salacca edulis)* ist eine etwa feigengroße Palmfrucht aus Südostasien. Unter der dünnen, harten Schale verbirgt sich knackiges, adstringierendes Fruchtfleisch.

Die saftigen, säuerlichen Kelchblätter der ROSELLA *(Hibiscus sabdariffa)* werden zu Tee oder Sirup verarbeitet.

MADROÑO *(Rheedia acuminata)*. Wildfrucht aus Südamerika. Watteartiges, dennoch saftiges, säuerliches Fleisch.

Die asiatische GROSELLA *(Phyllanthus acidus)* ist roh sehr sauer, wird daher oft für Pickles oder Gelees verwendet.

JUJUBE oder Chinesische Dattel *(Ziziphus jujuba)*. Reif wird sie auch frisch verzehrt. Ökonomische Bedeutung haben die Früchte – kandiert oder getrocknet – aber nur in China.

MALAYAPFEL *(Syzygium malaccense)*, saftig-erfrischend. Heißt in der Karibik Otaheite apple. Auch blassgelbe Form.

JAVAÄPFEL *(Syzygium samarangense)* gibt es grünweiß und rot. Eignet sich zum Rohverzehr, aber auch für Saucen.

WASSERAPFEL *(Syzygium aqueum)*. Wird von Malaysia bis Südindien angebaut. Zum Rohessen und für Getränke.

In China gilt die LITCHI *(Litchi chinensis)* als die feinste aller Früchte. Ihr weißes, mild-säuerliches Fruchtfleisch mit dezentem Rosenaroma ist herrlich erfrischend.

# Viele Exoten sind ihres wunderbaren Aromas wegen für die Zubereitung von raffinierten Getränken oder feinen Desserts ideal.

MINI-LITCHIS. Die Früchte dieser Sorte, in der Bildmitte zu erkennen, sind deutlich kleiner als die üblichen Litchis.

Die BAEL- oder BELIFRUCHT *(Aegle marmelos)* wird frisch verzehrt, zu Getränken verarbeitet oder getrocknet.

WOODAPPLES *(Feronia limonia)*, in Sri Lanka heimisch, werden dort häufig püriert und konserviert angeboten.

Die LANGSAT oder DUKU *(Lansium domesticum)* aus Südostasien besitzt sehr saftiges, säuerliches Fruchtfleisch.

RAMBUTANS *(Nephelium lappaceum)* stammen aus Malaysia. Sie sind reich an Mineralstoffen wie Kalium und Eisen.

Die LONGAN *(Dimocarpus longan)*, vor allem in Indien und Taiwan kultiviert, wird frisch nur selten exportiert.

Die LULO oder Quito-Orange *(Solanum quitoense)* aus den Anden besitzt geleeartiges grünes Fruchtfleisch.

Die wohlschmeckende LUCUMA *(Pouteria lucuma)* ist in ihrer Heimat Chile vor allem püriert für Desserts beliebt.

Die QUENEPA *(Melicoccus bijugatus)* stammt aus dem tropischen Amerika, wird dort gern für Getränke verwendet.

Die GROSSE SAPOTE *(Pouteria sapota)* verbirgt ihr sehr weiches, lachsrotes Fleisch unter einer rauen Schale.

SAPODILLAS *(Manilkara zapota)* sind in verschiedenen Sorten, die in Aroma und Form stark variieren, im Angebot.

Von den mittelamerikanischen STERNÄPFELN *(Chrysophyllum cainito)* gibt es dunkelviolette und hellgrüne Sorten.

Einige der exotischen Früchte auf dieser Seite sind auch außerhalb ihrer Heimat wohlbekannt, manch andere dagegen haben sich kaum über die Grenzen der Herkunftsländer hinaus durchgesetzt. Ein gutes Beispiel für den ersten Fall ist etwa die Litchi – engl. lychee, frz. litchi, ital. lici, span. lichi – oder die Passionsfrucht beziehungsweise Granadilla – engl. passion fruit, frz. fruit de la passion, ital. passiflora, span. fruta de la pasión.

Litchis, die saftigen Früchte aus Ostasien mit dem perlmuttartig durchscheinenden Fruchtfleisch, sind als Dosenkonserven auch in Europa und den USA schon lange bekannt – zumindest als unverzichtbarer Bestandteil mancher Desserts im China-Restaurant. In den letzten Jahren finden aber auch frische Litchis ihren Weg nicht nur in westliche Asienläden, sondern mehr und mehr auch in die Obstabteilungen der Supermärkte. Sowohl botanisch als auch in Geschmack und Verwendung eng mit der Litchi verwandt sind Rambutan und Longan, auch Longane genannt; beide kommen zur Zeit jedoch nur in geringen Mengen außerhalb der Anbauländer auf den Markt.

Passionsfrüchte – die hier zu Lande meist nach dem Namen, den die wichtigsten Arten in Lateinamerika tragen, generell »Maracujas« genannt werden – sind zwar als Frischobst ebenfalls noch eher selten in unseren Breiten zu finden. Als Zutat in Fruchtsäften oder Milchpro-

PASSIONSBLUMENGEWÄCHSE sind lianenartige Kletterpflanzen mit oft außergewöhnlich schönen Blüten. Essbare Früchte liefern vor allem Pflanzen der Gattung *Passiflora*. Ganz gleich, um welche Art es sich jedoch handelt: Verzehrt wird jeweils nur das saftige Fleisch im Innern der Frucht.

Die gelbe bis orangefarbene SÜSSE GRANADILLA *(Passiflora ligularis)* ist deutlich säureärmer als andere Passionsfrüchte. Ihre harte, holzige Schale lässt sich leicht öffnen.

Die PURPURGRANADILLA (*Passiflora edulis* forma *edulis*) schmeckt süßsäuerlich und besitzt ein intensives Aroma. Die ledrigen Schalen reifer Früchte sind tief violett gefärbt.

Die KARAMBOLE oder Baumstachelbeere *(Averrhoa carambola)* ist der »Stern« unter den Tropenfrüchten. Sie ist säurereich und weist einen hohen Vitamin- und Mineralstoffgehalt auf. In Scheiben geschnitten, sind die attraktiven Karambolen vor allem zum Dekorieren sehr beliebt.

Die GELBE PASSIONSFRUCHT oder Gelbe Maracuja (*Passiflora edulis* forma *flavicarpa*) wird meist zu Saft verarbeitet. Produzenten sind Brasilien, Peru, Kolumbien und Ecuador.

dukten aber sind sie seit langem beliebt – verarbeitet sind sie schlichtweg einfacher zu genießen, umschließt die ledrige bis harte Schale doch geleeartiges, säuerliches Fruchtfleisch, das von zahllosen Samenkernen durchsetzt ist. Wen das nicht stört, der kann das Fleisch direkt aus der Schale löffeln; ansonsten nimmt man es heraus, rührt es mit einem Pürierstab vorsichtig durch und passiert es durch ein Sieb. Das so gewonnene Püree ist eine exzellente Grundlage für Drinks oder Desserts.

Außerhalb der Tropen noch eher unbekannte Exoten sind dagegen die Sapotengewächse, zu denen unter anderem Große Sapote, Sapodilla, Lucuma und Sternapfel gehören. Alle diese Früchte sind nicht sehr saftig, dafür aber ausgesprochen süß, weshalb man vor allem das Fruchtfleisch der Großen Sapote gern vor dem Verzehr mit etwas Limettensaft beträufelt.

Die BADEA oder Riesengranadilla *(Passiflora quadrangularis)* ist mit bis zu 30 cm Länge die größte Passionsfrucht. Ihr Fruchtfleisch ist säurearm, ihm fehlt das typische Aroma.

Die CHOLUPA *(Passiflora pinnatistipula)* besitzt nur in Kolumbien größere Bedeutung. Die Schalen variieren von gelbgrün bis purpur, das Fruchtfleisch ist gelblich und erfrischend.

CURUBAS *(Passiflora mollissima)* sind in den kühleren Regionen der kolumbianischen Anden zu Hause, wo sie heute auch in Plantagen angebaut werden.

GELBE CURUBAS ähneln, wenn sie reif sind, einer kleinen Banane. Ebenso wie die roten Sorten haben sie geleeartiges Fruchtfleisch mit einem sehr milden, exotischen Geschmack.

Die grüne, noppige Schale der BROTFRUCHT *(Artocarpus communis)* birgt feinfaseriges, saftiges Fruchtfleisch von mildem Geschmack, das sich vielseitig verwenden lässt.

Botanisch sind sie eng verwandt, die aus Indien stammende Jackfrucht oder Nangka – engl. und ital. jackfruit, frz. fruit de Jacques, span. fruta de Jack oder jaca – und die mit einem Gewicht von bis zu 4 kg auch nicht gerade kleine polynesische Brotfrucht, engl. breadfruit, frz. fruit à pain, ital. frutto di albero del pane, span. fruta del pan. Reich an Nährstoffen, wie beide sind, galten sie in ihrer jeweiligen Heimat schon lange als Grundnahrungsmittel, bevor sie sich – jeweils eingeführt durch europäische Kolonialisten oder Forschungsreisende – im gesamten Tropengürtel rund um die Welt ausbreiteten.

# Bana

Die JACKFRUCHT *(Artocarpus heterophyllus)* aus Südostasien gehört zu den größten Früchten der Welt: Die grünen Kolosse können bis zu 50 kg schwer werden. Essbar sind die unregelmäßig geformten, leicht eckigen Segmente im Innern, die in eine gallertartige Haut sowie in eine Faserschicht eingebettet sind.

JACKFRUCHT VORBEREITEN:

Die Jackfrucht quer halbieren und die »Einzelfrüchte« im Inneren herauslösen.

Die Fruchtsegmente sorgfältig von der sie umgebenden Faserschicht befreien.

Die »Einzelfrüchte« längs halbieren und die braunen, 2 bis 3 cm langen Kerne entfernen.

Ist der Verzehr von Jack- und Brotfrucht überwiegend auf die Anbaugebiete beschränkt, hat die Banane – engl. und ital. banana, frz. banane; in Spanien heißt die Frucht plátano, in Lateinamerika dagegen banana – weltweit Karriere gemacht. Ursprünglich aus Südostasien stammend, wird sie heute überall in den Tropen und Subtropen angebaut – und in alle Welt exportiert. Die wirtschaftlich wichtigen Bananensorten tragen den botanischen Namen *Musa* x *paradisiaca*, um anzudeuten, dass es sich überwiegend um Hybridformen handelt. Man unterscheidet für den Verbrauch jedoch grundsätzlich zwischen Obstbananen und Koch- oder Gemüsebananen. Bei Obstbananen wandelt sich während der Reife die in den Früchten vorhandene Stärke in Zucker um, bei Kochbananen dagegen findet dieser Prozess nicht oder nur begrenzt statt. Kochbananen schmecken deshalb mehlig und werden stets gegart verzehrt; sie lassen sich kochen, braten, dämpfen, backen oder frittieren. Mancherorts werden sie getrocknet, vermahlen und zum Backen verwendet. Wie auch immer, Bananen sind für die menschliche Ernährung außerordentlich wertvolle Früchte: Sie liefern Provitamin A, die Vitamine E, C und solche der B-Gruppe, Niacin, Folsäure, Kalium, Phosphor, Magnesium und Eisen.

Die mehligen KOCHBANANEN sind in vielen afrikanischen Ländern ein Grundnahrungsmittel. Es gibt grün-, gelb- und rotschalige Varietäten.

ROTE OBSTBANANEN ▷ besitzen goldgelbes bis orangefarbenes Fruchtfleisch, das süßer und aromatischer schmeckt als das der meisten gelben Sorten.
APFELBANANEN ▷▷ werden nur 8 bis 10 cm lang und besitzen eine dünne Schale. Das Fleisch dieser gedrungenen gelben Obstbananen ist süß-säuerlich und erinnert im Aroma an Äpfel.

# anen

## Ebenso wie Jack- und Brotfrucht, sind sie sehr nahrhaft – dank ihrem hohen Kohlehydratgehalt.

Die Fruchtstände von Obstbananen wiegen bis zu 50 kg und tragen dann etwa 200 Früchte. Für den Export werden sie grün geernet und müssen dann nachreifen.

Ein bizarres Gebilde, der FRUCHTSTAND EINER BANANENSTAUDE: Im oberen Teil finden sich die weiblichen Blüten, aus denen sich die Früchte entwickeln. Letztere, »Finger« genannt, stehen in »Händen« von jeweils bis zu 20 Bananen zusammen. Den unteren Abschluss bildet eine große männliche Blüte.

'KENT' gehört zu den für den internationalen Handel wichtigsten Sorten. Große, sehr süße und aromatische Früchte.

Mangos der Sorte 'WANI' aus Bali. Die kleinen Früchte weisen eine gelbe, teilweise rot überlaufene Schale auf.

'PALMER' ist eine Mangosorte, die vor allem in Israel, Puerto Rico, Venezuela, aber auch in Westafrika angebaut wird.

'SMARAGD', hier aus Kamerun. Früchte dieser Sorte haben auch bei Vollreife eine durchgehend grüne Schale.

'IRWIN' ist eine Sorte, deren Früchte je nach Anbaugebiet unterschiedlich aussehen können. Hier aus Puerto Rico, ...

... in diesem Bild dagegen aus Peru. Das Fruchtfleisch ist bei beiden fest, arm an Fasern, kräftig aromatisch, süß.

'NGOWE' aus Kenia zeichnet sich durch saftiges Fleisch und ein fruchttypisches Aroma mit Terpentinnote aus.

Die saftige 'APPLE' bringt etwa 350 g auf die Waage, hat einen leicht säuerlichen, pfirsichähnlichem Geschmack.

'SMITH', hier ein Exemplar aus Costa Rica. Eine Sorte mit wenig Säure und fruchtigem Aroma.

'MORA' aus Costa Rica hat einen pfirsichähnlichen Geschmack und wiegt zwischen 350 und 550 g.

'PARKINS' wird aus Afrika angeboten. Mittelgroß, saftig, säurearm und fruchtig, jedoch nicht mangotypisch.

'HADEN' schmeckt angenehm und etwas säuerlich, mit ausgeprägt mangotypischem Aroma. Hier aus Costa Rica.

'AMELIE', auch 'Gouverneur' genannt, mit kräftigem Aprikosenaroma. Bei vollreifen Früchten ist die Schale orange.

'MANGA ROSA' heißt diese kleine saftige, fruchtige Mangosorte mit leichter Säure, die aus Brasilien kommt.

'TOMMY ATKINS' ist ein Sämling von 'Haden' und ebenso wie diese Sorte wichtig für den internationalen Markt.

Die immergrünen MANGOBÄUME *(Mangifera indica)*, die bis zu 100 Jahre alt werden können, gedeihen fast überall in den Tropen und zunehmend häufiger auch in den Subtropen.

# Ma

Ursprünglich kommt sie aus dem ostasiatischen Raum, die Mango, engl., ital. und span. mango, frz. mangue, genauer gesagt soll sie von den Südhängen des Himalaya stammen. Die Kultivation der gewaltigen, bis zu 30 m hohen Obstbäume hat eine lange Tradition, in Indien werden Mangos seit 4000 Jahren angebaut und Indien ist auch heute noch das Produktionsland Nummer 1 – allerdings wird fast die gesamte Ernte im Land selbst verbraucht, nur ein Bruchteil davon geht in den Export. Darüber hinaus baut man Mangos heute auch in Süd- und Südostasien an, in einigen Gebieten Ost- und Westafrikas, in Südafrika sowie in geeigneten tropischen und subtropischen Klimaten Amerikas.

Ein Problem für den Export ist die Transportempfindlichkeit reifer Früchte: Druck und Temperaturen unter 13 °C vertragen sie nicht. Oft werden Mangos daher nicht voll ausgereift transportiert und müssen am Bestimmungsort nachreifen; bei unsachgemäßer Lagerung kann es dabei zu starken Qualitätsbeeinträchtigungen kommen, das Fleisch verfärbt sich stellenweise bräunlich und schmeckt nicht einwandfrei. Beim Mangokauf deshalb darauf achten, dass das Fruchtfleisch auf Fingerdruck ein wenig, aber nicht zu stark, nachgibt, die Schale keine schwarzen Flecken aufweist (sie können Hinweise auf Bakterien- oder Pilzbefall sein) und die Frucht ein angenehmes Aroma hat. Die Farbe der Schale ist übrigens kein Reifekriterium – manche der vielen Mangosorten bleiben auch bei Vollreife komplett grün oder sind nur stellenweise rot oder gelb überlaufen.

# ngos

## Für Fans sind sie die Früchte schlechthin: voller Aroma, saftig und obendrein gesund.

MANGO DEKORATIV ANRICHTEN:

Die die beiden »Backen«der Mango abtrennen, wie unten gezeigt. Das Fleisch vorsichtig gitterartig einscheiden, ohne die Schale zu verletzen.

Jedes der beiden Mangoteile »umstülpen«, indem man vorsichtig mit beiden Händen die Ränder nach unten umklappt.

Die einzelnen Stücke können jetzt mit einem Löffel gut aus der Schale gehoben werden.

MANGO-FRUCHTFLEISCH AUSLÖSEN:

Die Mango längs in drei Teile schneiden. Dabei die Frucht leicht drehen und das Messer jeweils dicht am Stein entlang führen.

Aus den beiden »Backen« mit einem Esslöffel das Fruchtfleisch in einem Stück herauslösen. Dabei dicht an der Schale entlang fahren.

Das ausgelöste Fruchtfleisch kann jetzt nach Belieben in Würfel, Spalten oder Scheiben geschnitten werden.

Vom Mittelstück die Schale ringsum dünn abschneiden – so geht nur relativ wenig Fruchtfleisch verloren.

Den Stein mit einer Gabel auf das Schneidbrett drücken und mit dem Messer ringsum das anhaftende Fruchtfleisch abtrennen.

Die Ausbeute an Fruchtfleisch ist bei dieser Methode optimal. Übrig bleiben nur die äußere, dünne Schale und der Kern.

'ALPHONSO', eine sehr gute, reif goldgelbe Mangosorte. In den asiatischen Anbauländern, speziell in Indien, spielt sie eine wichtige Rolle; ist bei uns aber nur selten erhältlich.

'SINDRI' gehört wie 'Alphonso' zu den typisch indischen Sorten. Die länglichen, leicht nierenförmigen, gelbschaligen und süßen Früchte werden auch in Pakistan viel angebaut.

Mangos kommen in den asiatischen Anbauländern, wie hier in Thailand, reif und unreif auf den Markt. Unreife Früchte sind für Chutneys beliebt, aber auch als Gemüse.

'ZILL' ist eine delikate, ganz leicht säuerliche Frucht, die vor allem in Süd- und Westafrika, aber auch in Spanien kultiviert wird und bis zu 400 g pro Stück auf die Waage bringt.

'KEITT', eine weitere der 4 bedeutendsten Mangosorten. Die bis zu 2 kg schweren Früchte besitzen intensiv gelbes, mild-aromatisches, süßes Fleisch und eine grüngelbe Schale.

'AMERICANO', eine Sorte mit gelber, pink bis rötlich überlaufener Schale aus Mexiko. Charakteristisch ist die ausgeprägte »Nase« an der Spitze der 300 bis 350 g schweren Frucht.

'SHEIL' mit ihrem pfirsichartigen Geschmack gehört zu den amerikanischen Mangosorten, wird aber auch in Israel angebaut. Rundliche Früchte mit grünroter Schale.

Mangos gibt es in einer schier unglaublichen Sortenvielfalt, allein in Indien sollen es mehr als 1000 sein, wobei sich die einzelnen Sorten in Geschmack und Größe deutlich unterscheiden können. So weisen etwa manche neben dem typischen köstlichen Mangoaroma eine leicht harzige, an Terpentin erinnernde Note auf, die dem westlichen Geschmacksempfinden nicht unbedingt entspricht. Daher sollte man einfach so lange probieren, bis man seine

'MANILA', eine Sorte der Spitzenklasse von den Philippinen: saftig, säurereich und mit einem sehr eigenen, aber ausgewogenen Aroma. Sogar überreif noch hervorragend.

'SENYI', eine afrikanische Sorte mit sehr kleinen – nur etwa 200 g schweren – Früchten. Die Schale ist grün, oft gelb überlaufen, das Fruchtfleisch etwas faserig.

Die AMBARELLA *(Spondias cytherea)* stammt von den Südseeinseln und ist eng mit der Mango verwandt. Ihr Fruchtfleisch ist angenehm süß, leicht harzig, faserig, sehr saftig.

'MABRUKA', eine etwa 400 g schwere Mangosorte mit leicht faserigem Fleisch und angenehmem, fruchttypischem Aroma. Wichtige Anbaugebiete sind Ägypten und Israel.

Diese THAILÄNDISCHE MANGO behält auch vollreif ihre grüne Schalenfarbe Sie zeichnet sich durch einen sehr angenehmen, dezent säuerlichen Eigengeschmack aus.

Die ROTE MOMBINPFLAUME *(Spondias purpurea)*, eine Verwandte der Ambarella, kommt aus den Tropen Südamerikas. Bis zu 5 cm lange, saftige, süß-aromatische Früchte.

Lieblingssorten gefunden hat. Generell sind Mangos überaus gesund, denn sie haben den höchsten Vitamin-A-Gehalt aller Obstsorten, sind so reich an Vitamin C wie Zitronen und enthalten darüber hinaus eine ganze Reihe lebenswichtiger Mineralstoffe, darunter Calcium, Eisen, Kalium, Magnesium und Kupfer. Zudem wirkt ihr Fruchtfleisch verdauungsfördernd – insgesamt also eine ausgesprochen empfehlenswerte Frucht.

Was das Aroma angeht, so braucht sich eine andere Tropenfrucht hinter der Mango nicht zu verstecken: Die Rede ist von der Mangostane, engl. mangosteen, frz. mangoustan, ital. mangostino, span. mangostan. Sie sollte man jedoch in jedem Fall frisch verzehren, denn die aus der malaiischen Inselwelt stammende und heute in ganz Ost- und Südostasien sowie Australien angebaute Frucht büßt beim Erhitzen einen Großteil ihres feinen Aromas ein. Hier zu Lande ist sie weniger bekannt, da die Mangostane extrem empfindlich ist und das Fruchtfleisch rasch verdirbt.

STACHELANNONEN *(Annona muricata)*, in Südamerika beheimatet, sind Annonen der Superlative: Sie werden bis zu 4 kg schwer und können die Größe eines Fußballs erreichen.

Das Fruchtfleisch der STACHELANNONE ist zart-aromatisch und erfrischend säuerlich. Es eignet sich hervorragend für die Herstellung von Getränken, Eiscreme und Konfitüren.

# Mango & Verwandte, Mangostane und Annonen: Sie gehören zu den köstlichsten Exoten.

Die NETZANNONE *(Annona reticulata)* ist im tropischen Amerika beheimatet. Das weiche, helle Fruchtfleisch ist cremig, saftig und süß, aber zurückhaltend im Aroma.

Die MANGOSTANE *(Garcinia mangostana)* aus Malaysia ist mit ihrem delikaten, wunderbar milden und ausgewogen süßsäuerlichen Geschmack eine der köstlichsten Tropenfrüchte.

Der MAMEYAPFEL *(Mammea americana)* wird in der Karibik und im Norden Südamerikas kultiviert. Das süßsäuerliche Fruchtfleisch ist für Saft, Eis oder Milchshakes beliebt.

Aus den Tropen Südamerikas stammen die Annonen. Alle – Netz-, Schuppen-, Stachelannone, Cherimoya sowie eine Kreuzung zwischen den beiden Letzteren, Atemoya genannt –, sind reich an Traubenzucker, Vitamin C, Phosphor und Eisen. Sie werden heute überall in den Tropen angebaut; die Cherimoya gedeiht auch in subtropischen, ja sogar in gemäßigten Klimazonen, etwa in Südspanien, Florida, Australien oder Israel. Das Fruchtfleisch von Atemoya, Cherimoya und Netzannone ist aromatisch, doch recht säurearm, weshalb man es vor der Zubereitung gern mit Zitronen- oder Limettensaft beträufelt; das verhindert darüber hinaus eine unangenehme bräunliche Verfärbung. Da ihr Fruchtfleisch eine cremige Konsistenz besitzt – die Schuppenannone wird oft auch »Rahmapfel«, im Englischen »Custard apple« genannt –, wird dieses überwiegend für die Saftgewinnung oder, püriert, für Desserts verwendet. Zuvor sollte man jedoch die im Fruchtfleisch eingebetteten, ungenießbaren schwarzen Kerne herauslösen.

Die SCHUPPENANNONE *(Annona squamosa)* schmeckt ähnlich wie die Cherimoya, ist jedoch süßer. Bei der Reife können sich die einzelnen Segmente voneinander lösen.

Die CHERIMOYA *(Annona cherimola)* ist die hier zu Lande bekannteste Annone. Ihr Fruchtfleisch ist süß und sahnig, mit einem feinen Aroma, das an Erdbeeren und Zimt erinnert.

# Zwei köstliche Früchte, die dem tropischen Amerika zu verdanken sind: Tamarillos und Ana

BABY-ANANAS wird vor allem in Südafrika und Australien angebaut. Die Früchte werden etwa 12 cm lang, erreichen ein Gewicht von 500 g, sie sind sehr aromatisch und süß.

'AMAZONAS', eine Sorte mit besonders großen Früchten. Sie stammt, wie der Name nahe legt, aus Südamerika und hat fast weißes Fruchtfleisch von hervorragendem Geschmack.

'MANZANA' ist eine Ananassorte, die vor allem in Kolumbien kultiviert wird. Die recht großen Früchte werden etwa 2 kg schwer, sind von zylindrischer Form und gelbrötlicher Farbe.

'SMOOTH CAYENNE', die wichtigste Sorte auf dem Markt. Ihr Fruchtfleisch ist blassgelb und weist einen hohen Zucker- sowie Vitamin-C-Gehalt auf. Die Blätter sind fast stachellos.

Eine ANANAS *(Ananas comosus)* besteht aus bis zu 200 Einzelfrüchten. Die geben sich jedoch nur mehr an der Schale der Frucht zu erkennen – durch die einzelnen schuppenartigen »Augen«, aus denen jeweils die Spitze eines Tragblattes herausragt.

TAMARILLOS oder Baumtomaten (*Cyphomandra betacea*) stammen aus den peruanischen Anden. Die Beerenfrucht gehört wie Tomate und Paprika zur botanischen Familie der Nachtschattengewächse.

# nas

ANANAS DEKORATIV SERVIEREN:

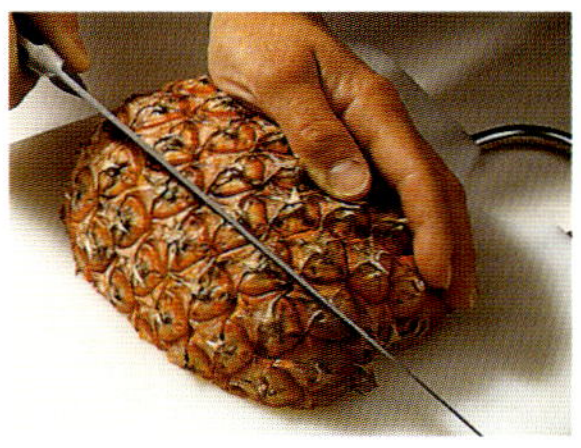

Die Frucht mit einem Sägemesser längs teilen, dann jede Hälfte dritteln.

Jeweils den Strunk (die Achse) in der Mitte abschneiden, da er oft holzig ist.

Das Fruchtfleisch entlang der Schale ablösen, aber in dieser belassen.

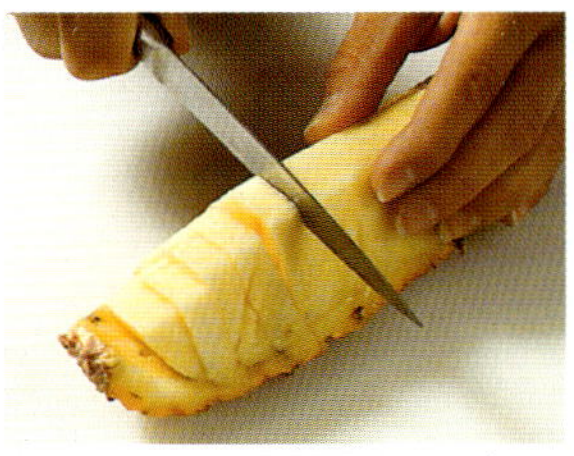

In Stücke schneiden und diese gegeneinander vesetzt nach außen ziehen.

Solche »Schiffchen« machen sich gut auf Buffets oder als Dessert.

ANANAS SCHÄLEN UND DIE »AUGEN« ENTFERNEN:

Die Ananas von oben nach unten recht dünn schälen. Die »Augen« bleiben dabei deutlich sichtbar.

Die Augen, die in diagonalen Reihen verlaufen, mit einem Sägemesser in keilförmigen Streifen herausschneiden.

So vorbereitet, ist die Ananas eine attraktive Dekoration, zum Beispiel als Bestandteil einer Obstschale.

Die ersten Europäer, die eine Ananas, engl. pineapple, frz. und ital. ananas, span. piña oder ananás, kosten konnten, waren Columbus und seine Schiffsbesatzungen: Die aromatischen Früchte wurden ihnen 1493 bei der Landung auf Guadeloupe als Willkommensgruß angeboten. Gegen Ende des 16. Jahrhunderts war die Ananas bereits in vielen tropischen Regionen der Welt eingebürgert. Und so sind heute nicht nur Brasilien, Costa Rica oder Honduras wichtige Anbauländer, sondern auch Thailand, Indien, die Philippinen, Südafrika, Elfenbeinküste oder Ghana. Kauft man frische Ananas ein, sollte man die Qualität der Ware gründlich prüfen. Denn zu früh geerntete Früchte haben viel Säure und kaum Aroma, bei überreifen wird das Fleisch glasig bis bräunlich und kann leicht vergoren riechen. Da die Farbe der Schale kein Indiz für die Reife ist – auch eine grüne Ananas kann durchaus reif sein –, achtet man am besten auf einen angenehmen Duft. Das Fruchtfleisch sollte fest sein, ohne weiche Stellen, und die kleinen Blättchen, die aus den Augen ragen, sollten braun gefärbt sein. Ananasfruchtfleisch ist vielseitig verwendbar – es macht sich in Desserts oder Kuchen ebenso gut wie in Fleisch-, Fisch- und Currygerichten. Möchte man allerdings Cremespeisen mit frischer Ananas zubereiten, sollte man berücksichtigen, dass das im Fruchtfleisch enthaltene Enzym Bromelin das Erstarren von Gelatine verhindert.

Kulinarisch nicht minder vielseitig ist die Tamarillo, engl., frz., ital. und span. ebenfalls tamarillo. Die Baumtomate kommt ganzjährig auf den Markt, allerdings außerhalb der Anbaugebiete nur in kleinen Mengen. Möchte man eine der herbsüßen, aromatischen, Vitamin-C- und mineralstoffreichen Früchte einmal solo probieren, halbiert man sie am besten längs und löffelt das Fruchtfleisch aus der Schale.

Erntereife TAMARILLOS sind sehr druckempfindlich, denn das Fruchtfleisch wird zur Mitte hin geleeartig. Die dünne Schale ist leicht bitter und wird daher meist nicht mitverzehrt.

'INCAN GOLD' heißt eine Tamarillo-Sorte von gelbroter Farbe aus Ecuador. Sie besitzt kleinere und weichere Samenkerne als viele andere Sorten und schmeckt besonders süß.

GRANATÄPFEL *(Punica granatum)* stammen aus dem Mittleren Osten. Verzehrt oder zu Saft verarbeitet werden nur die fleischigen, weißen bis roten, süß-säuerlichen Samenhüllen.

GRANATAPFELSAMEN aus der Frucht lösen: Den Kelchansatz keilförmig herausschneiden, die Frucht mit etwas Druck auseinander brechen. Die herausfallenden Kerne auffangen.

Beim Granatapfel wie bei der Papaya handelt es sich, botanisch gesehen, um Beeren. Doch während vom Granatapfel, eng. pomegranate, frz. grenade, ital. melagrana, span. granada, nur die Samen beziehungsweise deren Hüllen kulinarisch genutzt werden, sind diese bei der Papaya, engl. papaya, pawpaw, frz. papaye, ital. papaia, span. papaya, beißend scharf und werden nur selten verzehrt. Das Fruchtfleisch dagegen ist weich, süß und sehr saftig. Neben dem hohen Vitamin- und Calciumanteil der Baummelone ist vor allem ihr Gehalt an Enzymen bemerkenswert. Diese fördern die Verdauung, entgiften und spalten Eiweiß: Unter Einwirkung von Papain, einem dieser Enzyme, wird selbst zähes Fleisch mürbe,

# Pap

## und Granatapfel: Beide lassen sich mit Süßem wie mit Herzhaftem kombinieren.

Als »ZITRONENBABACO« werden bei uns manchmal grüne, das heißt unreif geerntete, Babacos angeboten – es handelt sich also hierbei nicht um eine spezielle Sorte.

Die BABACO *(Carica pentagona)* stammt aus den Andentälern Ecuadors. Die bis zu 30 cm langen Früchte sind kernlos und mit Schale essbar. Wunderbar erfrischendes Aroma.

EXTREME GRÖSSENUNTERSCHIEDE gibt es zwischen den Papayasorten: Die große, längliche Frucht aus Südamerika wiegt 3 kg, die kleine, rundliche aus Hawaii nur etwa 400 g.

'BAHIA' heißt diese Papayasorte aus Brasilien. Das lachsfarbene Fleisch der bis zu 3 kg schweren Früchte schmeckt vollreif hervorragend: leicht säuerlich und erfrischend.

'SOLO' ist eine wichtige Sorte für den internationalen Handel. Die zuerst grüne Frucht wird bei Reife gelb, braune Flecken auf der Schale sind kein Zeichen für Qualitätsminderung.

weshalb Papain manchmal Marinaden oder Kochsud für Fleisch zugesetzt wird. Papain ist übrigens nicht nur in der »normalen« Papaya, sondern auch in den verwandten Bergpapayas und Babacos enthalten. Unreif geerntete Papayas können als Gemüse zubereitet oder zu Kompott, Chutney und Konfitüre verarbeitet werden. Reife Früchte – sie geben auf leichten Fingerdruck nach; sind sie noch nicht ganz so weit, kann man sie in Papier gewickelt nachreifen lassen – schmecken solo sehr gut, aber auch in pikanten Salaten oder in Currys, kombiniert mit Meeresfrüchten, Geflügel oder mit Fleisch. Bei der Zubereitung von Süßspeisen sollte man jedoch beachten, dass Papain das Erstarren von Gelatine verhindert.

PAPAYAS oder Baummelonen *(Carica papaya)* sind in Südmexiko heimisch. Die Früchte hängen in Trauben direkt am Stamm der Bäume, die keine Äste, sondern lediglich große, langstielige Blätter ausbilden.

# aya

Auf dem Markt von Mexiko-Stadt stehen reife Papayas wie die Kegel aufgereiht nebeneinander. Eine attraktiv aufgeschnittene Frucht soll Käufer anlocken.

GEMÜSEPAPAYAS, auch »rohe Papayas« genannt, sind unreif geerntete Früchte, die grundsätzlich gegart werden. Sie werden überwiegend in den Anbauländern angeboten.

Die BERGPAPAYA *(Carica pubescens)* aus den kühlen Gebirgsregionen Südamerikas ist eine etwa faustgroße Frucht mit saftigem, süß-aromatischem Fleisch.

Die PAPAYUELA *(Carica goudotiana)* wächst in den Hochlagen Kolumbiens. Sie wird meist als Kompottfrucht verwendet, da sie ihr köstliches Aroma erst beim Garen entfaltet.

Als VERDELLI bezeichnet man in Italien Zitronen, die zwischen Juni und September geerntet werden. Zuvor reifen sie bis zu 12 Monaten am Baum.

'VERNA' heißt eine der wichtigsten Zitronensorten in Spanien und Italien. Sie ist länglich, läuft an beiden Enden spitz zu und weist kaum Kerne auf. Ihr Säuregehalt ist relativ gering.

'EUREKA' ist saftig, kernlos und angenehm im Aroma. Außerhalb des Mittelmeerraumes die bedeutendste Sorte, wird vor allem in Kalifornien, Australien und Südafrika angebaut.

'PRIMOFIORI' ist eine Zitronensorte mit besonders viel Saft und feiner Säure. Sie kommt in Europa von Oktober bis Februar aus Italien und Spanien auf den Markt.

Die YUZU oder CHINESISCHE ZITRONE *(Citrus junos)* ist wegen des ausgezeichneten Aromas von Saft und Schale in Asien – inzwischen aber auch in Kalifornien – sehr geschätzt.

# Zitru

Kaum eine andere Obstgattung ist so vielgestaltig wie jene der Zitrusfrüchte, engl. citrus fruits, frz. agrumes, ital. agrumi, span. agrios. Das liegt sicherlich zu einem großen Teil daran, dass viele der einzelnen Arten untereinander kreuzbar sind und daher immer wieder neue Formen entstehen. Alle Zitrusfrüchte, so unterschiedlich sie auch sein mögen, sind ursprünglich in den Monsungebieten Südostasiens beheimatet; dort hat man vermutlich bereits vor mehr als 4000 Jahren mit der Kultivierung der Vitamin-C-reichen Früchte begonnen. Mit den Feldzügen Alexanders des Großen gelangten sie dann in den Mittelmeerraum – als Erste die Zedratzitrone, die jedoch nicht kulinarisch genutzt wurde. Erst um die Zeitenwende folgte die »normale« Zitrone, engl. lemon, frz. citron, ital. limone, span. limón, für deren Anbau die Bedingungen rund ums Mittelmeer geradezu ideal waren und sind. Zwei Mittelmeerländer, Spanien und Italien, gehören denn auch heute zu den führenden Produzenten. Aber auch in den USA, in Lateinamerika, Südafrika und in einigen Ländern des Mittleren Ostens werden Zitronen in großem Stil angebaut. Aus all diesen subtropischen bis gemäßigten Regionen kommen die besten Qualitäten, denn die Bäume mögen es weder zu kalt noch zu warm. Die Früchte brauchen während der Reifezeit sogar einige kühle Nächte, wenn sich die Schale in das sprichwörtliche Zitronengelb verfärben soll. Anders die Limetten, engl. lime, frz. citron vert, ital. limette, span. lima: Sie sind extrem kälteempfindlich und gedeihen nur in absolut frostfreien Zonen. Limetten, die sich kulinarisch ebenso vielseitig einsetzen lassen wie Zitronen, sind ärmer an Vitamin C als diese, dafür aber reicher an Calcium, Kalium und Phosphor.

»Buddha's hand« heißt in Indien die GEFINGERTE ZITRONE (*Citrus medica* var. *sarcodactylis*), eine Varietät der Zedratzitrone. Hocharomatisch, aber nicht als Frischobst verwendet.

Die ZEDRAT- oder ZITRONATZITRONE *(Citrus medica)* besitzt nur wenig Fruchtfleisch. Verwendet wird überwiegend die dicke weiße Innenschale, aus der man Zitronat herstellt.

Die MOSCHUSLIMETTE, auch Kalamansi oder Calamondin genannt (x *Citrofortunella microcarpa*), ist eine relativ kleine Frucht, die zahlreiche Samen besitzt, aber auch ein besonders feines Aroma und viel Saft.

## Zitronen und Limetten: Meist ausgesprochen aromatisch, sind sie zum Würzen wie zum Säuern gleichermaßen geschätzt.

# sfrüchte

ZITRONEN *(Citrus limon)* wachsen an immergrünen Bäumen, die gleichzeitig blühen und Früchte tragen.

MEXIKANISCHE oder KEY-LIMETTEN *(Citrus aurantiifolia)*. Kleine, saftige Früchte mit kräftigem Aroma und zahlreichen Kernen. Ausgereift mit gelbgrüner bis gelber Schale.

TAHITI- oder PERSISCHE LIMETTEN *(Citrus latifolia)*. Die mittelgroßen, delikaten, kernlosen Früchte sind beinahe doppelt so saftig wie Zitronen. Meist unbehandelt auf dem Markt.

Die KAFFIRLIMETTE *(Citrus hystrix)* wird in Südostasien, Afrika und Mittelamerika kultiviert. Vor allem die runzelige Schale wird, dünn abgerieben, als Würzmittel verwendet.

Die 'ORTANIQUE' ist eine Tangor, also eine Kreuzung von Orange und Mandarine. Sie stammt aus Jamaica.

Die ORANGE oder APFELSINE *(Citrus sinensis)* ist mit mehr als 400 Sorten die wirtschaftlich wichtigste Zitrusfrucht. Orangen, die als Frischobst in den Handel kommen, werden meist behutsam von Hand geerntet.

'THOMPSON NAVEL', eine kleine, feinschalige Navel-Orange. Hier zu Lande ab Anfang November auf dem Markt.

'SHAMOUTI', oval und größer als die 'Valencia', mit dickerer Schale, weniger säuerlich. Leicht schäl- und teilbar.

'VALENCIA' ist die wichtigste gewöhnliche Orange, säuerlich und aromatisch. Sie ist sehr saftig und nahezu kernlos.

'VALENCIA LATE' ist äußerst saftreich. Die Sorte, aus der viele der industriell gewonnenen Säfte gepresst werden.

'NAVELINA', eine früh reifende, kleine Navel mit dünner Schale. Sie ist heute die wichtigste spanische Sorte.

'PERA' wird vor allem in Brasilien zur Saftgewinnung angebaut. Das Fleisch ist süß und saftig, aber etwas zäh.

'SALUSTIANA', in Spanien und Marokko eine sehr wichtige Sorte. Die leicht abgeflachte Frucht ist extrem saftreich.

'MORO', eine italienische Blutorange mit dunkel geädertem Fruchtfleisch. Relativ klein, säuerlich-süß, sehr saftig.

'TAROCCO' aus Sizilien, eine große, ovale Blutorange. Sehr süß, mit feinem, ausgeprägtem Aroma, kaum Kerne.

'SANGUINELLI', eine spanische Blutorange mit typischem Aroma, ist außen wie innen tiefrot bis bläulich gefärbt.

# Mandarinen, Orangen & Co: saftig-süß und reich an Vitamin C.

Wer kennt sie nicht, Mandarine und Orange, die wunderschön gefärbten Zitrusfrüchte, deren aromatischer Duft beim Schälen den ganzen Raum erfüllt? Doch wer würde vermuten, dass sich hinter den schlichten Handelsbezeichnungen Orange oder Mandarine eine solch unglaubliche Sortenvielfalt verbirgt?
Allein bei der Orange, engl. und frz. orange, ital. arancia, span. naranja, gilt es, zunächst einmal vier Gruppen zu unterscheiden: nämlich einmal die gewöhnliche Orange, die Navel-, die Blut- sowie die Zuckerorange; Letztere spielt allerdings hier zu Lande keine Rolle am Markt. Navel- und viele Blutorangensorten las-

sen sich schon äußerlich gut erkennen: Navels durch den charakteristischen »Nabel« am Blütenansatz – der stammt von einer angezüchteten kleineren, zweiten Frucht, welche die Samen der großen Orange aufnehmen soll. Navel-Orangen sind daher kernlos. Blutorangen zeichnen sich durch eine dunklere, manchmal tiefrote Pigmentierung des Fruchtfleisches, oft auch der Schale, aus. Je stärker die Färbung ausfällt, desto mehr unterscheiden sie sich auch im Geschmack von den hellen, »blonden« Orangen: Sie sind kräftiger und ein wenig herber.

Die Bezeichnung Mandarine, engl. mandarin, frz. mandarine, ital. mandarino, span. mandarina, steht ebenfalls für mindestens vier verschiedene Arten: die Gewöhnliche Mandarine *(Citrus reticulata)*, die Mittelmeer-Mandarine *(Citrus deliciosa)*, die Satsuma und die King-Mandarine. Von manchen Botanikern wird auch die Tangerine – die Mandarine der USA schlechthin – als eigene Art gezählt. Wie auch immer, gemeinsam ist ihnen allen, dass sie sich vergleichsweise leicht schälen lassen, keine oder nur wenige Kerne enthalten und zartes, saftiges Fruchtfleisch besitzen. Alle Mandarinenarten lassen sich übrigens leicht untereinander kreuzen, zudem sind zufällige wie systematische Kreuzungen mit Orangen (Tangors) oder Grapefruits und Pampelmusen (Tangelos) möglich, sodass das internationale Angebot an Mandarinenhybriden inzwischen riesig ist – und noch stetig weiter wächst.

MANDARINE – der Sammelbegriff für eine unglaubliche Vielzahl von Sorten, Formen, Kreuzungen und Mutationen.

Die 'TEMPLE' oder 'TEMPLE ORANGE' ist eine Tangor, also eine Kreuzung von Mandarine und Orange. Sehr saftig.

'TACLE', eine Kreuzung von 'Tarocco' und Clementine, aus Sizilien. Intensiv gefärbtes Fruchtfleisch, kernlos.

'NOVA', Kreuzung einer Clementine mit einer Tangelo-Sorte. In Spanien 'Clemenvilla', in Israel 'Suntina' genannt.

Die sehr aromatische CLEMENTINE ist die Mandarine, die heute im Mittelmeerraum am häufigsten angebaut wird.

'MANDORA' heißt die 'Ortanique' auf Zypern. Süß, aromatisch, saftig. Die Schale ist ledrig, haftet fest am Fleisch.

Die TANGERINE ist im 19. Jahrhundert in Florida entstanden. Sie ist eine sehr kleinfrüchtige, aromatische Mandarine.

'TAMBOR', eine 'Ortanique' aus Anbaugebieten im Süden Afrikas. Zwischen August und September auf dem Markt.

Die saftige 'MINNEOLA', eine Kreuzung aus der Tangerine mit einer Grapefruit, ist die weltweit wichtigste Tangelo.

'TOPAZ', eine Tangorsorte. Die Früchte erreichen die Größe einer mittleren Orange, sind süß und aromatisch.

Eine weitere Tangor ist die 'ELLENDALE' aus Australien. Große, abgeplattete, süßsäuerliche und saftige Früchte.

Die 'UGLI', auf Jamaica entstanden, ist eine Tangelo. Das süße, saftige Fruchtfleisch schmeckt sehr delikat.

SATSUMA *(Citrus unshiu)*, die bekannte japanische Mandarine, wird vor allem in Ostasien und in Spanien kultiviert.

'CLAUSEL(L)INA' heißt eine sehr früh reifende Satsuma-Sorte, die in Spanien ausgesprochen populär ist.

'KARA', eine Kreuzung aus King-Mandarine *(Citrus nobilis)* und einer Satsuma-Sorte. Kräftig im Geschmack.

△ Die GRAPEFRUIT (*Citrus* x *paradisi*) ist vermutlich eine Kreuzung von Orange und PAMPELMUSE ▷ (*Citrus maxima*), einer anderen botanischen Art, die vor allem in Südostasien angebaut wird.

## Von der größten Zitrusfrucht, der Pampelmuse, bis zur kleinsten, der Kumquat.

# Grape

'MARSH' ist die marktbeherrschende gelbfleischige Grapefruit-Sorte. Sehr saftig, nur wenige Kerne oder kernlos.

'STAR RUBY', eine intensiv gefärbte rotfleischige Grapefruit; auch ihre Schale ist rot pigmentiert. Mild, aromatisch.

PAMPELMUSEN variieren in der Form von rund bis birnenförmig, im Geschmack von süß bis recht sauer.

Als POMELO wird 'Goliath', die bedeutendste Pampelmusensorte im israelischen Anbau, vermarktet.

Diese KREUZUNG aus Mandarine und Pomelo ist selbst bei überwiegender Grünfärbung der Schale bereits reif.

'SWEETIE' aus Israel ist eine Kreuzung zwischen Grapefruit und Pampelmuse. Süßaromatisches, festes Fruchtfleisch.

'MARSH ROSÉ', eine leicht gefärbte Grapefruit. Sie hat einen etwas höheren Zuckergehalt als die gelbe 'Marsh'.

Die ROTE POMELO besitzt festes, saftiges Fruchtfleisch. Die Schale wird auch kandiert als Konfekt angeboten.

# efruit

KUMQUATS vom Typ Meiwa *(Fortunella crassifolia)* sind kleine, runde, würzig-süße Früchte mit weicher Schale. Wie bei allen Kumquats kann diese mitverzehrt werden.

Die CITRANGEQUAT ist ein Kreuzungsprodukt von Citrange (ihrerseits gekreuzt aus Zitrone und Orange) und Kumquat. Auch bei ihr kann die Schale mitgegessen werden.

Die LIMEQUAT wurde aus einer ovalen Kumquat-Art *(Fortunella margarita)* und einer Limette gekreuzt. Die Früchte sind pflaumengroß, mit sehr erfrischendem Limetten-Aroma.

Der Saft der POMERANZE oder Bitterorange *(Citrus aurantium)* wird gern zu Getränken und Likören verarbeitet. Aus der Schale stellt man Orangeat, aus den Blüten Neroliöl her.

Aus der Schale der BERGAMOTTE *(Citrus bergamia)* gewinnt man ein ätherisches Öl, das zum Aromatisieren von Getränken, Tee, Tabak und zur Parfümherstellung dient.

Grapefruit oder Pampelmuse? Das ist nicht immer einfach zu unterscheiden, denn in vielen europäischen Sprachen können die Begriffe synonym gebraucht werden, oder es gibt gar nur einen Namen für beide Früchte. Die »ursprünglichere« dieser Zitrusfrüchte ist die Pampelmuse, engl. pummelo, shaddock, frz. pamplemousse, ital. pompelmo, span. toronja. Mit einem Umfang von bis zu 25 cm und einem Gewicht von bis zu 6 kg hält sie den Größenrekord in der Zitrusfamilie. In der Bedeutung für den Handel ist die Pampelmuse jedoch längst von der Grapefruit überrundet worden. Bei dieser – engl. grapefruit, frz. pomélo, ital. pompelmo, span. pomelo – handelt es sich wahrscheinlich um eine Zufallskreuzung aus Pampelmuse und Orange, die zu Beginn des 18. Jahrhunderts auf den Westindischen Inseln entstanden ist. Grapefruits werden inzwischen jedoch in allen Zitrusfrüchte produzierenden Ländern angebaut, mit einem deutlichen Schwerpunkt in den USA. Je nach Sorte sind Schale und Fruchtfleisch von Grapefruits hellgelb bis rosarot; für den Geschmack gilt als Faustregel: Gelbfleischige Früchte sind herber, meist auch bitterer als rotfleischige.

Eher selten auf dem Markt sind hier zu Lande die übrigen Früchte auf dieser Seite. Kumquats und ihre Hybriden sind die Minis unter den Zitrusfrüchten, oft erreichen sie kaum mehr als 4 cm Länge. Sie werden häufig nur als Zierfrüchte kultiviert – dabei machen sie sich beispielsweise in Salaten, mitsamt der Schale in Scheiben geschnitten, geschmacklich wie optisch ganz hervorragend. Nicht zum Frischverzehr geeignet sind dagegen Pomeranze und die mit ihr eng verwandte Bergamotte, denn das Fruchtfleisch beider schmeckt unangenehm sauer und sehr bitter. Gesucht sind beide dennoch – in Spanien wird die Pomeranze zur geschätzten bitteren Orangenmarmelade verarbeitet, und die Bergamotte verleiht der Teesorte »Earl Grey« wie dem Kölnisch Wasser das unverwechselbare Aroma.

# Impressum

## Wir danken

allen, die durch ihre Beratung, Hilfe und tatkräftige Unterstützung zum Gelingen dieses Buches beigetragen haben, insbesondere:

Firma Acetaia Malpighi, Modena; Frau Inge Adolphs, Spanisches Generalkonsulat, Handelsabteilung, Düsseldorf; Frau Liesbeth Boekestein, The Greenery International B.V., Barendrecht, Niederlande; Herrn Franco Boeri, Badalucco; Frau Lisa Burberry, Worldwide Hampers Ltd., Haywards Heath, Großbritannien; Herrn Edoardo Ferrarini, Firma Slogan immagine e communicazione, Bologna; Dr. Ewald Gerhardt, Freie Universität Berlin; Ristorante Gigina, Bologna, Italien; Herrn Michael Kleiber, Metzgerei M. Kleiber GmbH, Memmingen; Herrn Hartly Mathis, St. Moritz, Schweiz; Herrn Guiseppe Merlot, Bergell, Schweiz; Herrn Roberto Mezzadri, Zibello, Italien; Dr. Fabio Oliveri, Palermo; Herrn Pietro Peduzzi, Tinizong, Schweiz; Dr. Michael Türkay, Forschungsinstitut Senckenberg, Frankfurt a. M.; Herrn Veerasak, International Rice Research Institute, Bangkok, Thailand; Firma Villani, S.p.A., Castelnuovo Rangone; Herrn Yim Chee Peng, Singapur.

## Bildnachweis

S. 115, Rosa Golfgarnele, Atlantische Weiße Garnele, S. 120, Kalifornische Languste: R. L. Lord; S. 120, Japanische Languste, S. 121, Grüne Languste, S. 124, Rote Tiefseekrabbe: M. Türkay; S. 125, Pazifische Rotpunkt-Schwimmkrabbe: Yim Chee Peng; S. 150, Reds, Whites, Russets: National Potato Promotion Board, Denver/USA; S.166, Halloween-Kürbisse: O. Brachat; S. 296, Boysenbeere: A. Müller; S. 312, Lucuma: H.-R. Gysin.

**Verlag** © 2001 Teubner Edition,
Grillparzerstr. 12, D-81675 München
Teubner Edition ist ein Unternehmen des Verlagshauses Gräfe und Unzer, Ganske Verlagsgruppe

**Idee, Konzept** Cookbook Packaging by Teubner Foodfoto GmbH
**Produktion** Frauenbergstr. 40, D-87645 Schwangau

**Produktbeschaffung** Brigitte Falke, Andrea Mohr
**Küche** Barbara Mayr, Eftichia Simopoulou
**Fotografie** Christian Teubner, Odette Teubner, Ulla Mayer-Raichle, Andreas Nimptsch
**Text** Dr. Alexandra Cappel, Katrin Wittmann
**Redaktion** Dr. Alexandra Cappel, Katrin Wittmann, Mischa Gallé, Dr. Ute Paul-Prößler
**Layout/DTP** Christian Teubner, Annegret Rösler, Gabriele Wahl
**Herstellung** Susanne Mühldorfer, Annegret Rösler, Gabriele Wahl
**Administration** Brigitte Falke, Claudia Hill, Andrea Mohr
**Reproduktion** Repromayer GmbH & Co. KG, Reutlingen-Betzingen
**Druck** Mohn Media – Mohndruck GmbH, Gütersloh



ISBN 3-7742-2403-X